シリーズ◎言語対照
〈外から見る日本語〉
7

移動表現の類型論

［編］松本 曜

くろしお出版

「シリーズ言語対照」の刊行に寄せて

　近年の日本語研究において大きな進展を見せているのは，母語としての日本語(現代日本語)の構造の研究である。日本語母語話者が自然に獲得する言語にどのような構造が見出されるのかという問題意識が，現代言語学の発展や日本語教育の展開のもとで多くの研究者に共有されるところとなった。日本の言語研究において現代日本語の構造の研究が重要な位置を占めるようになったのである。

　それでは，現代日本語の構造の研究が言語研究としてさらなる発展を遂げるには何をなすべきであろうか。一つの有力な方途は，現代日本語の構造の研究で得られた知見を世界の諸言語と対照するというアプローチである。本シリーズではこれを「言語対照」と称する。言語対照のアプローチは，日本語の研究成果を相対化することを可能にし，言語の一般的性質の解明にも寄与することが期待される。言語研究における認知言語学や言語類型論の発展，また心理学における文化心理学の展開は言語対照を遂行するにふさわしい時代的環境を形作っている。

　日本語と諸言語との対照はさらに，日本語の個別性と諸言語との共通性を明るみに出すことによって，日本語教育などの言語教育にも貢献できる道を開くことが期待される。本シリーズが言語に関する基礎的研究と応用的研究のあいだの健全な関係を維持するための一助となることを願っている。

　本シリーズの特色として，次の三つを挙げることができる。第1は，論文集と個人研究書を二つの柱に立てていることである。論文集では特定のテーマについて日本語と諸言語を幅広く対照することを目指し，個人研究書では日本語と一つ(ないしは二つ)の言語を特定のテーマに関して詳しく対照することを目指す。

　第2は，本シリーズ全11巻のテーマとして自動詞・他動詞，主題，テンス・アスペクトといったよく取り上げられるものだけでなく，音声文法，類別詞，属性叙述といった新たな課題をも掲げていることである。本シリーズでは，対象となるテーマの広がりにも重きを置いている。

「シリーズ言語対照」の刊行に寄せて

　第3は，言語対照の方法について様々な可能性を探っていることである。言語対照に唯一絶対の方法があるわけではない。考え得る多様な方法を試みるなかから優れた方法が発掘されるものと考えている。
　本シリーズが今後の日本語研究と言語研究の発展に資することを切に願うものである。

シリーズ編者
中川正之・西光義弘・益岡隆志

はしがき

　人物や物体が移動するという出来事は頻繁に起こり，人の関心を引く事象である。そのため各言語には移動を表すための手段がある。その表現形式は言語によって異なり，時として複雑である。本巻ではこの移動という事象を諸言語がどのように表すかに焦点を当て，そこに見られる表現パターンの違いと共通性を明らかにしていきたい。

　本巻では，まず，移動表現の類型論の一般的課題を明らかにした後，9の個別言語の移動表現の性質を検討する。扱う言語は，英語(松本)，ハンガリー語(江口)，ネワール語(松瀬)，中国語(ラマール)，タイ語(高橋)，ドム語(千田)，イタリア語(吉成)，シダーマ語(河内)，日本語(松本)である。さらに，特定の観点から日英独露語および日仏語の比較を行い(古賀，守田・石橋)，最後に，各章で得られた知見の総合的検討を行う(松本)。諸言語の多様性の中に隠れている共通の変異パターンを見出しながら，最後まで読み進めていただければ幸いである。

　本巻で報告されている研究は，2000年代半ばからの神戸大学と東京大学を中心とした研究グループの活動が基礎となっている。執筆者のうち複数が関わった助成プロジェクトには，科学研究費補助金プロジェクト『言語類型論と日英語』(基盤研究B, 代表者松本曜, 2005-2008, 課題番号17320074)，東京大学21世紀COEプログラム『心とことば──進化認知科学的展開』，国立国語研究所共同研究プロジェクト『空間移動表現の類型論と日本語』(代表者松本曜 2010-2013)，科学研究費補助金プロジェクト『移動表現による言語類型』(基盤研究B, 代表者松本曜, 2015-, 課題番号15H03206)がある[1]。

2017年1月

松本　曜

---

[1] 本巻の編集にあたっては，江口清子氏，吉成祐子氏，伊藤彰規氏の協力を得た。ここに感謝の意を表します。

目次 CONTENTS

「シリーズ言語対照」の刊行に寄せて i

はしがき iii

第1章　移動表現の類型に関する課題 ....松本　曜　1

第2章　英語における移動事象表現のタイプと経路表現 ....松本　曜　25

第3章　ハンガリー語の移動表現 ....江口　清子　39

第4章　ネワール語の移動表現 ....松瀬　育子　65

第5章　中国語の移動表現 .... Christine LAMARRE　95

第6章　タイ語の移動表現 ....高橋　清子　129

第7章　ドム語の移動表現 ....千田　俊太郎　159

第8章　イタリア語の移動表現 ....吉成　祐子　189

第9章　シダーマ語の空間移動の経路の表現 ....河内　一博　213

第10章　日本語における移動事象表現のタイプと経路表現

....松本　曜　247

第 11 章 日本語とフランス語の移動表現
　　　　―話し言葉と書き言葉のテクストからの考察―
　　　　　　　　　　　　　　　　　　　守田　貴弘・石橋　美由紀　275

第 12 章 日英独露語の自律移動表現
　　　　―対訳コーパスを用いた比較研究―..................古賀　裕章　303

第 13 章 移動表現の性質とその類型性........................松本　曜　337

文献 355
索引 367
執筆者一覧 373

第1章
移動表現の類型に関する課題

松本　曜

1.　はじめに

　移動事象の言語表現について言語間に興味深い差異があることは，しばしば指摘されてきたことである。たとえば，ゲルマン諸語とロマンス諸語との間に大きな対立があることはかねてから知られてきた(Bergh 1948, Vinay & Darbelnet 1958, Malblanc 1968, Wandruszka 1971)。日本では宮島(1984)が諸言語の聖書の翻訳の比較に基づいて言語間における移動表現の差異を考察している。このような差異は1980年代以降，タルミーの研究によって意味的類型論の一つの例として大きな注目を浴びるようになった。タルミーは広範囲に及ぶ言語の比較に基づいて，移動表現の類型論を提案した(Talmy 1985, 1991, 2000)。その後，その類型論は多くの形で発展を見せており，様々な改訂や新たな課題が出されている(Slobin 1996, 2004, Matsumoto 2003 [2011], Croft et al. 2010など)。

　そのような研究の流れの中で，本巻は13の言語における移動表現の性質を統一的な枠組みの中で検討するものである。その中で従来の研究とは異なるいくつかの新しい試みを行う。具体的には「移動表現」を広く捉えること，またダイクシス(経路の直示的特性)の表現に注目することである。さらに，いくつかの言語においてコーパスや実験データを用いた研究を報告する。

　本巻で移動表現と呼ぶものには三種類のものがあり，以下の三つの文で代表される。

　　(1)　a.　*John walked into the house.*
　　　　b.　*Susan threw the ball into the room.*
　　　　c.　*Bill looked into the hole.*

(1a)は主語のジョンの移動を表している。このように移動物が主語である移

動表現を**主体移動表現**と呼ぶ。(1b)は目的語のボールの移動を表しており，主語のスーザンがその移動を引き起こしている。このような表現を**客体移動表現**(＝使役移動表現)と呼ぶ。(1c)では移動物が文の中には表現されていないが，経路を表す句が使われており，視線に沿って動く何らかの移動が想定されていると考えられる。このような表現を**抽象的放射表現**と呼ぶ。本巻では，主体移動表現を中心に扱いながらも，客体移動表現，抽象的放射表現を含めた三種類の表現を合わせて**移動表現**と呼び，議論を進めていく。

まず本章では，諸言語の移動表現を類型論的に研究する際の課題として考えるべき事項を明らかにし，本巻で検討する課題を整理する。

2. タルミーによる移動表現の類型論
2.1 初期の類型化：語彙化類型論[1]

まず本巻の出発点となっているタルミーの移動表現の類型論について解説しよう。タルミーがその初期の研究(Talmy 1985)において注目したことは，移動を表す動詞の中にどのような意味要素がコード化されるのかということであった。タルミーは動詞における意味要素のコード化を**語彙化**(lexicalization)と呼び，特に複数の意味要素が一つの語に語彙化されることを**包入**(conflation)と呼んだ。タルミーは世界の諸言語の移動表現において，動詞にどのような意味要素が語彙化されるかを考察し，その類型化を試みた。

まず，タルミーが例として挙げた，ある移動事象(図1に示したもの)について考えてみよう。

図1：あるボトルの移動

---

[1] この節と次節の解説の一部は，松本・井上(2003)における解説と重なりがある。

この事象は，ボトルがぷかぷか浮かびながら，洞窟の中から外へと矢印で示した経路をたどって移動する，というものである。この事象は**移動の事実**を含むものだが，ほかにもいくつかの要素が含まれている。まず，**移動物**（ボトル）と移動の**経路**がある。さらに経路は特定の**参照物**（洞窟）との位置関係によって規定される。この移動物，経路，参照物の三つを，タルミーはそれぞれ**図**（Figure），**経路**（Path），**地**（Ground）と呼ぶ。さらに，〈浮かびながら〉という移動の様は，移動の**様態**（Manner）と呼ばれる。ここでは事物の移動だが，人の移動の場合には移動を引き起こす身体の動き（たとえば「走る」で表される手足の動き）も移動の様態に含まれる。また，図1の事象でははっきり示されていないが，移動は〈風が吹き付ける〉といった，何らかの原因によって生じる。この**原因**（Cause）も移動事象の構成要素の一つである。

　タルミーは，これらのうちどの要素が動詞（語根）に語彙化されるのかという観点から世界の諸言語の移動表現を比較し，主に三つのパターンがあると主張した（Talmy 1985）。一つは様態が動詞に語彙化されるというもので，英語，ドイツ語などに典型的に見られる。図1の事象を表す英語文で，図，経路，地，様態の各意味要素がどの表現によって表されているかを示したのが(2)である。

(2)

(2)が示すように，〈浮かびながら〉という移動の様態は動詞に語彙化されている。また，経路は不変化詞の *out* によって表されている。

　この表現パターンは英語で幅広く見られる。(3)に他の例を挙げる。

(3) a. *The rock {slid/rolled} down.*
　　b. *I {ran/jumped/skipped/danced} out.*

　タルミーは，英語の不変化詞 *out* のように動詞に付随して移動の諸側面を表す要素を，**付随要素**（satellite）と呼んだ。付随要素は「動詞と姉妹の位置にあり，それを修飾する要素」と定義されている（Talmy 2000b: 102）。(2)のような表現パターンが優勢な言語には**様態動詞**（移動の様態の要素を含む移動動詞）が多数存在する場合が多い。

もう一つのパターンは経路が動詞に語彙化されるというもので，スペイン語などに顕著に見られるという。図1の事象をスペイン語でどのように表すかを示したのが(4)である(Talmy 2000b)。

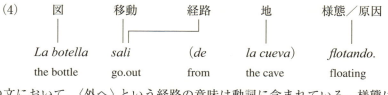

この文において，〈外へ〉という経路の意味は動詞に含まれている。様態は動詞を修飾する分詞で表現されている。

　このパターンはスペイン語で幅広く見られる。(5)に他の例を挙げる。

(5)　スペイン語

　　　　El　globo　subió　por　la　chimenea　flotando.
　　　　the　balloon　moved.up　through　the　chimney　floating
　　　　"The balloon floated up the chimney."

一方，様態を動詞で，着点を前置詞句で示した(6)は使われない。

(6)　*La　botella　flotó　a　la　cueva.
　　　the　bottle　floated　to　the　cave

日本語もスペイン語と同じタイプとされる。このような言語には**経路動詞**（移動の経路を表す動詞）が比較的数多く存在することが多い。

　三つ目のパターンは，図（移動物）が動詞に語彙化されるというものである。これはアツゲウィ語（北カリフォルニア，ホカ語族）などに見られるという。この言語には移動物の情報を含む動詞語幹が数多く存在する(Talmy 1985)。

(7)　-lup-　　〈小さく，丸く，光る物体が動く〉
　　　-caq-　　〈ぬるぬるした固まり状の物体が動く〉
　　　-qput-　　〈粉々の乾いた土が動く〉

アツゲウィ語では，このような語幹に方向を表す接尾辞などがついて動詞が形成される。

　この三つの分類のうち特に注目を集めてきたのは，様態を動詞に語彙化するタイプと経路を動詞に語彙化するタイプである。これらの言語はそれぞれ**様態言語**，**経路言語**とも呼ばれる(Wienold 1995など)。

このタルミーの類型論において最も本質的なことは，どの意味要素が「主動詞」という統語的な位置で表されるのかである．つまり「動詞に〜の要素が語彙化される」という場合の「動詞」は語彙範疇（品詞）としての動詞ではなく，文の主要部としての動詞（厳密には動詞語幹）である．この意味で，タルミーの類型論は文の構成に関する類型論と言える（この観点からすると，語彙化という用語はやや不適切であると言える）．

しかしこの類型論は，しばしばこれとは異なる側面を本質的なこととして論じられることがある（Matsumoto 2003 [2011]）．一部の研究者はこの類型論を，特定の種類の移動動詞語彙の豊富さに関するものとして議論している．つまり，様態言語とは様態動詞が豊富な言語のことであり，経路言語とは経路動詞が豊富な言語のことだとするのである．たとえばヴィーノルト（Wienold 1995）はこの立場からタルミーの語彙化類型論を議論している．

また，様態移動動詞の性質の違いに関するものとして議論する研究者もいる．つまり，(6)の例文で指摘したことなどを受けて，様態言語とは様態動詞が幅広い経路表現と共起する言語であるのに対し，経路言語はこれが不可能な言語であるとする．これはタルミーの論文のごく一部を中心的主張として取り上げたものであるが，多くの研究者，特に生成文法系の研究者はこの立場からタルミーの語彙化類型論を議論している（Levin & Rappaport Hovav 1995: 183, 影山・由本 1997, Zubizaretta & Oh 2007 など）．

2.2　イベント統合の類型論

タルミーによる移動表現の類型論は，後に発表された**イベント統合の類型論**（typology of event integration）に発展する（Talmy 1991, 2000: Ch. 3）．この類型論では，先の「文の構成に関する類型論」という側面が明確になっている．この類型論は，複合的なイベントがどのように統合されて単一節で表現されるのかという観点に基づくものである．たとえば，〈移動物が浮かびながら移動する〉ことを表す(2), (4)は，〈移動〉というイベントと〈浮かんでいる〉というイベントを統合して表現したものである．このうち，移動の事象は複合イベントの中で主要な役割を持つものと考えられ，**枠付けイベント**（framing event）と呼ばれる．一方，浮かんでいるというイベントは枠付け

イベントに対して特定の補助関係を持つもので，**共イベント**(co-event)と呼ばれる。(2),(4)の場合，共イベントは枠付けイベントの様態であるが，このほか原因，目的，結果などの共イベントもある。さらに，枠付けイベントの中で図と地の関係を表す要素は，**中核スキーマ**(core schema)と呼ばれる。移動の中核スキーマは経路である。枠付けイベントと共イベントが統合された複合イベントは，**マクロイベント**(macro-event)と呼ばれる。マクロイベントの構造は次のように表すことができる。

(8)　[枠付けイベント　　中核スキーマ　]　←補助関係—　[共イベント　…　]

タルミーは，マクロイベントを表す文の中で，中核スキーマがどの表現形式により表現されるかによって諸言語を類型化する(Talmy 1991, 2000)。スペイン語，日本語は中核スキーマである経路を(文の主要部としての)動詞で表すことから，**動詞枠付け言語**(verb-framed language)と呼ばれる。一方，英語は中核スキーマを付随要素で表すことから，**付随要素枠付け言語**または**サテライト枠付け言語**(satellite-framed language)と呼ばれる。付随要素には，英語の不変化詞のほかに，ドイツ語動詞の動詞接辞，中国語複合動詞の後項動詞(方向述語)，アツゲウィ語の方向接尾辞などがあるとされる。先の語彙化類型論でアツゲウィ語は第三のタイプに分類されていたが，この類型論では独立したタイプではなく，付随要素枠付け言語として扱われる。

語彙化類型論とは異なり，この類型論では移動の様態がどの表現形式によって表されるかは重要ではない。重要なのは，経路が節中のどの表現形式によって表されるかである。

3. 移動表現の類型論における課題と代案

このようなタルミーの研究は多くの形で議論されてきた。本節ではその議論を踏まえて，タルミーの類型の問題点と修正の可能性を検討する。

3.1　類型に関わる諸概念の問題

3.1.1　「動詞」と「付随要素」

まず取り上げるのは，「動詞」と「付随要素」という用語の不適切性である(Matsumoto 2003 [2011])。タルミーの言う「動詞」とは文の**主要部**(head)

としての動詞であって，語彙範疇としての動詞ではない。実際，先のスペイン語の(4), (5)では主動詞のほかに分詞形の動詞が使われているが，経路が表されているかどうかをタルミーが議論しているのは主動詞の方である。

　一方，「付随要素」に関しても問題がある。タルミーは付随要素を動詞の姉妹関係の位置にある形態素と定義しているが，動詞以外の経路の表現のすべてがこの定義の付随要素に当てはまるわけではない。たとえば，動詞の取る項(前置詞句，名詞句)の内部に経路が示されることがある。これには三つのケースがある。1) 英語の前置詞(*down the river*)のように前置詞句の主要部で示されるケース，2) 名詞格標識のように名詞句内の接辞で示されるケース，さらに，3) 日本語の「部屋の中に」のように経路概念の一部(ここでは位置関係)が名詞句内の位置名詞によって示されるケースである。

　このように，経路が動詞以外の位置に表されるのはタルミーが定義する意味での動詞付随要素とは限らない。それにも関わらず，タルミーは名詞格標識で経路を表す言語を付随要素枠付け言語であるとしている(Talmy 2000b: 222)。タルミーが付随要素と呼びたいものは，実際には「姉妹の位置」にあるものとは限らないのである。では上記のような動詞語幹以外の経路形式のすべてを包括する有意義な概念は何かと言えば，それは文の**非主要部**(nonhead)または**主要部外**(head-external)**要素**であると言える。このことから，Matsumoto(2003 [2011])はタルミーの類型論を**主要部枠付け言語**と**非主要部枠付け言語**の対立として理解した方が良いとしている(Croft et al. 2010 も参照)。なお，本巻では前者を**経路主要部表示型**，後者を**経路主要部外表示型**と呼ぶ。

3.1.2 「主動詞」と第三のタイプ

　タルミーのように主動詞(あるいは松本のように主要部)という概念を類型のタイプ分けに用いる場合，個別の言語において主動詞(主要部)をどのように認定するかが課題になる(Talmy 2009)。最も大きな問題となるのは，主要部が一つに決められない，あるいは複数あると分析できるケースである。**動詞連続構文**はしばしばそのような構文として分析される(Baker 1989)。(9)はタイ語の動詞連続構文の例である(Muansuan 2002, Takahashi 2009,

Zlatev & Yangklan 2004 を参照)。
  (9)　タイ語
　　　　kháw　wîng　khâw　pay　nay　bâan
　　　　s/he　 run　 enter　 go 　in 　house
　　　"S/he ran into the house."

　スロービンはタイ語などの例を挙げ，タルミーの類型が網羅的ではないとして第三のタイプの存在を主張している(Slobin 2004)。タイ語などでは様態と経路が同じ立場の動詞で表されるという点で均等であることに注目し，そのような言語を**均等枠付け言語**(equipollently-framed languages)と呼んだ。スロービンがこのように呼ぶ言語には，ほかに中国語，ジャミンジュング語(オーストラリア諸語)，クラマス語(ペヌート諸語)がある。

　しかし，このスロービンの用語には問題がある。スロービンの言う「均等枠付け」が意味するのは，様態と経路の両方が均等に扱われているということである。他の二つのタイプの名称(動詞枠付け言語・付随要素枠付け言語)は経路の表現位置のみを問題にして名付けられたものなので，スロービンの名称には統一性がない。では第三のタイプがあるとすれば，どのように特徴付ければいいのであろうか。主動詞と見なせるものが複数ある言語で，それぞれの動詞を**共主要部**(cohead)と呼ぶなら，第三のタイプとは共主要部で経路が表される言語と言える。

　主動詞が決められない，あるいは複数の主動詞があるという分析がどの言語に当てはまるのかは，詳細な言語分析に基づいて判断されるべきことである。タルミーはいくつかの証拠を挙げて，スロービンが第三のタイプだと主張する中国語は第三のタイプではなく，付随要素枠付け言語であると論じている(Talmy 2009)。この種の問題は経験的問題であり，本巻でも議論されることになる(ラマール(本巻)，高橋(本巻)を参照)。

3.1.3　枠付け

　このほかにもタルミーの類型論の限界を示す課題が指摘できる。その一つは枠付けという概念に関してである。タルミーによれば，移動という事象の時間的枠組みを決めているのは経路の特性であり，それゆえ経路が移動事象

を枠付けしているという (Talmy 2000b: 219)。タルミーが言わんとしているのは次のようなことだと思われる。たとえば，移動事象が継続的であるか瞬時的であるか，あるいは**終結的**(telic)であるか**非終結的**(atelic)であるかは，移動の経路の特性と関係する。(10)を見てみよう。

(10) a. *Bill walked across the border.*
　　 b. *Kate walked across the river.*
　　 c. *Sally walked toward New York.*

(10a)の事象は瞬時的だが，(10b, c)は継続的である。また，(10a, b)で表されている事象は時間的な限界(終点)を持つものであり終結的だが，(10c)は終結的ではない。これは表されている経路の性質を反映している。たとえば，移動事象に時間的限界があることは，経路に空間的限界があることと関連する。

しかし，枠付けには二つの問題がある。第一に，移動事象の時間的枠組みは必ずしも経路の特性のみによって決まるのではない。たとえば，移動事象の時間的枠組みは移動物の特性にもよる。(11)では(10a)と同じ前置詞句が使われているが，(10a)が瞬時的なのに対し(11)は継続的である。これは主語の性質の違いによる(Jackendoff 1991 を参照)。

(11) 　*The procession walked across the border.*

また，移動事象の時間的特性が様態句によって示される場合もある。(12)では擬態語の繰り返しの違いによって，移動の時間の差異が示されている(Akita 2009: 145ff を参照)。

(12)　花子は｛てくてくと／てくてくてくてくと｝歩いた。

さらに客体移動や抽象的放射の場合，経路句は必ずしも事象の時間的枠組みを決めるわけではない。(13)を考えてみよう。

(13) a.　*Bill threw the ball into the catcher's mitt.*
　　 b.　*Sally looked into the mirror (for a few seconds).*

客体移動の(13a)の事象は，投げるという使役事象とその後に起こる移動物の移動からなるが，*into*句はこのうち移動物の移動の時間的輪郭のみに関連する。また，(13b)のように視覚動詞が使われた場合，前置詞句が表しているのは，視線に沿って動く架空の移動物の移動経路である。(13b)でこの経路は着点を持つが，*for*句と共起することから分かるように，ここで表され

ている事象は終結的ではない。

　第二に，経路の表現が文中の複数の位置に起こりうることが挙げられる。シンハとクテヴァは(14)のような日本語の例を挙げ，位置名詞＋後置詞と複合動詞後項の両方に経路が表されることを指摘している（Sinha & Kuteva 1995）。

　　(14)　太郎は箱の中にボールを投げ入れた。

このような例は多くの言語で見られる（江口（本巻）など参照）。タルミーの類型論は経路が節の一カ所で枠付けされることを前提としており，それが動詞か付随要素のどちらなのかを問題にしていた。(14)のような例はその前提を崩すものである。

　以上の二つの理由から，枠付けという概念には問題があると考えられる。したがって，経路の表現位置の類型は，経路が文のどの要素によって「枠付けされるか」ではなく「表示されるか」という観点から捉えた方が良いと思われる。なお，経路の表示が複数の位置で行われる経路複数位置表示型の表現に関しては，どの位置が優勢なのか，どのような役割の違いがあるのかを考察する必要がある。

3.1.4　統合性

　次に**統合性**という問題がある。タルミーの類型論は，イベント統合の類型という用語からも分かるように，移動という複雑な事象が一つの節に統合的に表現される場合の類型論である。ところが，移動事象はすべての言語で統合的に表現されるとは限らない。特に客体移動の場合にそれが言える。たとえば，(15)では使役事象と移動事象が別個の文で表され，一つの節どころか一つの文にも統合されていない。

　　(15)　太郎はボールを蹴った。すると，ボールはベンチの下を通って
　　　　　ゴールに入った。

このような**非統合的表現**を好む言語もある（Pawley 1993 も参照）。経路がどの位置で表現されるかを議論する前に，そもそも移動事象を統合的に表現するのか，非統合的に表現するのか，という類型的な差異を考えなければならない（Croft et al. 2010 も参照）。

3.1.5　マクロイベント

最後に移動表現の類型論が考察対象とする文の範囲の問題がある。先に述べたように，タルミーが考察対象とするのはマクロイベントであり，主体移動表現で言えば，様態（または原因）が経路と共に表された文である。しかし，移動を表す文のすべてがその二つを表すとは限らない。特に一部の言語では歩行に関して様態を省略することが多く，タルミーのような限定を行うなら多くの移動を表す文が考察されないことになる。

3.2　言語内の類型的変異

次に類型の一貫性の問題について検討する。一つの言語は常に同じ経路の表現パターンを用いるわけではない。ここでは，1) 主体移動の表現における類型論的変異，2) 主体移動表現・客体移動表現・抽象的放射表現という移動事象表現タイプ間の相違，3) 直示的経路と非直示的経路の相違という三つの課題を取り上げる。

3.2.1　**主体移動における類型論的変異（様態と経路の種類）**

主体移動に関して，一つの言語内で以下のような変異が見られるという指摘がある。まずは，移動様態の種類によって表現パターンが変わるというものである。たとえば，コンテクストや世界に関する知識から移動様態が予測可能な場合（人間が主語の場合の〈歩く〉など），様態の情報が省略され，一般には主要部外表示型と考えられる言語でも主要部表示型の表現が用いられる場合がある。タルミーはエマイ語（ニジェールコンゴ語族・エドイド諸語）に関して，歩行以外の移動様態の場合は様態動詞を主動詞とした表現がなされるが，歩行（あるいは移動を引き起こす様態）が指定される場合は経路動詞を主動詞としたパターンも可能だとしている（Talmy 2000b: 64-66, Schaefer 1989 も参照）。

また，経路の種類によって表現パターンが変わる場合がある。特に主要部表示型の言語において，ある条件下で主要部外表示型の表現が可能になる場合がある。先に触れたように，フランス語，スペイン語，日本語などにおいて，様態動詞は（一部の）着点句と共起しない。しかし，たとえば方向を表す句とは共起する（Aske 1989 など参照）。この場合，経路を主要部外要素で示

す主要部外表示型の表現パターンを示していることになる。

(16) a. スペイン語
La botella flotó hacia la cueva. (Aske 1989: 3)
the bottle floated toward the cave
"The bottle floated toward the cave."
b. 太郎は駅の方へ走った。

このような表現はどのような条件下で可能になるのであろうか。この条件についてはいくつかの説がある。動詞のアスペクト的特性によるとする説(池上 1981, Aske 1989: 7, Slobin 2000)，**境界越え**(boundary crossing)という概念に言及して説明する説(Slobin 1996, 1997, 2000)，各言語における経路句の性質によるものとする説(Jones 1983, 松本 1997 など)である。このどれが正しいかに関しては，まず各言語でどの動詞の場合にどの経路句が共起するのかに関してデータを蓄積した上で議論する必要がある。

経路の種類における類型的変異には次のような差も存在する。本巻で見るように，多くの言語で，〈上へ〉〈下へ〉については動詞が存在しても，〈中へ〉〈外へ〉については動詞が欠けていて，動詞以外の要素での表現しかできないという事実がある。このような現象は各言語の経路に関する詳細な記述から明らかになることである。

最後に，同一言語内の変異に注目するクロフトの考えについて触れる。クロフトらは一言語内における異なるパターンの共存から，タルミーの類型は言語の類型ではなく，構文の類型であると考える(Croft et al. 2010)。確かに構文を類型化することができるのは事実である。しかし，各言語がどちらのタイプの構文を好むかという観点から言語自体の類型を考えることも可能であり，本巻では言語の類型という視点を維持する。

3.2.2 移動事象表現タイプ間の変異

従来の移動表現の研究においては主体移動のみが議論されることが多かった。しかし，本章の冒頭で述べたように，移動表現には主語指示物が移動する主体移動表現のみではなく，客体移動表現，抽象的放射表現という異なる**事象表現タイプ**が存在する。これらの移動事象表現タイプに応じて経路の表

現位置が異なり，類型的パターンの言語内での変異が見られることがある。

主体移動表現と客体移動表現で表現パターンが異なる場合があることは，すでにいくつかの研究で指摘されている。チェとバウワーマンは，韓国語において主体移動と一部の客体移動で表現パターンが異なることを主張している (Choi & Bowerman 1991)。すなわち，主体移動に関しては (17a) のように様態動詞＋経路動詞＋直示動詞という「三点セット」の表現がされるのに対し，(17b) の客体移動に関しては使役手段動詞を主要部で用い，経路を非主要部で表す表現となる (Choi & Bowerman 1991)。

(17) 韓国語
    a. *Yohan-i   pang-ey   ttwui-e   tul-e   o-ass-ta.*
       John-NOM room-LOC run-PRT enter-PRT come-PST-DECL
       "John came running into the room."
    b. *Yohan-i   yelswey-lul   selhap-an-ey   tency-ess-ta.*
       John-NOM key-ACC drawer-inside-LOC throw-PST-DECL
       "John threw the key into the drawer."

また，主体移動の表現では経路動詞を主動詞として用いる言語でも，客体移動の表現では経路動詞のレパートリーが限られており，経路を主動詞以外で表さざるを得ないというケースもある (松本 1997)。客体移動に関してはいくつかの種類があり，その種類によっても表現パターンが変わる場合もある。この客体移動の種類に関しては第4節で詳しく述べる。

さらに，抽象的放射の表現は主体移動の表現とかなり異なる表現パターンを示す場合がある。松本及びスロービンは，多くの主要部表示型言語（動詞枠付け言語）において，経路を主動詞で表すパターンが抽象的放射の表現には存在しないことを指摘している (Matsumoto 2006, Slobin 2008)。

移動事象表現タイプによる類型の言語内変異は大きな研究課題として残されており，本巻でもこの変異に注目する。

3.2.3 直示的経路概念と非直示的経路概念の相違

もう一つの変異は直示的経路概念と非直示的経路概念の違いである。タルミーの類型論においては**ダイクシス** (deixis) の表現があまり注目されていな

かった。タルミーはダイクシスも経路の一種であると考え，ダイクシスが主動詞で表される言語は動詞枠付け言語であると考えたいようである（Talmy 2000b: 53ff, 2008）。しかし，ダイクシス表現が通常の経路表現と異なる振る舞いをする言語は多い。たとえば，ダイクシスを表す語や接辞が他の経路の要素とは異なる位置に現れる言語がある。韓国語では，先の(17a)のように様態動詞，経路動詞，直示動詞の三つをこの順で用いるのが普通である。ここで直示動詞は経路動詞とは別の独自の表現位置を持っている。ドイツ語やハカルテック語（マヤ諸語）には動詞接辞として二つのスロットがあり，一つのスロットにはダイクシスの情報が，もう一つにはその他の経路情報を表す接辞が来る（たとえば，ドイツ語の *her-aus-fliegen*（hither-out-fly）'fly out this way'；ハカルテック語については Craig 1993 を参照）。

　さらに課題となるのは，直示的な経路概念と非直示的な経路概念の表現位置が大きく異なり，二種類の経路概念のどちらを考えるかで言語が異なるタイプに分類されるというケースである。たとえば，ジャミンジュング語（オーストラリア諸語）では，屈折して主動詞として使われる動詞がごく少数しかなく，それと共起する "coverb" などと呼ばれる屈折しない動詞的要素が具体的な動作の情報を表す。移動事象の場合，非直示的なものの多くは非主要部の coverb で表現されるが，直示的な経路概念は主要部の屈折動詞で表現される（Schultze-Berndt 2000）。(18)では *ijga* が主動詞であり，*jag* が coverb である。

　　(18)　ジャミンジュング語　（Schultze-Berndt 2000: 469）
　　　　jag　　*yirr-ijga-ny*　　*binka-bina*
　　　　go.down　1PL.EXC-go-PST　river-ALL
　　　　"We went down to the river"

ドイツ語においては経路の要素を含む動詞は皆無とされるが，ダイクシスを表すものは例外であり，主動詞として用いられる（*kommen* 'come' と *gehen* 'go'）。逆に，ガーグジュ語（オーストラリア諸語，死滅）には経路動詞が数多く存在し，主動詞として使われていたようであるが，ダイクシスを表す動詞は存在せず動詞接辞が用いられる（Harvey 2002）。ハウサ語（アフロアジア語族・チャド語派）も同様である（Newman 2000）。

このように，ダイクシスはそれ以外の経路とは別に扱う必要がある。

3.3　際立ち

移動表現に関して，タルミーの類型とは異なった観点からの言語の分類も提案されている。タルミーの類型は移動の経路をどの位置で表現するかという類型であったが，これとは別に，どの要素を言語化して表現することが多いかという頻度（あるいは言及可能性）から諸言語を特徴付けることもできる。

まず様態に関しては，スロービンらはフロッグストーリーと呼ばれる談話データを諸言語で分析し，移動の様態が言語化される頻度が言語によって異なり，それがタルミーの類型と対応していると主張している（Slobin 1996, 2000）。つまり，英語のように経路を主動詞以外で表現する言語では，主動詞位置が様態動詞で占められるために様態に言及する頻度が高いのに対し，スペイン語のように主動詞が経路を表す言語では，様態が文の必須要素ではない付加詞で表されるために言及頻度が低くなるというものである。スロービンはこの観点から**様態の際立ち**（manner salience）が言語間で異なるとして，諸言語に様態の際立ちの順位をつけている。

類似の試みは経路とダイクシスについても行われている。イバレッチェ・アンテュニャーノは，一つの節の中でいくつの経路を表現されるかという観点から諸言語の**経路の際立ち**を算定している（Ibarretxe-Antuñano 2009, Slobin 2000, Bohnemeyer et al. 2007 も参照）。また古賀ら東京大学の研究グループは，諸言語の**ダイクシスの際立ち**，つまり諸言語の話者がダイクシスをどの程度表現するかを考察している（古賀（本巻）を参照）。

このような際立ちを決めている要因が何であるのかは，重要な研究課題として残されている。

4.　本巻における研究課題と分析の枠組み

さて，以上のような類型に関する議論を踏まえて，本巻では諸言語の移動表現の類型的特性を明らかにし，移動表現の類型に関する諸課題に取り組む。取り上げる課題は以下のものである。

課題1. 各言語には移動を表すどのような表現形式があるのか。つまり，直示的および非直示的経路表現，様態表現など，どのようなものがあるか。

課題2. 各言語はどのように移動を表す文を構成するのか。たとえば，経路の表現位置はどこか，複数位置による経路指定はなされるか，直示的経路概念と非直示的経路概念で表現位置に違いはあるか，非統合的表現は使われるか。

課題3. 各言語はどのような言語内変異を見せるのか。たとえば，経路の種類による表現位置の変異が見られるか，移動事象表現タイプ別に経路の表現位置の変異が見られるか。

また，考察の対象は，移動を表してさえいれば，必ずしもタルミーの言うマクロイベントを表す文に限らない。

諸言語の記述・比較を行う場合，比較が可能になるように用語の統一などを図らなければならない。本巻においては，扱う言語の性質や執筆者の立場の違いから完全に統一的な用語を用いてはいないが，多くの場合以下の用語を用いた記述を行っている。

4.1 類型

類型の名称に関しては，他の類型の方が良いという場合を除き，Matsumoto (2003 [2011]) を修正する形で「**(経路)主要部表示型**」「**(経路)主要部外表示型**」という用語を用いる。これは言語全体に関して用いるほか，移動事象表現タイプ別，構文別にも用いる。また，必要に応じて直示的経路概念と非直示的経路概念を分け，「直示に関しては…表示型」という言い方をする。

ここで言う主要部は主動詞を指すが，何が主動詞であるかに関しては，1) 定形である(時制接辞，一致接辞などを持つ)，2) 全体の項構造(特に主語)を決める，の二つを基準とする。伝える意味内容が豊かであるとか，焦点が当てられるといった基準は用いない。主動詞が形態論的に複雑な場合は，その動詞の中で形態論的な主要部を「主要部」と見なす。なお，主要部の決定に項構造を重視する意義については最後の章で議論する。

節の主要部を一つに決められないと考えられる言語は，別の類型に属する

ことになる．複数の主要部があり，その一つによって経路が表されるのであれば，その言語は「共主要部表示型」ということになる．

　第13章では，類型に関して本巻から得られる示唆を総合的に検討する．その中で，新たな観点（経路の表現が移動事象表現タイプに共通の要素かどうか）からの考察も行う．

4.2　経路概念

　個別言語の記述を行う第2章から第10章においては，経路に関して詳細な記述が含まれる．そこでは，基本的に松本（1997）に添った用語を用い，経路は，経路局面，位置関係，方向などの諸要素からなると考える．

　経路局面とは，出発，到着などの移動の局面に対応する経路部分を指し，**起点**，**通過点**または**通過領域**，**着点**の三つがある．**位置関係**とは，起点，通過点・通過領域，着点が**参照物**（= ランドマーク）に対してどの位置にあるか，たとえば中か，表面か，上かなどを示すものである．この二つはタルミーのベクトル（vector）と配置（conformation），さらにジャッケンドフの経路関数（path function）と場所関数（place function）にそれぞれほぼ相当する（Talmy 2000b: 93ff, Jackendoff 1983: Ch. 9）．

　経路前置詞や経路動詞の中には，経路局面と位置関係の組合せとして分析されるものがある（Bennett 1980, Jackendoff 1983）．たとえば，英語の *into* は着点が参照物の内側にあることを表すが，本巻ではそれを TO IN のような意味表示を用いて表す[2]．

　経路局面と位置関係は独立した形式で表現されることもある．たとえば日本語では，「〜の中に」のように，位置関係を「中」などの**位置名詞**で表し，経路関係を「に」などの後置詞で表す場合がある．

　他の重要な経路概念に**方向**がある．方向に関わる概念としては，まず TOWARD や AWAY FROM という**方向性**を表す概念的要素がある．これら

---

[2] ジャッケンドフは *into* の意味を(ia)のような意味表示によって表す（Jackendoff 1983: 183）．このうち TO が経路局面，IN が位置関係に相当する．簡略的なイメージスキーマを用いるなら(ib)のようにも示すことができる．

　　(i) a. [$_{path}$ TO [$_{place}$ IN [$_{thing}$ …]]]

は英語前置詞の *toward, away from* の意味を構成し，なんらかの参照物を目的語として取る。*up, down* などの方向を表す語の意味は，この方向性と**参照位置**との組合せとして理解される。*up* は TOWARD ABOVE，*down* は TOWARD BELOW と記述できる。BELOW は引力の働く方向にある参照位置，ABOVE はそれと逆の方向にある参照位置を指す[3]。

ダイクシスに関しては，たとえば英語の着点を表す *here* は TO HERE，*hither* は TOWARD HERE のように，経路局面や方向性に参照位置の HERE などが組み合わされて語の意味を構成していると考える。

4.3 経路の表現形式

以上のような経路概念を表す表現形式については，本巻のように移動事象を広く捉えて考察する場合，移動事象表現タイプに共通して用いられる表現形式かそうでないかという区別が重要になる。

たとえば上方向を表す形式において，英語の *up* は三つの移動事象表現タイプに共通して使われる**共通要素**である (*run up, throw ... up, look up*)。日本語の「上」も同様である。移動事象表現タイプに共通して使われるのは主に位置名詞・格語尾・前後置詞・不変化詞・動詞接辞である。それに対し，日本語の動詞「上がる」「上げる」はそれぞれ主体移動と客体移動の表現として特化しており，**特化要素**である。動詞は多くの言語において特化表現だが，言語によっては共通要素に含まれる場合もある。

さらに，動詞以外の多様な経路形式について，ヴェルクリにならい，**動詞関連要素**(adverbals)と，**名詞関連要素**(adnominals)の区別をする (Wälchli

b.

この二つの意味表示の方法に関してはイメージスキーマの方がすぐれていると考える根拠があるが(詳細は別の機会に譲る)，本巻では表示のスペースの関係上，TO IN のような簡略的意味表示を用いる。

[3] 本論の TOWARD の扱いはタルミーのものとは異なる。タルミーは TOWARD を TO と同じくベクターの一つと考えるが，ここでは TOWARD は方向性，TO は経路局面を表すと考える。

2001)。動詞関連要素とはタルミーの付随要素にほぼ相当するもので、主動詞と関連するものである。これには、まず主動詞語幹に形態論的に付加されるものとしての動詞接辞および複合動詞の非主要部が含まれる。このほか、統語構造の中で動詞の周りに起こる要素として、英語の不変化詞（*walk down*）や副詞の *here* などがある。一方、名詞関連要素とは参照物を表す名詞句と関連する要素で、格接辞及び参照物名詞句を目的語として取る前後置詞（接置詞）が含まれる。この動詞関連要素と名詞関連要素の区別に関しては若干の課題もあるが（Imbert, Grinevald & Söres 2011 を参照）、記述上有用であると認めて採用する[4]。

以上のような経路概念の分類と経路形式の分類から、どのような経路がどの位置で表現されるのかに関して詳細な検討が可能になる。

4.4　移動の事象表現タイプ

3.2.2 節で述べたとおり、本巻が注目する点の一つは移動の事象表現タイプ（主体移動表現、客体移動表現、抽象的放射表現）によって表現のパターンがどのように変異するかである。ここでは、従来議論されることの少なかった客体移動表現と抽象的放射に関してさらに解説する。

4.4.1　客体移動表現

客体移動表現とは目的語の移動を表すもので、使役移動表現とも呼ばれる場合がある。

事象としての客体移動にはいくつかの下位分類が可能だが、本巻では使役と移動の時間的関係の違い、また移動する参加者の違いから、以下のような下位分類を行う（Kopecka & Narasimhan 2012 も参照）。次の三つの文が表す事象を考えてみよう。

(19) a.　*Andrew threw a ball into the net.*
　　 b.　*Maria led the child to the school.*
　　 c.　*Peter picked up a book from the floor.*

---

[4] 一つの問題点は、形式的には動詞に付加される要素でも、文法機能的には目的語を取る形態素をどう扱うかである。バントゥー諸語に見られる適用形態素がその例である。

(19a)が表す事象では，使役行為が行われるのは移動の開始時のみである。また，移動するのは被使役者である移動物のみで，使役者は移動物と一緒に移動することはない。(19b)では，使役者の被使役者に対する使役行為が，被使役者の移動の間に継続的に行われている。また，使役者は被使役者と一緒に移動する。(19c)では，使役者が被使役者に対して継続的に使役を行うが，被使役者と一緒に移動することはない（ただし，身体の一部は移動する）。本巻では，(19a)のような客体移動を**開始時起動型**，(19b)のような客体移動を**随伴運搬型**，(19c)のようなタイプを**継続操作型**と呼ぶ。この三つは移動物の移動範囲に関しても若干の違いがあり，継続操作型では小規模な移動が多い。

以上の三つを表にまとめると以下のようになる。

表1：客体移動事象の下位分類

パラメター 下位分類	使役が起こる時間	使役者の移動	移動範囲
随伴運搬型	移動の期間中（継続的）	一緒に移動する	制約無し
継続操作型	移動の期間中（継続的）	移動しない（身体部位は移動あり）	小規模
開始時起動型	移動開始時のみ	移動しない	制約無し

この分類は，使役と移動の時間的関係に関しては，使役が移動の開始時のみか継続的かの違いに基づいている。また，使役者と移動者の関係に関しては，使役者が随伴的か非随伴的かの区別に基づいている。これにしたがうと，論理的には上記の三種類のほかに，開始時使役でかつ随伴的な客体移動もあり得るはずだが，現実としては想定しにくいため，その組合せは考慮しない[5]。

客体移動事象を上記の三つに区別するのは，この三つのタイプで言語表現のパターンが異なる場合があるからである。たとえば，英語の *bring* は主に随伴運搬型の客体移動に使われる。また，*put* は主に継続操作型の客体移動

---

[5] 使役が移動の開始時のみか，移動の期間中かの区別は，タルミーの言う**開始時使役**と**継続使役**の区別である。これは多少の違いはあるが柴谷（Shibatani 1976）の弾道使役と制御使役に相当する。

に使われる。

　また，随伴運搬型の客体移動は多くの言語において別の特殊性を持つ。たとえば日本語の場合，随伴運搬型の客体移動事象は(20)のように主体移動表現と似た表現で表すことができる。

　(20)　私は本を持って行った。

この文は〈本を持っている〉という状態で主語指示物が移動したことを表しているが，移動物と持っているものが同時に移動するため，実質的に随伴運搬型の客体移動を表しているとも考えられる。ここでは主体移動動詞「行く」が使われていることから，(20)はあくまで〈運びながら移動する〉という意味の主体移動表現であり，機能上，随伴運搬型の客体移動事象を表していると考える。このような表現を**疑似客体移動表現**と呼ぶ。

　なお，本巻での客体移動表現に関する扱いはタルミーの扱いとは大きく異なる。タルミーはここで言う客体移動を agentive motion と呼び，移動動詞に原因が語彙化されていると考える(Talmy 2000b: 30 など参照)。たとえば，throw は移動の原因を含むと考えるのである。これに対し本巻では，throw が使役の事実，移動の事実，使役の手段の三つの要素を合わせて表現していると考える。この動詞は，〈手に持った物体を，腕を振り動かし，勢いをつけて手から離すことによって移動させる〉ことを表しており，下線部の手段の点で kick など他の動詞と異なるからである。その意味で，throw のような動詞は**使役手段動詞**と呼ぶことができる。

4.4.2　抽象的放射表現

　次に**抽象的放射表現**について述べる。私たちが何かを見るとき，私たちの目から何かが流れ出て，視線にそって動いて視覚対象に達しているように感じられる。このような現実には起こっていない移動に基づいて(21)のような表現ができる(Talmy 2000a: Ch. 2, 松本 2004)。これが**視覚的放射表現**である。

　(21)　*I looked into the hole.*

視覚以外にも音声，非音声的なメッセージ，光の移動を表す(22a-c)のような文がある。

(22) a. *Bill spoke into the microphone.*
　　b. *Kim nodded across the table.*
　　c. *The sun shines onto the earth.*

これらの例から分かるように，英語ではかなり広い範囲の動詞が経路句と共起する。

これらに共通しているのは，移動物が動詞の項として表現されていないことである。つまり，主体移動表現が主語指示物の移動を，客体移動表現が目的語指示物の移動を表すのに対し，抽象的放射表現は項として現れていないものの移動を表す。

抽象的放射事象は，移動する抽象物をモノとしてとらえて(23),(24)のように名詞句で表すこともできる。

(23) a. *I sent a quick glance into the hole.*
　　b. *Naomi gave a shout out.*
(24) a. *His eyes fell on the paper.*
　　b. *A voice came from the heaven.*

これらは意味的には抽象的放射事象を表しているが，移動物が主語または目的語で表されているので，構文的には(23)は客体移動，(24)は主体移動の表現であり，抽象的放射表現とは見なさない。

(21)と(23a)，(22a)と(23b)を比較すると分かるように，(21),(22)では抽象的放射の使役者(放射者)が主語になっている。その意味で，抽象的放射表現は統語的に自動詞文である点で主体移動表現に似ているものの，意味的には客体移動表現の拡張であると考えられる。

視覚的放射表現は次のような表現と区別しなければならない(Talmy 2000a: 110-111, 松本 2004)。

(25) a. *Matthew looked from one face to another.*
　　b. *Eve looked up from her book.*

この場合，移動しているのは注視点である。注視点とは注目して見ている点であり，視覚的放射の着点である。(25)の経路は，私たちが視線の方向を変えるときの注視点の移動経路を表しているのである。本巻では，このよう

な移動を視覚的放射方向移動と呼び，視覚的放射と区別する[6]。ただし，言語によっては区別が難しい場合があり，その場合はそのことを断った上で一緒に議論する。

　主要部表示型の言語では，抽象的放射表現は主体移動表現や客体移動表現とは異なる表現パターンが用いられることが多い。視覚的放射表現において主要部表示型を取るということは，視覚と経路の概念を併せ持つ単一語根動詞を主要部に置くということである。しかし，一般に，視覚を表す動詞が経路の情報を含むことは稀である。たとえば，〈上を見る〉〈外を見る〉という意味を表す単一動詞語幹を持つ言語は非常に限られている（Slobin 2009）。このため，主要部表示型の言語とされる言語でも，抽象的放射表現の場合は主要部外表示型の表現が用いられるのが一般的なようである。たとえば，主要部表示型言語とされるヒンディ語（Narasimhan 2003）において，視覚的放射の経路は次のように主要部以外の要素で表現される。

(26)　Maine　uupar　(aakaash-kii　oor)　dekhaa.
　　　I-ERG　up　　sky-GEN　direction　looked.
　　　"I looked up (at the sky)."

4.4.3　類型の変異における傾向

　移動事象表現タイプによる類型の変異に関しては，どのような一般的な傾向が見られるであろうか。主要部表示型の言語の場合，主体移動表現，客体移動表現，抽象的放射表現の区別をする主動詞で経路がコード化されるため，様々な経路に対して別個の移動動詞，使役移動動詞，および抽象的放射の動詞が必要になる。たとえば，〈上に向かって移動する〉のほかに，〈上に向かって移動させる〉，〈上を見る〉，〈上に向かって叫ぶ〉などが，それぞれの種類の経路に対して必要になる。これは語彙の経済性の観点からは不経済である。もしこれらの中で一部の動詞をなしで済ませ，代わりに移動事象表現タイプに共通の要素によって方向を表そうとするなら，どの動詞カテゴリーが最もその対象となりやすいであろうか。それは，移動表現としての典型性や機能的必要性が低いものであると思われる。つまり，1) 移動に具体性がな

---

[6] 松本 (2004) では，(25) に含まれている抽象的な移動を「注視点の移動」と呼んでいる。

い，2)移動以外の側面に関心が向けられる，3)経路を表現する必要があまりない，4)事象自体の起こる頻度が低い，といった特性を持つ事象を表す動詞カテゴリーであろう。ここから，(27)の順で主要部表示型の表現がしにくくなるという仮説が考えられる(Matsumoto 2001)。

(27) 主体移動表現＜客体移動表現＜抽象的放射表現

これは，直示的経路にも，非直示的経路にも，当てはめて考えることができる。この仮説に関しては，いくつかの章で検討し，第13章で総合的に考察する。

5. 各章の課題

個別言語を扱う第2章から第10章では，それぞれ以上に挙げた課題の一部を取り上げる。検討する言語は，英語，ハンガリー語，ネワール語，ドム語，中国語，タイ語，シダーマ語，イタリア語，日本語であり，これらは，ほぼ，主要部外表示型，分類が難しいもの，主要部表示型，という順になっている。英語，日本語など，すでに移動表現の基本的事実が知られている言語に関しては，コーパスデータを用いた表現パターンの分析に重きを置く。その他の言語に関しては，基本事項の記述から始めて，その言語の移動表現の類型的特徴を考察する。

複数の言語に関わる第11章と第12章では特定の研究課題を扱う。古賀による論文では，四つの言語の翻訳パラレルコーパスを用いて様態とダイクシスの際立ちの問題を扱い，表現位置の競合性という要因などを提案する。また，守田・石橋による論文では，日本語とフランス語の比較から両言語の移動表現の類型を検討すると共に，主要部表示型言語(動詞枠付け言語)に属するとされる諸言語間の差異について論じる。

最後に，松本論文(第13章)では本巻で個別言語に関して得られた知見に基づき，いくつかの一般化と類型の再検討を行う。

略語一覧
ACC：対格，ALL：向格，DECL：平叙形，ERG：能格，EXC：除外形，LOC：位格，NOM：主格，PL：複数，PRT：分詞形，PST：過去

第2章
英語における移動事象表現のタイプと経路表現

松本　曜

1. はじめに

　英語の移動表現の性質については，Ikegami(1970), Talmy(1985, 1991), Jackendoff(1990), Levin(1992), Goldberg(1995), Slobin(1996, 2000), 松本(1997), 上野・影山(2001), Rohde(2001), 米山(2009)など，多くの研究がなされてきた。このうち類型論的な研究の中では，英語が典型的な付随要素枠付け言語，あるいは経路主要部外表示型の言語であると主張されてきた。つまり，移動の経路を不変化詞や前置詞で表すということである。また，主動詞の位置には，主体移動であれば様態動詞，客体移動であれば使役手段動詞が置かれるのが普通とされてきた(Talmy 1991, 松本 1997, Slobin 2000 など参照)。

　これまでの研究における問題点として三つのことが挙げられる。一つは，本巻全体で課題として取り上げているように，主体移動，客体移動，抽象的放射といった移動事象表現タイプごとの分析(さらには客体移動のタイプごとの分析)が行われてこなかったこと，また，ダイクシス(経路の直示的特性)の表現位置が考察されてこなかったことである。さらに，限られた特定のコーパスの分析は行われてきたが(Slobin 1996, 2000)，大規模なコーパスにおける数量的な分析が行われておらず，議論されてきたようなパターンがどれくらい一般的なパターンなのかがはっきりしなかったことである。

　本章では，主体移動表現，客体移動表現，抽象的放射表現に共通して用いられる経路表現を概観した後，移動事象表現タイプごとに表現パターンを検討し，コーパスに基づく数量的分析を報告する。主に用いるのはコウビルドコーパスの中のusbooks(アメリカ書籍)のサブコーパスである[1]。このコーパ

---

[1] usbooksは1990年から1998年の間に刊行されたフィクションとノンフィクションの書籍からなり，約7626万語を含んでいる。

スを，小学館コーパスネットワークの検索システムを用いて検索した。その結果から，また移動事象表現タイプによって，経路の表現位置に変異があること，さらに，経路の非直示的特性と直示的特性（ダイクシス）の表現位置にも相違があることを主張する。なお以下では，経路の直示的特性を，経路の他の特性から独立させて「ダイクシス」と呼ぶ。

2. 移動事象表現タイプに共通して用いられる経路表現

(1)に主体移動表現，客体移動表現，抽象的放射表現の例を挙げ，共通して使われる経路表現を例示する。

(1) a. *Susan walked up to the hilltop.*
　　b. *Bill threw the ball up into John's hands.*
　　c. *Kate looked up into the sky.*

(1)の文では，経路が不変化詞 *up* や，前置詞 *into, to* によって表されている。これらは移動事象表現タイプに共通して用いられる経路表現である。

　これらの経路表現の意味分析はそれ自体で一つの大きなトピックである（Bennett 1975, Jackendoff 1983 など）。ここではごく大まかにどのような種類の情報が表現されるかについて触れ，注意すべき点を述べるにとどめる。前置詞には *in, on* のように位置関係を表すもの，*to, from* のように経路局面を表すもの，*into, out of* のように位置関係と経路局面の両方を合わせて表すもの，そして *up* のように方向を表すものがある（これらの用語については第1章を参照のこと）。このうち，位置関係を表すものの中には，一部の動詞と共起して着点における移動物と参照物の位置関係を表すものがある（*go beside the building* など）。ただし，一部の様態動詞ではそのような解釈が不可である（*walk beside the building* など）。方向を表す *up/down* は目的語を取るが，それは方向とは関係なく，上下方向に移動する際の通過領域（斜面など）を表す。(2)に示す通り，移動方向の先にある参照物は目的語として取れない。

(2)　*John walked up the {hill/*hilltop}.*

不変化詞には *in, out* のような位置関係と経路局面の組合せか，*up* のような方向を表すものしかない。英語の不変化詞には位置のみ，あるいは経路局

面のみの意味のものはない。たとえば，to は着点への移動を表す不変化詞としては使われない。位置を表す前置詞と同形の in などの不変化詞はあるが，これは着点＋位置関係（TO IN など）の意味を表し，位置関係のみを表すことはない。たとえば，(3)は何かの中を歩いたという意味はなく，何かの外から内側へと歩いたことを表す。

(3)　　Bill walked in.

　これらの共通要素は，(4)のように複数連鎖させて使うことが可能である。(4b)では移動の参照物も，前置詞の目的語の形で一つの節の中に複数現れている。

(4)　a.　She ran <u>back</u> <u>in</u>.
　　　b.　Jack walked <u>past</u> the church <u>toward</u> the station.

スロービンらは，(4b)のように複数の参照物を表現することが，スペイン語よりも英語で多く見られ，これが動詞枠付け言語（主要部表示型言語）と比べたときの付随要素枠付け言語（主要部外表示型言語）の特徴であるとしている（Slobin 1996; Ibarretxe-Antuñano 2009 も参照）。

　ダイクシスを表すものとしては，副詞の here/there, hither/thither がある。このほか，toward me のような前置詞句でも表すことができる。

　英語において，副詞，不変化詞，前置詞がどの意味要素を表すかをまとめると次のようになる。

表1：移動事象表現タイプに共通して用いられる経路表現（英語）

意味＼形式	動詞関連要素	名詞関連要素	
	副詞	不変化詞	前置詞
ダイクシス（e.g., TO HERE）	✓		
経路局面（e.g., TO）			✓
経路局面＋位置関係（e.g., TO IN）		✓	✓
方向（e.g., TOWARD ABOVE）		✓	✓

　以上のような共通要素と共に，各事象表現タイプに特有の動詞が主要部に置かれて移動表現が構成される。以下に例を見ていこう。

3. 主体移動表現
3.1 主体移動を表す動詞

主体移動を表す動詞の代表的なものとしては，*walk, run* などの様態動詞，*enter, leave* などの経路動詞，*go, come* の直示動詞の三種類がある。英語はこの中でも様態動詞の数が多いのが特徴である(Levin 1993, 松本 1997)。経路動詞には *fall, drop, rise* のような方向を含むもののほか，*reach, leave* のような経路局面を表すもの，あるいは *enter, cross* のように経路局面と位置関係の両方を併せ表すもの(参照物との位置関係の変化を表すもの)がある。一部，*climb* のように，経路と様態の両方を表す(〈手足を使って上へ移動する〉)動詞もある(以下では経路動詞として扱う)。このほか，*The napkin blew off* の *blew* のように，移動の原因を含む動詞もある。

これらの様態動詞，経路動詞，直示動詞はいずれも主要部に使うことができる。以下の通りである。

(5) a. *John walked across the river.*
    b. *Mary went into the forest.*
    c. *Peter left the city.*

3.2 主体移動表現における表現パターン

では，英語の主体移動の表現において，様態，経路，ダイクシスはどのように表現されるのであろうか。それを調べるためにコウビルドコーパスを用いた調査を行った。コウビルドコーパスの usbooks から Levin(1993) あるいは松本(1997)が移動動詞としているすべての動詞の用例と *way* 構文の用例(*joked his way into the meeting* など)を検索し，その中から 1/20 の用例を無作為に抽出した[2]。さらにその用例から物理的な移動を表している文を個別に判断して拾い上げたところ，1644 例(111 動詞)が得られた。これを以下の主体移動表現の分析対象とする。

まず，これらの 1644 例のうち，様態動詞，経路動詞，直示動詞のどれが

---

[2] Levin(1993)のリストでは，43.2 及び 51.1~51.7 を利用した。Levin のリストは，様態動詞に関しては網羅的と思われるが，経路動詞に関してはかなりの漏れがある。一方，松本(1997)は経路動詞については網羅的であるが，様態動詞には漏れがある。

主動詞として用いられているかを調べたところ，表2の結果となった。「その他」は原因を表すものや，*move* などこの三種類に分類することができない動詞である。

表2：主体移動表現における主動詞

動詞の種類	様態動詞	経路動詞	直示動詞	その他
使用頻度	514(31.3%)	414(25.2%)	595(36.2%)	121(7.4%)

英語の主体移動表現においては，様態動詞が主要部に置かれるのが主要なパターンのように言われてきた(Talmy 1985, 1991, Slobin 1996)。しかし，この表からはその数は圧倒的に多いわけではないと言える。むしろ，直示動詞を置く場合の方がわずかながら多く，また経路動詞も主要部に少なからず使用されているという結果が得られている。英語は主要部に様態を置くのが一般的だとは必ずしも言えない。

では，経路の表現位置はどうであろうか。今回の分析対象の文を経路の表現位置で分けると表3のようになる。ここでは，前置詞・不変化詞・副詞のみ，経路動詞のみ，その両方，どちらもなしの四つに分けている。

表3：主体移動表現における経路表現の頻度

経路表現	前置詞・不変化詞・副詞のみ	経路動詞のみ	両方	どちらもなし
使用頻度	844(51.3%)	253(15.4%)	161(9.8%)	386(23.5%)

経路の表現位置では，「前置詞・不変化詞・副詞のみ」が大半を占め，「経路動詞のみ」を圧倒しており，主要部外表示型であることが確かめられる。経路が表されるのが前置詞・不変化詞・副詞と経路動詞のどちらが多いかを符号検定(片側検定)で検証したところ，前者が有意に多いという結果が出た($p<.001$)。これは英語が経路主要部外表示型であることを示している。

経路の表現位置を主動詞の種類別に見ると，次のようになる。様態動詞を主要部に置く514例のうち，経路を前置詞句・不変化詞・副詞(句)で表している例は66.9％の344例である。また，ダイクシスを主要部に置く595例のうち，前置詞句・不変化詞・副詞(句)の経路句を伴っているのは

70.1%の417例であった．つまり，様態動詞も直示動詞も，高頻度で経路句を伴って使われている．経路動詞を主要部に置く場合は経路句の頻度は低いが，それでも，414例中38.9%の161例において，主要部外要素でも経路を指定している (*fell out of her hands* など)．

英語においては，一つの動詞に経路を表す表現形式を連鎖させたり，参照物を表す名詞句を複数共起させることが比較的多いとされる．この点に関してはどうであろうか．表4，表5は動詞と共起する経路表現と参照物の数の分布を示している．

表4：主体移動表現における動詞あたりの経路表現の数

経路表現の数	0	1	2	3	4
頻度	636 (38.7%)	869 (52.9%)	125 (7.6%)	12 (0.7%)	2 (0.1%)

表5：主体移動表現における動詞あたりの参照物の数

参照物の数	0	1	2	3	4
頻度	855 (52.0%)	743 (45.2%)	42 (2.6%)	4 (0.2%)	0 (0%)

どちらの場合も，複数個が現れている文の絶対数はさほど多くはない．先のスロービンらの研究は，特に経路句，参照物の数が多いようなシーンの描写を取り上げて議論していると思われる．

次に，ダイクシスの表現方法について見てみよう．ダイクシスの表示を，動詞のみ，副詞・前置詞句のみ，動詞と副詞・前置詞句の両方，どちらもなし，の四つに分けて数を見ると，表6のような結果が得られた．圧倒的に動詞が多いことが分かる．

表6：主体移動表現における直示表現の頻度

直示表現	直示動詞のみ	副詞・前置詞句のみ	両方	どちらもなし
頻度	571 (34.7%)	21 (1.3%)	23 (1.4%)	1029 (62.6%)

ダイクシスと様態は，共に主要部で表現され，経路句を取ることが多い点

で共通している。このことは，主動詞の位置で，ダイクシスと様態のどちらを表現するかについて競合が起こることを意味する（古賀（本巻）参照）。両方を表現したい場合，一つの方法は，様態動詞を主動詞にして，ダイクシスを副詞の *here/there* や前置詞句の *toward me* で表す方法だが，今回の分析対象にはそのような例は6例のみであった。もうひとつは，次のように直示動詞を主動詞にして，様態動詞を分詞として使うことが考えられる。

(6)　　He came running with a tube of salve ...

このような表現も頻度は高くなく，今回の調査範囲では6例（全体の0.3％）にすぎない。つまり多くの場合は，主動詞のみでどちらか一方を表現するということである。ここで浮かぶ疑問は，どのような場合にどちらを主動詞にするのかである。これについては，実験などによる詳細な研究が必要である。

なお，森下（2010）はコウビルドコーパス全体における(6)のような表現を分析し，*go* よりも *come* の方がこの種の構文に使われやすいことを指摘している。これには次のような理由が考えられる。話者・聴者方向の移動の場合には，それ以外の移動の場合よりも，ダイクシスを省略せずに言語的に伝達する必要性が高い。それゆえ，有標的構文を使ってまでも，様態動詞と一緒に表現するべきだと感じられることが多いのだろう。

以上から，英語の主体移動表現における主要な表現パターンは表7のようにまとめられる。

表7：主体移動表現の主要表現パターン（英語）

表現要素	主要部	動詞関連要素	名詞関連要素
	動詞	不変化詞	前置詞
意味要素	様態，直示，経路	方向(e.g., *up*) 経路局面＋位置関係 (e.g., *out*)	経路局面(e.g., *to*) 方向(e.g., *up*) 経路局面＋位置関係 (e.g., *into*)

4. 客体移動表現

4.1 客体移動の動詞

英語で客体移動（＝使役移動）を表すのに使われる動詞は，そこに含まれる意味要素によっていくつかの種類に分けられる（松本1997）。使役手段動詞，

使役的経路動詞，使役的様態動詞，使役的直示動詞，及び*put/take*動詞である。

まず，使役手段動詞とは移動を引き起こす使役手段の情報を含む動詞で，英語に非常に多くある。*throw, kick, push, drag* などがそうで，これらは具体的な使役手段を表す。ほかに，使役の方法についての大まかな情報を伝えるのみのものもある。たとえば，*carry* は携帯運搬による使役移動全般に使われ，*send* はかなり広い範囲の開始時起動型の使役移動に使える。さらに，本来は客体移動を表さないと考えられる動詞が，経路句を伴って使役の手段を表す場合もある(Goldberg 1995)。(7)がその例である。ただし，これらの頻度は高くない(Rohde 2001)。

(7)　　*She stared him out of the room with those ice blue eyes.*

使役的経路動詞は主体移動動詞の場合よりも体系が貧弱であり，*pass* のほかは *drop, raise, lift* など上下方向を表すものに限られる。主体移動の経路動詞の場合は，経路局面を含む *reach* や，経路局面と位置関係を含む *enter, cross* などがあるが，そのほとんどには対応する使役的経路動詞がない。使役的直示動詞としては *bring/take* があるが，後に見るように，その用法は随伴運搬型の使役移動にほぼ限られる。また，方言によっては *bring/take* の対立は直示的対立ではないことが知られている(Hockett 1990)。使役的様態動詞は使役の結果生じる移動の様態の情報を含むもので，他動詞の *roll, slide* などがある。*put/take* 動詞(Kopecka & Narasimhan 2012)とは，*put, take, set, place* など，物体を置いたり取り上げたりすることを表す動詞で，主に手動による継続操作型の使役移動に使われる。その意味ではこれらは使役手段の情報を含む。そのほか，*take* は起点からの移動，*put* などは着点への移動に焦点を当てる特徴があり，*put/take* 動詞は経路の情報も含んでいると言える。

4.2　各使役移動タイプにおける表現パターン

さて，本巻の第1章で見た使役移動のタイプ(随伴運搬型，継続操作型，開始時起動型)ごとに，それぞれどのような表現がなされるかをコーパスデータから見ていこう。まず，主体移動表現と同じように，コウビルドコーパスの usbooks から Levin(1993)にある使役移動動詞をすべて検索し，その1/20 の中から物理的移動を表している文を個別に判断して抽出して，679例

(94動詞)を得た³。これらを,文脈から判断して三つの使役移動のタイプに分け,判断がつかなかった38例を除く641例を分析対象とした。

これらの文においてどのような種類の動詞(前節参照)が主動詞として使われているかを調べた結果が表8である。

表8：客体移動表現における主動詞(使役移動タイプ別)

使役 移動の型	動詞の 種類	手段	経路	様態	*put/take*	直示	その他	総数
随伴運搬型		64 (33.3%)	1 (0.5%)	15 (7.8%)	5 (2.3%)	97 (50.5%)	10 (5.2%)	192
継続操作型		100 (36.8%)	51 (18.8%)	17 (6.3%)	87 (32.0%)	1 (0.4%)	16 (5.9%)	272
開始時起動型		148 (83.6%)	14 (7.9%)	13 (7.3%)	0	0	2 (1.1%)	177

まず,上段の随伴運搬型に関しては *bring/take* の使役的直示動詞の使用が最も多く約半数を占める⁴。次に多いのが *drag, carry* などの使役手段の動詞である。また,継続操作型に関しては *push* などの使役手段動詞のほか,*put/take* 動詞の使用が約1/3を占める。*lift* などの使役的経路動詞もある程度使われる。開始時起動型においては *throw, send* などの使役手段動詞が圧倒的である。例文を(8-10)に示す。

(8) 随伴運搬型

    a. *But Herdon brought that stove down.* （ダイクシス）

    b. *He carried her back downstairs.* （手段）

(9) 継続操作型

    a. *Can I put toys on sofa?* (*put/take*)

    b. *Nina ... lifted her camera to her face, and disappeared behind it* （経路）

---

[3] 検索したのは,Levin (1993)における9.1~11, 17.1~19, 31.1 にリストされた動詞である。

[4] *take/bring* に関しては,文脈からダイクシス用法ではないとはっきりと判断される例を除いてすべてダイクシス用法と見なした。

(10) 開始時起動型
    a. *Ned grinned, tossing his yogurt cup into the trash.* （手段）
    b. *It wouldn't be practical to send them back to Africa.* （手段）

なお，継続操作使役のうち，*put* は経路句の性質が異なる。前置詞句としては，(8a) の *on* 句のように位置句が用いられることで着点の位置が示される。*take* では主に *from* 句が共起する。

次に，それぞれの使役移動タイプにおいて，経路がどの要素で表現されるかという観点から用例数を調べた結果が表9である。動詞については，経路動詞と *put/take* 類を分けている。

表9：客体移動表現における経路表現の頻度（使役移動タイプ別）

使役移動の型 / 経路表現の種類	前置詞・不変化詞・副詞のみ	動詞のみ		動詞と前置詞等の両方		どちらもなし
		経路動詞のみ	*put/take* 類のみ	経路動詞と前置詞等	*put/take* 類と前置詞等	
随伴運搬型	103 (53.6%)	0	3 (1.6%)	1 (0.5%)	2 (1.0%)	83 (43.2%)
継続操作型	98 (36.0%)	28 (10.3%)	31 (11.4%)	23 (8.5%)	56 (20.6%)	36 (13.2%)
開始時起動型	93 (52.5%)	9 (5.1%)	0	5 (2.8%)	0	70 (39.5%)

継続操作型を除いて圧倒的に主要部外要素での表現が多くなっており，これは主体移動の場合（表2）よりも明白である。継続操作型の *put/take* 類は前置詞などによる経路指定を伴うことが多い。使役的経路動詞の使用は継続操作型では非常に限られている。

ダイクシスは随伴運搬型以外ではほとんど表現されない。表10に示す通りである。

表10：客体移動表現における直示表現の頻度（使役移動タイプ別）

直示表現の種類 使役移動の型	動詞のみ	副詞・前置詞句のみ	動詞と副詞・前置詞句両方	どちらもなし
随伴運搬型	96 (50%)	4 (2.1%)	1 (0.5%)	91 (47.4%)
継続操作型	1 (0.4%)	2 (0.7%)	0	269 (98.9%)
開始時起動型	0	3 (1.7%)	0	174 (98.3%)

　以上から，英語の客体移動表現においては以下のようなパターンが主要なパターンと考えられる。

表11：客体移動表現の主要表現パターン（英語）

表現要素 使役移動の型	主要部 動詞	動詞関連要素 不変化詞	名詞関連要素 前置詞
随伴運搬型	手段 or 直示	経路局面＋位置関係 方向	経路局面（＋位置関係） 方向
継続操作型	*put/take*		位置関係 経路局面（＋位置関係）
	手段	経路局面＋位置関係 方向	経路局面（＋位置関係） 方向
開始時起動型	手段	経路局面＋位置関係 方向	経路局面（＋位置関係） 方向

5. 抽象的放射表現

　英語において注目すべきことは，視覚的放射を表す経路表現が豊かである点である。(11a)の例文が示す通り，視覚的放射の経路を表す際に経路の諸相を表す副詞，前置詞のほぼすべてを使うことができる。また，英語には多くの視覚動詞があるが，(11b)に示したように，いずれも経路句と共起する。視線が行き着く先を示す *at* 句（目標句）とも共起する。

(11) a. *Susan looked {up/down/up the stairs/down the street/into the hole/across the valley/through the tunnel/past the house/toward the mountain/...}*

b. *Julie {glanced/gazed/stared/peered/leered} across at her.*

コウビルドコーパスのusbooksにあるlookの用例から1/20を無作為に抽出し，そのうち視覚的な意味を持つ用例185の中で経路句を伴っているものがいくつあるかを調べると，半数近くの90であった。これがat句を伴っているものを含めない場合で，含めるとほぼすべての179にのぼる。これは日本語(第10章)などと比べて非常に高い数字である。

さらに，音声，動作・表情による情報伝達，光の移動に関しても経路句を伴った表現が可能である。以下に例文を示す。

(12) a. *They {shouted/cried} out the window.*

b. *She {spoke/sang} into the microphone.*

c. *They {smiled/nodded/waved} across the table at each other.*

d. *Now the sun shone into the room.*

コウビルドコーパスのusbooksの中で動詞shoutが使われている例は337例あり，その中の9.8％の33例において声の移動経路を表す句が共起している。これはat句を含めない場合で，含めると55例となる。

抽象的放射においては，経路は主動詞では表現されない。〈下の方を見る〉や〈上の方へ叫ぶ〉などの動詞がないからである。

6. 総合的考察

本章では，大規模コーパスから無作為に抽出したデータに基づいて英語の移動表現の考察を行った。従来の研究，たとえばフロッグストーリーを用いた研究(Slobin 1996, 2000など)では，物語の特定場面で見られる移動に関してのみ表現パターンが考察されていた。このような資料では，得られたパターンがどれくらい一般的なものかが不明である。また，フロッグストーリーでは話者が物語の中に登場しないので，直示的経路の使用は会話などにおける使用と比べて頻度も性質も異なると思われる。それに対して，今回使用したデータは幅広い移動事象を含んでいると考えられ，英語の移動表現の

第2章 英語における移動事象表現のタイプと経路表現

実情をより総合的に映し出していると思われる。

　これまで英語は主要部外表示型の言語であるとされてきた。その傾向は今回の調査でも確かめられた。前置詞，不変化詞などで経路を表す傾向は，どの移動事象表現タイプにおいても観察された。しかし，何が主要部の動詞で表現されるかに関しては，単純に主体移動表現では様態，客体移動表現では手段とは言い切れず，経路とダイクシスも特定の条件下である程度現れることがわかった。また，移動事象表現タイプごとにある程度の傾向の違いも観察された。主動詞が経路を表す例は主体移動ではある程度見られたが，客体移動においては継続操作型の場合以外はかなり限られ，抽象的放射では皆無である。ダイクシスは，主体移動と随伴運搬型の客体移動の場合は主要部で表される傾向があるが，それ以外では主要部で表されないばかりか表現されること自体が極めて少ない。

　経路（非直示的経路概念）とダイクシス（直示的経路概念）について，その表現位置をまとめると表12のようになる。

表12：移動事象表現タイプ別の経路概念の表現位置（英語）

移動事象表現タイプ			経路概念のタイプ 非直示的	直示的
具体的移動	主体移動		主要部外/(主要部)	主要部
	客体移動	随伴運搬型	主要部外	主要部
		継続操作型	主要部外/(主要部)	(主要部外)
		開始時起動型	主要部外	(主要部外)
	抽象的放射		主要部外	(主要部外)

全体的に見て，主体移動よりも客体移動，さらに抽象的放射に移るにつれて，経路の非直示的・直示的特性を主要部で表す可能性が減少している。これは，以下の章で見る他の言語における傾向と一致している[5]。

---

[5] 他のゲルマン諸語に関して簡単に述べておく。英語の経路動詞の幾つかはロマンス諸語からの借入によるものであり，他のゲルマン諸語ではさらに貧弱な体系しか持たない場合がある。Wienold(1995)はドイツ語には本来的な経路動詞が存在しないとしているが，上下方向を表すものは存在する(*fallen, steigen*)。スウェーデン語には下記の(ia)の経路動詞が存在する。しかし，客体移動ではさらに限られ，存在するのは(ib)の上下方向に関する動詞のみである(當野 2005)。この点では英語と共通している。
　(i)a. *nå* 'reach', *lämna* 'leave', *passera* 'pass', *korsa* 'cross', *bestiga* 'ascend', *klättra* 'climb', *resa sig* 'rise', *sjunka* 'descend', *äntra* 'climb', *falla* 'fall'
　　　b. *höja* 'raise', *resa* 'raise', *hissa* 'hoist', *sänka* 'lower', *tappa* 'drop'
　直示動詞に関しても他のゲルマン諸語は限定的である。ドイツ語とスウェーデン語では，それぞれ come に相当する *kommen* と *komma* があるが，go に対応する *gehen* と *gå* はいずれも〈歩く〉の意味も持つ。また，客体移動に関しては，ドイツ語の *bringen* のダイクシス性は疑問である(Watanabe 2002 参照)。
　経路を表す形式は，前置詞が使われることは共通しているが，ほかにドイツ語，オランダ語では動詞接頭辞が(McIntyre 2001 など参照)，スウェーデン語，デンマーク語では不変化詞が使われる。スウェーデン語，デンマーク語の不変化詞には，経路を表すものの他に，位置を表す別個のものが存在するという特徴がある(當野 2005, Harder, Heltoft, & Thomsen 1996)。

第3章

ハンガリー語の移動表現

江口　清子

1. はじめに

　本章ではハンガリー語の移動表現について，特にその経路の表現方法に焦点を当てて考察を行う。類型論的に見て，ハンガリー語の移動表現における興味深い特徴は，主体移動表現，客体移動（＝使役移動）表現，抽象的放射表現のいずれにおいても，ほぼ一貫して動詞以外の主要部外要素が移動経路を表現する，経路主要部外表示型言語としての性格が見られる点である。つまり，主体移動，客体移動，抽象的放射の三つの移動事象表現タイプには共通の経路表現要素が現れる。ただし，経路概念のうち直示的経路概念には異なる点があり，主要部外要素である副詞および動詞接頭辞で表されるだけでなく，主体移動表現，および随伴運搬型の客体移動の表現に限っては，主要部である動詞においても表される。また，経路を表現する主要部外要素は複数あるが，そのうち動詞接頭辞がもっとも重要な役割を果たし，移動表現において動詞接頭辞に課される役割が大きい点も特筆すべきであろう。

　本章の構成は以下のとおりである。第1節では本章の議論に関わるハンガリー語の文法的特徴および類型論的特徴を概説し，第2節では主体移動表現，客体移動表現，抽象的放射表現に共通した経路表現についてまとめる。第3節では主体移動表現，第4節では客体移動表現，第5節では抽象的放射表現についてそれぞれの詳細を記述し，考察を行った上で，最後に第6節で，ハンガリー語の経路概念表出に関する二つの問題について論じる。

　本章に使用した例文の文法性判断を前大阪大学講師 Barta László さんにご協力いただいた。ここに謝意を表したい。ただし，本章に残る問題点はすべて著者に帰するものである。

1.1 ハンガリー語の特徴

　ハンガリー語はウラル語族，フィン・ウゴル語派に属する言語で，同じ系統にはフィンランド語，エストニア語，サーミ語（ラップ語）などがある。ハンガリー語話者は全世界に約1450万人いると言われており，うち約1000万人はハンガリー共和国内に，残り約450万人は周辺諸国や新大陸（アメリカ大陸およびオーストラリア大陸）に暮らしている。地域的変異は小さい。

　本論に入る前に，ハンガリー語の形態，統語的特徴のうち，本章の議論に関連する事項を概説しておこう。ハンガリー語には母音調和の現象が見られる。母音は，前舌母音グループ（ö [ø] / ő [ø:], ü [y] / ű [y:], i [i] / í [i:], e [ɛ] / é [e:]）と後舌母音グループ（a [ɒ] / á [a:], o [o] / ó [o:], u [u] / ú [u:]）とに分けられ，前舌母音グループはさらに円唇母音グループ（ö, ő, ü, ű）と非円唇母音グループ（i, í, e, é）とに分けられる。名詞に格接辞が付加される場合，その接辞内の母音は名詞に含まれる母音と同じグループのものでなければならない。たとえば，向格接辞は以下のような形になる。

(1) 　a. *ajtó-hoz*　　　b. *szekrény-hez*　　　c. *tükör-höz*
　　　door-ALL　　　wardrobe-ALL　　　mirror-ALL
　　　「ドアの辺りへ」　「たんすの辺りへ」　「鏡の辺りへ」

　また，典型的な膠着言語であるハンガリー語では，文法関係は語順ではなく，格接辞によって表示される。対格接辞の *-t* は，(2a)では文中で二つ目の要素 *Mari* に，(2b)では文頭の要素 *Erika* に付加されており，ともに動詞 *vár* 'wait' の目的語を表している。主格はゼロ表示であり，(2a)では文頭の要素 *Erika*，(2b)では二つ目の要素 *Mari* がそれに相当する。

(2) 　a.　*Erika*　　*Mari-t*　　*vár-ja.*
　　　　Erica.NOM　Mary-ACC　wait-DEF.3SG
　　　　「エリカはマリを待っている。」
　　b.　*Eriká-t*　　*Mari*　　*vár-ja.*
　　　　Erica-ACC　Mary.NOM　wait-DEF.3SG
　　　　「エリカのことはマリが待っている。」

　語順にはトピックやフォーカスといった情報構造が大きく関与する。トピックの機能を担う要素（トピック要素）は文頭に置かれ，その直後にイント

ネーションの区切れ目が存在する。(2a)では *Erika*，(2b)では *Eriká-t* がトピック要素として解釈される。また，フォーカスの機能を担うフォーカス要素は動詞の直前に，その他の要素は動詞に後置される。(2a)では *Mari-t*，(2b)では *Mari* がフォーカス要素として解釈され，(2a)は「エリカは誰を待っているのか」という問いに対する答えに，(2b)は「エリカのことを待っているのは誰か」という問いに対する答えになりうる。

1.2　経路主要部外表示型言語としての特徴

次に，ハンガリー語の移動表現における全体的な特徴を概観しておこう。ハンガリー語で移動表現に関わる要素としては，動詞語幹(V)，動詞接頭辞(Prev)，副詞(Adv)，後置詞(P)，格接辞(aff)がある。これらは(3)のように図示することができる。

　　　(3)　　Prev = V　　Adv　　{[PP NP P] / [NP ... N-aff]}

本章では動詞に関連する動詞接頭辞および副詞を動詞関連要素，名詞に関連する後置詞および格接辞を名詞関連要素と呼ぶ。

1.2.1　三つの移動事象表現タイプと経路表現

ハンガリー語の移動表現の基本的なパターンでは，移動の様態，手段など，経路以外の要素が主動詞で表される。これは移動物が主語に現れる主体移動の表現に限らず，客体移動の表現や音声的・視覚的な抽象的放射の表現にまで一貫して見られる特徴である。このため，(4)で示すように，主体移動，客体移動，抽象的放射の表現のいずれにおいても，移動の経路を表す諸概念は動詞以外の要素で表される。動詞以外の要素とは，すなわち動詞接頭辞(例：(4a, b, c)の *fel-* 'up')，格接辞(例：(4b, c)の *-hoz* 'to')などである。

(4)　a.　*Erika　　fel- szalad-t　　　　a　　lépcső-n.*
　　　　　Erica.NOM up hurry-PST.3SG the stairs-SUP
　　　　　「エリカは階段を駆け上がった。」

　　　b.　*Erika　　fel- dob-ta　　　　　a　labdá-t　az ablak-hoz.*
　　　　　Erica.NOM up throw-PST.DEF.3SG the ball-ACC the window-ALL
　　　　　「エリカは窓の方へボールを投げ上げた。」

    c. *Erika   fel- néz-ett   az ablak-hoz.*
       Erica-NOM up   look-PST.3SG the window-ALL
       「エリカは窓の方を見上げた。」

このように，ハンガリー語は類型論的に見て，経路主要部外表示型言語である。なお，直示情報を加える場合は，副詞か動詞接頭辞で表現される。また，主体移動表現や一部の客体移動表現の場合，主要部の直示動詞で表現することもできる。ただし，ドイツ語のように直示に関して専用のスロットがあるわけではなく，その意味では特に直示情報を表出することにこだわる言語ではないと言える。

1.2.2　経路の表現形式

　経路の表現形式には動詞接頭辞，副詞，後置詞，格接辞がある。(5)で示すように，これらはいずれも 1.2.1 節で触れた三つの移動事象表現タイプに共通して用いることができる。(5a)では格接辞 *-hoz* 'to'，(5b)では後置詞 *közé* 'to among'，(5c)では副詞 *bentről* 'from inside'，(5d)では動詞接頭辞 *ki-* 'out' がそれぞれ経路を表している。

(5) a. *Erika   az   ablak-hoz   szalad-t.*
       Erica.NOM the window-ALL   hurry-PST.3SG
       「エリカは窓の方へ駆けていった。」
    b. *Erika   a   fá-k   közé   szalad-t.*
       Erica.NOM the tree-PL to.among   hurry-PST.3SG
       「エリカは木々の間へ駆けていった。」
    c. *Erika   bentről   szalad-t.*
       Erica.NOM from.inside hurry-PST.3SG
       「エリカは中から駆けていった。」
    d. *Erika   ki- szalad-t.*
       Erica.NOM out hurry-PST.3SG
       「エリカは駆け出た。」

2. 三つの移動事象表現タイプに共通して用いられる経路表現

1.2 節で概観したように,ハンガリー語の移動表現において経路は,移動事象表現タイプを問わず,主動詞以外の要素で表される。本節では移動経路を表す各要素について,名詞関連要素,動詞関連要素に分けて概説する。

2.1 名詞関連要素

移動経路を表現する名詞関連要素には格接辞と後置詞がある。この両者は表現する位置関係が異なるだけで,表現機能としては同じである[1]。

2.1.1 格接辞

格接辞は通常 (6a) における *-ról* 'from on' のように,名詞に後続して用いられる。移動経路を表現する格接辞は,経路局面と位置関係(第 1 章参照)を合わせて表現する。たとえば,*-rÓl*[2] は〈~の上から〉の意味で,経路局面の FROM と位置関係の ON の意味を合わせ持っている。起点を表す *-tÓl* は FROM と AT,着点を表す *-hVz* は TO と AT が合わさったものである。

(6) a. *A macska az asztal-{ról/ra} ugrott.*
    the cat.NOM the desk-{DEL/SUB} jump.PST.3SG
    「猫は机の上｛から／へ｝跳ねた。」

b. *A macska a szekrény-{ből/be} ugrott.*
    the cat.NOM the wardrobe-{ELA/ILL} jump.PST.3SG
    「猫はたんすの中｛から／へ｝跳ねた。」

c. *A macska az ajtó-{tól/hoz} ugrott.*
    the cat.NOM the door-{ABL/ALL} jump.PST.3SG
    「猫はドアのところ｛から／へ｝跳ねた。」

ハンガリー語の格接辞の中で場所格接辞と呼ばれるものには,各経路局面(すなわち起点・着点)における参照物との位置関係を表すものが存在し,表 1 のような体系をなす。参考までに,表 1 には位置を表す格接辞も併記する。

---

[1] ただし,接辞が名詞に付加される際には母音調和の現象を見せるのに対し,後置詞は名詞に後続しても母音調和の現象を見せない点では違いがある。

[2] A, Á, O, V は,母音調和によりそれぞれ a/e, á/é, ó/ő, a/e/ö に交替することを示す。

表1：場所格接辞（ハンガリー語）

経路局面＼位置関係	ON	IN	AT
TO	-rA （着格）	-bA （入格）	-hVz （向格）
FROM	-rÓl （離格）	-bÓl （出格）	-tÓl （奪格）
location	-(V)n （上格）	-bAn （内格）	-nÁl （接格）

なお，これらの接辞が人称接辞とともに使われる場合は，*rá-juk* 'onto them' のように語幹的に使われる。

2.1.2 後置詞

後置詞は名詞句に後置して用いられる。移動経路を表現する後置詞も，格接辞と同様，おもに経路局面と位置関係を合わせて表現する。ただし，格接辞とは表される位置関係が異なる。

(7) a. *A   nyúl   a   fa   {mögül   / mögé} ugr-ott.*
       the rabbit.NOM the tree from.behind to.behind jump-PST.3SG
       「兎は木のうしろ ｛から／へ｝ 跳ねた。」

   b. *A   nyúl   a   fá-k   {közül   / közé} ugr-ott.*
       the rabbit.NOM the tree-PL from.among to.among jump-PST.3SG
       「兎は木々の間 ｛から／へ｝ 跳ねた。」

ハンガリー語の後置詞には，各経路局面（すなわち起点・着点）における参照物との位置関係を表すものが存在し，表2のような体系をなす。参考までに，位置を表す後置詞も併記する。

表2：経路を表す後置詞（ハンガリー語）[3]

経路局面＼位置関係	OVER	UNDER	IN.FRONT	BEHIND	BESIDE	AMONG	AROUND
TO	fölé	alá	elé	mögé	mellé	közé	köré
FROM	fölül / felül	alól	elől	mögül	mellül	közül	—
location	fölött	alatt	előtt	mögött	mellett	között	körül

その他，移動に関わる後置詞として(8)のようなものがある[4]。(8a)は方向性を，(8b)は経路局面としての通過点や通過領域を表現するものである。

(8) a. *felé* 'toward', *felől* 'away from', *iránt* 'in the direction of'
　　b. *át* 'through', *keresztül* 'across'

2.2　動詞関連要素

移動経路を表現する動詞関連要素には副詞と動詞接頭辞がある。

2.2.1　副詞

移動経路を表現する副詞には以下の3種類がある。表3は〈上の方へ〉など，方向性と参照位置を表現するもの，表4は〈～の内側へ〉など，経路局面と位置関係を表現するもの，表5は〈こちらに〉など経路局面と直示位置を合わせて表現するものである。参考までに，位置を表す副詞もそれぞれ併記する。

表3：方向を表す副詞（ハンガリー語）

方向性＼参照位置	ABOVE	BELOW	FRONT	BACK
TOWARD	fel	le	előre	hátra
AWAY.FROM	felül /felülről / fentről	(alul)/(alulról)/ lentről	előlről	hátulról
location	fent	lent	—	—

---

[3] この表は現代ハンガリー語における体系であるが，歴史的には *korül* が起点，*köröt* が場所の意味で使われていた。

[4] これらは *az ablak-on át*「窓を通って」，*az utcán keresztül*「道を渡って」のように上格接辞 *-(V)n* つきの名詞句を伴って用いる。

表4:経路(経路局面と位置関係)を表す副詞

経路局面\位置関係	INSIDE	OUTSIDE
TO	be	ki
FROM	belül /belülről / bentről	kívül / kívülről / kintről
location	bent	kint

表5:直示的経路を表す副詞

経路局面\直示位置	HERE	THERE
TO	ide	oda
FROM	innen	onnan
location	itt	ott

なお,(9)のように,後置詞 *felé* 'toward' が接尾辞のように副詞に後続してできた副詞もある。

(9)　　*lefelé* 'downward', *kifelé* 'outward', *hazafelé* 'toward home' など

2.2.2　動詞接頭辞

移動表現に関わる動詞接頭辞には,語源的には後置詞由来,格接辞由来,副詞由来のものがある[5]。表6は接近方向を表すものであり,すべて副詞由来である[6]。

---

[5] ハンガリー語の動詞接頭辞の起源はウラル祖語に由来するものではなく,歴史のさまざまな段階で他の品詞が文法化した結果,形成されてきたものである(Benkő 1967–1984, Jakab 1976, D. Mátai 1989, Kiefer 2000, Kiefer & Ladányi 2000, Kiefer & Honti 2003)。

[6] 副詞由来の動詞接頭辞の中には,形態上の区別がつかず,副詞と同一視されがちなものがあるが,Kiefer & Honti(2003)は(i)のような例を用いて,両者は意味的に区別できるものだとしている。また,動詞接頭辞は一つの動詞につき一つしか付加できないという文法上の制約があるため,(ii)が示すように,副詞を伴う(ia)の表現では,動詞 *olvas* 'read' には別の動詞接頭辞を付加することができるが,動詞接頭辞を含む(ib)の動詞ではさらに動詞接頭辞を付加することができない。

(i)　a.　*A　　könyv-et　　újra　　olvas-om.*
　　　　　the　book-ACC　again　read-DEF.1SG　「本をもう一度読む。」
　　b.　*A　　könyv-et　　újra-olvas-om.*
　　　　　the　book-ACC　again- read-DEF.1SG　「本を読み直す。」
(ii)　a.　*A　　könyv-et　　újra　　el-olvas-om.*
　　　　　the　book-ACC　again　away-read-DEF.1SG「本をもう一度読んでしまう。」
　　b.　**A　　könyv-et　　el-újra-olvas-om.*
　　　　　the　book-ACC　away-again-read-DEF.1SG　lit.「本を読み直してしまう。」

表6：方向を表す動詞接頭辞（副詞由来）

方向性＼参照位置	ABOVE	BELOW	FRONT	BACK
TOWARD	fel-/föl-	le-	előre-	hátra-

表7, 8, 9は経路局面と位置関係の意味を含むものである。表7は格接辞由来，表8は副詞由来，表9は後置詞由来のものである。参考までに，位置を示す動詞接頭辞も併記する。

表7：経路局面と位置関係を表す動詞接頭辞Ⅰ(格接辞由来)

経路局面＼位置関係	ON	AT
TO	rá-	hozzá-
location	—	—

表8：経路局面と位置関係を表す動詞接頭辞Ⅱ(副詞由来)

経路局面＼位置関係	INSIDE	OUTSIDE
TO	be-	ki-
location	benn-	kinn-

表9：経路局面と位置関係を表す動詞接頭辞Ⅲ(後置詞由来)

経路局面＼位置関係	OVER	UNDER	IN.FRONT	BEHIND	BESIDE	AMONG	AROUND
TO	fölé-	alá-	elé-	mögé-	mellé-	közé-	köré-
location	—	—	—	—	—	—	körül-

経路局面の中でも通過点の表現に使われる後置詞由来の動詞接頭辞として(10)のようなものもある。

(10)　át- 'through', keresztül- 'across'

さらに，表10は副詞由来の動詞接頭辞の中で，直示的経路を表すものである。

表10：直示的経路を表す動詞接頭辞(副詞由来)

経路局面＼直示概念	HERE	THERE
TO	ide-	oda-
location	itt-	ott-

以上表6 - 表10で示したように，ハンガリー語の動詞接頭辞には経路局面のTOに関わるものは存在するが，FROMに関わるものが存在しない点が大きな特徴である。

なお，ハンガリー語の動詞接頭辞は，その意味の中に参照物との位置関係を含んでいたとしても，その参照物は目的語などの形では現れない。したがって(11)のように，動詞接頭辞のみを使った場合は，何の下に走ったのかは示されない。

(11) 　Erika　　　alá-　　fut-ott.
　　　Erica.NOM　to.under　run-PST.3SG
　　　「エリカは(何かの)下へと走った。」

参照物が何かを示すためには，(12)の *az asztal alá* 'to under the desk' のように，別に名詞関連要素(格接辞あるいは後置詞)を含む句を伴わなければならない。このため，ハンガリー語の移動表現においては，同種の経路概念が同一文中に複数回現れることも多い。この問題については6.1節で詳しく議論する。

(12) 　Erika　　　alá-　　fut-ott　　[az asztal alá].
　　　Erica.NOM　to.under　run-PST.3SG　the desk　to.under
　　　「エリカは机の下へ駆け込んだ。」

また，動詞接頭辞は情報構造上の要請などにより，動詞語幹から離れて使われる場合もある。たとえば(13)は *Erika* がフォーカス要素として解釈される例で，このような場合，動詞接頭辞は動詞に後置される。

(13) 　Erika　　　fut-ott　　　alá.
　　　Erica.NOM　run-PST.3SG　to.under
　　　「エリカが(何かの)下へと走った。」

2.3　経路概念が表現される形式のまとめ

以上より，ハンガリー語の移動表現において経路概念が表現される形式は表11にまとめられる。この表から，同種の概念を複数位置で指定することが可能であることがわかる。

表11：移動事象表現タイプに共通して使われる経路表現（ハンガリー語）

形　式 意　味	動詞関連要素		名詞関連要素	
	動詞接頭辞	副詞	後置詞	格接辞
経路局面＋位置関係(e.g., TO IN)	✓	✓	✓	✓
方向(e.g., TOWARD ABOVE)	✓	✓	—	—
直示的経路(e.g., TO HERE)	✓	✓	—	—

3. 主体移動の表現

主体移動の表現に関しては，第2節で見たような主要部外要素が経路を表現する動詞とともに使われる。

3.1 移動動詞

ここでは移動表現に使われるさまざまな移動動詞をまとめる。

3.1.1 移動の様態を包入した動詞

(14)は移動の様態を表す移動動詞の例で，特に(14b)は移動の様態を表す擬態語の例，(14c)は移動が原因で生じる音を表す擬音語の例を示している。

(14) a. *sétál* 〈歩く，散歩する〉, *gyalogol* 〈歩く〉, *lép* 〈踏み出す〉, *jár* 〈行き来する，通う〉, *halad* 〈進む〉, *fut* 〈走る〉, *siet* 〈急ぐ〉, *rohan* 〈急ぐ，急行する〉, *szalad* 〈急いで走る〉, *repül* 〈飛ぶ，飛び進む〉, *csúszik* 〈滑る〉, *folyik* 〈流れる〉, *száll* 〈飛ぶ，(宙を)舞う〉, *úszik* 〈泳ぐ〉, *ugrik* 〈跳ぶ〉, *gurul* 〈転がる〉

b. *battyog* 〈のしのし歩く〉, *cammog* 〈のしのし歩く〉, *ballag* 〈のそのそ歩く〉, *slattyog* 〈のそのそ歩く〉, *kullog* 〈のろのろ進む〉

c. *csoszog* 〈(足を引きずって)ズルズル歩く〉, *kocog* 〈コツコツと進む(→ジョギングする)〉, *topog* 〈バタバタと走る〉, *totyog* 〈ヨチヨチ歩く〉, *döcög* 〈ガタゴト音を立てて進む〉, *zötyög* 〈ガタガタ音を立てて進む〉

これらの動詞を用いる際には，移動の経路概念は主要部以外の要素によって表現される。(15)では動詞接頭辞 *be-* 'into' と格接辞 *-ba* 'into' がそれに当たる。

(15) Erika   be-{rohan-t /   cammog-ott /   csoszog-ott}
     Erica.NOM into rush-PST.3SG plod-PST.3SG shuffle-PST.3SG
     [az irodá-ba].
     the office-ILL
     「エリカはオフィスへ｛駆け込んだ／のろのろと入っていった／ズルズルと（足を引きずりながら）入っていった｝。」

3.1.2　移動の経路を包入した動詞

　基本パターンではないが，ハンガリー語にも移動の経路を包入した動詞があり[7]，直示的経路動詞（以下直示動詞）と非直示的経路動詞（以下経路動詞）とに分けられる。(16)は直示動詞の例であるが，これらもしばしば直示経路を表す主要部外要素を伴って用いられる。

(16)　jön〈来る〉, megy〈行く〉

(17)では動詞接頭辞 ide- 'to here' と向格接辞の1人称形の hozzá-m 'to me' がそれに当たる。

(17)　Erika   ide-   jött   hozzá-m.
     Erica.NOM to.here come.PST.3SG ALL-1SG
     「エリカは私のところへ来た。」

　(18)は経路動詞の例である。(18a)は方向を包入した動詞，(18b)は方向性（TOWARD, AWAY.FROM）のみを包入した動詞，(18c)は経路局面を包入した動詞である。(18c)は発着に限られている点に注目されたい。〈入る〉〈出る〉〈越える〉のように境界越えを表す動詞は存在しない。

(18) a.　esik〈落ちる，（雨が）降る〉, hull〈落ちる〉,
        zuhan〈落っこちる，墜落する〉, süllyed〈沈む〉,
        emelkedik〈上昇する〉, mászik〈這い上る，登る〉
    b.　közeledik〈近づく，近寄る〉, közeleg〈近づく〉,
        távolodik〈遠退く，遠ざかる〉, távozik〈遠退く〉
    c.　érkezik〈到着する〉, jut〈辿り着く〉, indul〈出発する〉

これらの動詞もしばしば移動の経路を表す主要部外要素を伴って用いられる。

---

[7] これらは基本パターンでないにしても，借用によるものではない（Benkő 1967-1984）。

(19a) では動詞接頭辞 le- 'down' が，(19b) では動詞接頭辞 el- 'away' と離格接辞 -tól 'from' がそれに当たる。

(19) a. Le-   zuhan-t   a   helikopter.
       down   fall-PST.3SG   the helicopter.NOM
       「ヘリコプターが墜落した。」

   b. A   hajó   el-   távolod-ott   a   part-tól.
       the   ship.NOM   away   recede-PST.3SG   the shore-DEL
       「船は岸から遠ざかった。」

3.1.3 本来は移動を表さない動詞

動詞がそれ自体で移動を表現しないものでも，動詞関連要素を伴えば移動を表現する文となる場合がある。(20) の各文の動詞 táncol 'dance' それ自体は移動を表現するものではないが，(20a) では動詞接頭辞 ki- 'out'，(20b) では副詞 kifelé 'outward' を伴うことで移動を表現している。

(20) a. Erika   ki-   táncol-t   a   szobá-ból.
       Erica.NOM   out   dance-PST.3SG   the room-ELA
       「エリカは部屋から踊り出た。」

   b. Erika   kifelé   táncol-t   a   szobá-ból.
       Erica.NOM   outward   dance-PST.3SG   the room-ELA
       「エリカは部屋から外へ向かって踊った。」

このような場合 (21) で示すように，動詞関連要素なしでは移動を表現する文にはなりえない。

(21)   *Erika   táncol-t   a   szobá-ból.
         Erica.NOM   dance-PST.3SG   the room-ELA
         「エリカは部屋から踊った。」

ハンガリー語では，このような移動表現は身体の動きを表す動詞を使用している場合に限られる。たとえば (22) は (20a) と同じ動詞接頭辞 ki- 'out' を含むが，単に「エリカが家から外に向かって歌った」という意味にしかならず，「エリカが歌いながら外に出た」という物理的な移動を表す文にはなり

えない[8]。

(22) *Erika   ki-   énekel-t   a   szobá-ból.*
　　 Erica.NOM out   sing-PST.3SG   the   room-ELA
　　「エリカが部屋から外へ向かって歌った。」

3.2　主体移動の表現パターン

　3.1節で概説したように，移動の様態は主動詞で，経路は（基本的には）主要部外要素のさまざまな位置で表現されるが，直示的経路は主動詞，主要部以外のどちらでも表されうる。様態に言及する場合には動詞で様態が表現されるので，直示概念は主要部外の要素（副詞あるいは動詞接頭辞）で表現される。(23)では，動詞が〈走る〉という様態を表すものであり，直示概念は動詞接頭辞 *ide-* 'to here' と向格接辞1人称形の *hozzá-m* 'to me' によって表現されている。

(23) *Erika   ide-   fut-ott   hozzá-m.*
　　 Erica.NOM to.here   run-PST.3SG   ALL-1SG
　　「エリカはこちらにいる私の方へ走ってきた。」

一方，様態を指定しない場合は，直示概念を動詞で表現できる。その際，同種の直示概念を主要部外要素で重複して表現することも可能である。(24)では動詞 *jön* 'come' だけでなく，動詞接頭辞 *ide-* 'to here' と向格接辞の1人称形 *hozzá-m* 'to me' によっても直示概念が表現されている。

(24) *Erika   ide-   jött   hozzá-m.*
　　 Erica.NOM to.here   come.PST.3SG   ALL-1SG
　　「エリカはこちらへ，私のところへ来た。」

　また，主体移動の表現において，直示的経路概念を包入した動詞は直示情報がイベントの中核を担うと認知される場合に使用される。その際，移動の様態は副詞的分詞の形（(25)の *fut-va*「走って」）で別に表現することもできる。

(25) *Erika   (fut-va)   jött   fel   a   lépcső-n.*
　　 Erica.NOM run-AP   come.PST.3SG   up   the stairs-SUP

---

[8] インフォーマントによると，このように解釈することは可能だが，実際にはこのような表現は用いられないという。

「エリカは(走って)階段を上がってきた。」

以上のように，ハンガリー語では，直示的経路に関しては選択の余地があるものの，それ以外の経路概念に関しては一貫して主要部外要素で表現されることがわかる。

4. 客体移動の表現

ハンガリー語では主体移動表現と同様，客体移動表現においても移動の経路を主要部外要素で表すものを基本的なパターンとする。(26)では動詞接頭辞 be- 'into' と入格接辞 -ba 'into' がそれに当たる。使役の事実とその手段，および使役の結果としての移動は動詞で表される。

(26)　　Erika　　　be- dob-ta　　　　　　a　labdá-t　a　doboz-ba.
　　　　Erica.NOM　into throw-PST.DEF.3SG　the ball-ACC the box-ILL
　　　「エリカは箱にボールを投げ入れた。」

4.1　客体移動の動詞
4.1.1　使役の手段を包入した使役移動動詞

(27), (28)はいずれも使役の手段を包入した動詞である。(27)は，開始時起動型か継続操作型の使役移動を表すもので，(27a)は打撃など物理的手段によるもの，(27b)は社会的手段によるものである。一方(28)は，随伴運搬型の使役移動を表すものである。

(27) a.　 *dob*〈投げる〉, *vet*〈投じる〉, *taszít*〈投げ飛ばす〉, *lök*〈強く突く，押す〉, *nyom*〈ギュッと押す〉, *tol*〈押す〉, *szorít*〈圧迫する〉, *dug*〈差し込む，突っ込む〉, *szúr*〈刺す〉, *húz*〈引く〉, *rándít*〈引っ張る〉, *rúg*〈蹴る〉

　　　b.　*küld*〈送る〉, *továbbít*〈転送する〉, *postáz*〈郵送する〉, *expediál*〈送る〉

(28)　　 *hord*〈持ち運ぶ〉, *hordoz*〈抱えて運ぶ〉, *cipel*〈(重いものなどを苦労して)運ぶ〉, *hurcol*〈引きずる〉, *szállít*〈運ぶ〉, *szállítmányoz*〈運搬する〉, *fuvaroz*〈輸送する〉, *transzportál*〈輸送する〉, *csempész*〈密輸する〉

4.1.2　移動の付帯変化を包入した使役移動動詞

(29)は移動の付帯変化を包入した使役移動動詞の例で，(29a)は付着，(29b)は分離を表すものである。

(29) a.　*köt*〈結ぶ〉，*kapcsol*〈つなげる〉，*csatol*〈付ける〉，*illeszt*〈合わせる〉

　　 b.　*különít*〈分ける〉，*oszt*〈分ける〉，*szakit*〈裂く〉

(30)は設置動詞の例で，(30a)は，いわゆる場所格交替を起こすもの，(30b)は場所格交替を起こさないものである。

(30) a.　*rak*〈積む〉，*tölt*〈注ぐ，詰める〉，*töm*〈詰める〉

　　 b.　*tesz*〈置く〉，*helyez*〈位置を定める〉，*illeszt*〈合わせる〉，*szerel*〈取り付ける〉，*állít*〈設置する〉，*ültet*〈据える〉，*fektet*〈横たえる〉

これらは主に継続操作型の客体移動の表現に使われる。

4.1.3　名詞からの派生による使役移動動詞

このほか，名詞からの派生による使役移動動詞がある。(31)は参照物を包入したもので，通常，動詞接頭辞 *be-* 'into'，あるいは *ki-* 'out' を伴って用いられる。

(31)　*(be-) börtönöz*〈投獄する〉（< *börtön*〈牢屋〉），

　　　(be-) csomagol〈包装する〉（< *csomag*〈包み〉）

(32)は移動物（客体）を包入したもので，これらを使用する際には動詞接頭辞が必須である。

(32) a.　*be-bútoroz*〈家具を設置する〉（< *bútor*〈家具〉），

　　　　le-bombáz〈爆弾を落とす〉（< *bomba*〈爆弾〉），

　　　　be-vajaz〈バターを塗る〉（< *vaj*〈バター〉）

　　 b.　*ki-magol*〈種を除く〉（< *mag*〈種〉），*ki-csontoz*〈骨を除く〉（< *csont*〈骨〉），*ki-belez*〈内臓を除く〉（< *bel*〈内臓〉），{*ki-/le-*} *porol*〈埃を払う〉（< *por*〈埃〉）

　　 c.　*fel-fegyverez*〈武装する〉/ *le-fegyverez*〈武装解除する〉（< *fegyver*〈武器〉）

4.1.4　移動物の移動経路を包入した使役移動動詞

移動物(客体)の移動経路が動詞に包入される場合がある。つまり，主体移動の直示動詞同様，直示的な経路を包入した使役的直示動詞が存在する。

(33)　　*hoz*〈持って来る〉, *visz*〈持って行く〉

これらは随伴運搬型の使役移動に限って使用されることが特徴である。また，これらの動詞はしばしば移動経路を表す主要部外要素を伴って用いられる。(34a)では出格接辞 *-ból* 'from inside'，(34b)では入格接辞 *-ba* 'into'，(35)では *el-* 'away' などの動詞接頭辞および与格接辞 *-nak* 'to' がそれに当たる。

(34) a.　*Erika　　az　irodá-ból　hoz-ta　　　　az　irat-ok-at.*
　　　　 Erica.NOM the office-ELA bring-PST.DEF.3SG the document-PL-ACC
　　　　「エリカはオフィスから書類を持ってきた。」

　　b.　*Erika　　az　irodá-ba vitte　　　　az　irat-ok-at.*
　　　　 Erica.NOM the office-ILL take.PST.DEF.3SG the document-PL-ACC
　　　　「エリカはオフィスに書類を持って行った。」

(35) a.　*Erika　　{el/　fel/　be/　ide}- hoz-ta　　　　az*
　　　　 Erica.NOM away up　 into　 to.here bring-PST.DEF.3SG the
　　　　irat-ok-at　　　 nekem.
　　　　 document-PL-ACC DAT.1SG
　　　　「エリカは私に書類を持って ｛やって／上がって／入って／ここへ｝ 来た。」

　　b.　*Erika　　{el/　le/　ki/　oda}- vitte　　　　az*
　　　　 Erica.NOM away down out　 to.there take.PST.DEF.3SG the
　　　　irat-ok-at　　　 Mari-nak.
　　　　 document-PL-ACC Mary-DAT
　　　　「エリカはマリのところに書類を持って ｛あっちへ／降りて／出て／あそこへ｝ 行った。」

(36)は非直示的経路を表す使役的経路動詞の例である。(36a)は方向を包入した動詞，(36b)は方向性を包入した動詞，(36c)は経路局面を包入した動詞で，それぞれ主体移動を表す(17)に対応する。

(36) a.　*ejt*〈落とす〉, *hullat*〈落とす〉, *süllyeszt*〈沈める〉,

> *emel* 〈持ち上げる〉
> b. *közelíttet* 〈近づける〉, *el-távolít* 〈遠ざける〉[9]
> c. *juttat* 〈届ける〉, *indít* 〈出発させる〉

これらの動詞もしばしば客体の移動経路を表す主要部外要素を伴って用いられる。(37)では動詞接頭辞 *fel-* 'up' がそれに当たる。

> (37) *Erika   fel-   emel-te   a   könyv-et.*
>   Erica.NOM up   lift-PST.DEF.3SG   the   book-ACC
>   「エリカは本を持ち上げた。」

4.1.5 本来は移動を含意しない使役動詞

英語などでは，本来は目的語しか取らず，客体の移動を含意しない動詞((38)における *broke* など)でも，前置詞を付加して客体移動を表すのに使うことができる(Goldberg 1995)。

> (38) *Sam carefully broke the eggs into the bowl.*

一方ハンガリー語では，本来的に客体の移動を含意しない使役動詞は，格接辞を伴う名詞句や後置詞句を付加しても客体移動を表すものとして使うことはできない。

> (39) **Erika   üt-ött-e   a   tojás-ok-at   a   tál-ba.*
>   Erica.NOM   knock-PST-DEF.3SG   the egg-PL-ACC   the bowl-ILL
>   lit.「エリカは卵をボウルに打った。」

しかし，このような使役動詞にも，動詞接頭辞を付加すれば使役手段動詞として使うことができるものがある。(40)は動詞接頭辞 *bele-* 'into' を用いたものである。

> (40) *Erika   bele-   üt-ött-e   a   tojás-ok-at   a*
>   Erica.NOM   into   knock-PST-DEF.3SG   the egg-PL-ACC   the
>   *tál-ba.*
>   bowl-ILL
>   「エリカはボウルに卵を割り入れた。」

このような動詞には他に(41)のようなものがある。

---

[9] 現代ハンガリー語では，動詞接頭辞 *el-* 'away' を付加した形でのみ用いられる。

(41) 　　lő〈撃つ〉, üt〈打撃を加える〉, ver〈ぶつ〉, csap〈叩く〉,
　　　　tör〈割る〉, vág〈切る〉, nyír〈刈る〉, szakít〈引き裂く〉, tép〈破く〉

人間に対する行為を表す動詞の中にも似たパターンを示すものがある。たとえば enged 'allow' は，(42)が示すように格接辞を伴う名詞句や後置詞句を付加しても客体移動を表すのに使うことはできないが，動詞接頭辞((42b)では動詞接頭辞 be- 'into')を付加すれば〈許可を与えて移動させる〉という意味を表す客体移動表現として使うことができる。

(42) a. *Mari　　　　enged-te　　　　　　Eriká-t　　a　szobá-ba.
　　　　Mary.NOM　allow-PST.DEF.3SG　Erica-ACC　the　room-ILL
　　　　lit.「マリはエリカを部屋に許した。」
　　 b. Mari　　　　be- enged-te　　　　　　　Eriká-t　　a　szobá-ba.
　　　　Mary.NOM　into allow-PST.DEF.3SG　Erica-ACC　the　room-ILL
　　　　「マリはエリカを部屋に通した。」

このような動詞には他に(43)のようなものがある。

(43) 　　segít〈助ける〉, szabadít〈自由にする〉, bocsát〈許す〉, hív〈呼ぶ〉, int〈(手を振って)合図する〉

なお，本来自動詞であるものは，動詞接頭辞を付加しても客体移動を表すのに使えない。英語とは異なり，(44)のような文を，客体移動を表現する文として解釈することはできない。

(44) *(Ki-) nevet-ték　　　　　　　　a　szegény　fiú-t　　a　szobá-ból.
　　　out-laugh-PST.DEF.3SG　the　poor　　　boy-ACC　the　room-ELA
　　　lit.「彼らは哀れな少年を笑い飛ばして部屋から追い出した。」[10]

4.2　客体移動の表現のパターン

客体移動のタイプ別で見てみると，開始時起動型，継続操作型，随伴運搬型の三つで，どの概念を主動詞で表すかに関しては違いがある。通例，開始時起動型では使役手段動詞が，継続操作型では使役手段動詞の他，設置動詞などが，随伴運搬型では使役的直示動詞が主動詞として用いられる。しかし，客体移動の三つのタイプすべてを通して，〈上へ〉〈〜の中へ〉などの客体の

---
[10] ki-nevet は「嘲り笑う」という意味に解釈される。

移動経路は主要部外要素によって表される。これは(45)のように客体の移動経路が動詞で表される場合も同様である。

(45) *Erika   fel-   emel-te   a   könyv-et.* (=(37))
     Erica.NOM up   lift-PST.DEF.3SG   the book-ACC
     「エリカは本を持ち上げた。」

5. 抽象的放射の表現

実際に目に見えなくても，視線，音声など何か移動していると認知される場合に移動表現が用いられることがある。ハンガリー語では，そのような抽象的放射の表現においても経路主要部外表示型のパターンを取り，その経路は基本的に主体移動や客体移動の場合と同様，主要部外の要素で表される。

5.1 視覚的放射の表現

ハンガリー語において，視覚的放射の経路は(46)で示すように主要部外の要素((46)では動詞接頭辞 *fel-* 'up' と着格接辞 *-ra* 'onto') によって表現することができる。

(46) *Erika   fel-   néz-ett   a   plafon-ra.*
     Erica.NOM up   look-PST.3SG   the ceiling-SUB.
     「エリカは天井に目を上げた。」

(47)で示すように，このような動詞にはさまざまな動詞接頭辞を付加することが可能である。

(47) *Erika   {le-   néz-ett   a   hegy-ről /   be-*
     Erica.NOM   down   look-PST.3SG   the mountain-DEL into
     néz-ett   a   ház-ba}.
     look-PST.3SG   the house-ILL
     「エリカは｛山から見下ろした／家の中を覗き込んだ｝。」

また，(48)で示すように，動詞接頭辞はさまざまな視覚様態動詞と共起することもできる。

(48) a. *Erika   fel-   {néz-te /   bámul-ta /*
        Erica.NOM   up   look-PST.DEF.3SG   stare-PST.DEF.3SG

   pillant-otta}   ők-et.
   glance-PST.DEF.3SG they-ACC
   「エリカは上方の彼らを {見た／覗いた／ちらっと見た}。」
 b. Erika fel- {néz-ett / kukucskál-t / tekint-ett}
   Erica.NOM up look-PST. 3SG peep-PST.3SG glance-PST.3SG
   rá-juk.
   SUB-3PL
   「エリカは彼らの方に {目を上げた／覗き上げた／ちらっと目を上げた}。」

ハンガリー語の特徴として，継続的な視覚的放射は動詞接頭辞で表すことができないことが挙げられる。たとえば，「じっと上方を見ている」という状況では，動詞接頭辞ではなく，(49)のように副詞を用いる。

(49) Erika felfelé néz-ett a plafon-ra.
   Erica.NOM upward look-PST. 3SG the ceiling-SUB
   「エリカは天井を見上げていた。」

5.2 音声的放射の表現

(50)で示すように，主要部外要素によって音声の移動を表現できる。

(50) a. Erika be- kiál-t   a mikrofon-ba.
   Erica.NOM into shout-PST.3SG the microphone-ILL
   「エリカはマイクに向かって叫んだ。」
 b. Erika ki- kiál-t   az ablak-on.
   Erica.NOM out shout-PST.3SG the window-SUP
   「エリカは窓越しに叫んだ。」
 c. Erika át- kiál-t   másik oldal-ra.
   Erica.NOM through shout-PST.3SG other side-SUB
   「エリカは反対側に向かって叫んだ。」

(50)の各例は，音を終結点のある経路に沿って瞬間的に送り出した，という意味である。(51)で示すように，視覚的放射表現と同様，表現される事象が非終結的(atelic)である場合は動詞接頭辞を伴う表現は用いられない。詳

細は 6.2 節で論じる。

(51) *Erika　　　be-　　szól-t　　　　Juli-nak.
　　　Erica.NOM　into　call-PST.3SG　Juli-DAT
　　　lit.「エリカは中にいるユリに向かって呼びかけた。」

5.3　その他の抽象的放射表現

視覚，音声以外の抽象的放射表現においては，抽象的放射の経路を主要部外要素によって表現する際には動詞との共起制限が見られる。(52a)は動詞 *mosolyog* 'smile' に動詞接頭辞 *át-* 'through' を付加したもので，文法的である。一方(52b)は，動詞 *bólint* 'nod' に同じく動詞接頭辞 *át-* を付加したものであるが，非文法的である。つまり，この表現においては，放射物が知覚されているかどうかが重要である。

(52) a.　Erika　　　　át-　　　　mosolyg-ott　　　rám.
　　　　Erica.NOM　through　smile-PST.3SG　SUP.1SG
　　　　「エリカは(向こう側から)私に微笑みかけた。」
　　b.　*Erika　　　át-　　　　bólint-ott　　　rám.
　　　　Erica.NOM　through　nod-PST.3SG　SUP.1SG
　　　　lit.「エリカは(向こう側から)私にお辞儀をした。」

5.4　移動事象表現タイプと経路概念表現位置

以上見てきた主体移動，客体移動，抽象的放射の表現について，経路がどこで表現されるかをまとめると以下の表のようになる。

表12：移動事象表現タイプと経路の表現位置(ハンガリー語)

移動事象表現タイプ	経路概念のタイプ		非直示的	直示的
具体的移動	主体移動		主要部以外	主要部
	客体移動	随伴運搬型	主要部以外	主要部
		継続操作型	主要部以外	主要部以外
		開始時起動型	主要部以外	主要部以外
抽象的移動	抽象的放射		主要部以外	主要部以外

6. 経路概念の表現に関する課題

最後に，ハンガリー語で特に課題となる二つの問題について考える。

6.1 同種経路概念の多重指定

ハンガリー語では同種の経路概念が複数位置（形式）で表現される場合がある。(53)では「外へ」という意味が動詞接頭辞 *ki-* 'out' と出格接辞 *-ból* 'from inside' で表されている。本節では，このような場合においてどの形式がより重要な役割を果たすのかについて考察する。

(53) *Erika ki- fut-ott a szobá-ból.*
　　 Erica.NOM out run-PST.3SG the room-ELA
　　「エリカは部屋から駈け出した。」

移動動詞が使われる場合には，(54a)のように格接辞のみ，あるいは(54b)のように後置詞のみによって移動の経路を表現することもできるし，また(54c)のように動詞接頭辞のみ，あるいは(54d)のように副詞のみで表現することもできる。

(54) a. *Erika fut-ott a szobá-ból.*
　　　 Erica.NOM run-PST.3SG the room-ELA
　　　「エリカは部屋から走った。」

　　 b. *Erika fut-ott az épület elé.*
　　　 Erica.NOM run-PST.3SG the building to.in.front.of
　　　「エリカは建物へと走った。」

　　 c. *Erika ki- {fut-ott/ jött}.*
　　　 Erica.NOM out run-PST.3SG came
　　　「エリカは｛走り出た／出てきた｝。」

　　 d. *Erika kifelé {fut-ott/ jött}.*
　　　 Erica.NOM outward run-PST.3SG come.PST.3SG
　　　「エリカは外へと｛走った／来た｝。」

しかし，3.1.3, 4.1.5節で論じたように，本来は移動を含意しない動詞が用いられる場合には，(55a)で示すように，名詞関連要素（格接辞および後置詞）のみによって移動経路を表現することはできないが，(55b)で示すように，

動詞関連要素(動詞接頭辞および副詞)であればそれが可能である。

(55) a. *Erika   táncol-t   a   szobá-ból.
        Erica.NOM   dance-PST.3SG   the room-ELA
        lit.「エリカは部屋から踊った。」
    b. Erika   {ki- /   kifelé}   táncol-t.
        Erica.NOM   out   outward} dance-PST.3SG
        「エリカは {踊り出た／外へと踊った}。」

このことから，同種の経路概念であっても，名詞関連要素ではなく動詞関連要素の方が，移動表現としてより重要な役割を果たすことが明らかである。

6.2　動詞接頭辞と終結性(telicity)

第5節ですでに指摘したように，表現される事象が非終結的(atelic)である場合には動詞接頭辞を伴う表現は用いられない。動詞接頭辞を伴う動詞を含む文では，(56a)で示すように「ずっと，長い間」を意味する *sokáig* 'for a long time' という副詞と共起することはできない。動詞接頭辞 *fel-* 'up' の代わりに，(56b)のように副詞 *felfelé* 'upward' を用いると，この *sokáig* という副詞との共起は文法的である。

(56) a. Erika   (*sokáig)   fel- néz-ett   a   plafon-ra.
        Erica.NOM for.a.long.time   up   look-PST.3SG   the ceiling-SUB
        「エリカは(ずっと)天井を見上げた。」
    b. Erika   sokáig   néz-ett   felfelé a plafon-ra.
        Erica.NOM for.a.long.time   look-PST.3SG   upward the ceiling-SUB
        「エリカはずっと天井を見上げていた。」

さらに，動詞接頭辞を伴う文には(57b)で示すように，動詞から独立して後置される特別な用法がある。(57a)は「私が彼を見たとき」に「ちょうど階段を駆けて上がり終えたところであった」と解釈されるが，(57b)のような場合は「ちょうど階段を駆け上がっている最中であった」という，進行中の事象として解釈される。

(57) a. Erika   fel- fut-ott   a   lépcső-n, amikor
        Erica.NOM up   run-PST.3SG   the stairs-SUP when

　　　　　 lát-tam.
　　　　　 see-PST.1SG
　　　　　「私が見たとき，エリカは階段を駆け上がり終えたところだった。」
　　　b. *Erika   éppen fut-ott   fel   a   lépcső-n,   amikor*
　　　　　 Erica.NOM just run-PST.3SG up the stairs-SUP when
　　　　　 lát-tam.
　　　　　 see-PST.1SG
　　　　　「私が見たとき，エリカはちょうど階段を駆け上がっているところだった。」

　動詞接頭辞は通常接辞付き動詞の一部として使われるが，(57b)のように，独立した要素として動詞に後置される場合には進行中の事象を表す。したがって，動詞接頭辞という要素自体が事象の終結性(telicity)に直接関与するのではなく，動詞接頭辞が動詞に前置されて形態的に語の内部要素となっているか否かが事象の終結性に関与すると考えられる。

7. まとめ

　ハンガリー語の基本的なパターンでは，主体移動，客体移動，抽象的放射の表現において一貫して経路主要部外表示型言語としての性格が見られる。英語と比べても，*enter, cross* などに相当する経路動詞が欠如していることもあり，かなり純粋な経路主要部外表示型の言語であると言える。ただし，経路概念のうち直示的経路概念は若干性格が異なり，主体移動の表現，および随伴運搬型の客体移動の表現においては，主動詞で表現することもできる。

　また，経路を表す主要部外要素には同種の概念を表すものが存在するが，名詞関連要素より動詞関連要素の方が，移動表現として重要な役割を果たす。中でも動詞接頭辞は通常動詞に前置され，終結的な(telic)事象を表現する性質があるため，移動表現において課される役割は他の要素と比較して，独特なものである。

略語一覧

本章の例文で使用した略語は以下の通りである。なお，形態素境界はハイフン「-」で，同一形態素内に複数の文法要素が含まれる場合にはその境界をピリオド「.」で示した。

ACC	対格
ALL	向格
AP	副詞的分詞
DEF	定活用
DEL	離格
ELA	出格
ILL	入格
NOM	主格
PL	複数
PST	過去
SG	単数
SUB	着格
SUP	上格

第4章
ネワール語の移動表現

松瀬　育子

1. はじめに

　ネパールのカトマンズ盆地一帯で話されるネワール語の移動表現について，特筆すべき点が二つ挙げられる。一つは，直示動詞が多い点である。〈行く・来る〉を表す wane/waye のペアだけでなく，〈行かせる・来させる〉に相当する客体移動（＝使役移動）の直示動詞 chwaye/haye があり，さらに〈持っていく〉に当る随伴運搬の使役移動動詞 yã:ke もある[1]。これらの直示動詞は本動詞としてだけでなく，動詞連鎖の主要部としても頻繁に使われるので，ネワール語は直示性に関しては主要部表示型と見られる。他方，直示性以外の経路概念に関しては主要部外表示型である[2]。

　二つ目の特徴は，経路概念〈中外・上下・前後〉を表す副詞形に三つのタイプがある点である。主体移動の直示動詞のみに使われる副詞形，客体移動だけに使われる副詞形，さらには，主体移動と客体移動の両方に共通して使われる副詞形がある。同じ経路概念を表すのに，主体移動と客体移動を区別する複数の副詞形があることは，世界の言語で他に類を見ない特徴と言える。

　今回のデータ収集では，プルナ・ラトナ・サキャ氏に大変お世話になった。また，後半ではマニック・サキャ氏，カビール・サキャ氏にもご協力いただいた。ここに心よりの謝意を記したい。述べるまでもなく，本章での不備は全て筆者の責任である。

[1] 移動表現において，直示動詞が重要な要素であることはネワール語にのみ特有というものではなく，Wolfendon(1929), DeLancey(1980)では，広くチベット＝ビルマ諸語に共通する現象であることが述べられている。しかし，語彙的に独立した使役的直示の移動動詞が3種類あり，移動表現で頻繁に使われる点はネワール語の特徴として挙げることができる。なお，〈持ってくる〉を表す場合は haye〈来させる〉が使われる。

[2] 経路主要部表示型―経路主要部外表示型という移動表現の類型と事象表現タイプの分類は，松本（本巻第1章）に従っている。

本章では，ネワール語の上記の特徴を明らかにするため，主要部外要素から主要部要素へと順を追って観察・記述していくが，その前に，手短にネワール語の全体的な特徴と移動表現の全体的特徴を述べる。

1.1　言語の特徴

ネワール語は，シナ＝チベット語族，チベット＝ビルマ語派に属し，ネパールのカトマンズ盆地に住むネワール族を中心に話される現地語である。公用語であるネパール語(インド＝ヨーロッパ語族，インド＝アーリア語派)とは語族を異にし，話者の数は 2011 年の国勢調査では約 84.7 万人となっている。

ネワール語の形態・統語的特徴としては，SOV 語順，後置詞型であり，能格型構文パターンを示す。名詞句に関しては，日本語と同様に類別詞が多く，さらに有生性を格表示によって区別することも多い。動詞句に関しては，話者の意図的行為かそうでないかが動詞の活用パラダイムで区別される。また，複合動詞のほか，日本語の「て形」接続に似た動詞連鎖が頻繁に使用される。特定の意味が鼻音化によって現れる場合もある(鼻音は～で示す)。その他，オノマトペ表現も多数見られる。

1.2　移動表現の全体的特徴

ここでは，ネワール語の，移動に関する 3 種の事象表現タイプ(主体移動表現，客体移動表現，抽象的放射表現)を概観したい。移動事象表現タイプ別に見ると，ネワール語は主体移動表現と客体移動表現の多くで，直示性を主要部に置く言語であると言える。つまり，直示性に関しては主要部表示型である。

(1) a. *rāma　　swānĩ:　　bwã:e-way-ā:　tha-hã:　　wa-la*
　　　Ram.ABS　stairs.ABL　run-come-NF　up-ADA　come-NFD
　　　「ラムが階段を駆け上がってきた。」
　　b. *rām-ā:　　bhakhũgwarā　cwa-e　　wã:chwa-yā　　ha-la.*
　　　Ram-ERG　ball　　　　　up-LOC　throw-CM　　come.CAUS-NFD
　　　「ラムがボールを上に投げてよこした。」

(1a)は主体移動を表す文である。経路と様態の両方の要素が表される場合，様態を含む複合動詞(*bwã:e-waye* 走り-くる)が経路を表す部分(*tha-hã:* 上

に）に先行し，直示動詞（wa-la）が主要部を占める。(1b)の客体移動表現においても直示動詞が主要部を占め，手段を表す wã:chwaye〈投げる〉の後に，話者の側に移動物を到達させる使役的直示動詞 haye〈よこす・持ってくる〉が使われている。ネワール語は直示性を示す動詞が豊富な言語だと言える。

しかし，全ての場合に直示動詞が主要部を占めるというわけではない。特に客体移動表現の場合は，後に述べるように，taye〈置く〉，kāye〈取る〉などの手動操作を表す動詞も主要部の位置に現れる。

直示以外の経路概念は主要部以外の要素によって表される。その一部は主要部以外の位置で動詞によって示される場合があるが，主要なものは動詞以外の要素で表される。典型的には名詞に付く格接尾辞が好まれ，後置詞が現れることも多い。経路概念のうち，〈中外・上下・前後〉は拘束形で表され，副詞形の一部に組み込まれたり（1b の cwa-e），動詞接頭辞として現れたりする。さらに，副詞には同じ概念を表すものにも複数の語形があり，同じ〈外へ〉の意味を表すものでも，主体移動の直示動詞とのみ共起する形(2a の pi-hã:)，客体移動表現のみに使われる形(2b の pi-ta)，主体移動・客体移動の両方に使える形(2c の pi-ne)と，異なった形式が使用される。

(2) a. ji   rāma-yā-gu   kwathã: pi-hã: wan-ā.
       1sg.ABS Ram-GEN-ADN   room.ABL   out-ADA   go-NFC
       「私はラムの部屋から出た。」
    b. rām-ã: darājā: anti   pi-ta   bi-la.
       Ram-ERG   cupboard.ABL   liquor.pot.ABS   out-ACA   give-NFD
       「ラムは棚からロキシのポットを取り出した。」
    c. wã: sāmān   pi-ne   ta-la.
       3sg.ERG   luggage.ABS   out-LOC   put-NFD
       「彼は荷物を外に置いた。」

他方，抽象的放射では直示が主要部動詞として現れず，純粋の経路主要部外表示型の特徴を示す(3)。

(3) rām-ã: cwa-e   jhyāla-e   swa-la.
    Ram-ERG   up-LOC   window-LOC   see-NFD
    「ラムが（上にある）窓を見上げた。」

2. 移動事象表現タイプに共通して使われる経路表現（主要部外要素）

本節では，主要部外要素が経路概念をどのように表すかを観察する。主要部外要素としては格接尾辞，後置詞，動詞接頭辞，副詞，動詞連鎖での動詞前項があるが，動詞前項については第3節と第4節で，動詞と共に扱う。本節で観察する主要部外要素の特徴として，〈中外・上下・前後〉の概念が動詞接頭辞あるいは副詞の一部として拘束形で現われる点が挙げられる。なお，一部の要素（副詞）は特定の動詞とのみ共起し，すべての移動事象表現タイプに共通して使われるわけではないが，便宜上ここにまとめることにする。

2.1 名詞関連要素

名詞（句）に後続して経路概念を表す要素には，格接尾辞，後置詞，複合後置詞がある。いずれも経路局面と方向性を表すもので，〈中外・上下・前後〉の位置関係の意味を含むものはない。

2.1.1 格接尾辞

名詞に後続して経路を表す格接尾辞は，奪格(-ā:/-nā:)と所格(-e/-i)である。起点は(4a)のように名詞+奪格の形を取る[3]。他方，着点は(4b)のように名詞+所格の形式を取る。有生物が着点となる場合は，通常場所を示す名詞 *thāe*〈ところ〉を必要とし，*rām-yā-gu thāe*〈ラム-の-ところ，-gu は連体辞〉のように場所化する必要がある(4c)[4]。

(4) a. *rāma   isku:l-ā: bwã:e-wa-la.*
      Ram.ABS   school-ABL   run-come-NFD
      「ラムが学校から走ってきた。」
   b. *rāma   isku:l-e   nyāsi-wan-a.*
      Ram.ABS   school-LOC   walking-go-NFD
      「ラムが学校に歩いて行った。」

---

[3] 奪格は能格と同じ格表示である。

[4] *thāe* に所格接尾辞をつけずに，直接 *wane*〈行く〉に接続する用法がよく見られる。*pasa*〈店〉，*bajār*〈市場〉などが *wane* に前置される場合，所格接尾辞が付かない形式(*pasa wane, bajār wane*)が用いられる。(4c)もそうした例である。

c. *macā   mã̄:-yā(-gu)   thāe   lhya-yā   wan-a.*
   baby.ABS mother-GEN(-ADN) place crawl-CM go-NFD
   「赤ん坊がお母さんのところに這って行った。」

2.1.2 後置詞

記述文法書では副詞に入れられることが多いが，名詞句と関わる経路後置詞群(5)があり，例文は(6)(7)に挙げられる。

(5) *pākhẽ:*〈〜の方から〉, *nisẽ:*〈から〉, *pākhe*〈の方へ〉
   takka〈〜まで(到着範囲)〉, *nāpã:/nāpã:/lise*〈〜に沿って〉,
   du-ccha〈中を通って〉, *dathu-i*〈〜の間に / を〉, *nhewa*〈〜を先頭にして〉, *likka-e*〈〜のそばに〉

(6) a. *pu:rba pākhe*   b. *pacchim pākhẽ:*
      east   toward   west   away.from
      「東の方へ」   「西の方から」

(7) a. *swānĩ: nisẽ: wa   tha-the   hāl-ā:-wa-la.*
      stairs.ABL from   3sg.ABS this-like cry.out-NF come-NFD
      「階段からその子がこんな風に叫びながらきた。」

   b. *duwāta-e   pākhẽ: pulisa   bwã:e-wa-la.*
      crossing-LOC away.from policeman run-come-NFD
      「交差点の方から警官が走ってきた。」

(5)に挙げた後置詞で，起点(FROM)および遠ざかりの方向性(AWAY FROM)を表すものでは名詞(句)が奪格になる。例えば，(7a)の *nisẽ:*〈〜から〉の前には奪格表示の名詞(句)が現れ，また *nisẽ:* 自体も奪格を表す鼻音を持つ。(7b)の *pākhẽ:*〈〜の方から〉では，前に置かれる名詞が所格を取り，*pākhẽ:* 自体は奪格を表す鼻音を持つ[5]。

---

[5] 拘束形に所格 -e がついた形に，さらに後置詞を付加することもできる(*cwa-e pākhe*〈上の方へ〉/*cwa-e pākhẽ:*〈上の方から〉/*cwa-e takka*〈上の方まで〉や，*kwa-e pākhe*〈下の方へ〉/*kwa-e pākhẽ:*〈下の方から〉/*kwa-e takka*〈下の方まで〉)。こうした例から，一部の名詞に付く -e 音は所格ではなく属格であるとする説もある。属格は，(4c)にあるように，*yā* で表示される。仮に -e 音が属格として機能するとしても，-e 音として生起する環境がいまだ特定されていない状況にあるので，ここでは所格として表記する。

2.1.3　動詞起源の複合後置詞

経由地を表す場合は，経由地を表す名詞を絶対格（あるいは所格）で示し，動詞 *juye*〈行く〉の非終止形 *juyā:*（3 人称主語の時には，(8)のように使役形 *jukā:*）を後続させる形式が用いられる。

(8)　*rāma　　kāthumāndu-nã:*
　　　Ram.ABS　Katmandu-ABL

　　　bangkok　ju-k-ā:　　　　　　osākā-e　　wan-a.
　　　Bangkok　go.by.way.of-CAUS-NF　Osaka-LOC　go-NFD
　　「ラムはカトマンズからバンコックを経由して大阪に行った。」

2.2　動詞関連要素

動詞（句）に付いて経路概念を表す要素には，動詞接頭辞と副詞がある。語源的に関連した多くの形式があり，共起する動詞が異なる場合もある。これらに共通して含まれるものとして，〈中外・上下・前後〉の位置関係を表す *tha-*〈上〉などの拘束形の要素があり，接頭辞として，さらに所格の *-e* を付けて副詞として使われる。以下，順を追ってみていく。

2.2.1　動詞接頭辞

直示動詞以外の移動動詞，および使役移動動詞に表1，表2の動詞接頭辞が付加される。これらの動詞接頭辞は，経路局面のうち着点（TO）と，方向関係のうちの接近方向（TOWARD）のみを含む（起点（FROM）・通過点（VIA），遠ざかり方向（AWAY FROM）は，格接尾辞や動詞起源の複合後置詞，副詞等で表される）。この点で，ハンガリー語（江口（本巻）参照）の動詞接頭辞と類似している。

表1：「経路局面＋位置関係」を表す動詞接頭辞（ネワール語）

経路局面＼位置関係	IN	OUT
TO	*du-*	*pi-*

表2：方向を表す動詞接頭辞（ネワール語）

方向性＼参照位置	ABOVE	BELOW	FRONT	BEHIND
TOWARD	tha-/cwa-	kwa-	nhe-(nhya-)	li-

　動詞接頭辞が移動様態動詞に付加された例文を観察する。(9a)では，〈漏れる〉という動詞に〈外へ〉を示す動詞接頭辞が付き，(9b)では〈転ぶ〉に〈下へ〉を示す動詞接頭辞が付いている。

(9) a. *shurwāl-ã: cwa pi-jwa-la.*
　　　 pants-ABL　urine.ABS　out-leak-NFD
　　　「ズボンからおしっこが漏れた。」

b. *rāma lã-e luphĩhā-nā: kwa-da-la.*
　　Ram.ABS　road-LOC　stumble-NF　down-fall-NFD
　　「ラムは道でつまずいて，転んだ。」

(9)は主体移動の例だが，動詞数の点から見ると，使役移動動詞が接頭辞を取る場合の方が多い。使役移動動詞が動詞接頭辞を取る頻度の高さはKölver & Shresthacarya(1994)の辞書項目でも確認することができ，例えば，動詞接頭辞 *du-* を付加した接辞付き動詞（〈中へ〉の意味を読み取れるもの）は，主体移動動詞12項目，使役移動動詞22項目となっている[6]。

　使役移動動詞が動詞接頭辞を取る場合は，使役的直示動詞，あるいは，使役的経路動詞が接辞付き動詞の基体となっていることが多い。その中でも *chwaye*〈行かせる〉と *kāye*〈取る〉には表1，表2に現れる6種の動詞接頭辞全てが付く。(10)に，*chwaye*〈行かせる〉と *kāye*〈取る〉が基体となる接頭辞付き動詞の例を挙げる。

(10) a. *jĩ: macā-yāta kwa-e kwa-ka-yā.*
　　　 1sg.ERG　child-DAT　downward-LOC　down-take-NFC
　　　「私は子供を下に（つかんで）降ろした。」

---

[6] ネワール語の動詞接頭辞の祖形について考察したHargreaves(2004)は，*du-* を接頭辞として持つ動詞の数を35としている。本章より数が多いのは，〈中へ〉の意味を含む動詞の範囲を大きく取り，*du-wāle*(to examine carefully, to investigate 注意深く調べる)なども加えた可能性があるためだと考えられる。

b. *rām-ã: ã:ga:l-e   cwã:-gu   kipā   tha-chwa-la.*
   Ram-ERG wall-LOC stay.ST-ADN picture up-go.CAUS-NFD
   「ラムはかべの絵を上に移動させた。」

2.2.2 副詞

経路を表す副詞は，a) 主体移動表現と客体移動表現に共通して用いられる副詞形，b) 直示的経路を示す主体移動動詞とのみ共起する副詞形，さらに c) 客体移動表現のみで使われる副詞形に分けられる。まず，主体移動と客体移動に共通して現れる副詞を観察する。

2.2.2.1 主体移動と客体移動に共通して使われる副詞

2.2.1節で，〈中外・上下・前後〉への経路を表す形態素が動詞接頭辞として機能することをみて，表1と表2に示したが，その拘束形に格接尾辞が付いて副詞として働く形式があり，表3，表4に示される。

表3：「位置関係＋経路局面」を表す副詞（ネワール語）

経路局面 \ 位置関係	IN	OUT	ON/OVER	UNDER
TO	*du-ne*	*pi-ne*	(*cwa-e*)[7]	(*kwa-e*) *ku-ne*
FROM	*du-nẽ:*	*pi-nẽ:*	(*cwã:*)[8]	(*kwã:*)[9] *ku-nẽ:*

表4：方向を表す副詞（拘束形と格接尾辞などの組み合わせ（ネワール語）

方向性 \ 基準位置	ABOVE	BELOW	FRONT	BEHIND
TOWARD	(*cwa-e*) (*pati:*)	(*kwa-e*(*pati:*))	(*nhya:-ne*) (*pati:*)	*liu-ne* (*pati:*)
AWAY FROM	*cwã:* (*cwa-e pati:nã*)	(*kwã:*) (*kwa-e pati:nã*)	(*nhya:nẽ:*)	*liu-nẽ:*

表3，表4の形式は主体移動と客体移動に共通して使われ，経路局面の TO/FROM と方向性の TOWARD/AWAY FROM を含む。動詞接頭辞と異なり，起点・着点の両方の語形がある。例文については，既出の(1b)(2c)

第4章 ネワール語の移動表現

(10a)を参照されたい。

主体移動と客体移動の表現で共通して用いられる二つ目の副詞は，直示情報を基盤としている。日本語には「こ」「そ」「あ」という3種の指示詞があり，方向指示詞としても機能するが，ネワール語の指示詞は，〈話し手領域〉と〈話し手から離れた領域〉のほか，〈聞き手の領域〉，さらに〈遠く離れた領域〉が関わり4分割となる。経路局面，方向性を含むものを表5に表示する[10]。

表5：指示詞基盤の副詞（ネワール語）

経路局面/方向性 参照位置	NEAR SPEAKER	NOT-NEAR SPEAKER	NEAR HEARER	OVER YONDER
TO/TOWARD	*thana/ thukhe*	*ana/ ukhe*	*āmakana/ āmakhe*	*hũkana/ hũkhe*
FROM/ AWAY FROM	*thanã:/ thukhẽ:*	*anã:/ ukhẽ:*	*āmakanã:/ āmakhẽ:*	*hũkanã:/ hũkhẽ:*
(location)	*thuki-i*	*uki-i*	*āmaki-i*	*hũki-i*

指示詞基盤の副詞を用いる慣用表現としては，*thāsā thāsa-e*〈(lit. 場所から場所へ)どの場所にも〉，*thāe thāsa-e*〈あちこちに〉，*thukhẽ: ukhe*〈こちらからあちらに〉，*ukhẽ: thukhe*〈あちらからこちらに〉等がある。

---

[7] ON/OVERを表す *cwa* とUNDERを表す *kwa* は名詞としての振る舞いも示す。名詞としての *cwa* を示す例として，カトマンズ盆地を囲む主峰4峰 (*jāmā-cwa, dhilā-cwa, phu:-cwa, sipu:-cwa*) の名前に *cwa* が含まれていることが挙げられる。また，*cwa-kā* も「頂」を表す。*kwa* についても *simā-kwa* が「木の下」を表し，*pā:cā-kwa* は「坂の下」を表す。Malla (1985: 21) は，*cwa-e* と *kwa-e* は名詞と後置詞の融合した形態であると述べている。

[8] ON/OVER＋経路局面を表す場合，具体的位置関係によっていくつかの表現がある。〈上に重なる，接触している〉場合は，*dya:-ne*〈上に〉/*dya:-nẽ*〈上から〉を用い，〈上階〉を表す場合は *tala-e*〈上の階へ〉/*talā:*〈上の階から〉を用いる。なお，表3のON/OVERを表す形式 *cwa-e* は，表2(*tha-*)，表7(*tha-hā:*)，表9(*tha-ta*)に現れる形式とは異なっている。主体移動表現・客体移動表現に共通して使われる副詞としては，表2，表7，表9から予想される *tha-ne* の形式ではなく，位置関係にも方向性にも *cwa-e* が使用される。

[9] UNDER＋経路局面を表す場合も，いくつかの表現がある。〈薄いものの下〉を表す場合は *ta:l-e*〈薄いものの下に〉/*ta:lā*〈薄いものの下から〉を用い，〈下の階〉を表す場合には *ku-ne*〈下の階へ〉/*ku-nẽ:*〈下の階から〉を用いる。

[10] これら4種の指示詞は，敬語表現などでは話し手領域と非話し手領域の2種に収斂される。

2.2.2.2　主体移動の直示動詞にのみ使われる副詞

　動詞接頭辞が主体移動の直示動詞には使われない(2.2.1節)ことを補うかのように，主体移動の直示動詞にのみ使われる副詞があり，表6と表7に示される。動詞接頭辞の場合と同様，経路局面はTO，方向性はTOWARDに限られる。

表6：直示動詞(主体移動)と共起する副詞(経路局面＋位置関係)(ネワール語)

経路局面＼位置関係	IN	OUT
TO	du-hã:	pi-hã:

表7：直示動詞(主体移動)と共起する副詞(方向性)(ネワール語)

方向性＼参照位置	ABOVE	BELOW	FRONT	BEHIND
TOWARD	tha-hã:	kwa-hã:	nhya-hã:	li-hã:

これらの副詞は直示動詞の直前に置かれることが多いが，強意の副詞 *he* を間に挿入することもできるため(11)，接辞ではない。

(11)　*ji*　　　　*li-hã:*　　<u>*he*</u>　　*wan-e*　　*kā*　　*thaũ:.*
　　　1sg.ABS　back　　EMPH　go-FC　PAR　today
　　「私は今日は戻る。」

　興味深いことに，これら表6，7の副詞は2.2.2.1節で見た主体移動・客体移動に共通して使われる副詞とも共起する。(12a)では，直示動詞に専用の経路を示す副詞(*pi-hã:*)が付き，さらにその前に格接尾辞付きの副詞(*pi-ne*)が置かれている。これを，(12b, c)のように，どちらか一方の経路副詞を省略しても(12a)とほぼ同じ内容となり，複数位置に同種の経路概念が表されることになる。

(12) a.　*rāma*　　　*kwathã:*　　*pi-ne*　　*pi-hã:*　　*wa-la.*
　　　　 Ram.ABS　room-ABL　out-LOC　out-ADA　come.NFD
　　　　「ラムは部屋から出てきた。」
　　 b.　*rāma*　　　*kwathã:*　　*pi-ne*　　*wa-la.*
　　　　 Ram.ABS　room.ABL　out-LOC　come-NFD

c. *rāma   kwathã: pi-hã: wa-la.*
   Ram.ABS   room.ABL   out-ADA   come-NFD

なお，後に見るように，ネワール語には〈入る〉〈上がる〉などの非直示的経路を表す移動動詞が少なく，この節で見た副詞がその代わりをしていると考えられる．

2.2.2.3　客体移動のみで使われる副詞

客体移動表現のみで使われる，拘束形に *-ta* を付加した副詞形があり，表8，表9に示される．

表8：「経路局面＋位置関係」を表す客体移動の副詞 *-ta*（ネワール語）

経路局面＼位置関係	IN	OUT
TO	*du-ta*	*pi-ta*

表9：方向を表す客体移動の副詞 *-ta*（ネワール語）

方向性＼参照位置	ABOVE	BELOW	FRONT	BEHIND
TOWARD	*tha-ta*	*kwa-ta*	(*nhya:-ta*) (*nhe-ta*)[11]	*li-ta*

客体移動だけに用いられる副詞形 *-ta* は，着点と接近の方向性のみを表す．

ここまでの観察をまとめると，客体移動における着点・接近の方向性を表すのに3種類の方法があることになる．動詞に拘束形（動詞接頭辞）を付けた形（表1, 2）を選択するか，拘束形に格接尾辞を付加した副詞形（表3, 4）を選択するか，あるいは拘束形に *-ta* を付けた副詞形（表8, 9）を選択するかの三択である．このうち，*-ta* を付けた形式には慣用的な使用制限があり，地域差による容認度の違いもある[12]．一方，動詞接頭辞は，特定の動詞（*chwaye,*

---

[11] *nhe-ta* は金銭取引の〈前払い〉の意味を表す．

[12] *-ta* を使う副詞形のうち，*li-ta*〈後ろに〉は使用場面の制約がかからず，中立的な移動状況で使われる．*jĩ: bwane-dhuna-gu saphu: saphu: kuthi-i li-ta tayā wayā.*「読みおわった本を図書館へ返してきた．」では，ある程度の距離を行って，元あった場所に本を返した状況で *li-ta* が使われている．

kāye)とよく結びつく。それに対して，拘束形に格接尾辞を付けた形は，使用場面の制限や動詞の選択といった制限がかからない，最も一般的に用いられる形式である。

2.3 主要部外要素のまとめ

ネワール語の主要部外要素に関しては，以下のようにまとめられる。

1. 名詞関連要素には，格接尾辞，後置詞，複合後置詞がある。
2. 動詞関連要素には，動詞接頭辞と副詞がある。動詞接頭辞を取る動詞は，直示動詞以外の主体移動動詞と使役移動動詞である。
3. 副詞には，直示動詞（主体移動）専用の副詞，使役移動動詞専用の副詞，すべてに使用可能な副詞があり，共起する動詞の直示性と使役性によって使い分けが決まる。
4. 〈中に〉など位置関係を含む経路概念は動詞接頭辞か副詞で表され，格接尾辞などの名詞関連要素では表現されない。

最後の点に関しては，(12)が示すとおり，名詞関連要素の格接尾辞は起点・着点のみを表しており，〈中〉という位置関係は副詞が表している。

3. 主体移動を表す動詞

本節では，主体移動を表す動詞を紹介し，どのような概念が主要部で表されるのかを観察する。

結婚に関わる状況では *-ta* の形式を用いることが多く，Kansakar et al.(2002)のテキストでは〈嫁を迎える〉時は *du-ta kāye*,〈嫁にやる〉時は *pi-ta biye* が使われている。さらに，社会慣習上の制約に触れる，あるいは初めて試みる移動の使役の場合にも *-ta* 形が使われる。(i)で述べられている，王様が王子を王宮内に閉じ込めることは，町で悪さをし続ける王子を懲らしめるためにやむなく取った手段を表していて，そのような望ましくない背景があって初めて使われる表現であると言える。

(i) *jujũ: rājakumār-yāta lāekulĩ: he pi-ta*
    king.ERG prince-DAT castle.ABL EMPH out-ACA
    chway-ā ma-haye-gu nã: kuta: yā-ta.
    go.CAUS-CM NEG-come.CAUS-NL also effort do-NFD
    「王様は王子を王宮から外に出さないようにも努力した。」

3.1 直示動詞とその用法

(13)に直示動詞を挙げ，(14)に一例を挙げる。

(13) wane〈行く〉, waye〈くる〉, jhāye〈(敬意的)いらっしゃる〉, bijyāye〈(最も敬意的)いらっしゃる〉

(14) ji   mhiga: hospitala-e   wan-ā.
     1sg.ABS yesterday hospital-LOC go-NFC
     「私は昨日病院に行った。」

以下に見ていくように，ネワール語の基本パターンでは，直示概念を包入する動詞が主要部として用いられる[13]。

3.2 経路動詞とその用法

直示以外の経路を表す動詞も存在する。このような動詞には以下のものがある。方向を包入した動詞を(15a)に，経路局面と位置関係を包入した動詞を(15b)に挙げる。

(15) a. gaye〈(山・木に)登る[14]〉, luye〈(太陽が)昇る〉, dune〈倒れる，沈む〉, hāye〈(果物/葉/歯が)落ちる〉, kwa-bwāye〈飛び降りる，落ちる〉, jwaye〈(日光，雨が)落ちる〉, dane〈起きる/立つ〉, bhwa-puye〈ひっくり返る〉

---

[13] ネワール語では，聞き手のところへの移動を表す場合，次の会話(i, ii)の答え(ii)のように，wane〈行く〉ではなく，waye〈来る〉を用いる。この点は英語の I'm coming. と同じで，直示の中心(deictic center)を聞き手領域へ転換する方略が取られる。また，第三者が聞き手のところに〈行く〉ことを表す場合にも，(iii)のように waye〈来る〉が使用される。

(i) jā   naye   tyela.   tha-hã̄:   wā.
    rice eat.INF be.time.to.NFD up-ADA   come.IMP
    「ご飯ができた。上においで。」

(ii) dae, ji waye.
     OK, 1sg come.FC
     「はい，来ます。」(「行きます」とは言わない。)

(iii) rām chi-gu   thāsa-e   wala/*wana.
      Ram 2sg-GEN   place-LOC come.NFD/*go.NFD
      「ラムがあなたのところに来ましたよ。」

[14] ji mhiga: wa simā-e gayā.「私は昨日その木に登った」のような表現では，直示動詞の付かない形式が容認される。

  b. *pule*〈通過する / 渡る / 越える〉, *chiye*〈川を渡る〉, *cā-hile*〈回る〉, *thyene*〈着く〉[15], *cile*〈去る〉, *bāye*〈離れる〉

これらの動詞は，通常，動詞連鎖の前項として現れ，主体移動の直示動詞が後続する (16)[16]。

 (16) a. *juju* *bijyā:-balae* *lã:-e*
    king.ABS come.HON.ST-when road-LOC

    cwã:-pĩ *manu:-ta* *dakwã:* *cil-ā* *wan-a.*
    stay.ST-ADN man-PL all leave-CM go-NFD

   「王さまがいらっしゃった時，道にいた人々は退いた（道をゆずった）。」

  b. *ji* *mhiga:* *thwa* *tā:* *pul-ā* *wan-ā.*
    1sg.ABS yesterday this bridge cross-CM go-NFC

   「私は昨日この橋を渡って行った。」

この他，経路を表す複合的な動詞もある。このような動詞には (17) があり，その多くは直示動詞との複合である (*wane* と複合するものは *waye* も可能である)。

 (17) *bisyŭ:-wane*〈逃げる〉, *kutũ:-wane*〈落ちる〉, *dube-juye*〈沈む〉, *pi-cāye*〈（森などを）ぬける〉, *hācā:-gāye*〈溝をまたぐ，超える〉, *junā-wane*〈経由する〉, *dathũ:-wane*〈真ん中を通る〉

(17) の *kutũ:-wane* では，〈落ちる〉のような，方向と共に移動物のスピードを表す形態が，直示動詞の直前に付いている (18)。

 (18) *bhaupwā-lã:* *bhau-cā* *kutũ:-wa-la.*
    cat.hole-ABL kitten-DIM.ABS falling-come-NFD

---

[15] 着点に到着したことを表す場合は，以下のi)のように，直示動詞が付加されないことが多いが，計画的に到着するような場合には，(ii, iii) の会話のように，直示動詞を付けた形も使われる。
 (i) *ji khutā ila-e chẽ-e thyana.*「わたしは6時に家に着いた。」
 (ii) *gabale wayā?*「いつ来たの。」
 (iii) *mhiga: thyã:ka wayā.*「昨日着いた。」

[16] 移動の目的を表す場合も動詞連鎖を用いるが，その場合は，前項動詞が接続形ではなく，動詞語幹の長音形で表される。

「猫穴から子猫が落っこちた。」

ネワール語には〈出る・入る〉を表す一語の動詞がなく、〈上がる・下りる〉も主語が限定的なものしかない。代わりに使われる副詞と直示動詞を組み合わせた例文を挙げる (19)。

(19) a. *rāma mecã: kwa-hā̃: wa-la.*
  Ram.ABS chair.ABL down-ADA come-NFD
  「ラムが椅子から降りた。」

 b. *ji pali-i tha-hā̃: wan-ā.*
  1sg.ABS roof-LOC up-ADA go-NFC
  「私は屋根に上がっていった。」

3.3　様態の動詞とその用法

移動の様態を表す動詞も多く存在する。まず、複合的なものとして以下のものがある。(20a) に動作主的様態動詞、(20b) に非動作主的様態動詞を挙げる。

(20) a. *nyāsi-wane*〈歩く〉, *bwā̃:e-wane*〈走る〉, *tāeti yāye*〈よちよち歩く〉, *cā:-hile*〈歩き回る〉, *ukhe-thukhe juye*〈うろつく〉, *tī:-nhuye*〈ジャンプする〉, *lāl-kāye*〈泳ぐ〉[17], *hathāe-cāye*〈急ぐ〉

 b. *bā:-waye*〈(洪水が) 流れる〉, *gulla-tule*〈転がる〉, *tulā-wane*〈転がる〉, *sulla-wane*〈滑る〉, *lehē̃:-puye*〈浮く〉, *gwatu-wane*〈倒れる / 転がる〉, *ghutũ:-wane*〈飲み込まれる〉, *husulũ:-puye*〈揺れる〉

例として、〈歩く〉〈走る〉を表す表現を挙げる (21)。〈歩く〉ことを表す最も一般的な言い方がこの (21a) の語形であり、*nyāsi* という名詞的な形態素に直示動詞が付加されて、一語の動詞として使われている。

---

 jī: herā-mā: phyenā-byu: waye-gu ju-la.
 1sg.ERG diamond-necklace untie.CM-give.STM come.FC-NL become-NFD
 「私がダイヤモンドのネックレスを解きに来ることになった。」

[17] *lāl-kāye*〈泳ぐ〉は、*lāl* と *kāye* の複合語であり、*kāye* が〈取る〉を表す。*lāl-kāye* の場合も、(i) のように直示動詞が付かない表現が可能である。
 (i) *ji ukhe cwā:gu pāri takka lāl-kāyā.*「私は向こうの岸まで泳いだ。」

(21) a. *rāma isku:l-e nyāsi-wan-a.*
   Ram.ABS school-LOC walk-go-NFD
   「ラムは学校に歩いて行った。」
 b. *gitā isku:l-e bwã:e-wa-la.*
   Gita.ABS school-LOC run-come-NFD
   「ギタは学校に走ってきた。」

単独で使われる様態動詞も少数ある。(22a)に動作主的様態動詞，(22b)に非動作主的様態動詞を挙げる。

(22) a. *hule*〈あちこち歩く〉, *bwāye*〈走る〉, *bwaye*〈飛ぶ〉, *lhyaye*〈這う〉, *lheye*〈(虫が)這う〉, *sane*〈動く〉, *nyāye*〈ぶつかる〉
 b. *culuye*〈滑る〉, *wāye*〈こぼれる〉, *jwaye*〈漏れる〉, *nhyāye*〈流れる〉, *jāye*〈満ちる〉, *daye*〈転ぶ〉

これらは，通常，動詞連鎖の中で接続形で使われ，直示動詞が後続する。(23)の〈ジャンプする・飛ぶ〉の例においても，様態を表す動詞の後に直示動詞が使われている。

(23) a. *rāma dabu:la-e tĩ:nhu-yā wan-a.*
   Ram.ABS stage-LOC jump-CM go-NFD
   「ラムがステージに飛びだした。」
 b. *phae-kha: gũ: cwa-sã: bwayā wan-a.*
   airplane mountain up-ABL fly.CM go-NFD
   「飛行機が山の上を飛んで行った。」

なお，直示動詞が付いた(23a)では，所格名詞句が着点として解釈されるが，(24)のように，様態動詞のみの場合は，所格名詞句は着点句として解釈できない。

(24) *rāma dabu:la-e tĩ:nhu-la.*
   Ram.ABS stage-LOC jump-NFD
   「ラムがステージでジャンプした。」

経路と様態がある場合は，様態が先行して表される(25)。

(25) *ji mhiga: thwa tā: bwã:e-(wan-ā:)*
   1sg.ABS yesterday this bridge run-(go-NF)

```
pul-ā      wan-ā.
cross-CM   go-NFC
```
「私は昨日この橋を走って渡って行った。」

3.4 主体移動の動詞のまとめ

主体移動表現の特徴は次のようにまとめられる。

1. 経路概念のうち直示情報は主要部で表す。
2. 非直示的な経路概念は，主要部以外の要素で表す。動詞連鎖の形では，様態の動詞が経路の動詞に先行し，主要部は直示情報を表す。
3. 複合的な場合も，多くは後項（主要部）が直示情報を表す。

これまで，ネワール語の主体移動表現における，主要部外要素と主要部を見てきたが，これらの文法要素と移動の意味要素の対応を表10に示す。

表10：主体移動表現における表現パターン（ネワール語）

表現要素	主要部外要素					主要部
	名詞関連要素		動詞関連要素			主動詞
	格接尾辞	後置詞	動詞接頭辞	副詞	動詞連鎖の前項	
意味要素	経路	経路	経路	経路 直示	様態＞経路	直示

4. 客体移動の表現

本巻第1章で説明されているように，客体移動は，随伴運搬型，継続操作型，開始時起動型の三つの下位タイプに分けられる。本節では，これらを表すネワール語の使役移動動詞をリストした後に，客体移動の三つの下位タイプの言語表現を観察する。

4.1 使役移動動詞

まず，客体移動における直示動詞を示す(26)。

(26) 使役的直示動詞（客体移動）
　　　chwaye〈行かせる・送る〉, *wā:-ke*(go-CAUS)〈行かせる〉, *yā:ke*〈連れていく・持っていく〉, *wa-e-ke*(come-CAUS)〈来さ

せる〉，haye〈持ってくる・よこす〉

使役的直示動詞の使い分けについて簡単に触れる。独立した使役的直示動詞 chwaye〈行かせる・送る〉と，直示動詞 wane〈行く〉に使役形態素 '-k' を付加した派生形動詞 wã:-ke は，共に開始時起動型の使役移動を表す。直示動詞 waye〈来る〉の派生使役形 wa-e-ke も開始時起動型の使役移動を表す。他方，独立した使役的直示動詞 yā:ke〈連れていく・持っていく〉と haye〈持ってくる〉は随伴運搬型の使役移動を表す。これらの使い分けの詳細は 4.2 節で述べる。

次に，(27)の動詞は，非直示的経路を表す動詞の使役形である。

(27) 直示以外の経路を表す使役移動動詞

ci:-ke〈どかす〉，thune〈沈める〉，kut-ke〈落とす〉，kwa-phāye〈落とす〉，gwār-tu-i-ke〈倒す〉，thane〈立てる・起こす〉，ga-e-ke〈登らせる〉，pu-i-ke〈渡らせる〉，chi:-ke〈川を渡らせる〉，gā-e-ke〈溝を渡らせる〉，pi-cā-e-ke〈(森などを)ぬけさせる〉，nhyā-ke〈前進させる〉，hi:-ke〈回す〉，bhwapu-i-ke〈ひっくり返す〉，di-ke〈止める〉，di-ke〈据える・置く〉

この他，使役手段を表す動詞の一群がある(28)。(28a)は，力を加えることによる開始時起動型の使役移動を表す動詞のグループである。(28b)は，社会的な規範に関わる伝達行為を表す動詞のグループである。(28c)には，使役者の手動操作範囲内で，手を使って行なわれる移動の使役を表す動詞を挙げている。

(28) 使役手段を表す使役移動動詞

a. wã:-chwaye〈投げる〉，wāye〈投げる(不浄物)〉，ka-e-ke〈投げる・当てる〉，hāku-tine〈投げる〉，tine〈抛る〉，pyē-ke〈蹴る〉，thwāye〈蹴飛ばす〉，nhuye〈踏みつける〉，gulla-tu-i-ke〈転がす〉，ghwāye〈力いっぱい押す〉，cine〈積み込む〉，tiye〈押す・揉む〉，suye〈刺す〉，mhile〈ぐっと押す・突き刺す〉，dāye-tuike〈叩く(殴る)〉，kaye〈打つ〉，mu-i-ke〈強く打つ〉，nile〈ひねる〉，lā-ke〈奪い取る〉，lāye〈捕まえる〉，mhu-chyāye〈吹くために口をすぼめる〉，puye〈掃く〉，phwāye〈動かす〉，phāye〈切る〉，pāle〈叩き

切る〉*khāye*〈掛ける〉, *hu-i-ke*〈躍らせる〉

b. *sa:te*〈呼ぶ〉, *bwane*〈招く〉, *bwā-ke*〈誘拐する〉, *khuye*〈盗む〉, *ine*〈集める / 配る〉

c. *taye*〈置く〉, *kāye*〈取る〉, *kāye*〈拾う・つまむ〉, *lhwane*〈持ち上げる〉, *thine*〈上げる（てこを使う）〉, *swa:thane*〈しまう〉

さらに，(29) は，典型的な移動様態を表す，使役移動動詞群である．

(29) 移動の様態を含む使役移動動詞

nyāsi-ke〈歩かせる〉, *nyāsi-wã:-ke*〈歩かせる〉, *bwā-ke*〈走らせる〉, *bwã:e-wã:-ke*〈走らせる〉, *bwae-ke*〈飛ばす〉, *gwār-tu-i-ke*〈転がす〉, *luye*〈注ぐ〉, *khin-e*〈撒く〉, *thiye*〈満たす〉, *pwã:-ke*〈注ぐ〉, *swātta pi-chwaye*〈飛び散らせる〉, *husulu-pu-i-ke*〈揺らす〉, *sã-ke*〈揺らす・動かす〉, *culuse cwā:-ke*〈滑らせる〉, *wā-ke*〈こぼす〉, *ghur-ke*〈飲み込む〉, *nhyā-ke*〈流す〉, *pharapula-wã-ke*〈パラパラとめくる〉, *sulla-wã-ke*〈滑らす〉, *lehẽ-pu-i-ke*〈浮かせる〉, *li-pu-i-ke*〈浮かせる〉

(29) に挙げている *nyāsi-ke*〈歩かせる〉は，移動動詞 *nyāsi wane* の名詞相当部分 *nyāsi* だけに使役接辞 '-k' がついて，使役移動動詞となったものである．〈歩かせる〉の例文を (30) に挙げる．

(30) *māstar-ã: bidarchi-yāta ste:shon takka nyāsi-k-ala.*
teacher-ERG student-DAT station up.to walk-CAUS-NFD
「先生が学生を駅まで歩かせた．」

4.2 各客体移動タイプにおける表現パターン

4.1 節で挙げた動詞が使われる表現を，三つの客体移動のタイプ（開始時起動型，随伴運搬型，継続操作型）別に観察する．

4.2.1 開始時起動型

4.2.1.1 使役的直示動詞

ネワール語の特徴の一つは，開始時起動型の使役移動を直示動詞で表すこ

とができる点である[18]。まず，話者以外の位置が着点となるものとして，独立した使役的直示動詞 chwaye〈行かせる・送る〉と，wane〈行く〉の派生使役形 wã:-ke〈行かせる〉があり，ともに有生の対象を取って，開始時起動型の使役移動を表す(31)。

(31) a. jĩ:　　gitā-yāta　rām-yā-gu　chẽ-e　　chwa-yā.
　　　　1sg.ERG　Gita-DAT　Ram-GEN-ADN　house-LOC　go.CAUS-NFC
　　　　「私はギタをラムの家に行かせた。」
　　b. jĩ:　　gitā-yāta　rām-yā-gu　chẽ-e　　wã:-ke
　　　　1sg.ERG　Gita-DAT　Ram-GEN-ADN　house-LOC　go-CAUS.INF
　　　　bi-yā.
　　　　give.NFC
　　　　「私はギタをラムの家に行かせた。」

(31)の二つの動詞の違いは，使役の直接性に関係する。(31a)の chwaye を用いると〈命令・指示（直接の強制）〉を表し，(31b)の派生形 wã:-ke の場合は，合意を得て，あるいは頼んで行ってもらったというニュアンス〈間接の強制力〉が出る。

chwaye は無生物の目的語を取ることもできる。(32)は，客体移動のきっかけを与えるために荷物を〈押す〉例である。

(32) jĩ:　　sāmān　cwa-e　chwa-yā.
　　　1sg.ERG　luggage　up-LOC　go.CAUS-NFC
　　　「私は荷物を上に押しやった。」

他方，話者の位置が着点となる場合は，〈行かせる〉場合と異なっている。命令して誰かを〈来させる〉場合には waye〈くる〉の派生使役形 wa-e-ke を使い(33a)，直接の強制力を伴わない場合は，sa:te〈呼ぶ〉など，別の動詞を使うことが多い(33b)。

(33) a. jĩ:　　gitā-yāta　ji-gu　　chẽ-e　　wa-e-k-ā.
　　　　1sg.ERG　Gita-DAT　1sg-GEN　house-LOC　come-CAUS-NFC
　　　　「私はギタを私の家に来させた。」

---

[18] これまでのところ，こうした現象があると確認できる言語は，ネワール語の他には，モンゴル語だけである。なお，随伴運搬型の使役的直示動詞については，注20を参照されたい。

b. *jĩ: gitā-yāta   thana   sa:t-ā.*
   1sg.ERG Gita-DAT   here   call-NFC
   「私はラムをここに呼んだ。」

4.2.1.2　動詞連鎖と複合動詞

　手段も含めて表す場合，典型的には，手段が動詞連鎖の前項動詞で表され，使役的直示動詞が主要部に置かれる(34)。単独では随伴運搬を表す *haye* も，動詞連鎖に使われる場合は開始時起動型の客体移動を表すことができる。

(34) a. *rām-ã: dugu-cā-yāta   chẽ-e   du-ne   ghwān-ā*
       Ram-ERG   goat-DIM-DAT   house-LOC   in-LOC   push-CM
       chwa-la.
       go.CAUS-NFD
       「ラムは子ヤギを家に押して送り込んだ。」

   b. *rām-ã: bhakhũgwarā   du-ne   thwā-nā   ha-la.*
      Ram-ERG   ball   in-LOC   kick-CM   come.CAUS-NFD
      「ラムがボールを中に蹴ってきた。」

　このほか，〈有生の対象を話し手領域に来させる〉場合，やや特別な形が使われる。*chwaye*〈行かせる〉のあとに *haye* を置いて，動詞連鎖 *chwayā haye* で，話者方向への，開始時起動型の客体移動を表すことができる[19]。

(35) *rām-ã: gitā-yāta   chwa-yā   ha-la.*
     Ram-ERG   Gita-DAT   go.CAUS-CM   come.CAUS-NFD
     「ラムがギタを（私のところへ）来させた。」

　開始時起動型の使役移動を表す複合動詞もある。〈投げる〉を表す(36)の *wã̃:-chwaye* は，*wāye*〈投げる〉と *chwaye*〈行かせる・送る〉の2つの動詞から成りたっているが，通常は，複合動詞として扱われる。

---

[19] 次例(i)が示すように，例文(35)の主語を3人称から1人称に変えると，着点が聞き手領域に変わる。ここでも注13で述べた「直示の中心の転換」と同じ原理が働いていると考えられる。

(i) *jĩ: gitā-yāta   chwa-yā   ha-yā.*
    1sg.ERG Gita-DAT   go.CAUS-CM   come.CAUS-NFC
    「私はギタを（君のところへ）行かせた。」

(36) rām-ã: naye-gu   ma-na:-se   wã:-chwa-la.
     Ram-ERG   eat.INF-NL   NEG-eat.ST-ADV   throw-go.CAUS-NFD
     「ラムは食べ物を食べないで捨てた。」

4.2.2　随伴運搬型

　随伴運搬型の客体移動の表現においても，使役的直示動詞を主要部に用いるパターンが一般的である[20]。

4.2.2.1　直示動詞

　随伴運搬型の使役移動を表す直示動詞には haye〈持ってくる〉と yã:ke〈持っていく〉がある(37)。

(37) a. jĩ: isku:l-ã: thwa   saphu: ha-yā.
        1sg.ERG   school-ABL   this   book   come.CAUS-NFC
        「私は学校からこの本を持ってきた。」
     b. jĩ: yakwa   koseli   yã:k-ā.
        1sg.ERG   many   souvenir take-NFC
        「私は土産をたくさん持って行った。」

haye は元々，無生物の対象を話者領域に〈持ってくる〉という随伴運搬の意味で使われ，(37b)の yã:ke とは直示的方向が逆になる。haye と yã:ke は，随伴運搬の意味を共有しながらも，客体移動の対象として無生物を取るか有生物を取るかに関して，違いがある。haye は無生物の対象を取るが，yã:ke は無生物と有生物の両方の対象を取る。

　使役的直示動詞を主要部に取る文は，経路を表す副詞と共に使うこともできる。ネワール語には，〈出す〉〈入れる〉〈上げる〉〈下げる〉〈前にやる〉〈戻す〉を表す一語の使役移動動詞がないため，こうした経路位置・方向の意味要素を副詞として表し，主要部に使役的直示動詞を使う(38)。

(38) a. jĩ: khicā-yāta   pi-ne   yã:k-ā.
        1sg.ERG   dog-DAT   out-LOC   take-NFC

---

[20] 随伴運搬型の使役的直示動詞の使用は，英語，ハンガリー語，チベット語西部古方言であるラダク語など，多くの言語において見られる。

「私は犬を外に連れ出した。」

 b. jĩ: ti:bi: cwat-ã: ku-ne   ha-yā.
   1sg.ERG TV third.floor-ABL downstairs-LOC come.CAUS-NFC
  「私はテレビを3階から下に降ろした。」

4.2.2.2 動詞連鎖と接辞付き動詞

 随伴運搬使役は，動詞連鎖の形でも表すことができる。ネワール語の場合は，使役手段動詞と使役的直示動詞が，動詞連鎖の形で現れる (39)[21]。

(39) a. rām-ã: dugu-cā lu-yā ha-la.
    Ram-ERG goat-DIM drag-CM come.CAUS-NFD
   「ラムがヤギを引っ張ってきた。」

 b. wa manu-nā: ji-gu   dhebā khu-yā yā:k-ala.
   that man-ERG 1sg-GEN money steal-CM take-NFD
  「その男がぼくのお金を盗んで行った。」

 さらに，日本語の〈持っていく〉や〈連れてくる〉の擬似客体移動表現と同じように，ネワール語でも，〈掴む〉ことを表す動詞(使役的直示動詞ではなく)と主体移動の直示動詞の動詞連鎖が使われる (40)[22]。

(40) a. jĩ: chi-ta kamija cha-pā: jwa-nā wa-yā.
    1sg.ERG you-DAT shirt one-CL grab-CM come-NFC
   「あなたにシャツを一枚持ってきました。」

 b. jĩ: chi-ta saphu: cha-gu: jwa-nā wan-e.
   1sg.ERG you-DAT book one-CL grab-CM go-FC

---

[21] 〈〜に連れて行く〉のような，使役移動の目的を表す場合にも動詞連鎖が用いられる。こうした場合，次の(i)のように，前項動詞が接続形ではなく不定詞の形で現れる。

 (i) kāe-mhe-sita sannukh-e   swa-k-e   chwa-ta.
   son-NL-DAT juwelry.box-LOC see-CAUS-INF go.CAUS-NFD
  「息子に宝石箱を見に行かせた。」

[22] 手段を表す客体移動動詞と主体移動の直示動詞〈行く・来る〉の組み合わせである jwanā-wane〈持っていく〉/jwanā-waye〈持ってくる〉が使われる場合，jwane が〈掴む〉を表すので，持ち運ぶ対象が手中に収まるような小さなものであることが多い（松瀬・桐生 2010: 63 参照）。

「あなたに本を一冊持って行きます。」

随伴運搬型の使役移動は，接頭辞付きの動詞によっても表すことができる。(41)では，*sāle*〈引く〉に接頭辞が付いた形が使われている。

(41) *rām-ã:　　dugu-cā　　chẽ-e　　du-sāl-a.*
　　 Ram-ERG　goat-DIM　house-LOC　in-pull-NFD
　　「ラムは子ヤギを家に引き入れた。」

ただし，(41)のような接頭辞付きの言い方は稀で，副詞を用いた *du-ne sāla* の形で使うか，より典型的には，*sāla* を前項動詞として使役的直示動詞を主要部においた動詞連鎖を用いる。

4.2.3　継続操作型

継続操作型の客体移動の表現においては，これまでの使役移動動詞とは異なり，使役的直示動詞が使えない。代わりに，継続操作動詞が主要部となる。

4.2.3.1　継続操作動詞

継続操作型の客体移動の表現で主要部となるのは，*taye*〈置く〉/ *kāye*〈取る〉の継続操作動詞である(42)(*kāye* の前に動詞接頭辞等が付くと，短縮形 *kaye* で発音される)。

(42) a.　*jĩ:　　　cyā-e　　cini　　ta-yā.*
　　　　 1sg.ERG　tea-LOC　sugar　put-NFC
　　　　「私はお茶に砂糖を入れた。」

　　 b.　*jĩ:　　　bākas　cāek-ā:　dun-ẽ:　ã:gu:　pi-ka-yā.*
　　　　 1sg.ERG　box　　open-NF　in-ABL　ring　out-take-NFC
　　　　「私は箱を開けて，中から指輪を取り出した。」

　　 c.　*kwathā　　mile yāye　mā:-gulĩ:*
　　　　 room.ABS　clean.INF　need.ST-because
　　　　 mwā:-gu　　　　　sāmān-ta　pi-ne　　ti.
　　　　 unnecessary-ADN　thing-PL　out-LOC　put.IMP
　　　　「部屋をかたづけるから，要らないものを外に置きなさい。」

taye と *kāye* は，使役者の手が届く範囲内での客体移動を表す。4.2.1.2 節

と 4.2.2.2 節で見た，使役的直示動詞を主要部とする動詞連鎖の形を取らず，*kāye*, *taye* が主要部に現れる。

taye〈置く〉と *kāye*〈取る〉では，経路の表示のしかたに違いがある。*taye* では，着点句が (42a) の *cyā-e* のような名詞 + LOC の形，(42c) の *pi-ne* のような拘束形 + LOC，あるいは *thana*〈ここに〉のような指示詞基盤の副詞であったりする。それに対して，*kāye* では，動詞接頭辞の箇所 (2.2.1 節) で見たように，接頭辞がよく使われる。(42b) にある *pi-kaye* を始めとして，*li-kaye*〈取り戻す〉，*tha-kaye*〈引き上げる〉，*kwa-kaye*〈引きおろす〉などがよく使われる。(42b) の *pi-kaye* は *li-kaye* と交替してもほぼ同じような意味を表す。

また，〈私は重い荷物を持ち上げた〉のような，日本語では複合動詞を使う状況は，(28c) にリストした *lhwane*〈持ち上げる〉一動詞で表す。

4.2.3.2　動詞連鎖

kāye〈取る〉を，例えば *pi-kayā: haye* のように，使役的直示動詞を主要部とする動詞連鎖の形にすると，〈何かを取り出して，(別の場所に) 持ってきた〉という，二つのイベントの解釈になってしまい，〈取り出す〉という意味では容認されない。

むしろ，〈ごみを (素手で) つまみあげる〉状況で，*kāye* を主要部とする動詞連鎖が使え (43a)，〈ポスターを剥がす〉状況においても，(43b) のように，*kāye* が動詞連鎖の主要部となる。

(43) a.　*jĩ:　　dhu:　　mũ:k-ā　　ka-yā.*
　　　　 1sg.ERG　rubbish　collect-CM　take-NFC
　　　　「私はゴミを (素手で) つまみあげた。」

　　 b.　*ã:gal-e　tik-ā　　ta:-gu　　　postar　pwal-ā　ka-yā.*
　　　　 wall-LOC　attach-CM　put.ST-ADN　poster　strip-CM　take-NFC
　　　　「壁に貼ってあるポスターを剥がした。」

4.3　使役移動動詞のまとめ

客体移動表現の主要部の特徴は，以下のようにまとめられる。

1. 基本的パターンでは,継続操作型を除いて,使役的直示動詞が主要部に現れる。
2. 開始時起動型の使役移動は *chwaye* と派生形動詞で表すが,*haye* を用いた動詞連鎖 *chwayā haye* で表すこともできる。
3. 随伴運搬型の使役移動では *haye/yāːke* が主要部に現れるが,手段を表す動詞が主要部に現れることもある。
4. 継続操作型の使役移動では,継続操作を表す動詞(*taye, kāye*)が主要部に現れる。

5. 抽象的放射の表現

本節では,視覚的放射・音声的放射を表す文が物体の主体移動・客体移動を表す表現とどのように相関するかを観察する。

5.1 視覚的放射の表現

ネワール語の視覚動詞の基本的パターンは,動詞 *swaye*〈見る〉を主要部に用いた(44)に示される。(44a)は有生の対象を与格で表している。また,経路は場所格句で表されることもあり(44b),副詞で表されることもある(44c)。本節では,(44b)と(44c)のように,場所格句あるいは副詞が共起したものを視覚的放射の表現とみなす。

(44) a. *rām-ã: gitā-yāta   swa-la.*
    Ram-ERG Gita-DAT see-NFD
   「ラムはギタを見た。」

   b. *rām-ã: ākās-e   swa-la.*
    Ram-ERG sky-LOC see-NFD
   「ラムは空を見た。」

   c. *rām-ã: khāpā-yā   pwālā: pi-ne   swa-la.*
    Ram-ERG door-GEN hole.ABL out-LOC see-NFD
   「ラムは扉の穴から外を見た。」

客体移動表現に見られた *-ta* が付加された副詞の形式は,視覚的放射の場合には使われない(45)。

(45) * *rām-ã: khāpā-yā pwālā pi-ta swa-la.*
　　　　Ram-ERG door-GEN hole.ABL out-ACA see-NFD
　　　(lit.)「ラムは扉の穴から外を見た。」

視覚表現では *khane*〈見かける・見える〉という動詞が使われることもあるが，(46)の場合は非意図的な状況を表す。

(46) *ji-gu kwathã: himāl bã:lāka khan-e du.*
　　　1sg-GEN room.ABL the Himalayas beautifully look-INF exist.ST
　　　「私の部屋からヒマラヤがきれいに見えます。」

(44)と(46)から明らかなように，視覚的放射では，直示や経路を示す動詞が使われることはない。つまり，主要部は経路概念を表さない。

　経路を表す手段として，視覚動詞に接辞を付加することもできる。日本語の〈見上げる〉のような「見る＋使役経路動詞」の形式ではなく，「接頭辞＋見る」の形となるので，主要部が経路を表すことはない。

(47) *tha-swaye*（上＋見る）〈見上げる〉，*kwa-swaye*（下＋見る）〈見下ろす〉，*du-swaye*（中＋見る）〈(様子を見に)立ち寄る〉，*lipha: swaye*（後ろ＋見る）〈ふり返る〉，*khelã: swaye*〈見回す〉

〈空を見上げる〉に対応する典型的な文では，接頭辞が付かない動詞 *swaye*〈見る〉が使われ，〈空〉が場所格で表される(48a)。〈空〉に出現する特定の対象である〈星・月〉などを見る場合も，動詞 *swaye* だけで表すが，対象は絶対格となる(48b)。接頭辞付きの動詞では，目的語の位置に場所格が要求される。場所格を取る〈空〉の場合には，(48c)の *tha-swaye* のように動詞接頭辞を付けることができるが，(48d)のように，絶対格の目的語を取る場合には接頭辞が容認されない。

(48) a. *rām-ã: ākās-e swa-la.* (=44b)
　　　　　Ram-ERG sky-LOC see-NFD
　　　　　「ラムは空を見た。」
　　　b. *rām-ã: nau/timilā swa-la.*
　　　　　Ram-ERG star/moon.ABS see-NFD
　　　　　「ラムは星・満月を見た。」

  c. *rām-ã:*   *ākās-e*   *tha-swa-la.*
    Ram-ERG sky-LOC up-see-NFD
    「空を見上げた。」
  d. **rām-ã:*   *nau/timilā*   *tha-swa-la.*
    Ram-ERG star/moon.ABS up-see-NFD
    「ラムは星・満月を見上げた。」

名詞 *mikhā*〈目〉を用いた表現も多くある(49)。

(49) a. *wa*   *misã̄:*   *mikhā*   *kwa-swa-la.*
    that girl.ERG eye downward-see-NFD
    「その少女は下を向いた。」
  b. *mikhã̄:*   *tappyāka*   *swa.*
    eye.ERG straight see.IMPE
    「まっすぐに見なさい。」

　以上，視覚的放射では，動詞 *swaye*〈見る〉が典型的に用いられ，経路概念は動詞接頭辞，格接尾辞，副詞で表され，主要部外表示型のパターンとなる。身体部位〈目〉を使った表現も多用される[23]。

---

[23] このほか，注視点の移動(視覚的放射方向移動)を表す表現についても触れる(視覚的放射と注視点の移動については松本(2004)を参照されたい)。視線の向きを変えたり，注視点の位置を変えたりする場合の表現では，起点位置と新たな注視点の位置を一つの節で表すことはない。日本語では，「新聞から目を上げた。」のように，注視点の移動を一文で表すことができるが，ネワール語では許されない。無理に(i)のような文を作ると，本に穴が空いていて，そこから対象を見ている解釈になってしまう。
 (i) ?? *kitāb-ã*   *jhyā*   *pin-e*   *swa-yā.*
    book-ABL window outward-LOC see-NFC
  (lit.)「本から窓の外をみた。」

こうした注視点の移動を表すには，(ii)のように二つの節に分ける。
 (ii) a. *kitāba-e*   *jaka*   *mikhā*   *bi-yā/bwa-yā*   *cwan-e*   *ma-te.*
    book-LOC only eye give-CM/read-CM stay-INF NEG-do.IMPE
    jhyāl-e   *nã*   *mikhā*   *biu.*
    window-LOC also eye give.IMPE
    「本ばかり見て(読んで)いてはいけない，窓も見なさい。」
  b. *jĩ:*   *kitāb-ã*   *mikhā*   *biye-gu*   *twa:tā:*
    1sg.ERG book-ABL eye give.INF-NL stop-NF

5.2 音声的放射の表現

音声的放射においても，視覚的放射と同様に，主要部に〈叫ぶ〉のような音声動詞が現れる。経路(起点，着点)は格接尾辞や副詞で表され，主要部外表示型のパターンを取る(50)。〈大声で叫ぶ〉場合は，thwayekka〈響くように〉などの副詞を付ける。音声的放射では動詞接頭辞付きの文は許されない(50b)。

(50) a.　rāma　　　jhyāl-ā:　　　pi-ne　　　　thwayekka　hāl-a.
　　　　Ram.ABS　window-ABL　outside-LOC　echoingly　shout-NFD
　　　「ラムは，窓から外へ，響くように叫んだ。」
　b. *rāma　　　cwā:　　　　ciccāyedāka　kwa-hāl-a.
　　　　Ram.ABS　upside.ABL　echoingly　　down-shout-NFD
　　　「ラムが上から，響くように下へ叫んだ。」

6. まとめ

これまで記述してきたことのまとめとして，主体移動表現と客体移動表現の共通性と差異を述べ，抽象的放射表現の特徴を述べる。

主体移動表現と客体移動表現の共通点は，直示概念が主要部を占めることが多い点である。主体移動は勿論のこと，客体移動の三つの下位タイプのうち，随伴運搬型と開始時起動型に使役的直示動詞が使われる。共通点の二つ目として，動詞連鎖や接辞つき動詞が頻繁に使われ，様態＋直示的経路，手段＋直示的経路が共存的に表される。さらに，〈中外・上下・前後〉の位置概念が主要部以外の要素で表される点も共通していて，着点，到達方向を表示するものが多い。動詞接頭辞についても，着点，到達方向を表示する。

差異としては，客体移動表現の主要部には直示概念だけでなく，継続操作動詞も現れる。また，客体移動では動詞接頭辞の用法が多用される。さらに，中外・上下・前後を表す副詞形には，一般的なもののほか，主体移動の直示動詞専用の形式と使役移動動詞専用の形式がある。

抽象的放射(視覚的放射，音声的放射)では，直示も含んだ全ての経路概念

---

　　　jhyāl-e　　　mikhā　bi-yā.
　　　window-LOC　eye　　give-NFC
　　「私は本から目を(やるのを)離し，窓をみた。」

が主要部以外の要素で表される。視覚的放射では接頭辞つき動詞が現れる場合があるが，音声的放射では動詞接頭辞が付いた形式が現れることはない。

以上の特徴を，直示と非直示の経路概念の別を横軸に，移動事象表現のタイプを縦軸に取ってまとめると，表11になる。

表11：移動事象表現タイプ別の経路概念の表現位置（ネワール語）

移動事象表現タイプ		経路概念のタイプ	非直示的	直示的
具体的移動	主体移動		主要部以外	主要部
	客体移動	随伴運搬型	主要部以外	主要部
		継続操作型	主要部＞主要部以外	—
		開始時起動型	主要部以外	主要部
抽象的移動	抽象的放射		主要部以外	—

略語一覧

ABS 絶対格　ABL 奪格　ACA 使役用副詞語尾　ADA 直示用副詞語尾　ADN 連体辞
CAUS 使役形態素　CL 類別詞　CM 接続形　DAT 与格　DIM 指小辞　DUP 反復形
EMPH 強意副詞　ERG 能格　FC 順接形未来　FD 離接形未来　GEN 属格
INF 不定詞形　IMP 命令形　LOC 所格　NF 非終止形　NFC 順接形非未来
NFD 離接形非未来　NL 名詞化接辞　PAR 小辞　PL 複数形　PREF 動詞接頭辞
SG 単数形　ST 状態形　STM 動詞語幹

第5章

中国語の移動表現

Christine LAMARRE

1. 全体像
1.1 言語の特徴

本章で扱う「中国語」は北京を中心とした北方中国のことばに基づく共通語である。中国語は，語形変化の少ない「孤立語」に分類される声調言語であり，基本語順がSVOである点においてタイ語と似ている。語順は情報構造に左右され，トピックを文頭に，フォーカスを文末に置く傾向がある。しかし中国語はタイ語と違って，形容詞句と関係節が修飾する名詞の前に置かれる点で，一貫性のないVO言語である。動詞句に関して，連用修飾成分（副詞・前置詞句）は結果述語として働く場合を除いて動詞の前に置かれる。この複雑な語順のあり方は移動表現における場所名詞・経路句の文法／統語的位置（動詞の前か後）に直接影響を及ぼすので，移動表現のタイポロジーにおける中国語の位置づけを考える際に，避けて通れない問題である。

本章では，中国語の経路を表す表現の全体像を紹介した上で，主体移動，客体移動，抽象的放射の表現について考察する。さらに，経路句・移動の参照点を表す場所名詞句が動詞の前と後という二つの位置に現れる要因について論じる。

なお，本章では文中の中国語の語・形態素を日本語と区別するために，前者を" "で，後者を「 」で示すことにする。中国語の簡体字が意味の理解の妨げになる場合，（＝）を用いて対応する日本語の字体を示すことがある。例文のグロスに用いる略語の説明及び引用例の出典の詳細は末尾のリストを参照されたい。

1.2 移動表現の全体的特徴

　中国語の移動表現の類型については意見が分かれている。Talmy(2000: 102, 109)は中国語を英語，ロシア語，ハンガリー語と同じタイプの S- 言語（サテライト枠付け言語：松本(本巻第 1 章)では経路主要部外表示型言語)に分類している。その根拠として，主体移動文の例文(1)及び客体移動文の例文(2)が示すように，移動様態動詞"跑"〈走る〉，使役移動動詞"扔"〈投げる〉が経路補語[1]"上"と複合動詞を構成し，これらの複合動詞が英語の *run up* と *throw up* に対応する点が挙げられる[2]。

(1)　李兰跑上楼来了。
　　　Lǐ Lán pǎo-shang lóu lai le
　　　Li Lan run-up stairs VEN PRT$_{cs}$
　　　「リランは階段を駆け上がってきた。」

(2)　李兰把球扔上来了。
　　　Lǐ Lán bǎ qiú rēng-shang-lai le
　　　Li Lan OM ball throw-up-VEN PRT$_{cs}$
　　　「リランはボールを投げ上げてきた。」

しかし英語の look up に当たる視覚的放射の経路は，経路補語よりも動詞に前置される前置詞句で表す傾向が顕著である。例文(3)では動詞"看"〈見る〉の前に置かれた"往四楼上"がそれである。

(3)　[…] 再往四楼上看 […]　　　　　　　　　　　　　(文①-19 章)
　　　zài wǎng sì-lóu-shang kàn
　　　then toward four-floor-upside look
　　　「[…] そして(住宅の) 4 階を見上げて […]」

このように，中国語の移動表現は，移動事象表現のタイプによって経路の表

---

[1] 本章では「方向」を経路句の意味役割の一つを示す術語として用いるので，それとの混同を避けるために中国語の文法用語の「方向動詞」と「方向補語」をそれぞれ「経路動詞」，「経路補語」と呼ぶことにする。「方向」(direction)については，Jackendoff(1983: 165)及び影山(2001: 44)を参照されたい。

[2] 経路補語のグロスに英語の不変化詞を用いる。直示移動を表す形態素の場合は，andative(話し手から離れる移動)と venitive(話し手に向かう移動)の略である AND/VEN を用いる。

示手段が異なる。後で詳しく論じるが，中国語の場合，主体移動文なら経路動詞のみで表現することができ，例文(1)の様態動詞"跑"を省略して，"李兰上楼来了"〈階段を上がってきた〉という意味にできる。それに対して，客体移動は経路動詞単独では表現できず，例文(2)の"扔"〈投げる〉は省略できない。動詞の前に置かれる前置詞句と動詞の後ろに置かれる経路補語は類似した経路的意味を示すことがあるが，両者は自由に交替できるわけではなく，視覚的放射動詞を含む例文(3)の場合，経路補語を用いた"看上四楼"は成立しない。

　これらの問題を論じる前に，まず中国語で経路を表示する形式を概観しよう。

1.3　経路を表す形式

　経路を表す統語要素は主に次の 4 種類の言語形式に分類される。①経路動詞，②前置詞と移動の参照点となる名詞によって構成される前置詞句，③前置詞およびその他の経路成分からなる経路副詞，④移動様態動詞などの動詞と結合して複雑述語[3]を構成する経路補語である。それに加えて，厳格に言えば移動経路を表すわけではないが，〈中〉〈外〉などの概念を表す「方位詞」（⑤）も移動文では経路の表示に貢献する。たとえば例文(4)では，前置詞"从"が起点を表し，移動の参照点となる場所名詞"抽屉"〈引き出し〉が三次元の空間としてとらえられているため方位詞"里"〈〜の中〉がつき，そして動詞"拿"〈手にとる〉に経路動詞〈出る〉由来の経路補語"出"が付いている。つまり，ここでの経路は，以上の②④⑤のタイプに属す，下線付きの三形式によって表示されている[4]。

---

[3] 本章でいう「複雑述語」は「複合動詞」より範囲は広く，一語として考えにくい「動詞＋到＋場所名詞」のような動詞句も含む。

[4] 本章はなるべく実例を用いるため，例文が長くなることがある。［…］で元の文から省略した部分を示す。また必要に応じて，議論と関わらないが理解に必要な語句は例文と訳で〔　〕内に表し，音声表記とグロスを省略することがある。

(4)　　她［…］从抽屉里拿出点零钱说…　　　　　　　　（文②）
　　　　Tā[...] cóng chōuti-li　　ná-chu　diǎn　língqián　shuō
　　　　3SG　　from　drawer-inside　take-out　some　coins　　say
　　　　「彼女は［…］引出しから小銭を取り出して言った。」

　中国語では動詞の後に現れ，参照点名詞を導入する成分の統語的位置づけについて意見が分かれている。本章ではTalmy (2000: 107) に従い，サテライトと前置詞を，名詞句なしで使えるかどうかという基準によって区別する。経路補語はTalmyのいう「サテライト」に相当する。たとえば，例文(4)の"出"は，その後の名詞句"点零钱"が移動物（取り出す対象物）であって，場所を表していないことからわかるように，場所名詞句を必要としない。しかし以下の例文(5)の"出"のように，移動参照点の名詞（ここでは，"手术室"）を導入する使い方もある。なお例文(5)の"出"は起点を導入し，(4)の前置詞"从"と同じように「から」を使って訳されている。

(5)　　当她被缠上绷带推出手术室时，［…］　　　　　　（文②-14章）
　　　　dāng　tā　　bèi　　chán-shàng　běngdài
　　　　at　　3SG　PAS　　wind-up　　　bandages
　　　　tuī-chu　shǒushùshì　shí...
　　　　push-out　operating-room　time
　　　　「包帯を巻き終えてオペ室から運び出される時［…］」

　移動表現のタイポロジー研究において，名詞に付される接置詞的な要素の扱いに対する議論は不十分であると言える。Talmyは前置詞を「サテライト」から排除するという立場をとるがその根拠は必ずしも明確ではなかった。松本(2003)は英語の through + Ground NP のような前置詞句やフィンランド語の名詞接辞も経路を表示する役割を果たすことに着目し，それらの成分によって「動詞の姉妹の位置ではない位置に経路が示される」ことを指摘した。従って，松本(2003)は「動詞枠付け言語」（verb-framed language）と対立するタイプを「サテライト枠付け言語」（satellite-framed language）ではなく，前置詞や名詞接辞を含む形で「非主要部枠付け言語」と名付けることを提案した。本章では，中国語のデータに基づいて，S-言語にとって，前置詞とサテライトを区別する必要性があることを明らかにすることで，Talmy

の主張を補足し，この議論に貢献したい．

　その一方で，中国語は経路動詞を多く使う言語であり，典型的なサテライト枠付け言語ではないことも確かである．例文(6)は，見舞いに来たが病室に入れてもらえない人が医者に見舞い品を代わりに持ち込むように頼むせりふである．前半部の主体移動の表現では，話者(または語りの主人公)の視点を表す直示移動を含む経路動詞"进去"〈入っていく〉が使われている．後半部の客体移動の表現では同じ語形が〈持つ〉意味の"带"に付く経路補語として働いている．

(6)　　給, 几个鸡蛋, 您能进去, 您给她带进去！　　　　　(文②-19章)
　　　gěi,　jǐ　　ge　jīdàn, nín　néng　jìn-qu,
　　　give　some　CLF　egg　2SG　can　　enter-AND
　　　nín　gěi　tā　dài-jin-qu
　　　2SG　to　3SG　take-in-AND
　　「さあ，卵じゃ，あんたは入っていける．持って行っておくんなさい！」

　中国語の所謂「補語」(結果補語と経路補語)を含む複雑述語が複合動詞なのか，統語規則によって作られたフレーズなのか，そしてその主要部が前項か後項かということについても意見が分かれている．本章はChao(1968: 435-480), Li & Thompson(1981: 58-65)やPackard(2000: 95-106及びp. 81注2)に従い，移動の様態などの前項と経路補語の組み合わせは「複合動詞」ととらえる．また，松本(2003, 本巻)が提示する「(主要部は)文の主語を決める要素である」という基準を適用し，客体移動文の場合，複合動詞の後項(結果述語に当たる)が主語ではなく目的語(受動者)の移動を表す点を重視し，前項を主要部とみなす．対応する構成要素が使われている日本語と中国語の例文(7)を比較されたい．この文で"进去"はボールの移動を表す[5]．

---

[5] 日本語では後項が使役動詞「入れる」であり，「蹴り入れて行く」のように直示移動動詞「行く」を付け加えると，中国語と意味が異なり，ボールが蹴られた結果話者から離れるのではなく，動作者が蹴り入れてからどこかへ行くという意味に変わる．この点が中国語と日本語の複合動詞の性質の違いを示す．

(7)　　把球踢进去
　　　　bǎ　　qiú　　tī-jin-qu
　　　　OM　ball　kick-in-AND
　　　「ボールを蹴り入れる」

　そのほかに，経路動詞が経路補語として使われるとストレスを受けず固有の声調を失い，韻律面では前の動詞の接辞として振る舞う（Chao 1968: 436）。たとえば例文(6)の"进去"は経路動詞〈入っていく〉の場合"jìn"に降下声調の符号がついているのに対して，"带进去"の経路補語 -jinqu の時は jin がストレスを受けず，動詞"带 dài"に付属した形で発音され，ピンイン表記では声調記号が付かない。こうした韻律面での振る舞いは，アスペクト接尾辞などの文法化された形式によく見られる。経路補語が閉じたクラス（closed-class category）をなす点も重要であると思われる。

　以上，移動経路を表す表現のうち，①経路動詞，②前置詞句，④経路補語，そして⑤方位詞の例を挙げた。③の経路副詞の例は具体例とともに次の 2.2 節で改めて紹介する。

2. 事象表現タイプに共通して使われる経路表現
2.1　名詞関連要素
　中国語の名詞関連要素は，動詞由来の前置詞と名詞由来の方位詞という 2 種類に分かれ，それぞれ名詞の前（前置詞）と後（方位詞）に現れる。

2.1.1　方位詞
　方位詞（⑤）と呼ばれる文法カテゴリーは古典中国語にはなく，名詞句の主要部から名詞の付属形式へ文法化した閉じたクラスである。その点で，日本語の「〜の中」，「〜の上」などに似ているが，中国語の場合，方位詞の統語的機能はより重要である。地名など，それ自体で場所を含意する一部の名詞を除き，移動の参照点を表す名詞が前置詞と共起する場合，必ず方位詞が接続される。たとえば例文(4)の"里"〈〜の中〉は省略できない点において，日本語の「引き出し（の中）から」と違う。そのため，以下の表 1 の左側の方位詞"里"と"上"は使用頻度が高く意味拡張（抽象化）も顕著で，音声面

でもストレスを受けず接語的な側面が強い。方位詞には表1に示したような体系があり，意味的に Svorou(1993)が提示した空間参照のコア領域(core regions)のレパートリー(the interior / exterior / top / bottom / front / back / side / medial regions)とかなり重なる。

表1：中国語（共通語）の主な方位詞[6]

位置関係	〈中〉	〈外〉	〈上〉	〈下〉	〈前〉	〈後〉	〈そば〉	〈真ん中〉
方位詞	里 lǐ	外 wài	上 shang	底下 dǐxia	前 qián	后 hòu	旁边… pángbian	中间 zhōngjiān

方位詞の表す経路のタイプは，参照点名詞の指示物の中で移動の参照点が占める表面・空間の区別に関与し，概ね Talmy(2000: 54-56)が経路の Conformation component と呼んでいる意味要素に該当する(松本(本巻第1章)の「位置関係」)。たとえば，英語の in/on，やフランス語の dans/sur の違いは，中国語では前置詞ではなく方位詞によって表示される。例文(4)では起点前置詞"从"と〈中〉を意味する方位詞"里"の組み合わせを示したが，以下の例文(8)では同じ起点前置詞と物体の〈表面の上〉を示す方位詞"上"との組み合わせを示す。ここでも，中国語の方位詞"上"は義務的であるのに対して，日本語では「～の上」が現れない[7]。

(8)　傅家杰从书架上取下他的一篇未完成的论文，［…］　（文②-12章）

　　　Fù　Jiājié　cóng　shūjià-shang　qǔ-xia
　　　Fu　Jiajie　from　bookshelf-upside　take-off

　　　tā　de　yì　piān　wèi-wánchéng de　lùnwén
　　　3SG　GEN　one　CLF　unachieved　GEN　article

「傅家傑は本棚から未完成の研究論文を取り出し，［…］」

方位詞は静態的な位置関係にも用いられるので，移動経路の表現に特化しているわけではない。たとえば"里"は"放在书包里"〈カバン（の中）に入れる〉，"从书包里掏出来"〈カバン（の中）からとり出す〉のほか，"在书包里"〈カ

---

[6] 表1で挙げる単音節の方位詞(付属形態素)には様々な接尾辞の付いた2音節の変種(自由形態素)があるが，ここでは扱わない。

[7] 例文(8)で，経路補語"下"は下への移動とともに〈外す〉移動を表す。

バンの中にある〉のようにも使われる。この点において，ハンガリー語の後置詞(江口(本巻))などとは働きが異なる。

2.1.2　前置詞と前置詞句

　中国語の前置詞(②)は動詞に由来するものであり，場所名詞と前置詞によって構成される前置詞句は，その意味役割によって位置が動詞の前か動詞の後かが決まる。

　移動の起点(source)を導く"从"〈から〉，中間経路(route)を導く"沿着"〈に沿って，経由で〉，方向(direction)を導く"往"，"向"，"朝"〈へ，〜の方へ〉が構成する前置詞句は動詞の前に置かれる[8]。例文(4)と(8)ですでに起点前置詞句の例を挙げた。以下の例文(9)は中間経路の場所詞を導く"沿着"を示す。

(9)　　她看见园园沿着河岸追来。　　　　　　　(文②-17章)
　　　　tā　　kàn-jiàn　Yuányuan　yánzhe　hé'àn　　zhuī-lái
　　　　3SG　look-see　Yuanyuan　along　　riverside　run.after-VEN
　「園園が川の岸辺を追いかけてくるようだ。」

　移動の着点前置詞句は動詞の後にしか現れない。既に述べたように，本章は Talmy(2000: 107)の定義に従って，前置詞とサテライトは場所名詞句なしで現れうるかどうかという基準で区別する。その観点から見ると，着点名詞句を導き，動詞の後に現れる"在"と"到"はやはり前置詞とみなすべきである。空間移動表現では両者は共に着点を導くが，共通語では，〈着く〉を意味する経路動詞由来の"到"の方が，直示方向詞"来"と"去"と結び付きやすい[9]。

---

[8] 書きことばの色彩が濃い，文語の言い回しを多用する文体の場合はその限りではない。そのため，この原則は一般の文法書で簡潔には記載されていない。たとえば方向前置詞"往"，"向"は一部の動詞の後に置かれる用法もあるが，それは生産性が低く，且つ文体的な制約も著しい。口語層の"朝"は決して後置用法はない。文語由来の起点前置詞"自"が構成する前置詞句もやはり動詞の後に現れうるが，これも書きことばに限られ，口語層で対応する"从"には後置用法はない。なお本章で用いる「起点」，「方向」，「中間経路」などの意味役割については影山(2001: 44)を参照されたい。

[9] "V到"は場所名詞が後続しないケースがあるが，大抵の場合は場所名詞の省略は難しい。また，"V到"が直示方向を表す"来"と"去"と結び付く場合は，あいだに必ず場所名詞が入る点も，場所名詞と切り離せないことを示す。"到"の品詞・分析について学界

しかし，こうした動詞後の着点名詞句を導く前置詞"到"（"在"）も共通語の基礎方言である北京語の話しことばでは，省略されることが多い。たとえばテレビドラマから収集した以下の例文(10)では，動詞"抱"〈抱っこする〉と場所詞"小床"〈子供ベッド〉のあいだに着点前置詞がなく（前置詞が入るはずの位置を「ゼロ」の記号で記した），経路を表す形式はベッドの表面を表す"上"[10]と直示方向詞の"去"のみで，着点の意味は"小床"の位置によって表示されている。言い換えれば，動詞に後置された場所詞のデフォルトの意味役割は「着点」であるということにもなる。

(10) 　我给果果抱∅小床上去。　　　　　　　　　（ドラマ12集）
　　　　wǒ　gěi　Guǒguo　bào　∅　xiǎo　chuáng-shang　qu
　　　　1SG　OM　Guoguo　hold　　small　bed-upside　　AND
　　　「グオグオ（子供の名前）を抱っこしてベッドに置いてくる（直訳＝置きに行く）」

　"到"とゼロ形式の交替は会話で頻繁に見られる[11]。同じ会話コーパスからとった以下(11)(12)の2例は，ともに「ここに引っ越してきた時」という移動文を含み，主体移動動詞"搬"〈引っ越す〉が使われている。(11)では，「に」に相当する"到"が着点の〈ここ〉を導くのに対して，(12)では"到"が省略されている（下線は筆者による）。書きことばでは(12)のタイプは稀で，一般に(11)のタイプを用いる。

〈11〉　我搬到这儿来的时候呢，我还是个小年轻儿。　（ドラマ9集）
　　　　wǒ　bāndao　zhèr　lai　de　shíhou　ne,
　　　　1SG　move-to　here　VEN　GEN　time　PRT,

───────────────
は割れており，劉月華(1998)は経路補語として処理している。"在"は移動文ではほぼ"到"に置き換えることができる。"V在＋場所詞"の多義性についてはChirkova & Lamarre (2005)参照。

[10] 方位詞"上"は拘束形態素であるが，このほかにここの「小さいベッド」のようなフレーズにも付く接語（clitic）がある（Chao 1968: 621）。

[11] 15時間分のテレビドラマ（「結婚十年」）と小説（「人，中年に到るや」）を比較したところ，ドラマでは着点マーカー"到"（"在"）の省略は50％前後で，小説では省略は見られなかった。またChirkova & Lamarre (2005)が分析した北京語の口語データでは，「置く」などの13タイプの動詞を使った〔動詞＋α＋場所名詞句〕型の移動文105文のうち，動詞後の着点前置詞の省略率は37％であった。

```
        wǒ      hái    shì   ge     xiǎo.niánqingr
        1SG     still  be    CLF    youngster
```
「ぼくはここに引っ越してきたときにまだ小僧だった。」
(12) 剛搬∅这儿来的时候，你还说［…］　　　　　　　（ドラマ9集）
```
        gāng bān  ∅  zhèr  lai  de   shíhou,  nǐ   hái  shuō...
        just move     here VEN GEN  time,   2SG  still say
```
「ここに引っ越してきたばかりのときに，あなたはこう言っていた［…］」

　以上の内容をまとめると，話しことばにおいては前置詞句の文法的位置はその意味役割によって決まり，移動の起点，中間経路と方向は動詞の前に，移動の着点は動詞の後ろに置かれる（第6節の表6参照）。なお経路的意味要素のうち，方位詞はどちらの位置の名詞にも付けることができる。

2.2　動詞関連要素
2.2.1　経路補語のレパートリー

　経路補語（④）は経路動詞のうち，移動経路の基本スキーマを表すものから文法化したものである。以下の表2が示すように，非直示経路動詞（以下，「経路動詞」）と直示経路動詞（以下，直示移動動詞）は単独で用いられるほか，組み合わせられた形でも用いられ，後者の「二形態素型」(bimorphemic)の経路動詞は頻度が高い（特に会話において）[12]。そのレパートリーは韻律特徴を除けば3.1.2節で紹介する移動経路の基本スキーマを表す経路動詞と重なる。表における各形式に日本語の経路動詞，そして英語の不変化詞の訳を付した。表2には前節で取り上げた着点マーカー"到"を含めていないが，"到"のいくつかの文法的振る舞い（文法的位置及び直示方向詞との結合）を重視し，そのレパートリーに含める見方もある（劉月華1998など）。

　文法化して「経路補語」となった十数個の経路動詞は閉じたクラスをなし，意味的には移動経路の基本スキーマ，即ち〈出入り〉，〈上下移動〉，〈元へモ

---
[12] ただし姿勢変化動詞（〈座る〉など）や体の一部を使っているが体全体の位置変化を伴わない〈置く〉などのような動詞につく経路補語"上""下"の場合，直示移動が示されないことが多い（詳細についてLamarre 2008参照）。

ドル〉，〈ワタル〉，そして直示移動の〈イク・クル〉を表すものである。これらは，Slobin(2001: 419)がマヤ系の言語について指摘している，移動動詞という開放的なカテゴリーの中で，意味的に文法化しやすい概念のセットをなす動詞に対応するものである。

表２：主な直示・非直示の経路動詞・補語及びその組み合わせ

経路	ハイル in	デル out	アガル ノボル		サガル オリル down off	モドル カエル back	ワタル トオル over, across, through
			up₁	up₂			
			着点	起点			
直示	進	出	上	起	下	回	过
クル 来	進来	出来	上来	起来	下来	回来	过来
イク 去	進去	出去	上去		下去	回去	过去

これらの基本経路概念は，英語やハンガリー語，ドイツ語，ロシア語のようなS-言語では動詞以外の成分で表すのが優勢パターンであるが，マヤ系の言語や中国語では経路動詞がそろっている点で，典型的なS-言語とはみなしにくい。しかし中国語では，経路動詞のうち基本スキーマを表すものがほかの動詞に接続できる文法カテゴリーに文法化していることを根拠に，サテライト枠付け言語の一部の特徴も備えるようになったと言える。

2.2.2 "往〜"型経路副詞

上述したように，着点指向の方向（近づき方向：direction，非有界的経路）を表す前置詞句は連用修飾句の一般的な位置である動詞の前の位置に現れ，移動の着点（goal，有界的経路）を表す前置詞句は動詞の後，即ち結果述語の位置にしか現れない。ここで取り上げる「経路副詞（③）」と呼ぶものは，"往"（英語の *toward* に対応する）という方向前置詞が場所名詞を伴わず，直接〈中・外・上・下〉などの意味を表す方位詞と結合した二音節の経路成分である[13]。それらの副詞は特に北方語で多く使用され，着点指向の方向（つま

---

[13] 中国語の辞書や文法書ではそれらの形式が「経路副詞」として扱われることがなく，前置詞句の一種，すなわち，本巻の枠組みで言うと「名詞関連要素」とみなされることが一般的である。しかし後項の経路要素"里"，"上"などが拘束形態素であることを考えると，

り非有界的経路)を表し，連用修飾の現れる位置，即ち動詞の前に置かれる。

(13)　冲! 往里冲!　　　　　　　　　　　　　　　　（文②-11章）
　　　chōng!　wǎng-lǐ　　chōng!
　　　Rush　　toward-inside　rush
　　「突っ込め！中へ突っ込め！」

中国語の移動表現の類型をめぐる従来の研究は，経路要素のうち前置詞句(②)(場所名詞あり)と経路副詞(③)(場所名詞なし)に注目せず，議論はもっぱら経路補語(④)と経路動詞(①)に集中してきた。しかし経路副詞の用法を子細に観察すると，例文(14)のように，頻繁に英語の不変化詞(verb particles, つまり Talmy が satellites とみなす形式)に対応する用例が見受けられる。

(14)　［…］怎能往里请呢!　　　　　　　　　　　　（文③-11章）
　　　zěn　néng　wǎng-lǐ　　　qǐng　ne
　　　how　can　toward-inside　ask　PRT
　　"［…］how can I ask him in!"
　　「［…］中に一歩も入(い)れるものか。」

2.2.3　経路副詞と経路補語の相違点

　以上みてきたように，英語の *in(to), on(to), out, over, back* などに対応する経路は，着点(有界的経路)として捉えられるか，方向(非有界的経路)として捉えられるかという意味役割によって，経路補語(④)または経路副詞(③)に表示される。更に，"往"は経路動詞とも結合し，「〈モドル〉方向(back)」と「起点指向の〈アガル〉方向(up$_2$)」を表す経路副詞が生まれている。こうして北方語で基本経路スキーマは，表3のように，「±有界的」というパラメータを除いて経路的意味が同じである経路表現が，動詞の前と後で対称的にそろうことになった。場所名詞が現れない点において，どちらも動詞関連要素(「サテライト」)とみなすべきである。

ある程度語彙化が進んだものであるとみなすのが妥当であろう。また，本章で用いる基準からみると，場所名詞が現れない点において，「前置詞句」の性質を失っているとみなすべきである。従って，中国語文法学界での議論は別稿に譲るが，ほかの言語で類似した機能を有する成分との比較対照を視野に入れて，これらの経路成分をとりあえず「経路副詞」と名付ける。

表3："往〜"型経路副詞と経路補語の対称性（V＝動詞）

経路要素＼意味	in	out	up$_1$	down	back	up$_2$	over across
③経路副詞	往＋単音節方位詞				往＋経路動詞[14]		
	往里V	往外V	往上V	往下V	往回V	往起V	
④経路補語	V進	V出	V上	V下	V回	V起	V过

　同じ意味の経路表現を二重に持つ必要性は，両者の機能の違いから生じるのである。動詞の前に置かれる経路副詞は方向前置詞句と同じように節全体の限界性に影響を与えず，動詞の前後に位置する様々なアスペクトマーカーと共起できる（完成相の接尾辞"了"，持続相の接尾辞"着"，進行相を表す副詞"在"，動詞の重ね型など）。それに対して，経路補語は節を有界的な事象に変え[15]，未完成相（持続・進行）のアスペクトマーカーとの共起ができなくなる。たとえば，例(15)では"往回走"〈帰る〉が持続相を表す"着"と共起しているが，同じ意味を表す"走回去"は持続相の接尾辞とも，進行相の副詞とも共起できない。

(15)　老管一个人往回走着，[…]　　　　　　　　　　　　　　（文④）
　　　lǎo-Guǎn yígerén wǎng-huí   zǒu-zhe
　　　old-Guan alone   toward-return walk-DUR
　　「管さんは一人で帰り道を歩きながら［…］」

(15')　*老管一个人走回去着 […]
　　　lǎo-Guǎn yígerén zǒu-huí-qu-zhe
　　　old-Guan alone   walk-return-AND-DUR

---

[14] "往＋経路動詞"型の副詞のレパートリーは地域差が著しい。"往回"が共通語に浸透しているのに対して，"往起"はかなり「北方語」の色彩が濃い。しかし老舎や王朔の文学作品が反映する北京語，そして東北方言といった共通語の基礎方言で用いられるので，表に含めた。陝西省，山西省などで用いられる"往出"，"往过"や"往来"，"往去"，"往进"は表に含めていない（Lamarre 2013参照）。

[15] 書きことばを中心に，方向・中間経路の前置詞句と共起することなどによって，経路補語の一部は非有界的な事象に用いられることがある（例文(9)はその一例である）。筆者（柯理思2005）はそうした例外的なケースを論じたが，ここではその詳細には立ち入らない。

(15'') *老管一个人在走回去 […]
　　　lǎo-Guǎn yígerén zài zǒu-hui-qu
　　　old-Guan alone PROG walk-return-AND

この対立は場所詞を含む前置詞句にも見られる。たとえば動詞の後の着点句"到＋場所詞"は，英語の *walk to school* と違って，進行相にできないことがよく知られている[16]。それに対して，動詞の前の"往＋場所詞"は様々なアスペクトマーカーと自由に共起できる。つまり，経路副詞と経路補語のアスペクト的特徴の対立は，②の前置詞句の二分化と並行し，やはり動詞の前後という位置と関連する。例文(16)では，"V到＋場所詞"とは相容れない進行アスペクトを表す"在"が，方向前置詞句"往前"と共起している。

(16)　那女的不知为什么一个人也在往前走。　　　　　　　　（文⑤）
　　　nà nǚ-de bù zhī wèishénme yígerén
　　　that woman NEG know why alone
　　　yě zài wǎng-qián zǒu
　　　too PROG toward-front walk
　　　「女は，なぜか一人で前のほうを歩いていた。」

2.2.4　起点と中間経路を表す二つの手段の比較

以上述べたように，前置詞句の位置は場所詞の意味役割で決まる。基本的に，着点句は動詞の後，それ以外は動詞の前という分布である。経路補語の導入する場所名詞句の意味役割に関して言うと，これも着点句に限るという方言は北方中国に多く観察される（柯理思 2007，Tang & Lamarre 2007，柯理思 2008）。しかし共通語では，経路補語を用いる場合，着点以外の場所詞も動詞の後の位置に現れうる。たとえば例文(5)の"推出手术室"〈オペ室から運び出される〉では"出"が起点句を導入する役割を果たしている。また経路補語"过"（＝過，英語の *across/through* に対応する）や例文(1)の"上"が中間経路句を導入することもよくある。経路補語が前置詞と同じように様々な意味役割の場所詞を導入できる現象は，中国語の移動表現を整理しづらくしている。中間タイプとしての分析もたいていこうしたケースを基にしてい

---

[16] たとえば英語の *when she was walking to school* は"她在走到学校的时候"に訳せない。

る(Slobin 2004)。共通語に限って言えば，前置詞と経路補語という二つの言語手段について次の2点を指摘することができる。まず，動詞に前置される前置詞句と比べると，起点や中間経路を導く経路補語の使用範囲は狭い。そして同じ動詞に複数の経路前置詞句をつけることが可能であるのに対して，経路補語句は一つのみと限定される。

3. 主体移動の表現

では，主体移動を表すのに使われる表現について見ていこう。

3.1 動詞のリスト
3.1.1 直示移動動詞

直示移動動詞としては一般的に"来"〈来る〉と"去"〈行く〉の二つがよく取り上げられる。"去〜"〈〜に行く〉は，かつて〈(ある場を)去る〉を意味していたが，文語の"往〜"に取って代わって，例文(17)のように，着点を目的語としてとるようになった。

(17) 咱们现在去哪儿？　　　　　　　　　　　　　　（ドラマ8集）
　　　Zánmen xiànzài qù nǎr?
　　　1PL_INC　now　go　where
　　　「いまどこに行きますか。」
　　　（運転手が乗車中の社長に尋ねる場面）

共通語では，この"去"と"来"だけが非直示経路動詞と結合し，"出去"〈出て行く〉，"出来"〈出て来る〉タイプの二重形態素経路表現を構成できる（上記の表2参照）。

一方，実際の言語データを考察すると，共通語の基礎方言である北方語では，日本語や英語，フランス語の「〜に行く」，「〜に来る」に対応する表現として，単一形態素の動詞"来"，"去"のほかに，"到"と"上"といった，ダイクシスに関して中立的な経路動詞が"来"，"去"と組み合わされた表現が頻繁に使われることが分かる。例文(18)で"到〜去"〈〜に行く〉の例を示す。

109

(18) 你到哪儿去了？ (同2集)
　　　 Nǐ　　dào　　nǎr　　qu　　le?
　　　 2SG　move.to　where　AND　PRT_{CS}
　　　「君どこ行っていたの？（妻が探していた夫に尋ねる）」

"到"は本来〈到る〉，〈到着する〉を意味するが，到着より前の移動部分がプロファイルされる結果，汎用的な移動動詞に転じたと考えられる（フランス語とベトナム語も類似した現象が起きている）。"上"は表2で〈アガル〉として挙げられており，"到"と同じように，直示移動情報を伴わない移動を表すことができる。こうして意味の一般化によって汎用的な移動動詞になった"到"と"上"は，着点名詞が後続する場合，場所名詞を挟んで直示経路の"来・去"と更に結合し，直示経路の意味のはっきりする〈イク・クル〉の意味で用いられる。その結果，着点を明示した直示移動を表すのに，例文(17)のような単一形態素型の"来～"と"去～"のほかに，例文(18)のような二重形態素型の表現"到/上～来/去"が存在するのである。テレビドラマという会話データを調べたところ，場所詞（着点句）を伴う直示移動句約200例のうち，二重形態素型は全体の三割を超えていた[17]。

3.1.2　経路動詞

ここでは移動経路動詞を，基本的経路スキーマを表すもの（グループ①とする）とその他（グループ②とする），という二つのグループに分ける。グループ①は経路の基本スキーマ〈イク・クル，出入り移動，上下移動，モドル，ワタル〉を表すもので，"出来"〈出て来る〉のように，非直示と直示という結合が起こりやすい。これらの経路動詞はお互いには結合できない。たとえば，上方向に戻るという場面でも"上回"も"回上"も成立しない。グルー

---

[17] 南部では（広東語，台湾語など）「去/来＋着点」を使い，北部では「到/上＋着点＋来/去」を使うという地域差はよく知られている。筆者は，北方型の表現をほかの経路動詞にみられる二重構造（非直示経路＋直示経路）にそろえるという「一般化」の結果としてとらえている。なお例文(18)のような"到"を前置詞とみなし，"去"を動詞とみなす文法書もあるが，先行研究が指摘しているように，直示移動動詞としか共起できない前置詞の存在を説明せねばならないなど，その分析に問題点が多い。直示移動動詞について，Lamarre (2008)を参照されたい。

プ①は経路補語としても使えるものであり，経路補語の解説の際に 2.2.1 節ですでに紹介済みである。さらに本章では，動詞の後に現れる着点前置詞に文法化した用法も持つ"到"〈着く〉を加える必要があると考えている（"到"の前置詞用法については 2.1.2 節，直示移動表現を構成する用法については 3.1.1 節参照）。

表 2 に挙げた動詞は主体移動のみ表し，目的語として場所詞をとる。経路動詞の意味によって場所名詞句の意味役割は起点（"出"，"下"，"起"の場合），通過点（ほとんどの動詞），着点（"上"，"下"，"回"，"来"，"去"，"进"の場合，一定の条件のもとで"出"も含められる）となる。たとえば"下山"〈下山する，山から下りる〉，"起床"〈起床する〉，"过桥"〈橋を渡る〉，"回家"〈帰宅する〉，"去上海"〈上海に行く〉などである。

なお Chao (1968: 458-467) は経路補語（directional complements）に文法化した経路動詞に，直示移動の"来・去"と直接共起できない"掉"〈落ちる〉や"倒"〈倒れる〉などの動詞を含めている（Talmy 2000: 109 のリストはそれに依拠している）。これらの動詞はたしかに「経路補語」としてほかの動詞と結合しうるが，直示経路動詞と共起できない点のほかに，動詞として使われる場合に経路補語と共起することが多い点を重視し，本章では以下のグループ②に分類する。

グループ②の動詞は①の基本スキーマ以外の経路の意味を表すもので，たとえば次の動詞を含む。

<u>単音節動詞</u>

"钻 zuān"〈もぐり（込む），通り抜ける，くぐる〉，"退 tuì"〈後ろへさがる〉，"升 shēng"〈（日／旗が）のぼる〉と"降 jiàng"〈さがる〉のペア，"沉 chén"〈沈む〉と"浮 fú"〈浮く〉のペア，"登 dēng"〈（山を）のぼる，（飛行機に）乗る〉，"掉 diào"，"落 luò"〈落ちる〉，"倒 dǎo"〈倒れる〉，"爬 pá"〈這う，（よじ）登る〉，"穿 chuān"〈通り抜ける〉，"转 zhuàn"〈回転する，回る〉，"拐 guǎi"〈（右へ）曲がる〉，"跟 gēn"〈（あとを）ついて（いく／くる）〉，"走 zǒu"〈去っていく，（ある場を）出る〉など[18]。

以上のリストは網羅的ではないが，いくつかの傾向を論じるのには十分で

---

[18] "走"は移動様態動詞〈歩く〉の意味で経路補語と結び付く（例文 21 参照）。

あろう（ほかのリストとして荒川 1996, 丸尾 2005 が参照できる）。まず，基本スキーマ以外の経路を表す単音節動詞（＝②）は，経路補語と結合して用いられることが多い。そのうち，経路の意味が濃いものは自身の表す経路と同義の補語に共起が限定される。たとえば，"升（＝昇）"〈のぼる〉と"降"〈さがる〉はそれぞれ"上／起"と"下"と結合し，"穿"〈通り抜ける〉は"過"と結合するのがデフォルトの用法である。もう少し多様な結合パターンをもつものもある。"沉"〈沈む〉と"浮"〈浮く〉は上下移動のほかに，出入り移動の補語と結合し，"掉"と"落"〈落ちる〉も下への移動のほかに出入りの補語とも結合する。

さらに日本語訳から受ける印象に反して，様々な経路補語とかなり自由に結合できるという点で，より移動様態動詞に近い経路動詞もある。たとえば"爬"は日中辞典で〈這う〉と〈よじ登る〉のほかに〈登る〉とも訳される。"爬"は移動様態だけでなく経路も表すことは，"爬山 pá shān"〈山登りする〉，"爬树 pá shù"〈木登りする〉という語句で確認できる。しかし上への移動に使うことが多いものの，手を使った下への移動にも使えて，"从树上爬下来"〈木から下りてくる〉のように，方向補語の"下"をつけて用いることもできる。"钻 zuān"は日中辞書では〈もぐり込む，入る〉と訳されるが，入る方向を表す"进"とだけでなく，"出"やほかの方向補語とも共起する[19]。"穿 chuān"〈通り抜ける〉も同様である。それを考えると，「経路動詞」の経路を表す濃度には差があって，経路的意味を主に表す動詞から，少しずつ様態動詞に近づく，という以下の三段階に分けることができる。

　　グループ①　　経路補語を兼ねる基本スキーマの経路動詞。
　　グループ② a.　自身の経路の意味と相容れない経路補語とは結合しない

---

[19] ある動詞がどの方向補語と共起するかをみるには，400万字のコーパスに基づいた劉月華(1998)の付録が有用である。更に各章の末尾の一覧には動詞と経路補語の共起パターンの出現回数が示されているので，ある程度まで常用パターンも分かる。以上挙げた経路動詞の振る舞いの具体例を挙げると，劉月華(1998)の依拠したコーパスでは経路補語と共起する134の"爬"（英語の climb に近い）のうち，"上"と共起するのは48回，"下"と共起するのは4回，残りは出入りの補語(22回)，〈起き上がる〉の"起来"をとるものは59回，後は"过"1回である。"掉"（英語の fall に近い）は上への方向を表す補語とは共起しないが，"下"方向(51回)のほか，出入りの補語(15回)とも共起する。

動詞(自身の経路の意味と無関係の経路補語とは結合できる)。たとえば上下移動の"升"〈昇る〉と"掉"〈落ちる〉など。

グループ②b. 目的語の名詞句と組み合わせる際に一定の経路の意味を担うが,経路補語と共起する時には移動様態動詞の性質が強くなり,自身の表す経路に意味的に反する経路補語とも共起できる。たとえば"爬"〈よじ登る〉,"钻"〈もぐる〉など。

なお経路補語のうち,反義語のない,〈元へもどる〉を表す"回(来/去)"と〈通過〉を表す"过(来/去)"は,グループ②のほとんどの動詞と共起できる[20]。

以上紹介した単音節動詞のグループに,自動詞で姿勢を表す動詞群を加えるべきである。たとえば"坐 zuò"〈座る,乗る〉,"躺 tǎng"〈横たわる〉,"跪 guì"〈ひざまずく〉,"蹲 dūn"〈しゃがむ〉,"摔 shuāi","跌 diē"〈ころぶ〉(以上"下"と共起),"站 zhàn"〈立つ〉("起来"と共起)を含む。"坐"は"下"以外の経路補語と共起できる,たとえば"坐起来"(寝ている状態から座る状態への移動),"坐进来"〈乗り込む〉など。

パラダイムの観点からみると,グループ②の経路動詞は意味的に経路を表せても,経路補語と共起する際は,移動様態動詞や移動を引き起こす動作動詞が入るスロット(前項)に現れる。そして,グループ①の基本スキーマの経路動詞が典型的に直示経路の"来・去"と共起して用いられるのに対して,グループ②の動詞はそれが困難な場合が少なくない。例文(19)が示すように,"掉"は様態動詞が入るスロットで"下来"と共起するが,"来"と直接結びつくことはできない。

(19) 掉*(下)来了
    diào*(-xia)-lai   le
    fall*(-down)-VEN PRT$_{CS}$

「(葉っぱが木から)落ちてきた。」

以上紹介したグループ②の経路動詞は,経路補語と結びつく動詞のかなり

---

[20] 後者は物理的通過のほかに移動の心理的距離を際立たせる機能をもつ。

の割合を占める点を指摘しておこう。経路補語なしでは使いにくいものもある[21]。

二音節動詞

レジスタの観点でみると書きことばの動詞が多く，たとえば"进入 jìnrù"〈入る〉，"下降 xiàjiàng"〈(水位，飛行機が)さがる〉，"上升 shàngshēng"〈(水位・飛行機が)あがる〉，"靠近 kàojìn"〈近づく〉などが挙げられる。さらに"离开 líkāi"〈離れる〉と"拐弯儿 guǎiwānr"〈曲がる〉の例を考察しよう。この二つは内部構造が異なる。まず，"离开"だが，第2音節の"开(＝開)"は英語の away を意味する「経路補語」と見なされ，"离开"は経路動詞〈離れる〉に経路補語がついたものとみなされることもあるが，"离"は〈離れる〉の意味として単独で用いにくいので，分類は難しい。〈曲がる〉は，曲がる方向を表す前置詞句が現れる場合は"拐"という（たとえば"往右拐"〈右へ曲がる〉のように）。そうでない場合は，「動詞＋目的語」という内部構造の動詞"拐弯儿"の形をとる[22]。本章では"拐"を単音節動詞としても挙げているが，"离"と同じく，自由形式ではない。これらの動詞は経路補語なしの形でも用いられる。

以上，グループ②はこのように経路動詞の色彩が濃い動詞から，きわめて移動様態動詞に近いものまで幅があることを示した。移動の様態，付帯状況や原因を表すために使える動詞群は，複数の相反する経路を表す補語と自由に組み合わせることができるのに対して，純経路動詞に近いものは内包する経路の意味と同じ意味の経路補語としか組み合わせることができない。しかしいずれにせよ，グループ①の経路動詞群との違いは，経路の基本スキーマとして文法化を遂げたセットに含まれていないため，様態動詞と結合して複雑述語の後項（経路要素）を担うことができない点である。グループ①と②に含まれる意味の近い動詞を比較することでこの違いを確認しよう。グルー

---

[21] 丸尾(2005: 49)は〈太陽はもう昇った〉の例を挙げて，"升(＝昇)"に経路補語を加えないと成立しないことを指摘している："太阳已经升＊(起来)了。

[22] "弯儿 wānr" は cognate object の一種で，"拐弯儿"は〈曲がりを曲がる〉ということになる。

プ②の"穿"は経路補語の"过"と意味が似ていて（ともに〈通り抜ける〉）二つは自然に共起するが（例文 20a 参照），"穿"は"过"と異なり，移動を引き起こす動詞"开"〈車を運転する〉の後に経路補語として使うことができない（20c 参照）。

(20) a. 穿过去了
 chuān-guo-qu le
 cross-cross-AND PRT$_{\text{CS}}$
 「（トンネルを）通り抜けた」
 b. 开过去了   c. *开穿去了
 kāi-guo-qu le   *kāi-chuan-qu le*
 drive-cross-AND PRT$_{\text{CS}}$ *drive-cross-AND PRT$_{\text{CS}}$
 b/c「（トンネルを自動車で）通り抜けた」

グループ②の経路動詞の一部は客体移動にも使える。これについては 4.1.2 節で紹介する。

3.1.3 移動様態動詞

　本節では，経路の意味を表さない動詞で，複雑な移動イベントにおいて経路補語と結合して共イベントを表す動詞（co-event verb）を紹介する。先行研究ではいくつかのとらえ方や分類がなされている。丸尾（2005: 14, 22-23）は移動と関わる二音節動詞をいくつかのタイプ（たとえば"飛行"のように，様態と移動を組み合わせた動詞など）に分けて，その内部構造を分析し，荒川（1996）は宮島（1984）の枠組みを用いて中国語の移動動詞を記述している。劉月華（1998）は約 400 万字の書きことばのコーパスに依拠し，各経路補語と共起する動詞とその出現回数を示している。また侯精一（2001）は 1072 の常用動詞（意味項目は合計 1548）について，経路補語との結合の例文とその日本語訳を収録している。本章では，筆者個人の集めたデータに現れる動詞のほかに，劉月華（1998）に挙げられている動詞の頻度も参考し，出現回数の多い数個の動詞をサンプルとして提示することにする。

　<u>人間，動物，移動手段の移動時の様態を表す動詞</u>
　　"走 zǒu"〈歩く〉，"跑 pǎo"，"奔 bēn"〈走る〉，"飞 fēi"〈飛ぶ〉，"爬 pá"〈這

う，よじ登る〉，"跳 tiào"〈跳ぶ〉，"踏 tà"〈踏む〉，"赶 gǎn"〈道を急ぐ〉，"扑 pū"，"冲 chōng(= 衝)"，"闯 chuǎng"〈とびかかる，突き進む〉，"溜 liū"〈こっそり歩く，逃げる〉など。

<u>無生物，たとえば水，車，風などの移動に使う動詞</u>

"流 liú"〈流れる〉，"涌 yǒng"〈湧く〉，"滚 gǔn"〈転がる(人間の場合は〈消えうせる〉も)，"吹 chuī"〈吹く〉，"驶 shǐ"〈(車などが)はやく走る〉，"开 kāi"〈(車や電車が)走る〉，"漂 piāo"〈漂う，浮く〉，"飘 piāo"〈はためく，ひらひら舞う〉，"射 shè"〈放射する〉など。

3.2 表現のパターン

3.2.1 主体移動文における S- 言語的パターンと V- 言語的パターンの選択

中国語は客体移動文ではサテライト枠付け型の表現手段しか用いることができないのに対して，主体移動事象を言語化するのに，経路を主要動詞か補語かという(少なくとも)二つの手段を自由に選択できる。以下では，主体移動の表現(Talmy の言う self-agentive motion events と non-agentive motion events の両方を含む)におけるこの二つの表現手段の分布状況をより詳細にみていく。表4は二つのパターンの頻度をコーパス別で示す[23]。

表4：コーパス(談話機能)別でみた V- 言語型と
S- 言語型の表現の使用頻度(主体移動文)

パターン コーパス	経路動詞 "回来"〈戻ってくる〉， "回家(来)"〈家に戻る/ 戻ってくる〉	動詞 + 経路補語 "走回来"〈歩いて戻ってくる〉， "走回家(来)"〈家に戻る/戻ってくる〉
テレビドラマ	93%	7%
小説(文②)	53%	47%

文学作品(文②)では，経路動詞だけのパターンと，「動詞 + 経路補語」のパ

---

[23] 表4の統計はラマール(2008)よりとったもので，表2で示した非直示経路要素を含む文のみを対象とした。パターンの例では，"回"は非直示経路動詞・補語を代表し，"来"は直示移動成分，"家"は場所詞，"走"は移動様態動詞を代表する。なお文学作品は会話と地の文を分けていない。

ターンが半々を占めるのに対して、ドラマの会話では経路動詞、つまり V-言語的な表現が圧倒的に多い。この差の原因は、文学作品の語りに多い描写文が移動物の移動時の様態を表す移動様態動詞を多用することに尽きる。それに対して、会話文ではそもそも第三者の移動を語ることが少なく、相手に移動を命じること、話し手が自分の移動を報告する場面や移動を行う意志の表明など、移動様態の情報が必要と感じられる場面がそれほど多くはない。

S-言語型のパターンの選択にあたって、様態動詞の伝える「情報」は必ずしも重要ではない。ラマール(2008)は日中対訳のテクストを調べ、杉村(2000)の指摘を裏付けるデータを挙げている。すなわち、中国語では移動経路動詞だけでも主体移動が表示できるのにもかかわらず、実際の文章では人間と動物にとってデフォルトの移動様態である"走"〈歩く〉が移動経路情報に頻繁に加えられている。次の例文は『ノルウェイの森』の原文を中国語の訳文と対照させた相原・ラマール(2008)より引用したものである。原文の日本語はただの経路動詞「出る」となっているが、訳文で「歩く」が追加されている。同じ現象はテクスト中に頻繁に観察できる。

(21) 〔原文〕我々は本部の建物を<u>出て</u>小さな丘を越え、[…]
〔訳文〕我们<u>走 出</u>主 楼，翻过一座小山冈，[…]
wǒmen zǒu-chū zhǔ-lóu,
1PL   walk-exit main-building
fān-guò yí zuò xiǎo shāngāng
cross-across one CL small hill

4. 客体移動の表現

次に客体移動の表現を取り上げる。

4.1 動詞のリスト

4.1.1 使役的直示動詞

客体移動表現における直示性は、基本的に直示動詞を経路補語として他の動詞と組み合わせて表す。たとえば"派去"は〈派遣して行かせる〉を意味し、"叫来"は〈声で呼んで来させる〉を意味する。「手紙をよこす」などのいく

つかの限られた場面を除けば，"来"と"去"に客体移動の意味はない。

4.1.2　使役的経路動詞

前述したように，「経路の基本スキーマ」を表す①のグループはほとんど客体移動を表さない。特定の名詞と結合して語彙化が進んだ"出书(=出書)"〈本を出す〉のようなケースは例外に見える。しかしこれは〈本を出版する〉の意味では使えても，教科書をかばんから出す場合は成立しない。

一方，グループ②，つまりそのほかの経路の意味を表す動詞には，客体移動を表現できるものがある。たとえば"退 tuì"〈(もの・お金を)返す，戻す〉と"升 shēng"〈(旗を)あげる〉のように主体移動文と客体移動文の両方に使うことができるものもある。それに加えて，体の一部を目的語としてとる使役的経路動詞も経路補語と頻繁に共起し，自身の表す経路とほとんど同義の補語と共起する傾向をみせている。"举手 jǔ shǒu"〈手をあげる〉，"抬头 tái tóu"〈頭をあげる〉(たとえば"抬起头来")，"耸肩 sǒng jiān"〈肩をそびやかす〉は"起"と共起し，"转 zhuǎn"〈(体や頭の)向きを変える〉は"过"と共起し，"低头 dī tóu"〈頭をさげる〉，"弯腰 wān yāo"〈腰をかがめる〉は"下"と共起する。"伸 shēn"〈伸ばす〉は手や舌を出すときに"出"と用いるが，ほかの経路補語とも使える。

グループ②の動詞は主体移動を表す経路動詞と同じように，経路補語と共起することが多いが，それ自体は経路補語のスロットには現れない。以下の例(22)でグループ①と②からとった意味の近い動詞を比べてみよう。グループ②の"还"〈(本などを)もどす〉は経路補語の"回"〈もどる〉と自然に共起する(22a)が，移動を引き起こす動詞"寄"〈郵送する〉はグループ①の"回"としか共起できない(22b, 22c)。

(22) a.　还回去了。

　　　　huán-hui-qu　　le

　　　　return-return-AND　PRT_{CS}

　　　　「(ものを主に)返した。」

b. 寄回去了。　　　　　c. *寄还去了。
　　*ji-hui-qu　　le　　　　*ji-huán-qu　　le
　　mail-return-AND　PRT_CS　　*mail-return-AND　PRT_CS

「(ものを主に)郵送して戻した。」

このグループの動詞のうち，"搁 gē"〈置く〉，"放 fàng"〈置く〉のように様々な経路補語と共起できる動詞があり("下"と"上"とも共起するほか，〈入る，出る，戻る〉などの補語と共起することも多い)，経路動詞というよりむしろ移動様態動詞に入れるべきでないかと疑われる語もある。もう少し経路が限定される"拾 shí"，"捡 jiǎn"〈拾う〉は"起(来)"や"来"と共起し，"塞 sāi"〈差し込む，押し込む〉と"装 zhuāng"〈詰める〉は"进去/来"との共起が多い。"掏 tāo"〈手を突っ込んで取り出す〉は"出"との共起が多い。しかしやはり現れるパラダイムはあくまでも共イベント動詞のパラダイムであり，意味を重視すれば経路動詞，パラダイムを重視すれば移動様態・原因動詞に属することになる。次節ではこれらの動詞群を紹介しよう。

4.1.3　移動の使役を表す動作動詞

客体移動を表す動詞は客体移動のタイプによって三つのグループに分けられる：A)随伴運搬使役，B)継続操作使役，C)開始時起動使役。

A)　随伴運搬使役を表すのに使われる動詞は，動作者が移動物とともに動く。たとえば"搬 bān"〈運ぶ〉，"开 kāi"〈車を運転する〉，"拉 lā"〈引っぱる〉，"牵 qiān"〈(人または家畜を)引く，引っ張る〉，"捎 shāo"〈ついでに持って行く/来る〉，"送 sòng"〈とどける〉，"推 tuī"〈押す〉，"押 yā"〈護送する，監視して連れていく〉などは，経路補語と複合動詞[24]を構成して頻繁に用いられる。

このグループの動詞に，"拿 ná"〈手にとる，持つ〉のように，移動の前段階の事象を表す動詞も加えるべきである。それらの動詞は経路補語と結合して客体移動を表すことが多い。たとえば"抱 bào"〈抱く，抱っこする〉，"背 bēi"〈負う〉，"扶 fú"〈(倒れないように)手で支える〉，"带 dài"〈携帯する，持つ〉，"端 duān"〈両手で平らに持つ〉，"扛 káng"〈担ぐ〉，"拎 līng"〈手で提

---

[24] 本章で「複合動詞」と呼ぶものは移動イベント統合の手段の一つにすぎないが，紙幅の関係でほかのタイプの統合，たとえば"着"のような明示的な接続標識を含む文を論じない。

げる，引っ提げる〉，"领 lǐng"〈受け取る〉，"抬 tái"〈(主に二人以上が手や肩で物を持ち上げて)運ぶ〉，"提 tí"〈手に提げる，(手に提げて)持つ〉，"驮 tuó"〈ロバなどの背中に乗せて運ぶ〉など。

(23) 你先把这个拿进去。　　　　　　　　　　　（ドラマ5集）
　　　　nǐ　　xiān　bǎ　　zhè　ge　ná-jin-qu
　　　　2SG　first　OM　this　CL　take-in-AND
　　　「まずこれを(中へ)持ってって」

これらで，経路補語ではなく持続相を表すマーカー"着"を加えると移動の意味が消え，単に持ち方を明示した「持っている」状態を表す。

B）　継続操作使役は，移動を引き起こす主体自身の位置変化がないものである。この事象を表す動詞としては，すでに上記の4.1.2節の「経路動詞」（グループ② a/b）で挙げたものがある。ここでは「ポケットなどに手を突っ込んでものを取り出す」動作を意味する動詞の例を挙げるのに止める。

(24) 所有的钱都掏出来了。　　　　　　　　　（侯精一 2001: 444）
　　　　suǒyǒu de　　qián　dōu　tāo-chu-lai　le
　　　　all　　GEN　money　all　take-out-VEN　PRT$_{CS}$
　　　「有り金を全部取り出した。」

C）　開始時起動使役は動作者が移動物の移動を引き起こし，直後に移動物が動作主から離れる。たとえば"踢 tī"〈蹴る〉，"扔 rēng"，"投 tóu"，"丢 diū"〈投げる〉，"寄 jì"〈郵送する〉などである。

中国語の場合，Cタイプの動詞の範囲が非常に広い。移動を引き起こす動作のうち，物理的に力が加わらないケースを次節で取り上げる。

4.1.4　その他

以下の例文の動詞"关 guān"(=関)は〈閉める，閉じ込める〉を意味するが，経路補語と結び付くと移動事象に用いられる。

(25) 先把那两条狼狗关回去。　　　　　　　　（侯精一 2001: 196）
　　　　xiān　bǎ　　nà　　liǎng　tiáo　lánggǒu　　guān-hui-qu
　　　　first　OM　that　two　　CL　wolfhound　lock-back-AND
　　　「まずあの2匹のシェパードを檻に戻そう。」

この〈閉じる〉のような動詞，たとえば人を炭鉱から「救い出す」の〈救う〉など，複合動詞の前項に使える動詞群は比較的開いた類で，以下に移動の前提条件を意味するいくつかの動作動詞のリストを挙げるが，これは決して網羅的なものではない。

"抓 zhuā"〈捕まえる〉，"接 jiē"〈(連れていく前に)迎える〉，"揪 jiū"〈しっかりつかむ〉，"绑 bǎng"〈(縄やひもで)縛る，(人を後ろ手に)縛り上げる〉，"拽 zhuài"〈力いっぱい引っ張る，追い払う〉，"逼 bī"〈強制する〉，"骗 piàn"，"哄 hǒng"〈騙す〉，"喊 hǎn"，"叫 jiào"〈(声を出して)呼ぶ〉，"赶 gǎn"〈追いかける〉，"请 qǐng"〈招待する，お願いする〉，"吓 xià"〈脅す〉など。

中国語では，いままで紹介した，"叫回去"〈(話し手のいる場所から離れて)呼び戻す〉のような統合的な客体移動複合動詞のほかに，移動主体が意志性を有する場合に，分析的な使役表現も使われる(「兼語文」とも呼ばれる)。特に使役者が移動を指示・助言・要求・許可するという動詞から，〈派遣する〉，〈追う〉など，自身の移動に一定のコントロールを保った移動主体に働きかけて，それを移動させるという意味の動詞まで，範囲が広い。このタイプの移動文はラマール(2008)で詳細に論じているので，ここでは，指示イベントと移動イベントにそれぞれ別の時間が設定できることを示す例文(26と26')を挙げるにとどめる。(26と26')と異なり，経路補語で構成される複合述語"叫回来"〈呼びもどす〉を含む例文(27と27')の場合は，別の時間設定ができない。

(26)　我叫她明天回来。

　　　wǒ　jiào　tā　míngtiān　huí-lai

　　　1SG　tell.to　3SG　tomorrow　return-VEN

　　　「私は彼女にあす戻って来るように言う。」

(26')　我明天叫她回来。

　　　wǒ　míngtiān　jiào　tā　huí-lai

　　　1SG　tomorrow　tell.to　3SG　return-VEN

　　　「あす，私は彼女に戻って来るように言う。」

(27)　我明天把她叫回来。

wǒ   míngtiān   bǎ   tā   jiào-hui-lai
1SG   tomorrow   OM   3SG   tell.to-return-VEN

(27') *我把她叫明天回来。

*wǒ   bǎ   tā   jiào   míngtiān   hui-lai
1SG   OM   3SG   tell.to   tomorrow   return-VEN

「私はあす彼女を呼び戻す。」

許可を表す表現になると，許可を表す動詞が移動を表す補文をとるという構文しか成立しない。

(28)   我允许她回来。　　　　　Cf. *我把她允许回来。
wǒ   yǔnxǔ   tā   huí-lai   　*wǒ   bǎ   tā   yǔnxǔ-hui-lai
1SG   allow   3SG   return-VEN   1SG   OM   3SG   allow-return-VEN

「私は彼女が戻ってくるのを許す。」

開始時起動タイプに移動との関係がかなり間接的だと考えられる動作も含まれることは，使役ヴォイスにおける中国語の経路補語の役割が関与している(ラマール 2008 参照)。

最後に，客体移動の原因(松本(本巻第1章)の使役手段)が背景化された文の例として，実質的な意味を失ったダミー動詞"弄"に経路補語が接続された述語の例を挙げよう。実際に友人を警察署まで「呼び出した」場面の文である。

(29)   不好意思，这么晚了把你弄出来。　　　　　(ドラマ11集)
bùhǎoyìsi   zhème   wǎn   le   bǎ   nǐ   nòng-chu-lai
sorry   so   late   PRT$_{CS}$ OM   1SG   dummy-out-VEN

「こんな時間に君を呼び出してすまん。」

Talmy(2000: 284)は get のようなダミー動詞を syntactic placeholder として取り上げ，S-言語で移動様態の情報が背景化されることを示す現象として分析している。(29)はその例である。

4.2　表現のパターン

以上，随伴運搬使役(例文 5/6/23)，継続操作使役(例文 24)と開始時起動使役(例文 7/22b)の例文を通じて，いずれの場合でも中国語が「動詞＋経路補語」タイプの複合動詞を用いることが多いことを示した。

継続操作使役の場合，使役者は動かずに，手を動かすなどしてものを動かす。そのため，中国語では特に上下移動と関わる「置く」タイプの動詞の場合，ダイクシスが表現されない場合が多い。

客体移動文の移動物の位置は動詞の前にも（例文 7/23/24）後にも（例文 4）なることがあり，複雑な問題となっている。文脈で明らかであるため，動詞句内には表示されないパターンも話し言葉では多く見られる（例文 6）。

5. 抽象的放射の表現
5.1 視覚的放射を表す表現

中国語の視覚的放射表現における経路は経路補語ではなく，前置詞句または経路副詞で表すのが一般的である。たとえば例(30)の経路副詞"往里"(2.2.2 節参照)は"看进去"にすると容認性が著しく下がる。

 (30) 〔没事就爱蹲在那儿〕扒着钥匙眼儿往里窥视。 （文①-17 章）
    pā-zhe *yàoshi-yǎnr* *wǎng-lǐ* *kuīshì*
    bend-over key-hole toward-inside peep
    「〔ひまだとそこでしゃがんで〕カギの穴に顔をくっつけて中をのぞき込む〔のがすきだ〕。」

そして場所詞を経路補語の後につけた"*看进屋(里)"〈部屋の中を覗く〉はまったく許容されない。同じように，カギの穴から覗く場合，前置詞"从"〈から〉あるいは"透过"〈～を通して〉が構成する前置詞句を動詞の前につけるのは自然だが，through に対応する経路補語"过"を接続して場所詞を導くことはできない。

つまり，視覚放射動詞は経路補語との共起がまったく不可能とは言えないが，かなり限定され，"去"または意味的にそれに近い"过去"（例文 31）に偏る。"望上去"〈見上げる〉のような上下方向の経路補語もみられるが，コーパスでは非直示の経路補語の実例は極めて少ない。

 (31) 从我家的四层阳台上看过去〔可以说一览无余〕。 （文①-1 章）
    cóng *wǒ* *jiā* *de* *sì-céng* *yángtái-shang* *kàn-guo-qu*
    from 1SG home GEN 4-floor balcony-upside look-over-AND
    「うちの 4 階のバルコニーから見わたすと〔，全てを一望できる

5.2 音声的放射を表す表現

伝わってくる声や音に関して、参照点の場所名詞がなければ経路補語がよく使われる。たとえば"传"(＝伝)は"出"や"出来"と共起することが多く、〈伝わってくる〉を意味する。しかし「叫ぶ」タイプの動作の方向は、経路補語ではなく前置詞句で表示するのが一般的である。以下の例文(32)の述語は経路補語を用いた"喊进去"に切り替えにくい。

(32) 你往里喊她一声。

   nǐ *wǎnglǐ*   *hǎn* *tā* *yì* *shēng*
   2SG toward-inside call 3SG one voice

  「なかの方へ彼女を(声を出して)呼んで。」

6. まとめ
6.1 事象表現タイプごとの経路情報の表示手段

筆者が以前述べたように(柯理思2003)、経路の基本スキーマを表す(グループ①の)動詞は単独では客体移動文の述語を構成できず、何らかの前項動詞に接続し、経路補語として複雑述語を構成せねばならない。中国語は、経路動詞を用いる点で純粋なサテライト枠付け言語ではなく、Talmy(2000: 64-66)が言う「分裂タイプ」(split pattern of conflation)に属する。しかし、「動詞＋経路補語」が(抽象的放射を除く)すべての移動事象表現に使えるという点からみると、この手段が優先的パターンであるという見方もできる。表5は述語の構成を事象表現タイプ別に示す。

表5：事象表現タイプ別にみた中国語の類型

移動事象表現のタイプ	経路の標示手段
主体移動	動詞／サテライト
客体移動	サテライト

表5で、基本経路スキーマを表す経路動詞を単独で用いるか、複合動詞の後項として、つまり経路補語として用いるか、移動事象のタイプ別で示した。

経路動詞が常用される点において，中国語は典型的なサテライト枠付け言語ではないが，その一方，経路補語を後項とする複合動詞こそ客体移動表現を含む移動表現のすべてのタイプに使える点，そして経路補語は音声面で弱化しており，閉じた類をなす点において，サテライト枠付け言語の特徴も備えている。客体移動表現に関して，経路の表示手段は本巻で分ける随伴運搬使役，継続操作使役，開始時起動使役による差が若干有り，また第一動詞がたとえば許可，同意などを表す場合，移動を補文で表示せねばならないケースもある。

6.2 動詞前と動詞後の位置

本節では，2.2.3節の議論に戻って，Talmyの類型を中心とした議論では十分に注目されてこなかった，経路前置詞句と経路補語の分布を簡単にまとめてみる。先の表3ですでに二種類の動詞関連要素，つまり経路補語(動詞の後)と"往x"型経路副詞(動詞の前)の対応関係を示した。共に英語の不変化詞(*in*/*out*/*up*/*dow*n など)に対応するが，有界的経路，とりわけ着点かどうかという点で位置が異なることを指摘した。これは，第5節で論じた視覚的放射動詞が経路補語(句)より，動詞に前置される経路副詞及び経路前置詞句と共起する顕著な傾向によって裏付けられる。経路補語は二・三項動詞の場合，動作対象の位置変化を表す。しかし視覚的放射動詞はたとえ対象があっても動作によってその対象が位置変化を被ることはない。

以下表6は，同じ「有界性」というパラメータが，移動の参照点である場所名詞を含む経路句の位置の分布を決定することを示す。書きことばに偏る表現はその規則に反することがある(注8参照)。そうした書きことばの表現を無視することはできないため，網掛けで示している。参考に英語の前置詞との主な対応関係を付け加えた。なお方位詞がどのように経路の意味に貢献するかを示すために独立の行を設けて前置詞と方位詞の組み合わせの意味を記した。

表6：場所詞の意味的役割と経路句の位置との主な対応関係

位置 \ 形式 \ 意味的役割		起点	中間経路	方向	着点
動詞の前	前置詞	从(= 從) from	沿着 along/ 透过 through	朝/往/向 toward	
	前置詞+ NP(里/上) の意味	从+NP (里/上) from, out of, off		朝/往+NP (里/上) toward, into, onto	
動詞の後	前置詞	自/于(=於) from		往/向 toward	到 to/ 在 at
	経路補語	出 out of, 下 down (from)	出，进，上 up, 下 down, 过 through / across/over	进 into, 上 onto, 下 down to, 回 back to	
	+ NP(里/上) の意味			出 NP 外 out of, 进 NP 里 into	到/在 + NP (里/上) to, into/onto

煩雑さを避けるために表6では起点前置詞と経路補語の組み合わせは省略したが，その典型例は例文(4)の通りである。

表6では，"往+NP(里/上)"と動詞に後置される"到+NP(里/上)"に同じ英語訳 to/into/onto をあてた。これは文学作品の翻訳パターンに裏付けられている。たとえば例文(33)で，〈注ぐ〉のような着点指向動詞が，英語の toward に対応する"往"と共起している。例文の英訳が示すように，前置詞が方位詞と結合することによって，英語の into/onto に対応することになる。

(33) 〔高妈唯恐太太看不出来，〕忙着往脸盆里倒凉水，　　（文③-7章）

mángzhe wǎng liǎnpén-li dào liáng-shuǐ

hurriedly toward basin-inside pour cold-water

〔更忙着说话 ...〕

「〔高媽は奥さんがはっきり様子を見ていないと思って，こう言いながら〕急いで金盥の中に冷水を注いで，〔慌てて言った。〕」

（中山時子・中山高志訳, p. 109）

"〔Kao Ma was afraid only that Mrs. Ts'ao couldn't see everything, so〕 she quickly poured some water into a basin 〔and said even faster...〕"

しかし英語ではそれらの前置詞を含む節に -ing による動詞の未完了化が許容されるが，中国語では，動詞とその前後に位置する経路句には，第2節で指摘したように，限界性の有無によって，進行を表すアスペクトマーカーとの共起制限がかかる。経路句のこの分布は，Talmy (2000) が提示した前置詞とサテライトの対立，つまり目的語の名詞句の表示義務とは次元が異なるのは明らかである。中国語の場合，名詞句の有無というよりも，動詞との相互位置が決定的である。使役性と限界性を軸にした経路句の二分化はほかの S- 言語にも見られるので，両方の経路要素を「非主要部」「主要部外要素」として一括して処理することは好ましくない。むしろ，こうした二分化こそが S- 言語の一特徴であると考えられる。

6.3　ほかの言語との対照

Slobin (2004) が中国語を第三タイプの言語 (equipollently-framed languages) に含めるべきだと主張したのは，中国語はタイ語と同様に「動詞連続構文」を多用する言語である点が主な根拠であった。これに反論するには，タイ語と中国語の移動表現の本格的な対照研究が必要となるが，本巻における両言語に関するそれぞれの章から，その相違点がある程度まで読み取れると思われる。なお中国語の空間移動表現は地域差が鮮明に出る項目であり，北方語よりは，東南部地域の言語の方がいくつかのパラメータにおいて，タイ語により近いことを指摘しておこう。共通語の基盤となっている北方語は，タイ語と同じタイプに分類することは妥当でないと筆者は考える。

北方中国語はむしろサテライト枠付け言語のハンガリー語と興味深い共通点を示している。

(a) ハンガリー語で preverb と呼ばれる経路接辞はフォーカスの位置に現れるときに限って節全体に限界性を付与する。これは，完了アスペクトの接頭辞付きの動詞が，接辞を動詞前の位置から動詞後の位置に移すことによって未完成に切り替わる (たとえば〈走った〉の意味から〈走っていた〉の意味に変わる) ことで確認できる。こうした振る舞いは，本章で紹介した中国語の前置詞句 (経路副詞) と経路補語という2種類の経路要素の特徴に類似する。中国語ではフォーカスの位置は動詞の後にあり，経路句を動詞に後置すると

節全体に限界性を付与するのに対して,同じ経路の意味を表す前置詞句にそうした効果はない。

(b) ハンガリー語の経路接辞のレパートリーは中国語の経路補語のレパートリーとかなり重なる。たとえばどちらも,中間経路や方向を表す〈〜に沿って〉や〈〜の方へ〉のような非有界的な経路を含まない。

ハンガリー語と中国語は英語と共に「サテライト枠付け言語」に分類されるだけに,この類似性はいわゆるS-言語の内部差異について貴重な手がかりを与えてくれる。

略語一覧

1PL$_{INC}$	1st person plural, inclusive we
AND	andative (motion away from the speaker)
CLF	classifier
DUR	durative 〜着
GEN	genitive particle 的
NEG	negation
OM	object marker 把,給
PAS	passive marker "被"など
PFV	perfective suffix 了
PROG	progressive aspect 在〜
PRT$_{CS}$	particle, change of state 了
PRT	particle (pragmatic)
VEN	venitive (motion toward the speaker)

例文の出典

文学コーパスは「文①」,「文②」のように指示し,各番号は以下の作品に対応する。
文学コーパス①:王朔著『看上去很美』(見た目ではきれい)。
文学コーパス②:諶容著『人到中年』(《諶容集》,福州:海峡文芸出版社)。日本語訳『人,中年に到るや』は北京の日本研究センターが作成した「中日対訳コーパス」を利用した。
文学コーパス③:老舎著『骆驼祥子』。日本語訳は中山時子・中山高志訳『駱駝祥子』を,英文訳はJ. M. James訳の *Rickshaw* を利用した。
文学コーパス④:邓友梅著『话说陶然亭』。用例は北京大学のCCLコーパスに拠る。
文学コーパス⑤:劉心武著『钟鼓楼』及びその日本語訳は北京の日本研究センターが作成した『中日対訳コーパス』に拠る。
テレビドラマは「結婚十年」,全20集,高希希監督。

第6章

タイ語の移動表現

高橋　清子

1. タイ語移動表現の全体像
1.1　タイ語の特徴

　タイ語を含むタイ諸語の系統帰属はまだはっきりわかっていないが，シナ・チベット語族に属するとする説とオーストロネシア語族に近いとする説がある(Benedict 1942, 三谷 1989)。タイ語は，音韻論の面からは声調という特徴的な音素を持つ声調言語に分類され，形態論の面からは語形が変化しない孤立語に分類される。統語論の面からは基本語順が「主語，動詞，目的語」，「被修飾語，修飾語」となる言語，あるいは複数の動詞(句)が接続詞を介さずに連続することを許す動詞(句)連続言語に分類される。談話分析の面からは主語や目的語などの統語上の概念よりも主題などの情報構造上の概念のほうが優位に働いて文章が構成されていく主題卓越言語に分類される。

　特に注目すべき特徴は，第1に，性，数，法，時制(定動詞)などの文法範疇のパラダイムが成立しておらず，文法範疇概念の特定化が必須ではないこと(Bisang 1995, 2001, Diller 1993)，第2に，動詞と名詞句の結び付きはかなり自由で，必須項はなく，動詞の項(主語，目的語)と非項(付加詞など)を明確に区別することができないこと(峰岸 1988, 2002)，第3に，内容語と機能語が連続体をなし，両者を厳密に区別することが難しいこと(Intratat 1996, Prasithrathsint 2010)である。

　タイ語移動表現の主要構成素は動詞であり，最低一つの移動動詞を使えば単純な移動事象を表現し得るが，異種あるいは同種の動詞を複数使って一つの節——動詞(句)連続体——を作り，複雑だがまとまりのある一つの移動事象として表現することが多い。一つの節に動詞が複数共起した場合，意味的な種類によって並び順が決まっているが，以上に挙げたタイ語の性質により，

どれを主動詞と認めるかの判断が難しい(Zlatev & Yangklang 2003)[1]。

1.2　タイ語移動表現の全体的特徴

　タイ語移動表現の特徴は，使用される語彙が多種多様であること，そしてそれらの語彙を組み合わせて作られる構文パタンが，伸縮性に富んでいる(構文構成員の数や種類の可変性が高く，したがってその組み合わせの融通性が高い)ことである。タイ語の談話(現代文学作品，実験手順によって導かれた語り)から多数の移動表現を採集してその意味構造，統語構造を分析したKessakul(2005)によると，生起頻度の観点から見た主体移動と客体移動(＝使役移動)の選好表現パタンは以下のとおりであるという(「経路2動詞」など，動詞の種類については後述する)。

①主体移動の選好表現パタン：　様態動詞，経路2動詞，直示動詞
②客体移動の選好表現パタン：　使役動詞(＝使役手段動詞)，経路2動詞，
　　　　　　　　　　　　　　　直示動詞

タイ語移動表現の具体例を以下にいくつか挙げる[2]。

(1)　cɔɔn　wîŋ　khûn　banday　maa
　　　John　run　ascend　stairs　come
　　「ジョンは走って階段を上がって来た」

(2)　cɔɔn　yoon　lûuk bɔɔn　khûn　pay　thîi　nâatàaŋ
　　　John　throw　ball　ascend　go　at　window
　　「ジョンはボールを投げ(ボールが)窓のところに上がって行った(＝ジョンはボールを窓のところに投げ上げた)」

(3)　cɔɔn　thɔ̂ɔt　sǎay taa　khûn　pay　yaŋ　nâatàaŋ
　　　John　stretch　line.of.vision　ascend　go　to　window
　　「ジョンは視線を伸ばし(視線が)窓に上がって行った(＝ジョンは

---

[1] タイ語移動表現の構文パタンに関する包括的な研究としてThepkanjana(1986, 2006), Muansuwan(2002), Zlatev(2003), Kessakul(2005)を挙げることができる。Takahashi(2009a)は，これらの論考(Zlatev(2003)を除く)で提案されているタイ語移動表現の統語構造，概念構造の異同を説明し，個々の論考の主張の妥当性について批判的に論じている。

[2] タイ語母語話者であるタサニー・メータービスィット氏に本章の例文の適格性を判断していただいた。ここに記して感謝申し上げる。

窓を見上げた)」

(4) cɔɔn mɔɔŋ khûn pay yaŋ nâatàaŋ
John look ascend go to window
「ジョンは見て(視線を送り)(視線が)窓に上がって行った(=ジョンは窓を見上げた)」

(5) sǎay taa cɔɔn mɔɔŋ khûn pay yaŋ nâatàaŋ
line.of.vision John look ascend go to window
「ジョンの視線は見て(伸びて)窓に上がって行った(=ジョンは窓を見上げた)」

　主体移動表現(1)では様態動詞，経路2動詞，直示動詞が共起している。客体移動表現(2)と抽象的放射表現(3)では使役動詞，経路2動詞，直示動詞，位置前置詞あるいは着点前置詞が共起している。抽象的放射表現(4),(5)では視覚動詞，経路2動詞，直示動詞，着点前置詞が共起している。(4),(5)に使われている視覚動詞 mɔɔŋ 'look' は使役動詞あるいは様態動詞として機能している。(4)では(視線を伸ばすことを意味する)使役動詞として使われ，(5)では(視線が伸びることを意味する)様態動詞として使われている。

　(1)–(5)のすべてに直示動詞が使われていることからわかるように，タイ語ではどこかに直示的な基準点を定めて移動事象を表現することが多く，移動の直示性(話者が定めた任意の地点を基準として，そこから離れるのかあるいは近づくのか)を直示動詞によって明示的に表す傾向が強い。また，使役事象(移動の原因)，移動事象(移動の様態と経路)，到着事象(移動の結果)が異なる動詞で表現され得ることや，移動の様態や経路が複数の動詞によって複合的，重層的に表現され得ることも特筆すべき特徴である。タイ語の移動表現は非統合的表現(言い換えれば，分裂可能表現)の最たるものであろう。

　(1)–(5)で使われている動詞のうち，様態動詞，経路2動詞，直示動詞は移動動詞であるが，使役動詞，視覚動詞は移動動詞ではない。タイ語の移動動詞には，様態動詞，経路2動詞，直示動詞の他に，経路1動詞と到着動詞がある。経路1動詞は，Kessakul(2005)が directional verbs と呼び，Takahashi(2009b)が direction verbs と呼んでいる動詞(起動相あるいは前終結相(prestadial)の経路動詞)である(2.3.2節で詳述)。経路2動詞は，

Kessakul(2005)と Takahashi(2009b)が path verbs と呼んでいる動詞（達成相の経路動詞）である（2.3.3 節で詳述）。移動表現に使われるこれらの動詞の主たる意味要素はそれぞれ決まっており，役割分担が比較的はっきりしている[3]。使役動詞は移動の原因を表すことを本務とする。様態動詞は移動の様態を表すことを本務とする。経路1動詞は移動の起点／終点に関係する方向性，すなわち移動の起点あるいは終点によって規定できる相対的な方向性を表すことを本務とする。経路2動詞は移動の通過点や通過経路に関係する方向性，すなわち移動物とそれらの経路参照物との相互関係によって規定できる相対的な方向性を表すことを本務とする。直示動詞は移動の直示性を表すことを本務とする。到着動詞は移動の結果の出来事／付帯変化を表すことを本務とする。しかしタイ語の移動動詞は，直示性を専門に表す直示動詞を除き，主たる意味要素の他に，具体的な使役の手段，移動物，付帯状況といった雑多な意味要素を包入しているものが多く，その意味内容は多様性に富む。

異なる種類の動詞が共起して単一の節をなし，複雑だがまとまりのある単一の移動事象を表すとき，それらの動詞の生起スロットの並び順は「使役動詞，様態動詞，経路1動詞，経路2動詞，直示動詞，到着動詞」となる。これらの動詞を一つずつ含んだ客体移動表現の例を(6)に挙げる。

(6) cɔɔn tèʔ lûuk bɔɔn klîŋ yɔ́ɔn khâw
John kick ball roll turn.back enter
maa yùt troŋ nâa chán phɔɔ dii
come halt just in.front.of PRONOUN just.right

「ジョンはボールを蹴り（ボールが）転がって折り返し入って来てちょうど私の前で止まった」

同じ種類の動詞が複数生起する場合もある。(7)では二つの様態動詞が使われている。bin 'fly' は一般様態動詞，thalǎa 'swoop down' は特定様態動詞である（2.3.1 節で詳述）。

---

[3] ただし，「通過点に関係する方向性（達成相）」と「結果の出来事（瞬間相）」の両方を表し得る khâw 'enter' のように，複数の異なったアスペクト解釈を許すため複数の種類に分類される動詞もある。

(7)　　nók　　bin　　thalǎa　　　loŋ　　　　maa
　　　　bird　fly　　swoop.down　descend　come
　　「鳥は飛んで急降下して来た」

　単一の移動事象を表す移動表現の中に，様態動詞，経路1動詞，経路2動詞は複数生起し得るが，使役動詞，直示動詞，到着動詞は通常一つしか生起しない。移動の原因，直示性，結果の出来事／付帯変化という意味要素については，単一の事象構造を持った移動事象に一つの値しか特定することができないからである[4]。

　タイ語移動表現の語用論的制約についても，ここで触れておきたい。タイ語では，瓶などの自力で動くと考えられていないものの移動は，特にアスペクト標識によって当該事象の時間的様態が特定されていない場合，経路動詞や直示動詞（具体性を欠いた方向性のみを特定する移動動詞）だけでその移動を表すことが難しい。例えば，(8)は特別な文脈がない限り非常に不自然に聞こえる。

(8)　? khùat　　ʔɔ̀ɔk　　pay
　　　bottle　　exit　　go
　　「瓶は出て行く」

　自力で動くと考えられていないものの移動を表現するときには，(9), (10)のように移動の原因や様態を特定する動詞（使役動詞，様態動詞）を添えて，自力で動かないものがなぜ動くのかという背景をある程度明らかにし，事象の具体性を高めてやる必要がある。そうしなければ，現実世界で実際に起こる個別的な事象（定の事象）とはみなしづらいからである（高橋 2006: 40–42）。

(9)　　kháw　　　lɔɔy　　khùat　　ʔɔ̀ɔk　　pay
　　　PRONOUN　float　　bottle　　exit　　go
　　「｛彼 / 彼女 / 彼ら｝が瓶を浮かべて，瓶が出て行く」

---

[4] 単一の移動事象であっても，ある一定の範囲内での方向性の定まらない移動（行ったり来たり）を表現するときは2種類の直示動詞を並べて使う（pay maa 'go + come'）。また，複雑な移動の原因／手段（「手で持って押し込む」など）を表すときには，複数の使役動詞を使うこともある。

(10) khùat lɔɔy ʔɔ̀ɔk pay
    bottle float exit go
    「瓶は浮かんで出て行く」

　一方，日頃よく目にしたり体験したりするもので，どのように自力で動くのかがわかっているもの(人間，車，風など)の移動であれば，(11)のように，経路動詞や直示動詞だけでその移動を表すことができる。世界に関する知識に基づく推論によって，具体的な移動事象(e.g. 歩いて行く，車に乗って行く)を容易に想起することができるからである。

(11) kháw ʔɔ̀ɔk pay
    PRONOUN exit go
    「{彼 / 彼女 / 彼ら}は出て行く」

2. すべての移動事象タイプに共通する，移動事象と到着事象を表す形式

　タイ語の主体移動表現，客体移動表現，抽象的放射表現に共通して使われる形式としては，移動の様態を表す形式，移動の経路を表す形式，移動の結果を表す形式が挙げられる。

(12) chán dəən maa càak nâa rooŋ rian
    PRONOUN walk come from in.front.of school
    「私は学校の前から歩いて来た」

　本節では，位置前置詞((12)の局所位置前置詞 nâa 'in front of' など)，経路前置詞((12)の起点前置詞 càak 'from' など)，動詞((12)の様態動詞 dəən 'walk'，直示動詞 maa 'come' など)に分けて記述する。

2.1　位置前置詞(包括位置前置詞，局所位置前置詞)

　ある物体や空間の位置を特定する前置詞を位置前置詞と呼ぶ。タイ語の位置前置詞は名詞の機能も持ち，正真正銘の前置詞ではない。移動表現では，位置前置詞によって経路参照物(起点，通過点，通過経路，着点)の位置を特定することができる。

(13) mɛ̂ɛ waaŋ phâa thâap
    mother put cloth lie.flat.against

	dâan	*bon*	*tûu*
	on/to.the.side.of	on	cabinet

「母は布を置き(布が)棚の上の面をぴったり覆った」

位置前置詞はその意味と生起順によって包括位置前置詞と局所位置前置詞の2種類に大きく分類できる。(13)では，移動物が到着した場所の特定的な位置が包括位置前置詞 *dâan* 'on/to the side of' と局所位置前置詞 *bon* 'on' によって表されている。

包括位置前置詞は，物体や空間を表す名詞句(あるいは局所位置前置詞＋名詞句)を後ろに伴い，その位置に対して，点，面，領域，方面といった図式的な特徴付けをする(*thîi* 'at', *thěw* 'in the region of', *rɔ̂ɔp* 'around', *thûa* 'all over', *khâŋ* 'on/to the side of', *dâan* 'on/to the side of', *phaay* 'in the side of', *bûaŋ* 'in the direction of', *thaaŋ* 'in the direction of', *klaaŋ* 'in the center of, in the middle of', *rawàaŋ* 'among')。

局所位置前置詞は，物体や空間を表す名詞句を伴い，その物体や空間固有の形態(上部，下部，前部，後部，中，外など)や，重力関係や地理的に固定された方向座標軸によって決まっている方向性(上，下，川上，川下，北，南など)や，ある視点から見た相対的な方向性(右，左)といった対立的空間概念の値を特定する(*bon* 'on', *lâaŋ* 'under', *nay* 'in', *nɔ̂ɔk* 'out', *nâa* 'in front of', *lǎŋ* 'behind'[5], *nǔa* 'above, north', *tây* 'below, south', *khwǎa* 'right', *sáay* 'left')。

これら2種類の位置前置詞(包括位置前置詞と局所位置前置詞)は，(12)のようにどちらか1種類だけが使われることもあれば，(13)のように2種類が組み合わされて使われることもある。2種類が組み合わされた場合は，どちらも本来の名詞として機能し，複合位置名詞となることが多い。

(14)	*mɛ̂ɛ*	*waaŋ*	*phâa*	*thâap*	*kàp*	*dâan bon*
	mother	put	cloth	lie.flat.against	with	upper.side

---

[5] Prasithrathsint(2010: 71)は，前置詞 *thîi* 'at' と名詞の間に生起する *lǎŋ* は本来の名詞 'back' であるとする(e.g. *thîi lǎŋ (khɔ̌ɔŋ) thoorathát* 'at + back(+ of)+ television-set：テレビの後ろに')。*lǎŋ* と後続名詞の間に属格前置詞 *khɔ̌ɔŋ* 'of' が生起し得ることをその証拠として挙げている。

「母は布を置き(布が)上面をぴったり覆った」

(14)の着点前置詞 kàp 'with' の後ろに置かれた dâan bon 'upper side' は，名詞 dâan 'side' と名詞 bon 'upper part' が組み合わされた複合名詞である。そのため名詞句を従えていない(一方，(13)の dâan bon 'on the side of' は前置詞であり，名詞句 tûu 'cabinet' を従えている)。

2.2　経路前置詞(起点前置詞，通過経路前置詞，着点前置詞)

移動の開始場所(起点)，辿った場所(通過経路)，到着場所(着点)を特定する前置詞をそれぞれ起点前置詞，通過経路前置詞，着点前置詞と呼ぶ。着点前置詞の yaŋ 'to' と kàp 'with' は前置詞の機能しか持たない正真正銘の前置詞[6]であるが，それ以外(càak, taam, thǔŋ, sùu)は動詞としても前置詞としても機能し，特定の統語環境においてのみ前置詞として機能する。前置詞として機能するときは必ず名詞句を伴う。

移動動詞(経路1動詞 càak 'leave'，経路2動詞 taam 'follow'，到着動詞 thǔŋ 'arrive', sùu 'arrive and stay')が経路関連の前置詞(起点前置詞 càak 'from'，通過経路前置詞 taam 'along'，着点前置詞 thǔŋ 'to', sùu 'to')として機能する特定の統語環境とは，具体的には以下のとおりである。経路1動詞 càak と経路2動詞 taam は，移動事象を表す基本単位「様態動詞，経路1動詞，経路2動詞，直示動詞」(第3節で詳述)の中での決まった語順を逸脱したときにそれぞれ起点前置詞，通過経路前置詞として機能する(Kessakul 2005: 94, 156–158)((12),(15),(16),(17))。到着動詞 thǔŋ と sùu は，起点前置詞句あるいは通過経路前置詞句に続くときに着点前置詞として機能し，さらに到着動詞 sùu は，到着動詞 khâw 'enter' に続くときにも着点前置詞(khâw sùu 'move into')として機能する(Takahashi 2006: 116–117)((17), (18))。

(15)　chán　　　khìi　càkkràyaan　maa　càak　rooŋ rian
　　　PRONOUN　ride　bicycle　　　come　from　school
　　　「私は学校から自転車に乗って来た」

---

[6] 慣用表現や複合語では，動詞 yaŋ(e.g. yaŋ chiiwít 'sustain life')や名詞 kàp(e.g. kàp khâaw 'things to eat with rice')の使用がある。

起点前置詞 *càak* 'from' は，場所を表す名詞句を後ろに伴い，その場所が移動の起点であることを明示する。経路2動詞か直示動詞の後ろに置かれる。着点前置詞句がある場合はその前に置かれる。(15)では起点前置詞 *càak* が直示動詞 *maa* 'come' の後ろに生起している。

(16)　*mǎa　wîŋ　nǐi　pay　taam　thaaŋ*
　　　　dog　run　flee　go　along　path
　　「犬は道に沿って走って逃げて行った」

通過経路前置詞 *taam* 'along' は，場所を表す名詞句を後ろに伴い，その場所が移動の通過経路であることを明示する。直示動詞の後ろに置かれる。着点前置詞句がある場合はその前に置かれる。(16)では通過経路前置詞 *taam* が直示動詞 *pay* 'go' の後ろに生起している。

(17)　*chán　　nâŋ　rót　pay　càak　rooŋ rian　thǔŋ　thîi bâan*
　　　PRONOUN　sit　car　go　from　school　　to　　at house
　　「私は学校から家のところまで車に乗って行った」[7]

着点前置詞 *yaŋ* 'to', *thǔŋ* 'to', *sùu* 'to', *kàp* 'with' は，場所を表す名詞句を後ろに伴い，その場所が移動の着点(*yaŋ, thǔŋ, sùu*)あるいは移動物の接触点(*kàp*)であることを明示する。本来は動詞である *thǔŋ* 'arrive', *sùu* 'arrive and stay' が着点前置詞 *thǔŋ* 'to', *sùu* 'to' として機能するのは，(17)のように起点前置詞句の後ろに置かれたときである。到着動詞 *khâw* 'enter' の直後に置かれた *sùu* も着点前置詞として機能する。(18)はその例である。

(18)　*sěeŋ　sathɔ́ɔn　klàp　maa　khâw　sùu　taa*
　　　light　reflect　return　come　enter　to　eye
　　「光は反射して戻って来て目に入った」

起点前置詞，通過経路前置詞，着点前置詞と場所を表す名詞句の間に位置前置詞が生起することもある。(17)では着点前置詞 *thǔŋ* 'to' と到着場所を

---

[7] タサニー・メーターピスィット氏によると，(17)は「(歩いたり自転車に乗ったりしてではなく)車に乗って行った」という意味が強く，単純に「私が何をしたか」ということを述べる表現としては(17')のほうが自然であるという (cf. 注11)。

(17')　*chán　　nâŋ　rót　càak　rooŋ rian　pay　thǔŋ　thîi bâan*
　　　 PRONOUN　sit　car　leave　school　　go　arrive　at　house
　　「私は車に乗って学校を離れ(去って)行って家のところに着いた」

表す名詞句 *bâan* 'house' の間に包括位置前置詞 *thîi* 'at' が生起している。

2.3　動詞（様態動詞，経路1動詞，経路2動詞，直示動詞，到着動詞）

　移動の様態，移動の経路，移動の結果（到着）を表す動詞は，その意味と生起順によって次のように大きく5種類に分けられる。①様態動詞，②経路1動詞，③経路2動詞，④直示動詞，⑤到着動詞。(19) の *dəən* が様態動詞，*thǒy* が経路1動詞，*klàp* が経路2動詞，*pay* が直示動詞，*chon* が到着動詞である。

(19)　dèk　　dəən　thǒy　　　　　　klàp　　pay　　chon　　kâwʔîi
　　　child　walk　(start.to)move.backward　return　go　　bump　　chair
　　「子供は歩いて後退りして戻って行き椅子にぶつかった」

2.3.1　様態動詞

　様態動詞は，移動の様態（と移動物，付帯状況）という意味要素を包入した動詞である。様態動詞の典型的な語彙アスペクトは継続相である。経路参照物を表す名詞句を直接従えることができない。どの身体部位を使うのかがはっきりしており，我々人間にとって身近で，そのため具体的に想起することが容易な基本的身体活動を表す動詞が多い (Chuwicha 1993: 40)。移動の様態を特定する程度の違いによって，どの言語にも存在するであろう特定性の低い（いわゆる基本レベルの意味を表す）一般様態動詞と，特定性の高い特定様態動詞に分けることができる。タイ語の様態動詞の意味内容は極めて多様である (Takahashi 1997)。特定様態動詞の数と種類が非常に豊富であることがタイ語様態動詞の特徴である。

(20)　mɛɛw　<u>kradòot</u>　khâam　kamphɛɛŋ
　　　cat　　<u>jump</u>　　cross　　wall
　　「猫は跳んで壁を越えた」

　(20) は一般様態動詞 *kradòot* 'jump' を含む主体移動表現の例である。一般様態動詞は一般的な移動の様態を表す。移動物は何か，どのような特徴を持っているのかを特定する動詞が多い (e.g. *kradòot* 'jump', *klîŋ* 'roll', *kwὲŋ* 'swing', *khlaan* 'crawl', *khûup* 'creep', *dəən* 'walk', *bin* 'fly', *lɔɔy* 'float', *wîŋ*

'run', *lǎy* 'flow')。

(21) *chán*   *thŏom*   *khâw*   *pay*   *hǎa*   *khamooy*
     PRONOUN   rush.upon   enter   go   approach   thief
     「私は前のめりに突進して行き泥棒に近付いた(＝私は泥棒に跳びかかった)」

(21)は特定様態動詞 *thŏom* 'rush upon' を含む主体移動表現の例である。特定様態動詞はより特定的な移動の様態を表す。どの身体部位(あるいはその他の移動の手段)をどのように使って移動するのか、速度は速いか遅いか、移動の方向は前か後ろか上か下か、移動者はどのような様子か、移動物は複数か、どのような空間を通るのか、経路にはどのようなユニークな特徴があるかなど、細かい弁別的意味素性を持つ(e.g. *kâaw* 'step', *kracoon* 'leap', *krasɛ́ʔ* 'inch', *khayàp* 'budge', *kraden* 'hurtle', *kràak* 'rush up to', *câm* 'walk quickly', *sɛɛŋ* 'outstrip', *tày* 'clamber', *thŏom* 'rush upon', *thayaan* 'launch', *thalák* 'spurt out', *sêek* 'cut in', *bìat* 'press', *phèn* 'rush out of', *phûŋ* 'spout', *luy* 'wade', *lây* 'chase', *traween* 'wander', *bùŋ* 'speed', *pràat* 'dash', *prìi* 'dash', *fàa* 'break through', *rîi* 'rush directly to', *hɛ̀ɛ* 'parade', *dândôn* 'trudge', *lúay* 'ramble', *trèe* 'stroll', *yɔ̂ŋ* 'tiptoe', *phlàʔ* 'move away quickly', *phlùp* 'move back suddenly', *wɛ̂ɛk* 'push one's way through')。

これらの様態移動動詞以外にも、移動の様態を表すために使われる語がある。例えば、移動以外の活動を表す基本的身体活動動詞(e.g. *yím* 'smile', *kaaŋ khɛ̌ɛn* 'spread one's arms', *thǔɯ* 'bear, hold', *ʔûm* 'hold in one's arm'[8], *sǎaw tháaw* 'draw one's feet, quicken one's pace', *thɔ̌ɔt fǐi tháaw* 'stretch one's legs, slow one's walk')、心的態度を表す動詞(e.g. *hút hát* 'have a bad temper')、経路の形を表す動詞[9](e.g. *troŋ* 'be straight', *khót* 'be zigzag')、特

---

[8] 「抱える、手に持つ、肩に担ぐ」など、身体部位を使って何かを保持するという基本的身体活動を表す動詞は、随伴運搬型の使役動詞(e.g. 運ぶ、導く、引きずる)に分類されることがあるが、本章では、それらの動詞を「笑う、手を広げる、足を速める」などと同様の移動の様態を表し得る非移動動詞(移動以外の活動を表す基本的身体活動動詞)の1種とみなし、ここに挙げておく。それらの動詞が表す動作は、移動の原因ではなく、むしろ広い意味での移動の様態であると解釈できる。

[9] タイ語では、活動や認識などの動的な事象を表す語と、属性や形状などの静的な事象を

徴的な移動の様態を表す擬態語，擬声語(e.g. *pûan pîan* 'wander around'，*krahùuut krahɔ̀ɔp* 'pantingly'，*puŋ paŋ* 'sound of a loud noise')などが挙げられる。基本的身体活動動詞と心的態度動詞は様態動詞と同じ統語位置に生起する動詞だが，その他の語は副詞的に機能し，比較的自由に様々な統語位置に生起し得る。

2.3.2　経路1動詞

　経路1動詞は，移動の起点／終点に関係する方向性(と移動物，付帯状況)という意味要素を包入した動詞である。経路1動詞の典型的な語彙アスペクトは起動相あるいは前終結相である。起点からの方向性(e.g. 木<u>から</u>落ちる)は起動相(inceptive 'start to ...'(Bisang 2003: 48))をなす。終点までの方向性(e.g. 海底<u>に沈む</u>)は前終結相(prestadial 'the situation before the terminal boundary highlighted'(Bisang 2003: 48))をなす。このように起点／終点という特定の局面と関係しているところが，経路1動詞が持つ，経路2動詞と異なる意味特徴である。構成員の数はかなり限られ，閉じられた類である(e.g. *càak* 'leave(from ...)'，*tòk* 'fall off'，*thɔ̌y* '(start to) move backward'，*yɔ́ɔn* 'turn back'，*rûaŋ* 'drop off'，*lòn* 'drop(onto ...)'，*com* 'sink(onto ...)')。*càak* 'leave(from ...)'，*tòk* 'fall off' は起点を表す名詞句を従えることができる。なお，*càak* 'leave(from ...)' は起点前置詞としての用法も持つ(2.2節を参照)。

2.3.3　経路2動詞

　経路2動詞は，移動の通過点や通過経路に関係する方向性(と付帯状況)という意味要素を包入した動詞である。経路2動詞の典型的な語彙アスペクトは達成相である。構成員の数はかなり限られ，閉じられた類である(e.g. *khâw* 'enter'，*ɔ̀ɔk* 'exit'，*khûn* 'ascend'，*loŋ* 'descend',[10] *klàp* 'return'，*khâam*

表す語との間に，決定的な形態論的，統語論的差異が見られない。そのため，どちらの語も動詞に分類される。静的な事象を表す語は状態動詞と呼ばれ，動詞の下位分類とされることが多い。

[10] *khâw* 'enter'，*ɔ̀ɔk* 'exit'，*khûn* 'ascend'，*loŋ* 'descend' という4つの経路2動詞はその他

'cross', *taam* 'follow', *phàan* 'pass over', *phón* 'go through', *lát* 'cut across', *lɔ́ʔ* 'go along', *lîap* 'go along', *lám* 'go off a boundary', *ləəy* 'go beyond', *sǔan* 'pass each other')。通過経路を表す名詞句を従えることができる。*phón* 'go through', *ləəy* 'go beyond', *sǔan* 'pass each other' は通過点を表す名詞句を従えることができる。*klàp* 'return' は着点を表す名詞句を従えることができる。なお，*taam* 'follow' は通過経路前置詞としての用法も持つ(2.2 節を参照)。

2.3.4　直示動詞

　移動の直示性（話者の視点を基準として，そこから離れるのかあるいは近づくのか）という意味要素を包入した動詞である。直示動詞には典型的な語彙アスペクトがない。構成員は 2 つの動詞（*pay* 'go', *maa* 'come'）だけで，完全に閉じられた類である。着点を表す名詞句を従えることができる。

2.3.5　到着動詞

　移動事象は移動が終結することによって完結する。目的地に到達したり，どこかで止まったり，何かに当たったり，移動の終結のあり方は様々だが，そうした移動事象の最終段階を移動の到着と総称する（Takahashi 2009b）。到着事象を表す動詞は，移動の結果の出来事／付帯変化（と移動物，付帯状況）という意味要素を包入した動詞である。到着動詞には移動停止動詞（(22)の *cɔ̀ɔt* 'stop' など）と状態変化動詞（(23)の *tɛ̀ɛk* 'break' など）が含まれる。移動停止動詞は移動動詞であるが，状態変化動詞は移動動詞ではない。

(22)　*rót*　　*lɛ̂n*　　*khâw*　　*maa*　　<u>*cɔ̀ɔt*</u>　　*nâa*　　*ráan*
　　　 car　 run　 enter　 come　 <u>stop</u>　 in.front.of　 shop

の経路 2 動詞に比べて生起頻度が高い。単一の移動事象を表す表現には通常これら 4 つの経路 2 動詞のどれか一つだけしか生起しないという選択制限がある。しかし，垂直方向の変化が激しい経路（上ったり下ったり）の描写には *khûn* と *loŋ* が一緒に使われることがある（e.g. *khûn loŋ* 'ascend + descend', *khûn khûn loŋ loŋ* 'ascend + ascend + descend + descend', *khûn loŋ khûn loŋ* 'ascend + descend + ascend + descend'）。同様に，閉じられた空間の境界を繰り返し通過すること（入ったり出たり）を描写するために，*khâw* と *ʔɔ̀ɔk* が一緒に使われることもある（e.g. *khâw ʔɔ̀ɔk* 'enter + exit', *khâw ʔɔ̀ɔk khâw ʔɔ̀ɔk* 'enter + exit + enter + exit'）。

「車は走って入って来て店の前に止まった」

移動停止動詞は，移動の結果，ある地点で止まることを表す。移動停止動詞の典型的な語彙アスペクトは瞬間相あるいは起動相である。到着場所の特徴，到着したときに及ぼす影響の度合い，到着後の様子などを特定するものが多い (e.g. *thǔŋ* 'reach, arrive', *khâw* 'enter', *sày* 'put in', *hǎa* 'seek, approach', *chon* 'bump', *tɔ̂ŋ* 'meet', *thùuk* 'touch, come into contact with', *doon* 'hit', *patháʔ* 'collide', *krathóp* 'strike against', *yùt* 'halt', *cɔ̀ɔt* 'stop', *càp* 'catch and hold', *tìt* 'stick', *thâap* 'lay flat against', *sùu* 'get to and stay')。*yùt* 'halt', *cɔ̀ɔt* 'stop' を除いて，着点を表す名詞句を従えることができる。なお，*thǔŋ* 'arrive', *sùu* 'arrive and stay' は着点前置詞としての用法も持つ (2.2 節を参照)。

(23) cɛɛkan tòk tɛ̀ɛk
　　　 vase　 fall.off　break

「花瓶は落ちて割れた」

状態変化動詞は，状態が変化することを表す。状態変化動詞の典型的な語彙アスペクトは起動相である。到着動詞として使われる場合，移動の最終段階で移動物の状態が変化することを表す (e.g. *tɛ̀ɛk* 'break', *hàk* 'bend', *phaŋ* 'fall to the ground', *khàat* 'be torn, be cut off,' *bùp* 'be caved in, be damaged')。

2.4　まとめ

すべての移動事象タイプ (主体移動，客体移動，抽象的放射) の表現に使われる移動の様態，移動の経路，移動の結果を表す形式を表1にまとめて示す。次節以降では，これらの形式がどのように組み合わされてタイ語移動表現の基本的な構文パタン (主要構成素の配列パタン) が形成されるのかを見ていく。

表1：すべての移動事象タイプに使われる，移動の様態，
経路，結果を表す表現（タイ語）

意味＼形式	動詞	動詞関連要素（副詞）	名詞関連要素（前置詞）
様態 ［継続相］	✓ (2.3.1節)	✓ (2.3.1節)	
経路1 ［起動相，前終結相］	✓ (2.3.2節)		
経路2 ［達成相］	✓ (2.3.3節)		
到着 ［瞬間相，起動相］	✓ (2.3.5節)		
経路局面 （起点，通過経路，着点）			✓ (2.2節)
位置 （包括位置，局所位置）			✓ (2.1節)
直示的経路	✓ (2.3.4節)		

3. 主体移動表現のパタン

タイ語の主体移動表現の具体例を以下に挙げる。

(24)　chán　　dəən　pay　càak　bâan　thǔŋ　rooŋ rian
　　　PRONOUN　walk　go　from　house　to　school
　　　「私は家から学校まで歩いて行った」[11]

(24')　chán　　dəən　càak　bâan　pay　thǔŋ　rooŋ rian
　　　PRONOUN　walk　leave　house　go　arrive　school
　　　「私は歩いて家を離れて（去って）行って学校に着いた」

---

[11] 経路1動詞 càak 'leave' は（経路2動詞・直示動詞が共起する場合）必ず経路2動詞・直示動詞の前に生起しなければならないが，(24)ではその定位置を外れて基本単位の外に生起し，起点を表す名詞句を伴って起点前置詞として機能している。到着動詞 thǔŋ も，基本単位の外に生起する起点前置詞句あるいは通過経路前置詞句に後続するときは後ろに着点を表す名詞句を必ず伴い，着点前置詞として機能する。このように(24)では càak は起点前置詞として，thǔŋ は着点前置詞として機能している。一方，(24')では，直示動詞 pay の前の càak は経路1動詞として機能し，直示動詞 pay の直後の thǔŋ は到着動詞として機能している。(24')のほうが無標で素直な表現であると判断するタイ語母語話者もいる。

(25) dèk ʔɔ̀ɔn khlaan pɔ̂ɔ pɛ́ɛ
 baby crawl feebly
 「赤ん坊はよたよた這った」

(26) nák rian thɯ̌ŋ rooŋ rian mûa takîi níi
 student arrive school just.now
 「生徒はつい先ほど学校に到着した」

(27) phɛɛ lɔɔylalôŋ ləəy pratuu nám
 raft drift go.beyond water.gate
 khâw maa nay sàʔ
 enter come in pond
 「筏は漂流して水門を通り過ぎて池の中に入って来た」

(28) lûuk bɔɔn tòk loŋ maa yùt thîi tóʔ
 ball fall.off descend come halt at desk
 「ボールは落ちて下りて来て机のところで止まった」

タイ語の主体移動表現の構文パタンは，起点前置詞／通過経路前置詞を伴う(24)のようなパタンと，それを伴わない(24')のようなパタンに分かれる((25)-(28)も後者に属する)。起点前置詞／通過経路前置詞を含むパタンと起点前置詞／通過経路前置詞を含まないパタンでは，起点／通過経路の表し方が異なる。前者では起点前置詞句／通過経路前置詞句(e.g.(24)の càak bâan 'from the house')によって(より周辺的な事象参与者としての)起点／通過経路が描写されるが，後者では経路1動詞句／経路2動詞句(e.g.(24')の càak bâan 'leave the house')によって(より中心的な事象参与者としての)起点／通過経路が描写される。それぞれのパタンを表2と表3に示す[12]。

---

[12] 表2～5では，上段に副事象の種類別(使役事象，移動事象，到着事象)が斜体で示され，中段にそれら副事象を表す語の品詞別(動詞，前置詞)が示され，下段に動詞と前置詞の種類別が示されている。動詞の種類名の下に小さく記載されているのは，それらの動詞に続き得る名詞句が表す経路参照物の種類である。

第6章 タイ語の移動表現

表2：起点前置詞／通過経路前置詞を伴う主体移動表現のパタン

副事象	移動							
品詞	動詞					前置詞		
下位類 参照物	様態	経路1 起点	経路2 通過点, 通過経路, 着点			直示 着点	起点	通過経路	着点

表3：起点前置詞／通過経路前置詞を伴わない主体移動表現のパタン

副事象	移動				到着	
品詞	動詞					前置詞
下位類 参照物	様態	経路1 起点	経路2 通過点, 通過経路, 着点	直示 着点	到着 着点	着点

　起点前置詞／通過経路前置詞を含む構文パタン（表2）は移動事象だけで成り立ち，到着事象を含まない（(24)）。到着動詞用法を持つ *thɯ̌ŋ* と *sùu* が使われる際も，必ず着点名詞句を伴って着点前置詞として機能し，起点前置詞句，通過経路前置詞句の後ろに生起する。

　一方，起点前置詞／通過経路前置詞を含まない構文パタン（表3）は，移動事象と到着事象という二つの副事象から成り立つ場合（(24'), (28)）があるほか，移動事象あるいは到着事象という一つの副事象だけで成り立つ場合（(25), (27)は移動事象のみ，(26)は到着事象のみ）もある。このパタンでは到着動詞が本来の移動動詞として機能し到着事象を表す。

　表2と表3に挙げられているのは主体移動表現の主要構成素である動詞と経路前置詞句のみである（位置前置詞句，名詞句，副詞句，文法標識[13]などの生起スロットは省略されている）。いずれの構成素も必須構成素ではなく，生起することが可能な構成素である。ただし，少なくとも一つの移動動詞が生起しなければ，主体移動事象を表すことはできない。

　移動事象を表すのに使われる4種類の移動動詞の連なり「様態動詞，経路1動詞，経路2動詞，直示動詞」がタイ語移動表現の基本単位であり，必ずこの順番で生起する。主体移動表現では，(29)のように，この基本単位が

---

[13] 経路2動詞 *khâw* 'enter', *ʔɔ̀ɔk* 'exit', *khɯ̂n* 'ascend', *loŋ* 'descend' と直示動詞 *pay* 'go', *maa* 'come' はアスペクト標識の機能も持ち，アスペクト標識としての生起頻度も非常に高い。本章では紙幅の関係でアスペクト標識についての分析は割愛する。

複数連なって生起することが珍しくない[14]。

(29) lúk   khûn   dəənthaaŋ   tɔ̀ɔ
[get.up ascend] [travel   continue]

lát lɔ́ʔ   pay   taam   sâak ʔaakhaan
[take.a.short.cut.along.the.side go] along the.ruin.of.building

phàan   thanǒn (…省略)
[pass.over road (…省略)]

「起き上がって，旅をし続け，ビルの廃墟に沿って近道をして行って，(…)道路を通った」　　　(Kessakul 2005: 36-37)[15]

4. 客体移動表現

　客体移動表現には，第2節で挙げた移動の様態を表す形式(様態動詞)，移動の経路を表す形式(経路1動詞，経路2動詞，直示動詞，起点前置詞，通過経路前置詞，着点前置詞)，移動の結果を表す形式(到着動詞，着点前置詞)の他，移動の原因を表す形式(使役動詞)が含まれる。(30)では使役動詞 waaŋ 'place' と経路2動詞 loŋ 'descend' が共起し，(31)では使役動詞 lâak 'drag' と直示動詞 pay 'go' が共起している。

---

[14] Kessakul(2005: 141, 155-156)は，移動の経路が複雑な主体移動事象(複数の中継点や経路参照点を含み，それらの点をつなぎ合わせることによって経路が拡大化した主体移動事象)を Slobin(1996b: 202)に倣って旅程(journey)と呼び，タイ語でそうした旅程事象を表現することが可能であるのは，次のような基本単位の反復スキーマに沿って経路の表現を拡大させていくことが許されているからだと説明する。「[(様態)+(経路1)+(経路2)+(直示)] + [(様態)+(経路1)+(経路2)+(直示)] + … ∞」。丸括弧はその意味要素が非必須であることを意味する。

[15] 移動事象を表す基本単位内の経路2動詞 taam 'follow' の定位置は(直示動詞と共起するときは)必ず直示動詞の前であるが，(29)ではその定位置を外れて基本単位の外に生起し，経路を表す名詞句を伴って通過経路前置詞 taam 'along' として機能している。

(30) khruu waaŋ náŋsɯ̌ɯ loŋ   bon tóʔ
     teacher place book   descend on   desk
「先生は本を持って下ろし(本が)机の上に下りた(＝先生は本を机の上に置いた)」

(31) cháaŋ   lâak suŋ pay
     elephant drag log go
「象は丸太を引きずって行った」

　タイ語には，移動の経路という意味要素を包入する使役動詞(bring などの使役的直示動詞や「落とす」などの使役的経路動詞)はなく，使役の手段(と付帯状況)という意味要素を包入する使役動詞しかない。直示性が特定された使役移動を表すには，ʔaw(〜)maa 'take(〜)come'〈(〜を)持って来る〉や nam(〜)maa 'lead(〜)come'〈(〜を)導いて来る〉のように，使役動詞と直示動詞を組み合わせる。経路が特定された使役移動を表すには，tèʔ(〜)tòk 'kick(〜)fall off'〈(〜を)蹴って(〜が)落ちる〉や yók(〜)khûn 'lift(〜)ascend'〈(〜を)持ち上げて(〜が)上がる〉のように，使役動詞と経路2動詞を組み合わせる。

4.1　移動の原因(使役の手段)を表す動詞

　タイ語の使役動詞は，様態動詞と同様，どの身体部位を使うのかがはっきりしている基本的身体活動を表す動詞が多い。ここでは，典型的な語彙アスペクトの違いによって，継続相を持つ随伴運搬型の使役動詞，達成相を持つ継続操作型の使役動詞，起動相を持つ開始時起動型の使役動詞の3種類に分ける。

　随伴運搬型の使役動詞は，初めから終わりまで力を加え続けなければならない移動事象を表す動詞である。どの身体部位をどのように使うのか，どのように力を加え続けるか，何を運ぶのかなど，細かい弁別的意味素性を持つものが多い(e.g. khǒn 'transport', cuuŋ mɯɯ 'lead someone by hand', nam 'lead', phaa 'guide someone', lâak 'drag')。

　継続操作型の使役動詞は，使役者が(手を動かすなどして)ものを継続的に操作しながらそのものの位置を変化させる事象を表す動詞である。操

作の力加減や移動の方向性を特定するものが多い(e.g. *yók* 'lift', *yìp* 'pick', *waaŋ* 'put, place', *ʔaw* 'take', *sày* 'put in', *dan* 'push', *duŋ* 'pull', *chùt* 'pull', *krachâak* 'jerk')。

　開始時起動型の使役動詞は，一度だけ力を加えて後は惰性に任せる移動事象を表す動詞である。随伴運搬型の使役動詞と同様，どの身体部位をどのように使うのか，どのように力を及ぼすのか，何を動かすのかなど，細かい弁別的意味素性を持つものが多い(e.g. *dìit* 'flick', *tèʔ* 'kick', *dɔ̀ʔ* 'toss, bounce', *phlàk* 'push', *lûan* 'slide', *yoon* 'throw', *khwâaŋ* 'throw', *paa* 'throw')。

4.2　客体移動表現のパタン

タイ語の客体移動表現の具体例を以下に挙げる。

(32)　*phɔ̂ɔ　khǒn　khɔ̌ɔŋ　dəən　troŋ　ʔɔ̀ɔk　pay*
　　　father　transport　thing　walk　be.straight　exit　go
　　　「父は物を運び真っ直ぐ歩いて出て行った」

(33)　*mɔ̌ɔ　ʔaw　phâa chét nâa　ʔɔ̀ɔk　càak　krapǎw*
　　　doctor　take　handkerchief　exit　from　pocket
　　　「医者はハンカチを取って(ハンカチが)ポケットから出た(＝ポケットからハンカチを取り出した)」[16]

(34)　*lûuk chaay　yoon　khayàʔ　càak　chán bon　loŋ*
　　　son　throw　trash　leave　upper.floor　descend
　　　pay　kɔɔŋ pen phuu khǎw
　　　go　pile.in.heaps
　　　「息子はゴミを投げ(ゴミが)上階を離れて下りて行って山のように積み上がった」

タイ語の客体移動表現は，使役動詞の種類(随伴運搬型，継続操作型，開

---

[16] 日本語ではポケットからハンカチを取り出す動作(継続操作)を表す表現に直示動詞を使うことができない(「ポケットからハンカチを取り出して来る」とは言えない)が，タイ語では直示動詞を使えないことはない(「*ʔaw phâa chét nâa ʔɔ̀ɔk maa càak krapǎw*(take + handkerchief + exit + come + from + pocket)」と言えないことはない)。

始時起動型[17])によって構文パタンの制約が異なる。継続操作型以外の使役動詞では，(移動の時間幅を含意する達成相の)経路2動詞あるいは(達成相の読みが可能な)直示動詞との共起が必須である。そうでなければ，使役者によって動かされた移動物の移動を表現することはできない。一方，(それ自身が移動の時間幅を含意する達成相の)継続操作型の使役動詞は，経路2動詞や直示動詞を伴わずとも客体移動を表現できる。移動の最終局面(結果の出来事／付帯変化)を表す到着動詞を直接後続させることもできる((13)，(14))。

客体移動表現の構文パタンは，主体移動表現の構文パタンと同様，起点前置詞／通過経路前置詞を伴うか否かによって二つのパタン(表4と表5)に分かれる。

表4：起点前置詞／通過経路前置詞を伴う客体移動表現のパタン

副事象	使役	移動						
品詞		動詞					前置詞	
下位類 参照物	使役	様態	経路1 起点	経路2 通過点，通過経路，着点		直示 着点	起点	通過経路	着点

表5：起点前置詞／通過経路前置詞を伴わない客体移動表現のパタン

副事象	使役	移動					到着	
品詞		動詞						前置詞
下位類 参照物	使役	様態	経路1 起点	経路2 通過点，通過経路，着点		直示 着点	到着 着点	着点

両構文パタンに挙げられている主要構成素の中で，必ず客体移動表現に生

---

[17] 開始時起動型の客体移動表現には誘発動詞(非現実事態補文標識)hây が挿入されることがある。hây が挿入される箇所は使役動詞の後ろ(e.g. tè? hây man sŭan klàp 'kick + <u>INDUCE</u> + it + pass each other + return')か，移動物を表す名詞句の後ろ(e.g. tè? man <u>hây</u> sŭan klàp 'kick + it + <u>INDUCE</u> + pass each other + return')である。hây を使うと，使役者の目的意識が強調され(e.g. 折り返し戻るように蹴った)，本来的な客体移動表現(使役事象＋移動事象)から逸脱することになる。使役者の行動(使役事象)に焦点が当てられ，移動物の移動(移動事象)はその行動の目的事象(非現実事象)として従属的に表現されるからである。言い換えれば，使役事象が中核事象となって前景化され，移動事象は従属事象となって補文化され背景化される。

起しなければならないのは使役動詞だけであり，その他はすべて非必須の構成素である．起点前置詞／通過経路前置詞を含む構文パタン（表4）は使役事象と移動事象から成り立ち，到着事象を含まない((33))．一方，起点前置詞／通過経路前置詞を含まない構文パタン（表5）は使役事象と移動事象から成り立つ場合((30),(31),(32))もあれば，使役事象，移動事象，到着事象から成り立つ場合((34))もある．

5. 抽象的放射の表現

タイ語では，虚構の空間移動の表現パタンと実際の空間移動の表現パタンには大きな違いが見られない(Takahashi 2001)．抽象的放射であっても，その放射が主体移動であれば（放射物を主語とする移動として捉えれば）主体移動表現の構文パタン（上記の表2，表3）をとり，その放射が客体移動であれば（放射を生じさせる使役者を主語とする使役移動として捉えれば）客体移動表現の構文パタン（上記の表4，表5）をとる．しかし抽象的放射の表現パタンに特有の特徴として以下の2点が挙げられる．1点目は，発声動詞 (e.g. rɔ́ɔŋ 'cry')，視覚動詞 (e.g. mɔɔŋ 'look')，音響動詞 (e.g. daŋ 'be loud, resound') が，使役動詞や様態動詞に代わって抽象的放射の原因や様態を表すことができることである．2点目は，起点前置詞と着点前置詞が共起しないということである．抽象的放射の起点が起点前置詞句によって表されるとき，その抽象的放射の着点は着点前置詞句ではなく到着動詞句によって表される．起点と着点の両方が前置詞句で表されると，経路全体が非時間的に描写される．つまり，「起点を去る，着点に至る」といった動詞句を使った動的描写とは対照的に，「起点から着点まで」といった（時間経過を含まない）静的描写となる．抽象的放射表現では，起点，着点のどちらか一つを非時間的，静的に描写することは許されるが，経路全体を非時間的，静的に描写することは許されない．

5.1 視覚的放射の表現

視覚的放射の表現では視線の動きがあたかも見えるように表現され，視覚者と視覚者の視界にあるものの相対的な位置関係が視線の虚構移動によって

具象化される。視覚的放射の移動物は視線である。自らの目から視線を伸ばす視覚者が，その視線の移動を終始操る使役者である。視線の動きを止めることもできる。視線の先端が，視界にあるもの[18]を参照点として，前後（伸び縮み）上下左右自在に動く。視線の動きは主体移動（(35),(36)）あるいは客体移動（(37)–(39)）として表現される。タイ語では，視線を引き抜く，視線を差し入れる，視線を切り込むなどと表現できることから，視線は真っ直ぐな固体の線として捉えられていることがわかる。視線の移動の着点（視覚者が見ている場所）のイメージは，点，面，何かの側，内空間，外空間，周囲，辺り一帯，ある方向の空間などである。視線が点や面に到着すると捉えられるということは，視線のイメージの実質性が高く，視線の移動のイメージも具体的であることを意味する（Takahashi 2002）。

　タイ語の視覚的放射を表す表現の具体例を以下に挙げる。タイ語では，抽象的放射（視線の伸び縮み）と視焦点の移動（伸ばされた視線の先端部分の位置――視焦点が合っているところ――の変化）を切り離して別々の移動現象として表現するわけではない。そこで本章では，便宜的に，視覚的放射という用語を，視線の全体的な動き（抽象的放射と視焦点の移動が一体化された動き）を意味する用語として使うことにする。つまり，松本（本巻第1章）でいう視覚的放射と視覚的放射方向移動を区別しない。

(35) *sǎay taa　　　mɔɔŋ　pay　taam　mêɛ nám*
　　　line.of.vision　look　go　along　river
　　　「視線は川に沿って見て（伸びて）行った」

(36) *sǎay taa　　　thɔ̂ɔt　pay　sùu　　　　thɔ́ɔŋ fáa*
　　　line.of.vision　stretch　go　arrive.and.stay　sky
　　　「視線は伸びて行って空に到着しそこに止まった」

(37) *yaay　　　thɔ̂ɔt　sǎay taa　　　mɔɔŋ　ɔ̀ɔk　pay　càak hɔ̂ŋ*
　　　grandmother　stretch　line.of.vision　look　exit　go　from　room

---

[18] 視界にあるものは注視しているもの（視線の移動の着点）に限らない。例えば「視線が窓を通り抜けて外に伸びる」の「窓」や「視線が川を越えて対岸へ伸びる，視線が川に沿って下流へ伸びる」の「川」のように，視界の中にあって視線の移動の参照点として言及され得るものは様々な形で存在する。

「祖母は視線を伸ばして見て(視線が伸びて)部屋から出て行った」
(38) luŋ　　kwàat　sǎay taa　　　ʔɔ̀ɔk　pay　khâŋ nɔ̂ɔk
　　　uncle　sweep　line.of.vision　exit　go　outside
「伯父は視線を掃くように移動させ(視線が)外に出て行った(＝伯父は視線をゆっくり動かし外を見た)」
(39) chán　　　mɔɔŋ　taam　　khûn　　pay
　　　PRONOUN　look　follow　ascend　go
「私は見て(視線を送り)(視線が何かに)従って上がって行った」

(35),(37)では視覚動詞 mɔɔŋ 'look' が様態動詞として機能している。しかし視線を表す名詞句が使われれば，(36),(38)で示したように，視覚動詞は必ずしも生起する必要はない。また，(39)の視覚動詞 mɔɔŋ 'look' は使役動詞として機能している。使役動詞として機能する視覚動詞は様態動詞とは共起しない。

5.2　音声的放射の表現

　音声的放射の表現では音の動きがあたかも見えるように表現され，音放出者と聴覚者あるいはその他のものとの相対的な位置関係が音の虚構移動によって具象化される。音声的放射の移動物は音である。意図的にであれ非意図的にであれ音を発生させる人やもの(音放出者)が音を周囲に送り出す使役者である。視覚的放射の使役者である視覚者(継続操作型の使役者)と異なり，音声的放射の使役者である音放出者(開始時起動型の使役者)は音をある方向に向けて放つことはできるが，放った後は音の移動を制御することができない。音は一方向に移動したり，あらゆる方向に拡散したり，何かに当たって跳ね返ったり，元の位置に戻ってきたりする。こぼれ落ちたり，抜け出たりもできる。ただし前にしか進まず，後退することはできない。ある地点に止まることもできず，常に動いている。音は一種の流動体として捉えられているようである。タイ語ではさらに，音が追いかける，音がすれ違うなどと表現でき，音は多少力強さを持っていると考えられている。音の動きは主体移動((40),(41))あるいは客体移動((42),(43))として表現される。聴覚者は音の移動の着点であったり，通過点であったりする。音の移動の着点のイメー

ジは, 誰か, 誰かの耳, 何かの側, 内空間, 外空間, 辺り一帯, ある方向の空間などである. 視線と異なり, 音は(人や人の耳を除き)特定の点や面に到着すると捉えられることはない. 視線のイメージより音のイメージのほうが実質性が低く, そのため音の移動のイメージは視線の移動のイメージよりは具体性に欠けるということである(Takahashi 2002). より具体的にイメージされる視線にはそれ自体の長さ(視覚者と視覚者が見ているものとの間の距離)が考えられるが, より抽象的にイメージされる音には空間的な長さはなく, その代わり時間的な長さが考えられる.

タイ語の音声的放射の表現の具体例を以下に挙げる.

(40) sǐaŋ takoon ʔɔ̀ɔk maa càak hɔ̂ŋ nám
   shout   exit come from bathroom
   「叫び声は浴室から出て来た」

(41) sǐaŋ daŋ maa krathóp hǔu
   sound resound come hit   ear
   「音は大きく響いて(漂って)来て耳に衝突した」

(42) pâa rɔ́ɔŋ dàa loŋ maa càak khâŋ bon
   aunt cry condemn descend come from upper.side
   「伯母は上から叫んで責め(声を送り出し)(声が)下りて来た」

(43) phûan sòŋ sǐaŋ ʔɔ̀ɔk maa
   friend send sound exit come
   「友人は声を送って(声が)出て来た」

(41)の音響動詞 *daŋ* 'resound' は様態動詞として機能し, (42)の発声動詞 *rɔ́ɔŋ* 'cry', *dàa* 'condemn' は使役動詞として機能している. 音を表す名詞句があれば, 音響動詞, 発声動詞は必ずしも必要ないが, 音を表す名詞句がなければ, それらの動詞が必要となる. 先に「単一の移動事象を表す移動表現の中に使役動詞は通常一つしか生起しない」と述べたが(1.2節), 発声動詞を使役動詞として含む場合は(42)のように複数の発声動詞が共起することがある.

6. 移動事象タイプ別の経路概念表現のまとめ

タイ語の移動表現では表6に示すように経路概念が表現される。

表6：移動事象タイプ別の経路概念表現位置（タイ語）

事象のタイプ		表現パタン	動詞句及び前置詞句の連鎖
具体的移動	主体移動		[移動事象 様態V＋経路1V＋経路2V＋直示V] ＋[到着事象 到着V]（＋諸PP）
	客体移動	随伴運搬型	[使役事象 使役V]＋上記の連鎖
		継続操作型	
		開始時起動型	
抽象的放射	主体移動的		[移動事象 様態（視覚・音響）V＋経路1V＋経路2V＋直示V] ＋[到着事象 到着V]（＋諸PP）
	客体移動的		[使役事象 使役（視覚・発声）V]＋上記の連鎖

移動事象の種類にかかわらず、経路関連の動詞が複数共起するときは「経路1動詞、経路2動詞、直示動詞、到着動詞」の語順となり、経路関連の前置詞が複数共起するときは「起点前置詞、通過経路前置詞、着点前置詞」の語順となる。しかしどれも必須構成素ではないため、様々な生起パタンがあり得る。

7. タイ語移動表現の複合性（非統合性）

タイ語移動表現の複合性は、事象構造の因果連鎖の観点から捉えられる。図1は、Croft（1990, 1998）が提示した事象構造の因果連鎖（事象の力学的構造[19]）モデルである。Croft（1998: 47）によると、この事象構造は動詞が表す事象概念の理想認知モデルであり、いかなる言語のいかなる動詞についてもこのモデルを使ってその動詞が表す因果連鎖の形（事象参与者の数と種類お

---

[19] 言語と認知の力学（force dynamics）理論についてはTalmy（1976, 1988, 2000a）を参照されたい。

よび事象枠の幅)を説明できるという[20]。

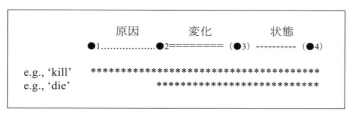

図1：動詞が表す事象の理想認知モデル(事象構造)(Croft 1998)

　下の図2は，タイ語移動表現に含まれる各種類の動詞が表す因果連鎖の形を図式的に表したものである。タイ語移動表現によって表される複合的な移動事象の意味を分析的かつ的確に表示するため，Croft(1998)が提示したモデル(図1)をより精密にした(Takahashi 2009b)。第1に，定義が曖昧な〈変化〉という語彙アスペクト概念を継続相に相当する〈過程〉(e.g. 転がる)と瞬間相に相当する〈変化〉(e.g. 至る)に分割した。第2に，〈原因〉は使役事象，〈過程〉は移動事象，〈変化(＋状態)〉は到着事象と具体的に言い換えた。第3に，使役者，移動物，経路参照物(起点，通過点，通過経路，着点)といった事象参与者は，いずれも名詞句によって明示されない場合があるので，すべて括弧に入れて表示した[21]。

---

[20] 英語の語を例にとれば，以下のとおりである。使役動詞 *kill* が表す事象は二つの事象参与者——使役者(他者に変化を及ぼすもの)(●1)と被使役者(変化を被るもの)(●2, 3, 4)——が関与し，原因，変化，状態という三つの副事象すべてを焦点化する。起動動詞 *die* が表す事象は一つの事象参与者——独立者(自ら変化を経るもの)(●2, 3, 4)——が関与し，変化，状態という二つの副事象を焦点化する。

[21] さらに，過程の終わりの位置に関与する事象参与者(●3)，変化の終わりの位置に関与する事象参与者(●4)，状態の終わりの位置に関与する事象参与者(●5)は，移動物と経路参照物のどちらでもあり得るので，その表示を可能にした。名詞句が生起しない(新たな事象参与者が表現されない)場合はすでに関与している移動物の関与が続き，名詞句が生起する(新たな事象参与者が表現される)場合は経路参照物が新たに関与することになる。

図2：タイ語移動表現の因果連鎖モデル

例として，客体移動表現(6)の事象構造を図3に示す(以下の事象構造を示す図では，簡略化のため前置詞句の表示を省略する)。因果連鎖上，全部あるいは一部重なり合った事象枠を持つ複数の副事象が合わさり，重複的あるいは連結的にまとまりを持った一つの事象構造を形作っていることがわかる。

(6) 　ジョンはボールを①蹴り(ボールが)②転がって③折り返し④入って⑤来て私の前で⑥止まった。

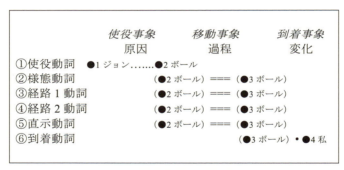

図3：客体移動表現の事象構造の例

①使役動詞(蹴る)は原因(使役事象)を表し，②様態動詞(転がる)，③経路1動詞(折り返す)，④経路2動詞(入る)，⑤直示動詞(来る)は共に過程(移動事象)を表し，⑥到着動詞(止まる)は変化(到着事象)を表している。②～⑥の動詞が表す移動事象および到着事象の参与者である移動物(ボール)が括弧の中に入っているが，それは，①の動詞が表す使役事象の参与者である移動物(ボール)が②～⑥の動詞が表す移動事象と到着事象にも引き続き関与していることを意味している(注21)。すなわち，使役事象に関与している(明示的な)ボールと移動事象および到着事象に関与している(非明示的な)ボールは同一のボールである。

第6章 タイ語の移動表現

　抽象的放射表現の事象構造も図2のモデルを使って表すことができる。音声的客体放射表現(42)の事象構造を図4に示す。

(42)　伯母は上から①叫んで②責め(声を送り出し)(声が)③下りて④来た。

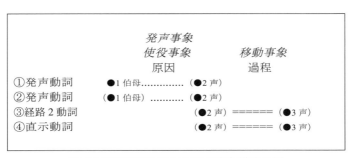

図4：音声的客体放射表現の事象構造の例

　図4では，発声事象(意味を伝えるために声を発すること)と使役事象(音を発生させある方向に送り出すこと)が重なっている。注目すべきは，①〜④の動詞が表す発声事象，使役事象，移動事象のすべてに関与している移動物(声)がいずれも括弧の中に入っていることである。音声的客体放射表現(42)には移動物(声)を表す名詞句は使われていないが，移動物(声)は非明示的なものとしてすべての副事象に関わっている。

　このように，単一の事象構造を形成するのに動詞をいくつ使ってもよいことが，動詞(句)連続言語であるタイ語の最大の特徴である。タイ語話者は動詞(句)連続体を使って様々な事象を非常に柔軟な形で言語化する。移動表現について言えば，使役事象，移動事象，到着事象という三つの副事象を別々の動詞を使って分析的に表現することが可能であり，移動事象は複数の動詞で多面的に描写することも可能である(抽象的放射表現では使役事象も複数の動詞で描写され得る)。また，事象参与者(使役者，移動物，経路参照物)を名詞句によって必ず明示的に表現しなくてはならないわけではない。

8. おわりに

　本章ではタイ語移動表現の様々な特徴を述べてきた。その目立った特徴を

以下に要約する。第1に,タイ語の移動事象表現を構成する語彙には比較的はっきりした役割分担が見られ,直示動詞を除き,意味的な多様性に富む。第2に,タイ語の移動事象表現は非常に融通のきく(伸縮自在な)統語構造を持つ。一つの節の中で異種あるいは同種の複数の動詞が,前述のように意味的あるいは統語的な制約はあるものの,比較的自由に共存できるため(動詞間の競合が少ないため),単一の移動事象を多次元的(重複的／連結的)に表現することが難なくできる。第3に,タイ語では因果連鎖(事象の理想認知モデル)のどの部分に焦点を当てて移動事象を表現してもよい。ただし複数の副事象を焦点化する場合は,それらが隣り合っていることが条件である。タイ語話者はその時々の場面や文脈に適した事象参与者の数と種類,事象枠の幅,各副事象の描写詳細度を選んで移動事象を表現する。

第7章

ドム語の移動表現

千田　俊太郎

1. はじめに

　ドム語はパプア・ニューギニアのシンブー州，グミネ地区とシネシネ地区にわたるドムと呼ばれる一部地域に住む人々の使用することばである。話者は16000ほどと推測される(Tida 2006b)。本章はドム語の移動表現を取り上げその特徴について論じる。本節ではドム語の特徴，特に述語の構造を紹介し，移動表現について概観する。つぎに経路を表す諸形式，主体移動表現，客体移動表現，抽象的放射表現について節を分けて記述し，ドム語の移動表現に見られる特徴がドム語の動詞語根の少なさと関連することを論じる。

　ドム語は五つの母音音素 /i, e, a, o, u/，十三の子音音素 /p, b, m, t, d, n, k, g, s, l, r, w, y/ をもつ。長短の対立は語末の /a/ vs. /a:/ のみにある。/b, d, g/ と /p, t, k/ で音素表記する閉鎖音は前鼻音化有声音 [mb, nd, ŋg] と非前鼻音化無声音 [p, t, k] の対立をなす。多音節語の語末で /e/ は自由に脱落する。子音一つからなる語は単独で発音されるとき /i/ が語末に付加される。許されない子音連続には非音素的な [ɨ] が挿入される。語を領域とするメロディーが語彙的に指定され，高(ˉ)，下降(ˆ)，上昇(_)の三種類が対立する。

　ドム語は主要部後置型言語である。動詞は節の最終要素であり，自動詞文は常にSV，他動詞文はAOVが好まれる。所有者など名詞類が名詞類を修飾するときは主要部に先行する。しかし形容詞類は主要部に後続する。後置詞には共同(ˉbol〈と〉)，道具(ˆpal〈で〉)を表すものなどがあるが，多くの名詞句(主語，目的語，場所，時間)は後置詞なしに文に導入される。ドム語は基本的に主要部標示型の言語(head-marking language)であり，主動詞には主語の人称・数が標示され，分離不可能名詞には所有者の人称・数が標示される。他の文法的特徴として動詞連続，節連鎖，後続節の主語同一性標示

(switch reference)がある。ドム語には動詞語根が 140 ほどしかなく，多くの述語は複合的である。次にドム語の主な複合述語を紹介する。

1.1. ドム語の複合述語

ドム語の主な複合述語には動名詞＋軽動詞の構文と動詞連続がある。どちらも多用される。

(1)はドム語の動名詞＋軽動詞の構文の例である。

(1) a. ˜gl　　　　˜d-　　　〈強い〉
　　　 strong(VN)　(say)-
　　b. ^am　　　˜d-　　　〈座る〉
　　　 sit(VN)　　(say)-
　　c. _pia　　　˜s-　　　〈投げる〉
　　　 throw(VN)　(hit)-
　　d. ^kiul　　　˜s-　　　〈切る〉
　　　 cut(VN)　　(hit)-

動名詞＋軽動詞の構文では，第一要素である動名詞（不変化）が述語全体の意味を決定し，第二要素である軽動詞が人称・時制など動詞の屈折接辞を取る (2a)。動名詞＋軽動詞の構文は全体で語彙項目をなすが，二つの要素の間には否定の要素 ˜ta などが介在することがあり，一語をなすものではないことが分かる (2b)（否定は ˜ta と動詞クリティックの +_k(l)- の両方で表されるが，˜ta は任意である）。

(2) a. ^beke　　　^du-gwe　　　　　　〈折れる〉
　　　 break(VN)　(say)-3SG.IND
　　b. ^beke　　　˜ta　　˜d+(_)kl-gwe　〈折れない〉
　　　 break(VN)　NEG　(say)+NEG-3SG.IND

多用される複合述語に，動詞連続もある[1]。(3)はドム語の動詞連続の例で，この構文を構成する述語が括弧で括ってある。

---

[1] 先に述べた動名詞＋軽動詞の構文とこの動詞連続は異なる構文である。動名詞は変化語形をもたないのに対し，動詞連続の先行要素は動詞の一変化語形である連用形である。本文に論じた通り，否定の ˜ta の出現位置も異なる。

第7章 ドム語の移動表現

(3) ~na a.[~p] ^ain ^i b.[_kukl] c.[_gi ^ba ~d]
    1EXCL go.INF metal DEM hug.INF fast(VN) very (say).INF
    d.[^mol] e.[^kor-ka]
    stay.INF COMPL-1SG.SRD
「私は行って金属（パイプ）をぎゅっと握りしめることになり…」

(3)では，動詞連続をなす要素のうち最後の要素(3e)のみが屈折を取り，それ以外の述語(3a-d)には語尾がない。ドム語では語尾の付かない述語は日本語の連用形にほぼ相当する働きをする。動詞連続には(3c)-(3d)，(3d)-(3e)の連なりのように動詞語根が隣接的で，間に要素が介在しないものと，(3a)-(3b)，(3b)-(3c)の連なりのように動詞語根が非隣接的で動詞以外の要素が介在するものがある。非隣接的動詞連続が起こるのは，後続する動詞の目的語が介在する場合(3a-3b)や，後続する述語が動名詞(＋強調語)＋動詞からなる複合述語である場合(3b-3c)などである。

隣接的動詞連続においては，否定の~taが全体のすぐ手前に置かれる。(4)はその例である。

(4) a. ~de _pa-gwa
       burn(INTR).INF lie-3SG.SRD
       「火がまだついた状態で」
    b. ~ta ~de _pai+(_)k-gwa
       NEG burn(INTR).INF lie+NEG-3SG.SRD
       「火がついた状態ではなくて」

これに対し，非隣接的動詞連続においては，否定の~taが，全体のすぐ手前，あるいは分断された後ろの動詞の手前，あるいはその両方に置かれる。(5)は両方に置かれた例である。

(5) ^gapa _yo-gwal _mo-gwi ^orpl=~d
    ground put/there.be-3SG.LOC grow-3SG.DEM quickly
    ~ta [_mo] [~u] ^bl ~ta [~p+(_)k-gw]
    NEG grow-3.INF come.INF big NEG go+NEG-3SG.IND
    「（その木は）土のあるところで育つと，早く大きくならない」

~taは任意の要素であり，動詞クリティックの+_k(l)-があれば，全く現れ

161

なくても文法的である。この特徴は小詞 ~er(e) 'to' の特徴を考察する際に重要である（3.1.1 節）。

1.2 ドム語の移動表現概観

ドム語の移動表現のタイプは Talmy(1991) の付随要素枠付け型，松本（第1章）の経路主要部外表示型にあたる。しかし，英語やハンガリー語と異なり，移動の様態や使役の手段が主動詞で表現されるわけではない。また，経路の表現の仕方もかなり異なる。

ドム語の移動表現は主体移動表現と客体移動表現で少々異なる様相を呈する。ここでは二つを分けて移動表現を概観する。

様態，経路，直示が現れる主体移動の表現としては(6)が典型的な例である。

(6) ~muku　　 ~d　　　 ~er　　 ~ila　　 ^u-gwe
　　 run(VN)　 (say).INF　 to　　 inside　 come-3SG.IND
　　「(その人は)走って入って来た」

(6)は ~muku ~d〈走り〉~er ~ila〈中に〉^ugwe〈来る〉ことを表す。最初の二語は動名詞＋動詞，次は場所名詞を含む表現，最後に直示動詞となる。全体として，〈走る〉と〈来る〉の二つの述語を含む動詞連続である。最後の直示動詞が移動の事実を表すものと見てよい。

場所名詞は ^ya〈こちら〉などの指示詞で後置修飾されうるので，(7)に見られる通り直示は二重に表現されうる。

(7) ~muku　　 ~d　　　 ~er　　 ~ila　　 ^ya　　　　 ^u-gwe
　　 run(VN)　 (say).INF　 to　　 inside　 right/back.here　 come-3SG.IND
　　「(その人は)走ってこの中に来た」

~ila〈中〉の参照物は，無標の名詞句を前置することで表現されうる。

客体移動の表現において手段，経路，移動の事実が現れる様子は，次の通りである。

(8) _pia　　　 ~s　　　 ~ila　　 ^er-gwe
　　 throw(VN)　 (hit).INF　 inside　 move(tr)-3SG.IND
　　「投げ入れた」

(8)は _pia ~s〈投げ〉~ila〈中(に)〉^er-〈動かした〉ことを表す。最後の動詞

は，着点表現を導入するために必要な客体移動の補助動詞であり，第4節で詳しく論じる。客体移動では直示が動詞に融合された形で表現されることはない。直示の情報が必要であれば次の ˜ila ^ya〈この / こちらの中（に）〉などの指示詞を使用する。

(9)　　_pia　　　˜s　　　˜ila　　^ya　　　　　^er-gwe
　　　throw(VN)　(hit).INF　inside　right/back.here　move(tr)-3SG.IND
　　「（その人は）この中に投げ入れた」

抽象的放射も客体移動と同様の構文を取って表現される。(10)の例，_kan〈見る〉˜ml〈上（に）〉^ip〈上方のあちら〉^er〈動かし〉^kore〈〜てしまって〉に見られる通りで，動詞〈見る〉のあとに補助動詞〈動かす〉を使った方向表現が置かれる。

(10)　　˜na　　_kan　˜ml　　^ip　　　^er　　　　^kor-e
　　　1EXCL　see　up/top　up.there　move(tr).INF　COMPL.CONJ(SS)
　　「私は上を見上げて…」

2. 経路表現

ドム語では，名詞句に関連する機能語に後置詞があるが，着点または接近点を表す名詞句に後置詞がついたりする経路・方向の標示はない。2.1.1節で述べる場所化の =˜la は後置詞だが，着点・起点などの経路局面を標示するのではない[2]。ドム語では場所名詞句が着点や起点などの標示なしに経路の表現として現れる。相対的な位置関係は，参照物を表す名詞に特定の場所名詞が後続することによって表される。そこで，本節では，場所名詞と，場所名詞句として働きうる指示詞に関することがらを主に提示する。

2.1　場所名詞句と空間表現

場所名詞句はつぎのものを含む。

　(11) a.　場所名詞を主要部とする名詞句
　　　 b.　場所化の接語 =˜la のついた名詞句

---

[2] その他，後置詞には ^bol「と（一緒に）」，=˜mere「のごとく」などがあるが，空間表現に使用されるものはない。

c. 指示詞の単独用法
　　　d. 述語が場所を表す語形を取る節
ドム語には異なる語根を使った疑問語に，_nal 'what, which'，_ala 'who'，_aule 'where'，~auna[3] 'when' の四つがあるが，このうち _aule によって質問できるのが場所名詞句である。
　場所名詞句を使ったドム語の空間表現の特徴は，1) 場所名詞が名詞の下位範疇をなす，2) 多くの指示詞が対立し，それらが方向の表現にも使用される，とまとめられる。2.1.1 節では場所名詞について，2.1.2 節では指示詞について論じる。

2.1.1　場所名詞

　ドム語では場所名詞と非場所名詞が文法的に異なり，両グループは名詞の下位範疇をなす。例として，移動動詞 ~p-〈行く〉の着点表現として，場所名詞の地名 ^Kundiawa は裸で現れるが (12a)，非場所名詞の〈コーヒー〉は =~la〈のところ〉によって文法的に場所化されなければならない (12b)。

(12) a.　^Kudiawa　^p-o　　'Go to Kundiawa!'
　　　　 PLN　　　　go-IMP

　　 b.　^kopi=~la　^p-o　　'Go to the coffee garden!'
　　　　 coffee=LOC　go-IMP

ドム語の場所名詞はいくつかに分けてみることができる。ただし形式によっては複数の分類にまたがる用法をもつ。(13) は相対的ではない場所名詞で，さらに分けると，大まかに場所自体を表すもの (13a)，地形の類 (13b)，絶対的な位置を表すもの (13c)，固有名詞 (13d) がある。

(13) a.　^ai〈場所〉, ~ba〈他所〉, ^dm〈宅地〉
　　 b.　~nule〈川〉, ~dmn〈藪，森〉, ^da〈坂〉, ^praa〈山の横腹に沿った道〉, ~mle〈空，上〉, _maune〈地，下〉, ~kul〈峰，頂上〉, ~maule〈平坦な地，盆地〉, ^nol〈公の場〉, ~ila〈家〉, _suna〈町〉, ^taun〈町〉

---

[3] トーンが異なる形式 ~auna もあるが，多くの方言で _auna/ ~auna はあまり一般的ではなく，_nal ^ikn (what time) など複合的な表現で「いつ」の意味が表される。

c. _same〈ワギ河畔〉, ^dmna〈山奥〉, ^gerl〈北部〉, ^bomai〈南部〉, ^kopl〈東部〉, ^kuman〈西部〉, ^bapka〈ワギ河の北〉, ^kune〈ワギ河の南〉

d. _Yaire=(˜)Maule, _O ˜Nule, ^Kolwa ^Kui

次に相対的な空間関係を表すものとして，位置関係(14a)，距離関係(14b)を表すものがあるほか，文脈により指示する方向や場所が確定する，動きの経路に関するもの(14c)がある．

(14) a. ^tep〈(ものの)上〉, ^apl〈(ものの)下，隠れた側〉, ˜ila〈中，内〉, ^mena〈外〉, ˜mle〈上空，上部，上側，高い側，ところ〉, ^yopl〈低い側〉, _maune〈地上，下部，下側〉, _suna〈中心〉, ^bna〈端，岸〉, ~kol〈横，傍ら〉

b. ^mala〈近く〉, ^ekl〈遠く〉

c. ˜kol〈元の位置，別の側〉, ˜ba〈途中〉

以上の形式は，英語などでは場合によって前置詞(in, on, under, up)として訳出されることがあるが，ドム語では日本語などと同じく名詞である．参照物は表現されずに文脈から判断しなければならない場合も多いが，他の名詞を前から修飾させることで示すこともできる．その例が(15)である．

(15) _ike ˜ila 「家の中」
    house inside

地名(13d)が場所名詞に入るため，場所名詞全体は開いた語類であるが，ほかのカテゴリー(13a-c, 14a-c)に関しては以上のリストはかなり網羅的なものである．その他，˜kol〈側〉など一部の場所名詞は，ほぼ常に指示詞との組み合せで現れる．

(16) ˜kol ^ipe 「あちら側(上方)」
    side up.there

(16)は，川の対岸を指す文脈でしばしば使用される表現である．そのことからも分かる通り，˜kol〈側〉はしばしば，英語でoverやacrossを使って訳せる文脈に出てくる(例(34b)も参照)．

2.1.2 指示詞

ドム語には，^i ~ ˜i〈これ，それ，あれ；この，その，あの〉のほか，表1に挙げた語群がひとつの文法的，意味的システムをなす (Tida 2006a, 2006b)。

表1：ドム語の指示詞

	近称	中称	遠称
中立	^ya	_sipi	
上	˜yape	_ipe	^ipe
中	˜yale	_ile	^ile
下	˜yame	_ime	^ime

^i 以外の指示詞，つまり表1に挙げた指示詞は，話し手から見た空間的配置により区別される。これらは，名詞を後ろから修飾して普通の名詞句の中に現れる (17a) ほか[4]，単独で場所名詞句として使用される (17b)。(17b) では着点の位置を表すため，˜er[5] と直示動詞の間に置かれている（下記参照）。

(17) a. ^bola ^ile 「あの豚」
　　　　pig　there

　　 b. ˜er ^ipe ^o-gwe 「（その人は）あそこに上って行った」
　　　　to　up.there　go-3SG.IND

指示詞が述語に後続することがあり，この場合指示詞の指し示す場所は，述語の表す事象が起こる場所である。

(18) ˜er ^o-gwa ^ipe
　　　to　go-3SG.SRD　up.there

　　「（誰かが）移動している。（ほら上の方で）」

これらの指示詞には直示的な機能を失った用法がある。具体的には，近称と中称の対立が，後と前の方向の対立を表すために使用されたり (19a)，上

---

[4] ドム語では名詞類が他の名詞を修飾する場合は前から，形容詞類が他の名詞を修飾する場合は後ろから修飾する。指示詞は後ろから他の名詞を修飾する特徴をもつため形容詞類に分類され，単独で場所名詞句としてはたらく下位類をなす。

[5] ˜er(e) の訳語はかりに 'to' とする。この小詞については 3.1.1 節で記述する。

と下の対立が話し手からの相対位置ではなく，移動物から見た方向を表すために使用される場合がある(19b)。

(19) a. ˄*deklm=˜rae*　˜*ere*　_*ile*　_*ile*　˜*p-re*
earthworm=MUT　to　forth.here　forth.here　go-CONJ(SS)
「蚯蚓は前へ前へと進み」

b. ˜*ere*　{˄*ipe*　/　˄*ime*}　˄*u-o*
to　up.there　down.there　come-IMP
「上って来い / 下って来い」

(19a)は物語の中なので話し手の存在する場所が問題にならない。また(19b)は話し手の方に「来い」と命じる表現であるが着点に遠称指示詞が使用されたものである。どちらも直示用法ではない。

2.2　経路局面など

　ドム語では，名詞関連要素に経路局面(TO, FROM)や接近を表すもの(〈に，から，へ〉の類)はない。ドム語には空間関係の格表示がないので「一般に起点と着点を表す格表示をもたない言語はないと言われ」(松本 1997: 142)ることの反例となる。着点を表す(かに見える)方法として，小詞 ˜*ere*(語形として ˜*er* もある)を使用する表現((19)を参照)，直示述語((12)を参照)と補助動詞 ˄*er-* が関与する表現((8)を参照)がある。しかしどの表現においても着点名詞句は任意の要素でしかないため，その前後に現れる ˜*ere* なども純粋な着点標識ではない。これらについては動詞の種類別に用法が異なるため第3節，第4節で論じるが，ある場所表現が起点表現か着点表現かは，大まかには構文内での位置により決まる。例として，着点の場合，小詞 ˜*ere* の後，直示述語の前，補助動詞 ˄*er-* の前の位置に現れる。〈～の中へ〉〈上へ〉〈こっちへ〉は，相対的場所名詞や指示詞がこれらの特定の位置に起こることで示されるのである。以上をまとめたのが表2である。

表2：経路の諸相と場所名詞句の位置

表現・位置 意味	直示動詞と補助動詞 ^er- の前，小詞の後	左記の位置の相対的場所名詞(14)	左記の位置の指示詞
経路局面（TO）	✓		
経路局面（TO）＋位置関係		✓	
方向		✓	✓
直示的経路			✓

3. 主体移動表現

ドム語の主体移動表現には次の特徴がある。

(20) a. 着点や方向を表す補語を取れる述語は，直示動詞のみである。
b. 移動述語には様態移動述語が多く，経路を取り込んだものは少ない。
c. 着点や起点の表現には動詞が関与する。
d. 移動事象のさまざまな要素を表現するのに動詞連続がよく使用される。

以下，3.1節ではドム語の主体移動の述語について論じる。

3.1 主体移動の述語

この節では最も重要な直示述語について詳しく見たあと，移動様態を表す述語，経路概念を表す述語について論じる。経路表現の導入方法についても述語別に見てゆく。

3.1.1 直示述語

ドム語には主体移動を表す述語として次の直示動詞がある。

(21) ~p-「行く」, ~u-「来る」

〈行く〉を表す語根 ~p- は語形によっては補充法による e, o の形で現れ (22a, b)，未来時称では na の形を取る (22c)。

第7章 ドム語の移動表現

(22) a. ~p-e-ke　　　　　　「私は行く」
　　　　go-1SG.IND

　　b. ~p-o-gwe　　　　　　「彼(女)は行く」
　　　　go-3SG.IND

　　c. ~p-na-gwe　　　　　　「彼(女)は行く(未来)」
　　　　go.FUT-3SG.IND

　~p-〈行く〉と ~u-〈来る〉では前者が意味的に無標であり，~p- には移動一般を表す用法がある。文脈としては，なかなか動かなかったドア，車，岩が〈動いた〉時など，直示的な方向を問題にせず〈動く〉かどうかを表す時に ~p- を〈動く〉の意味で使用できる[6]。

　直示動詞は 1)動詞の直前に着点・方向を導入できる唯一の主体移動述語であり，2)目的を表す特殊な構文をもつ。この二つの点で特別な移動動詞である。

　最初に着点・方向に関してであるが，直示動詞の前に任意に現れる小詞 ~ere が関与するため最初にこの小詞について例を挙げたい。

(23) a. (~ere) ~p-e-ke
　　　　 to　　go-1SG.IND
　　　「私は行く」

　　b. (~ere) ~ila ~p-e-ke
　　　　 to　 inside go-1SG.IND
　　　「私は中に入る / 家に帰る」

(23a)はこの要素 ~ere の直後に動詞が置かれた例，(23b)は ~ere のあとに場所名詞による経路表現をはさんで動詞が置かれた例である。場所名詞には経路局面の標示(〈に〉など)はないが，直示動詞の直前の位置にあることで着点であることが分かる。どちらも ~ere は任意である。動詞として ~u-〈来る〉を使っても以上の点は同じである。

　~ere は通常直示動詞とともに現れるが，直示動詞なしに現れる場合も稀な

---

[6] ~p- と ~u- はともに派生義をもつ。時間が「過ぎた」ことや起点を「離れた」ことを表すのは ~p- である一方，~u- には派生的な意味として出現(「現れる」)の意味がある。これらの用法は直示的意味と無関係ではない。

169

がらある。その場合は着点・方向の導入をするものと見てよい。次の例は着点を表す表現とともに前置詞的に使用されたものである。

(24) ^mal ^ya ~ere _suna ^ip ^ekl ~ta
near right/back.here to centre up.there far NEG
_ye+(_)kl-gwe
be+NEG-3SG.IND
「ここから町までは遠くない」

上の(24)に見られる，直示動詞が共起しない ~ere の例は珍しく，おそらく常に直示動詞を使ったパラフレーズが可能である。この場合も，直示動詞 ~p- の二人称単数・未来・指示形を介在させ，同義の別の表現を作ることができる(25)。

(25) ^mal ^ya ~ere _suna ^ip **^na-gi**
near right/back.here to centre up.there go.FUT-2SG.DEM
^ekl ~ta ye+kl-gwe
far NEG be+NEG-3SG.IND
「ここから町まで（あなたが）行くなら遠くない」

この ~ere を伴った着点表現においては，直示動詞を使った表現，つまり(25)が(24)より好まれる。

(24)でも(25)でも，~ere の存在によってその前に置かれる出発点(^mal ^ya)と後に置かれる着点(_suna ^ip)の意味役割がはっきりとする。その意味で小詞 ~ere は経路局面に関係がある。~ere に後続し直示動詞に先行する位置が，着点や進行方向を表す場所名詞句の置かれる位置である。

ただし，~ere の前が起点表現の置かれるための専用の位置だと見ることはできない。~ere の前には起点表現以外が来ることもある。次の例では前に来る名詞句は出発点ではなく移動の目的となる事象を表す。一般にミサ，ダンス，集会など，出来事を表す名詞句が ~ere に前置されるとき，その名詞句は移動の目的を表す。

(26) ^misa ~ere ^o-pge
mass to go-1PL.IND
「（我々は）ミサ（を見に）行きます」

第7章 ドム語の移動表現

この要素を以下では前置詞と呼ばず小詞 ˜ere と呼ぶ。ドム語には後置詞がいくつかあるが、前置詞はほかにないこと、˜ere はほぼ常に任意の要素であること、名詞句が後続する必要がないこと（例(23a)参照）がその理由である。

˜ere は次の点で非隣接的動詞連続の第一要素と同様の特徴をもつ。つまり否定の ˜ta は ˜ere の直前に現れてもよいし(27a)、直示動詞の直前に現れてもよい(27b)。否定の ˜ta は、˜ere がない場合は直示動詞の直前に現れる(27c)。否定の ˜ta は任意の要素であるため現れない場合もある。

(27) a. ˜ta ˜er ^mala ˜u+(_)k-m ^du-gwe.
    NEG to nearby come+NEG-3SG say-3SG.IND
    「（犬は）近くに来なかったんだって」

  b. ˜er ˜ila ˜ta ˜p+(_)k-gwe
    to inside NEG go+NEG-3SG.IND
    「（その人は）中に入らなかった」

  c. ^gua ^gua ˜ila ^i ˜ta ˜p+(_)k-igwe
    awful awful inside DEM NEG go+NEG-3PL.IND
    「だれでも（家の）中に入れたのではない」

以上、小詞 ˜ere は主に直示動詞とともに現れる任意の要素であり、この小詞の直後、つまり直示動詞の直前に現れる場所名詞句は移動事象の着点、接近点を表す。動詞連続の第一要素と類似した特性をもつことから、通時的には動詞連続から発生した可能性が高い。

次に、直示動詞が主節の述語である場合、移動の目的を表す従属節の述語が特別の語形を取ることがある。以下の例を見てみよう。

(28) a. war-_a-pl ˜d ^u-pke
    wander-FUT-1DU QUOT come-1DU.IND
    「我々二人は遊びに来た（遊ばんとして来た）」

  b. war-_a-pka ^o-pke
    wander-FUT-1DU.SRD go-1DU.IND
    「我々二人は遊びに行く」

(29) a. war-_ai-pl-a ˜p-ill-o
    wander-FUT-2/3DU-PERM go-DU-IMP

「あなたたち二人は遊びに行きなさい」
  b. *war-_al*   *^u-pke*
    wander-IMM come-1DU.IND
   「我々二人は遊びに来た」

(28)と(29)の例は全て，主節の述語が直示動詞で目的の従属節を伴ったものであるが，従属節の述語の形が異なる。(28)の目的の従属節は，直示動詞に特別のものではなく，さまざまな述語に対して使用されるものである。(28a)では目的を表す従属節の述語が「…しようと思って」と思考引用の形式，(28b)では未来時制の従属法を取るが，これらの場合，主節の述語の語幹 *u-* や *o-* を他の動詞語幹にしても文は成立する。一例として(28a)の *u-* を *^konan el-* 'work' にしても，「遊ぶぞと思って(=遊ぶために)仕事をした」の意味で文が成立する。それに対し，(29)の従属節は直示動詞が主節の述語である場合のみ使用される。この目的の従属節の述語には，命令文では許可の従属節標識である動詞語尾 *-a* がつき(29a)，過去の事態を表す文では将然(imminent)の従属節標識である動詞語尾 *-nal* がつく(29b)。

  ~*p-*〈行く〉はこのほか，(30)の例に見られる通り，主に複合述語の中で〈はがれる〉〈落ちる〉といった意味(英語で *off* や *away* の意味)を表す場合がある(千田 2004)。単独でも〈はげ落ちる〉ことを表すことがあるため動詞 ~*p-* の多義の一端と見ることができる。

  (30) *^kuk* *~d*   *~er* *^o-gwe*
     peel (say).INF to go-3SG.IND
    「皮がむけ落ちた」

第4節で見る，客体移動での補助動詞 *^er-* にも似た働きがある(例(59c)を参照)。

3.1.2 移動様態を表す述語

  次の例は主に移動の様態を主たる意味内容とする，自動詞述語である。

  (31) ~*muku ~d-* 'run', _*wan-* 'wander', ^*nl ~kupa ~s-* 'swim', _*pr ~d-* 'fly',
    ~*gop ~d-* 'crawl', _*kik ~s-* 'crawl', ~*ol ~s-* 'jump', ~*yu ~d-* 'glide'

これらの述語では，直前に場所名詞句が現れる場合，着点や起点等の経路で

はなく，移動の起こる，より広い空間を指し示す．

(32) _gal ˜ta _yogo _ma-m _yogo _ne-m
child a and mother-3SG.POSS and father-3SG.POSS

_yogo ^gaten _wan-im ^du-gwe
and garden wander-3PL say-3SG.IND

「男の子とその母親と父親とが畑を巡ったんだとさ」

これらの述語の後ろに直示述語 ˜p-〈行く〉か ˜u-〈来る〉が置かれ，動詞連続を構成することがある．特に移動経路の表現を導入するためにはこの構文を取らなければならない．(33a)は移動様態を表す述語(˜muku ˜d-〈走る〉)の単独使用の例，(33b)は移動様態を表す述語に直示述語が後置された例，(33c)は更に着点を表す場所名詞句が付加された例である．

(33) a. ˜muku ˜d-illo
run(VN) (say)-DU.IMP
「お前たち二人は走れ」

b. [˜muku ˜d] [˜er ^o-gwe]
run(VN) (say).INF to go-3SG.IND
「走って行った(去った)」

c. ^kap=˜rae [˜muku ˜d] ˜er=(˜)la ˜er _mn=(˜)la
animal=MUT run(VN) (say).INF tree=LOC tree shoot=LOC
[^o-m=^ba]
go-3SG=but
「その獣(有袋類)は走って木のところに，梢のところに行ったのだが...」

_pr ˜d-〈飛ぶ〉なら空中，^nl ˜kupa ˜s-〈泳ぐ〉なら水中と，ある程度経路が特定される意味をもつ動詞もあるが，着点表現が導入される際には直示動詞が現れる(34a, b)．

(34) a. _pr ˜d _kamn=(˜)la ^o-gwa
fly(VN) (say).INF sky=LOC go-3SG.SRD
「飛んで空に行ってしまって」

b. ^nl　　~kupa　　~s　　　~er　~p　　~kol　^ipe
　　water　swim(VN)　(hit).INF　to　go.INF　side　up.there

　　~p　　　_kar-ka
　　go.INF　see-1SG.SRD

「泳いで行って対岸に行って見てみたら」

3.1.3　移動経路（方向）を表す述語

　移動の経路(方向)の意味を含む述語に次のものがある。

　(35)　_ya- 'fall', ~dau ~d- 'go down', _mo- 'clamber up'

経路の意味を含む述語は稀で，(35)は全て，経路より様態が主たる意味内容とも取れる動詞である。これらはしばしば不規則性を示す。_ya- と ~dau ~d- は他の移動様態の動詞と異なり直示動詞を後続させた例がない。また _ya- については着点が別の述語との組み合せからなる慣用句によって導入される。~dau ~d- については比喩的に〈謙虚になる〉の意で使用されることが多く，自然な発話における〈降りる〉の用例は調査の限りない。最後に _mo- は山を登るのではなく木や梯子などにすがりついて登る時に使用される。

　(35)の動詞は全て，このままでは着点・接近点の表現を取ることはできないが，_mo- 〈登る〉は直示動詞と共起して，複合述語を作り，着点・接近点の表現を持ち込むことが可能である(36)。

　(36)　_mo　　　~ere　~ml　~p　　　_kan-gwa
　　　　climb.INF　to　up/top　go.INF　see-3SG.SRD

「登って上に行って見たところ」

ドム語には日本語の〈渡る〉〈越える〉〈通る〉に相当する語彙がない。また，着点・方向以外の経路を表すための特別な文法的手段もない。そこで，以下ではさまざまな経路の表現方式を示すことにする。全て動詞と関連する。ドム語では裸の場所表現，あるいは移動や存在事象の表現が連なることにより，起点や他の経路概念が表される。起点を表すのには，~ere の前に場所名詞句を置く場合(37a)や，移動に先立つ行為を描写する述語を補って，連用形(37b)や動詞句並列のための語形(37c)で主節に導入する場合がある。さらに，経由点を表すのに，先行する移動の着点として表現する場合(37d)な

どがある。

(37) a. ˜kol　　_il　　　　˜er　　^ya　　　　　^u-gwa
　　　side　forth.here　to　　right/back.here　come-3SG.SRD
　　　「(彼は)あちら側からこちらに来て…」

　　b. ˜na　　^Kundiawa　_wan　　　　^wi=^ua
　　　1EXCL　PLN　　　　wander.INF　come.1SG.=CF
　　　^du-gwa
　　　say-3SG.SRD
　　　「『私はクンディアワで遊んで来た』と言って…」

　　c. ˜ila　　_pai-re　　　　^u-n-o
　　　inside　lie-CONJ(SS)　come-2SG-PQM
　　　「あなたは家で寝て来たの？」

　　d. ^Nman _Toli　˜u-re　　　　　˜er　^u-gwe
　　　PLN　　　　　come-CONJ(SS)　to　come-3SG.IND
　　　「ニマン・トリに来て(経由して)来た」

以上の方法の複数が組み合せられることもある。次の例は〈行って〉〈アリプにいて〉〈下って来て〉を表す動詞句が〈ここに来た〉に連なる，複雑な移動の経路が盛り込まれた表現である。

(38)　˜Sl　˜p　　　^Alip　^mol-e　　　　˜er　^im
　　　PRN　go.INF　PLN　　stay-CONJ(SS)　to　down.there
　　　˜u　　　　(^)mal　^ya　　　　　^u-gwa
　　　come.INF　near　　right/back.here　come-3SG.SRD
　　　「シルは行ってアリプに滞在したあと，下ってあちらに来，こちらに帰って来た」

(37a)は英語の across を使った表現，(37d)や(38)は through を使った表現に訳出できるが，ドム語では across, through の意味は語用論的にしか認められない。

3.2　まとめ

移動動詞に包入されうる意味要素には，1)様態，2)直示，3)経路がある。

このうち経路を包入した移動動詞はとても少ない。1)〜3) 及び名詞関連要素の組み合せは次の構成素順で起こる。

主体移動

　　動詞〈様態／経路〉＋（小詞＋）場所名詞句〈経路〉＋動詞〈直示経路〉

ドム語は第1節で述べた通り主要部後置型の言語である。以上の移動表現においても，定形動詞，つまり完全に屈折した動詞語形が取れるのは最後の動詞であるから，最後の動詞が主要部であることは明らかである。つまり，ドム語の主体移動表現は，直示経路は主要部表示型，非直示経路は主要部外示型が中心である。

4. 客体移動表現

客体移動の表現において重要な役割を果たすのが補助動詞 ^er- である。この補助動詞は(8)に示した通り，客体移動の述語に後続し，補助動詞としてもはたらく。複合述語の中で移動の事実を表すのが補助動詞 ^er- のみである場合があるため，補助動詞用法の際，訳語として〈動かす (move)〉を仮にあてる。ただし，構文によっては移動の事実を表すのではなく客体移動における着点導入の文法手段と見た方がいい場合もある。複合述語の別要素で移動の事実が示される構文も多いからである。この補助動詞 ^er- の用法は，他の述語との組み合せの用例を挙げる際に順に見ることにして，最後の節でさらに取り上げる。

なお，^er- は本動詞としても〈注ぐ，(筒の)中に入れる，投げる，ふりかける，着る〉などを表す。

ドム語の客体移動においては，随伴運搬型の客体移動の表現がほかと大きく異なるので，最初に随伴運搬型を取り上げる。

4.1　随伴運搬

随伴運搬は直示動詞を含む複合述語によって表現される。随伴運搬の表現のうち最も基本的なものは ˜i-〈持つ，取る〉の連用形 (39a, b)，あるいは動詞句並列の語形 (40a, b) を直示動詞に先行させるものである。これらは疑似客体移動の表現パターンである。

第**7**章
ドム語の移動表現

(39) a. ~i   ~p-   「持って行く」
         take.INF go-

    b. ~i   ~u-   (=~yu-) 「持って来る」
         take.INF come-

(40) a. ~i-re   (~ere) ~p-   「持って行く」
         take-CONJ(SS)   to   go-

    b. ~i-re   (~ere) ~u-   「持って来る」
         take-CONJ(SS)   to   come-

上に示した通り，(40a, b)の形式においては直示動詞に小詞 ~ere を前置させることがしばしばあるが，(39a, b)の形式では ~ere が直示述語に前置された例がない。つまり(39a, b)の形式は他の語句の介在を許さない固い結び付きである。~i ~u- 〈持って来る〉(39b)には融合した形 ~yu- 'fetch' がある。

運搬の手段(担ぎ上げ)を表す述語には次のものがある。

(41) _me- 'carry on head', _kau- 'carry (a log) on shoulder', _kn- 'carry (a bag) on shoulder', _to- 'carry on neck', _yopl- 'fetch kindling', ~au ~s- 'carry (a baby) on back'

(41)の述語は担ぐことや持ち上げることなどを表すものであり，移動の意味はもたない。運搬を表すためにはこれらの動詞のあとに(39)の ~i ~p-/~u- を後置した動詞連続(42a)か，(40)の ~ire ~p-/~u- を後置した複合述語(42b)の形が取られる。

(42) a. _ape   ~au   ~s   ^yu-gwa
         father.1SG.POSS carry.on.back(VN)   (hit).INF fetch-3SG.SRD
        「私の父は(その子を)おぶってきて」

    b. _me   ~i-re   ~ere   ^u-gwa
         carry.on.head.INF take-CONJ(SS) to   come-3SG.SRD
        「(彼女は芋の入った編み鞄を)頭にかけて持って来て」

~ire ~p-/~u- が使用される場合，着点表現に ~ere が先行することがある。(43)では ~ila〈家〉が着点で，その前に ~ere がある。

(43) ^kap ^no   ^s-igwa   _kn   _me
       marsupial hit-3PL.SRD   carry.on.shoulder.INF   carry.on.head.INF

```
        ~i-re              ~ere   ~ila   ~u-re
        take-CONJ(SS)      to     home   come-CONJ(SS)
```
「獣(有袋類)を獲ったのを肩や頭に担いで家に持ち帰り」

随伴を表すには，運搬を表す複合述語(39, 40)の前に _aul〈連れて〉が置かれる(44)。

```
(44)    ^yal   ^kru   ~ta   _aul            ^yu-gwe
        man    white  a     taking.person   fetch-3SG.IND
```
「一人の白人を連れてきた」

_aul〈連れて〉は動詞連続の中にのみ現れ，連用形しかもたない，活用の不完全な動詞と分析しうるものである。

　随伴運搬の表現でも，客体移動の補助動詞 ^er-〈動かす〉によって，着点を導入することができる。特に運搬を表す複合述語のうち結び付きの固い(39a, b)はそのままでは着点・方向表現の置き場所がないため，補助動詞 ^er- をさらに後続させなければ，着点・方向を導入することができない。(45a)は〈連れて行ってタイヤにのせる〉を〈連れる＋持つ＋行く＋タイヤ＋に動かす〉と，(45b)は〈引っ張って持って行き対岸に置いておく〉を〈引く＋持つ＋行く＋向う＋〜に動かす＋置く〉と表現する例である。

```
(45) a. ~na     _aul             ~i        ~p       ^taya=~la
        1EXCL   taking.person    take.INF  go.INF   tyre=LOC
        ^er-ka
        move-1SG.SRD
```
「私は(彼女を)連れて行きタイヤにのせたら...」

```
     b. ~na    ^nl=~la    ^nl ~kupa  ~s          ^gur       ~i
        1EXCL  water=LOC  swim(VN)   (hit).INF   pull.INF   take.INF
        ~p         ~kol   ^ipe       ^er         _pal-e
        go.INF     side   up.there   move.INF    put-CONJ(SS)
```
「私は水中を泳ぎながら引っ張って持って行き，対岸に置いておいて...」

随伴運搬の表現に補助動詞 ^er-〈動かす〉がなければ，移動後に使役者が移動物とともに着点に存在すると解釈できるが，補助動詞 ^er- を使った表現

においては，その解釈ができない。典型的には移動を引き起こした者が着点にとどまらなかったこと，つまり移動物を置き去りにしたことが含意される。

4.2 継続操作型と開始時起動型の客体移動

以下，使われる動詞ごとに解説する。

4.2.1 設置・接着を表す述語

設置・接着を表す他動詞述語に次のもの(46)がある。

(46) _pal- 'put, attach', _ye- 'put ... on ...', ^er- 'put (fluid) in', ˜s da- 'affix'

(47)は，設置・接着を表す他動詞述語が着点を取った例である。

(47)　^gol-gwa　　　^yu-pga　　　˜ila　　_pal-pge
　　　die-3SG.SRD　fetch-1PL.SRD　inside　put-1PL.IND

「(その人が)死んだのを我々は運んできて屋内に安置した」

着点を取れる他動詞述語は，以上の設置・接着を表すものだけである。

設置・接着の述語同士の組み合せに _ye _pal- 〈取って置く〉，_ye X ^er- 〈X に寄せて置く〉があるほか，_pal- はさまざまな設置表現にも現れる。

4.2.2 経路・方向を表す述語

経路や方向を意味に含む他動詞述語は少ない。次に示す通り，ちょっとした姿勢の変化を表すものや，それ自体複雑な構造をもつ慣用句的なものである。

(48) a.　_au　　　˜kul　　　　˜d-　　　「持ち上げる」
　　　　hold.INF　raise(VN)　(say)-

　　 b.　_au　　　˜ma　　　　　˜d-　　　「前屈させる」
　　　　hold.INF　bend.down(VN)　(say)-

4.2.3 使役手段を表す述語

その他，場所に関連する他動詞述語には，移動を引き起こす手段を表すものがある。(49),(50)にその例を挙げる。これらには開始時起動型の客体移動を表すものもあれば，継続操作型の客体移動を表すものもある。

(49) 　_pia ˜s- 'throw, swing', ˜nu ˜s- 'push', ^gur- 'pull'

(50) 　_dl- 'pull out (plants)', _pl- 'pull out (plants)', ^pol- 'pull out (banana shoots, testicles)', _gor- 'pull out'

上の他動詞述語は着点や起点を表す名詞句を項として取ることはできないし，場所名詞句と共起した例は見られない。また，これらはあくまで移動を引き起こしうる事象を表すのであり，結果として移動事象が起こったことを必ずしも含意しない。(49)と(50)では複合述語をなす際の様子が若干異なる。(49)の場合，後ろに補助動詞 ^er-〈動かす〉を伴った複合述語は開始時起動型の客体移動を表す。複合述語の中の要素は使役手段動詞，着点・方向，補助動詞 ^er- の順にならぶ。次の例では〈投げて＋下＋動かす〉(51a)，〈手に持って＋ひっくり返してちらかし＋下＋動かす〉(51b)となる。

(51) a. 　^pipia　　　[_pia　　　˜s]　　　_maune
　　　　 rubbish　　throw(VN)　(hit).INF　below
　　　　 [^er-a-igw+^i=^we]
　　　　 move-FUT-3PL+DEM=ENC.WE
　　　　 「ごみを地面に投げ落としたら」

　　b. 　^gal　　　 ^bin　　 _au　　　 ^mol　　　　　　[_au]
　　　　 string.bag　bottom　hold.INF　stay.CONJ(SS)　hold.INF
　　　　 [˜garu　　　 ˜d]　　　　 _maun　[^er-gwa]
　　　　 scatter(VN)　(say).INF　below　 move-3SG.SRD
　　　　 「編み鞄の底を持っておいて手でひっくり返し地面に散らばらせた」

使役手段を表す動詞が着点表現を取るためには，上の例に見られる補助動詞 ^er- を使用しなければならない。

　一方，(50)の動詞の場合は，^er- を用いても着点・方向表現は取らない。(52)の場合，^er- の付加により，〈取り除く〉の意が少々補足されるだけである。

(52)　_kaula=(~)rae　　_gor　　　　^er　　　　^kor
　　　centre.post=MUT　pull.out.INF　move.INF　COMPL.INF
「(彼は)大黒柱を引き抜いてしまって」

　起点を表す特別な形式はないが，先行する節の中の場所表現など文脈から起点が明らかになることが多い．(53)では ^tep〈(車の)上〉が起点である．

(53)　~u　　　　^tep　　~p-re　　　　~Ella _Naure　^gur
　　　come.INF　top　　go-CONJ(SS)　tribe.name　　pull.INF
　　　_pia　　　　~s　　　　　_maun　　^er-e
　　　throw(VN)　(hit).INF　below　　move-CONJ(SS)
「(トラックの荷台の)上に登り，エラ・ナウレ族の男を引きずり投げ落として」

4.3　補助動詞 ^er-

　補助動詞 ^er- を使った表現は概ね意味的に透明で生産性が高い．補助動詞 ^er- があれば，先行する他動述語の種類に関係なく客体移動的な意味をもつ複合述語が作られる(54)．

(54) a.　_au　　　　^ipe　　　^er-　　「手に持って上にあげる」
　　　　 hold.INF　up.there　move
　　 b.　~ne　　　^apl　　　　　^er-　　「食べて飲み込む」
　　　　 eat.INF　invisible.side　move

継続操作を表す場合，英語では take (out) / put (in) の対立があるが，このような対立は場所名詞句を置くことで示され，動詞は同じである．

(55) a.　~i　　　　^mena　　　　^er-　　「出す」
　　　　 take.INF　outside　　　move
　　 b.　~i　　　　^apl　　　　　^er-　　「入れる，しまう」
　　　　 take.INF　invisible.side　move

　ドム社会にかなり新しく導入された物質文化に関連する事象の描写にも補助動詞 ^er- を使った表現がよく現れる．次は〈手紙を書き送る〉を〈書く〉+〈動かす〉(56a)，〈録音する〉を〈話す〉+〈中〉+〈動かす〉(56b)などと表現した例である．

(56) a.　^bol　　^er-　　　　　「手紙を書いて送る」
　　　　 write　move

　　 b.　˜d　　˜ila　^er-　　　「話して中に入れる」
　　　　 say.INF　inside　move

　補助動詞 ^er- は授与を表す動詞 ˜te-〈やる / くれる〉と共起する例も多い。意味的に透明に，渡す相手の位置関係を表現に盛り込むもの (57a)，渡す相手がもとの所有者であって譲渡の経緯から〈返す〉と表現するもの (57b) のほか，意味的に不透明な慣用句 (˜te X ^er-〈X に行く / 来る〉) がある (57c)。

(57) a.　˜na　　(^)paip　^silin　[˜te]　　^ip　　　[^er-ke]
　　　　 1EXCL　5　　　shilling　give.INF　up.there　move-1SG.IND
　　　　「私は 50 トイアをあげた」(受取人の手が上方に位置)

　　 b.　˜na　　_kepa　　^komna　_ar-iki=(˜)rae
　　　　 1EXCL　sweet.potato　vegetable　pick.up-1SG.DEM=MUT
　　　　 ^kui　　[˜i]　　[˜p]　　[˜te]　　˜kol　　[^er]
　　　　 again　take.INF　go.INF　give.INF　back　move.INF
　　　　 [^kor-i=^ua].
　　　　 COMPL-1SG=CF
　　　　「私は食べ物を拾ったのを持って行って返してあげてしまった」

　　 c.　˜te　　˜ila　　˜i　　^er-e
　　　　 give.INF　inside　DEM　move-CONJ (SS)
　　　　「この内部に入り込み」

　自動詞と補助動詞 ^er- が共起する例がある。この場合，^er- は〈動かす〉ではなく〈動く〉である。これが可能になる条件はまだよく分からないが，〈居る〉＋〈動く〉の複合述語が〈少し動く (ずれる)〉を示したり (58a)，〈ある〉＋〈動く〉が主観的移動表現〈こちらに迫りつつある〉として働いたりする (58b) など，存在動詞と共に使用されるものが多い。

(58) a.　[^mol]　_suna　[^er-o]
　　　　 stay.INF　centre　move-IMP
　　　　「少し中の方にずれなさい」

b. (^)pawa ^pos _pai ^mala ^er-gwa
telegraph.pole lie.INF nearby move-3SG.SRD

~yape
right/back.up.here

「電柱が近くに迫りつつあるではないか！」

　最後に，~p-〈行く〉と同様，補助動詞 ^er- が着点表現を欠く場合，対象を起点から離すこと（英語の *off* や *away* の意味）を表す。次の例文は構文 V X ^er- の X の位置が空で，取り除くこと，つまり対象を元の場所から離すことを意味するものである。

(59) a. ~i　　　　^er-　　（=^yer-）
take.INF move

「取り去る，取り除く」

b. ^yal ~ta ^mol [^katm ~s]
man a stay.CONJ(SS) cut (hit).INF

[^er-a-l=^ua] ^du-gwe
move-FUT-1SG=CF say-3SG.IND

「男がそこで『（膿んだ所を）切り取ってやる』と言った」

c. _au ^kuk ~d ^er-ke
hold.INF peel.off (say).INF move-1SG.IND

「私は手で（皮を）向いた」

この用法も生産的であり，先行する述語は必ずしも移動述語でなくてもよく，取り除く意味とマッチするものなら ^er- が後続して全体で移動の複合述語を作る。

(60) a. _kr ~d ^er-
wipe(VN) (say).INF move

「拭き取る」

b. ~s ^er-
hit.INF move

「打って取り除く（追っ払ったり振り払ったりする）」

4.4 まとめ

客体移動の種類として 1)随伴運搬型，2)継続操作型，3)開始時起動型がある。客体移動表現で重要なのは補助動詞 ^er- で，最も頻繁に現れる要素だと言ってよい。また，多くの客体移動表現にとって，着点・方向の導入に必要とされる要素でもある。随伴運搬を表す表現には必ず ~i-〈take〉と直示動詞が関ることにも注意しなければならない。

動詞と経路との組み合せは次の構成素順で起こる。

随伴運搬型 I

動詞〈Carry〉+動詞〈Take〉+（小詞）+場所名詞句〈経路〉
+動詞〈直示経路〉

随伴運搬型 II

動詞〈Carry〉+動詞〈Take〉+動詞〈直示経路〉
+場所名詞句〈経路〉+補助動詞〈客体移動〉

継続操作型

場所名詞句〈経路〉+動詞〈Put〉

開始時起動型

動詞〈Throw〉+場所名詞句〈経路〉+補助動詞〈客体移動〉

つまり，ドム語の客体移動表現では，擬似的客体移動表現の場合(**随伴運搬型 I**)を除いて，直示経路も非直示経路も主要部外表示型である。

5. 抽象的放射表現

抽象的放射の表現にも補助動詞 ^er- が現れる。知覚動詞，発話動詞と補助動詞 ^er- が共起する場合，導入される場所名詞句は知覚の対象，発話の相手の方向を反映する。

(61) a. _kan   ^ip   ^er-pga   「我々が見上げたところ」
        see.INF   up.there   move-1PL.SRD

    b. ~d   ~kol   ^er-   「返答する，言葉を返す」
        say.INF   back   move

^pl-〈知覚する，思考する，覚える〉を使った次の表現も慣用句的ながら意味的構成性をほぼ保ったものである。

(62) ^pl   _suna   ^er-   「覚える」
     perceive.INF centre move

ただし，(61b) の動詞 ~d-〈話す〉に ^er-〈動かす〉が後続する場合は，全体が〈命じて行かせる〉の意味もあり，構文は両義的である．次は〈命じて行かせる〉意で使用された例である．

(63) ^bola ^i   ~gwema ~d   ^er-gwa   ^o-gwe
     pig   DEM first   say.INF move-3SG.SRD   go-3SG.SRD
     「豚を初めに派遣したところ（豚は）行った」

上の例にも見られるが〈命じて行かせる〉意では ~d- と ^er- の間に着点・方向表現が現れないのが通常で，方向が現れるもの（例(61b) の ~kol）は〈命じて行かせる〉意はない．

以上を他の移動表現にならってまとめたのが次である．

抽象的放射

　　動詞〈知覚／発話〉＋場所名詞句〈経路〉＋補助動詞〈客体移動〉

6. まとめ

ドム語の移動表現において，経路，様態・手段，移動の事実は，次に示した要素によって表される．

(64) a.　経路（直示）：　指示詞，直示動詞
　　 b.　経路（直示以外）：　特定の位置における場所名詞句
　　 c.　様態・手段：　語彙的述語（動詞，動名詞＋動詞，動詞連続）
　　 d.　移動の事実：　直示移動動詞（主体移動），補助動詞
　　　　　　　　　　　^er-（使役移動，抽象的放射）

直示経路，非直示経路が表される場合，一つの移動事象に関する文の中での位置は次の通りにまとめられる．ただし，ドム語ではいくつもの移動事象が連ねられうるし，他の述語とも複雑な動詞連続を構成しうるので下の表はあくまで目安である．

表3：移動事象表現タイプ別の経路概念の表現位置（ドム語）

移動事象表現タイプ		経路概念のタイプ	非直示的	直示的
具体的移動	主体移動		主要部以外	主要部
	客体移動	随伴運搬型	主要部以外	主要部／主要部以外
		継続操作型	主要部以外	主要部以外
		開始時起動型	主要部以外	主要部以外
抽象的移動	抽象的放射		主要部以外	主要部以外

　ドム語では，主体移動については，着点を導入する場合には直示が主要部に置かれる。客体移動と抽象的放射においては，直示動詞の代わりに，意味が希薄な客体移動の補助動詞が用いられる。

　ドム語の経路表現は，着点・方向とその他に分けて見なければならない。着点と方向は，述語に関連した，着点・方向を表現するための一定の位置がある。着点・方向を表す構文は直示動詞を含む場合と含まない場合で異なる。直示動詞を含む構文では小詞 ~ere と直示動詞の間に着点・方向を表す形式が現れ，継続操作型使役移動では継続操作動詞の直前に，それ以外では補助動詞 ^er- の直前に着点・方向を表す形式が現れる。つまり 1) 直示動詞，2) 継続操作動詞，3) 補助動詞 ^er- がなければ着点句の導入はできない。着点・方向以外はそもそも一定の手段によって表現されることがない。

　ドム語の移動表現を見ると，複数の意味要素が一つの語彙に包入されるパターンが他の言語に比べ少ないこと，純粋な経路局面標示がないことが特徴的である。そのこととも関連するが，一つの文に多くの動詞が現れることも目につく。ドム語には動詞語根が 140 ほどしかない。パプア諸語やオーストラリア原住民諸語には動詞語根の数の少ない言語が多く報告され，Kalam などは動詞語根の少なさと複合述語による表現方式との関連について興味深い指摘もある（Pawley 2006）。ドム語の移動表現に見られる特徴も，言語類型上，動詞語根の少なさと相関を示すものではないか。

第7章 ドム語の移動表現

略語一覧

1: 一人称，2: 二人称，3: 三人称，DU: 双数，COMPL: 完了，CONJ: 連言法，
CF: 節末，EXCL: 除外形，FUT: 未来，DEM: 指示詞，IMM: 将然，IMP: 命令法，
IND: 直説法，INF: 連用形，LOC: 場所化，MUT: 共有知識，NEG: 否定，
PERM: 許可法，PL: 複数，PLN: 地名，POSS: 所有者，PRN: 人名，QUOT: 引用標識，
PQM: 肯否疑問，SG: 単数，SRD: 従属法，SS: 同主語，VN: 動名詞

第8章
イタリア語の移動表現

吉成　祐子

1.　はじめに

　イタリア語は，スペイン語・フランス語・ポルトガル語・ルーマニア語などに代表されるロマンス語系に属し，動詞枠付け言語のひとつとみなされてきた(Talmy 1985, 1991, 2000)。動詞枠付け言語とは，移動の方向や経路位置関係が動詞に包入され，移動の様態は付随要素によって表されるものである。これが正しければ，イタリア語は松本(本巻第1章)の分類で言う経路主要部表示型言語になるはずである。たしかにイタリア語は主体移動の表現において移動の経路要素を主要部である動詞で表す特徴を持つが，同じ動詞枠付け言語である日本語よりも様態動詞の数が多く(Wienold & Schwarze 2002)，英語などのゲルマン系言語のように主要部以外の要素によって経路を表すことも多い。さらに客体移動や抽象的放射の表現においては，主要部以外で経路概念を表すことが基本パターンとなっている。つまり，イタリア語は純粋な経路主要部表示型言語ではないといえる。本章では，イタリア語の移動関連事象を検証することにより，混合型といえるイタリア語の移動表現の特徴を明らかにする。

1.1　言語の特徴

　イタリア語は基本的に SVO 言語であり，前置詞言語である(ただし，主語人称代名詞が省略されたり，補語人称代名詞が動詞の前に置かれることがある)。ここでは，本章の課題に関わるイタリア語の特徴をいくつかあげておく。本章の中で注意すべきものに冠詞前置詞がある。前置詞である *a* 'at/to'，*da* 'from'，*di* 'of'，*in* 'in/into'，*su* 'on' の五つが，それに続く定冠詞と融合して一つの語となる。例えば，〈テーブルに〉という意味を表すイタ

リア語 *sul tavolo* 'on the table' の *sul* は，前置詞 *su* と定冠詞（男性単数）*il* が結合したものである。(1)では，前置詞 *a* と定冠詞（女性単数）*la* が結合した *alla* が用いられている。

(1) *Il treno é arrivato alla stazione.*
  the train is arrived at.the station
  「電車が駅に着いた。」

イタリア語の話法や時制には様々なものがあるが，客観的な過去の事実を表すものには直説法近過去が用いられる。近過去は助動詞の現在形と動詞の過去分詞形の組み合わせで表される。助動詞には英語の *have* に相当する *avere* と，*be* 動詞に相当する *essere* があり，動詞によってそれぞれの助動詞が選択される（(1)では *essere* の活用形 *é* が用いられている）。*avere* は原則的に他動詞，*essere* は移動や存在・状態，変化の自動詞に用いられる。また(1)のように助動詞 *essere* が用いられる場合は，過去分詞の語尾が主語の性・数に一致する。(1)の *il treno*（電車：男性単数名詞）では *arrivato* が用いられるが，*la metropolitana*（地下鉄：女性単数名詞）では *arrivata* となる。

1.2 移動表現の全体的特徴

イタリア語の移動表現に関わる要素には，動詞，前置詞，副詞がある。代表的な例文として主体移動(2)，客体移動(3)，抽象的放射(4)の表現をあげるが，イタリア語では主体移動の表現と客体移動・抽象的放射移動の表現で異なるパターンが見られる。

(2) *Gianni é entrato in casa camminando.*
  John is moved.in into house walking
  「ジョンは歩いて部屋に入った。」

(3) *Gianni ha lanciato la palla nella scatola.*
  John has thrown the ball into.the box
  「ジョンは箱にボールを投げた。」

(4) *Gianni ha guardato nel buco.*
  John has looked into.the hole
  「ジョンは穴をのぞいた。」

第8章 イタリア語の移動表現

　(2)のようなイタリア語の主体移動の基本的なパターンでは，移動の経路は主要部の動詞で表され，移動の様態は主要部以外の要素である分詞形 gerundio によって表される。イタリア語が動詞枠付け言語あるいは経路主要部表示型言語に分類されるのはこのためである。ただし(2)で，経路は主要部以外の要素である前置詞 in でも表されている。経路の表現は文中の複数の位置に起こることが指摘されているが(Sinha & Kuteva 1995)，イタリア語でも主要部の経路動詞と主要部以外の要素である副詞や前置詞句とに経路概念の複数表示がみられる。しかし，後述するように，主要部の経路情報が優勢であることから，主体移動表現に関してはイタリア語が経路主要部表示型言語であることに変わりないと考えられる。

　一方，客体移動(3)や抽象的放射(4)の表現では，経路概念は主要部以外の要素である前置詞でのみ表される。つまり，英語やスウェーデン語といったゲルマン系言語のように，主要部以外で経路概念を表す経路主要部外表示型言語の特徴がみられるということである。このように移動事象を全般的にみると，イタリア語は混合型の言語であるといえる。

　また，ダイクシスを含めた表現は以下のとおりである。

(5) a. *Gianni é venuto su per le scale correndo.*
　　　　John　is come　up through the stairs running
　　　「ジョンは走って階段を上がってきた。」

　b. *Gianni é salito per le scale correndo verso di me.*
　　　John is moved.up through the stairs running toward of me
　　「ジョンは走って私のほうへ階段を上がった。」

(6) *Gianni mi ha lanciato (su) la palla.*
　　John me has thrown (up) the ball
　　「ジョンは私にボールを投げ上げた。」

(7) *Gianni mi ha guardato (su).*
　　John me has looked (up)
　　「ジョンは私のほうを見上げた。」

主体移動表現(5)の場合，ダイクシスは主要部で表されるか(5a)，前置詞句で表される(5b)が，主要部でダイクシスを表すほうが自然な表現である。

191

また，客体移動表現(6)や視覚的放射表現(7)でダイクシスを表す場合は与格代名詞によって表されるのが自然である。

2. 移動事象表現タイプに共通して使われる経路表現

経路を表すものとして，例文(2)～(4)では前置詞 *in* が，例文(5)～(7)では副詞 *su* が共通して用いられていた。このように3種類の移動事象表現(主体移動表現・客体移動表現・抽象的放射表現)に共通して用いられる経路表現には以下のようなものがある。

2.1　名詞関連要素：前置詞

前置詞には，前置詞としてだけ使用される本質的前置詞 (*a* 'at', *da* 'from', *con* 'with' など)，副詞や形容詞，分詞などから転用された非本質的前置詞 (*dietro* 'behind', *fuori* 'out', *dentro* 'in' など) がある。さらに，《副詞＋前置詞》(*vicino a* 'near') のように，一つの語群が一つの前置詞に相当する働きを持つ，句前置詞がある (cf. 坂本 1979)[1]。

経路局面を含む前置詞には，(8)のようなものがある。

(8) a.　TO: *a* 'to', *fino* 'as far as', *da* 'to the place of'
　　 b.　FROM: *da* 'from', *di* 'from'
　　 c.　VIA: *lungo* 'along', *per* 'through', *attraverso* 'through/across',
　　　　　　　da 'through', *attorno/intorno a* 'around'

前置詞 *da* はいくつかの異なった経路局面を表すが，基本的には FROM を意味する。*da* の後ろに人名や職業などが続く時のみ〈～がいる場所へ〉という TO の意味を表す。また方向性を表す前置詞には(9)のようなものがある。

(9)　　TOWARD: *verso* 'toward', *per* 'toward', *incontro* 'toward'

イタリア語では，位置関係を表す前置詞(下線)で着点の意味を表すことができる。ただし，共起する動詞に制約がみられる。

(10) a.　*Gianni é { entrato / andato } <u>in</u> casa.*
　　　　　 John is { moved.in / gone } into house

---

[1] 坂本(1979)では，これらを前置詞句と呼んでいるが，前置詞＋目的語の意味での前置詞句と混同するため，坂本の名称は用いない。

「ジョンは家に入った。」

b. *Gianni ha camminato in casa.*
John has walked in house
「*ジョンは家に歩いて入った。」
「ジョンは家(の中)で歩いた。」

(10)で〈家に〉という着点を表す経路概念としての読みができるのは，経路動詞や直示動詞などと共起した場合(10a)で，*camminare* 'walk' などの一部の様態動詞との共起(10b)では，〈家(の中)で歩いた〉という位置の読みしかできない(詳細は後述)。このように，位置を表す前置詞が TO の意味を含む場合には，共起する動詞に制約がみられる。これは，先の(8)や(9)にあげた前置詞に動詞の制限がないのと対照的である。

本来，位置を表す前置詞で，位置関係と経路局面を合わせて表すことができる経路前置詞は表1にまとめられる。FROM と位置関係を合わせて表すのは *da fuori* くらいで，その他は表現そのものがない。TO の意味を含むものも FROM の意味を含むものも，共起する動詞に制限がある。

表1：本来位置を表す経路前置詞(イタリア語)

経路局面＼位置関係	IN	OUT	ON	OVER	UNDER	IN FRONT	BEHIND
TO	*in / dentro*	*fuori*	*su / sopra*	*sopra*	*sotto*	*avanti*	*dietro*
FROM		*da fuori*					

ここで見たすべての前置詞は，客体移動や抽象的放射の表現にも，経路局面の意味を含んで使用される。その場合，主体移動表現にみられるような動詞の制約はない。

2.2　動詞関連要素：副詞

副詞は形態上，いわゆる副詞と句副詞に分類される。句副詞とは2語以上から成る語群で副詞の働きをするものをいう。*di corsa* 〈走って〉，*da vicino* 〈近くから〉などのように，前置詞と他の品詞が結びついてできることが多

い (cf. 坂本 1979)[2]。

副詞(下線)は訳で示したような経路概念を表す。

(11) a. Gianni è andato { <u>dentro / giú</u> }.
John is gone { inside / down }
「ジョンは {中に入った／下へ降りた}。」

b. Gianni è entrato <u>qui</u>.
John is moved.in to.here
「ジョンはここへ入った。」

(11a)は経路局面＋位置関係や方向を，(11b)はダイクシスを表す副詞の例である。主体移動表現の場合，前置詞同様，動詞との共起制限がみられる。

(12) Gianni ha camminato <u>dentro</u>.
John has walked inside
「*ジョンは中に歩いて入った。」
「ジョンは中で歩いた。」

副詞 dentro が〈中に〉という着点の経路概念としての読みができるのは，(11a)のように直示動詞や経路動詞と共起した場合で，camminare のような一部の様態動詞と共起した場合(12)は，〈中で歩いた〉という位置の読みしかできない。つまり，前置詞と同様に，位置を表す副詞が経路を表す際には共起する動詞に制約がみられる。

経路局面と参照物との位置関係を表す副詞は表2にまとめられる。

表2：経路局面＋位置関係を表す副詞(イタリア語)

経路局面 \ 位置関係	INSIDE	OUTSIDE
TO	dentro	fuori
FROM	da dentro	da fuori

同様に，方向(方向性＋基準位置)を表すものと，ダイクシス(経路局面＋直示的基準位置)を表すものがあり，それぞれ表3と表4にまとめられる。なお，AWAY-FROM＋基準位置を表すもの，FROM＋直示的基準位置を表す

---

[2] 坂本(1979)ではこれを副詞句と呼んでいるが，坂本の名称は用いない。

表現に該当するものはない。

表3：方向を表す副詞（イタリア語）

方向性 \ 基準位置	ABOVE	BELOW	IN FRONT	BEHIND
TOWARD	su / sopra	giú / sotto	davanti / avanti	dietro / indietro

表4：ダイクシスを表す副詞（イタリア語）

経路局面 \ 基準位置	HERE	THERE
TO	qui / qua	lí / la

また，経路概念に関わるその他の複合的副詞として(13)があげられる。これらは，経路局面と位置関係に加えて，直示的位置も含む。

(13)　qua dentro〈中のここに〉, quassù〈上のここに〉,
　　　quaggiù〈下のここに〉, lassù〈上のあそこに〉,
　　　laggiù〈下のあそこに〉, qua attorno〈ここあたりに〉,
　　　la attorno〈あそこあたりに〉

このほか，via 'away' が，参照物から離れていくことを表す。

以上，ここでみたすべての副詞は，客体移動や抽象的放射においても，経路概念を表す表現として使用される。その場合は，前置詞同様，主体移動表現で見られたような制約はない[3]。

2.3　まとめ

移動事象表現タイプに共通して用いられる主要部以外の経路表現の要素は，表5のようにまとめられる。ただし，主体移動表現の場合は一部の動詞との共起制限があることに注意されたい。

---

[3] via 'away' は主体移動，客体移動にのみ用いられる。

表5：移動事象表現タイプに共通して用いられる経路表現（イタリア語）

意味＼形式	動詞関連要素	名詞関連要素
	副詞	前置詞
経路局面(e.g. TO)		✓(例8)(例9)
経路局面＋位置関係(e.g. TO IN)	✓(表2)	✓(表1)
方向(e.g. TOWARD ABOVE)	✓(表3)	
直示的経路(e.g. TO HERE)	✓(表4)	

3. 主体移動の表現

次に，主体移動の表現について見ていこう。

3.1 動詞のリスト

経路概念を表す動詞は以下の通りである。(14)は直示的経路を表す動詞（直示動詞）であり，(15)は非直示的経路を表す動詞（経路動詞）である。

(14) *andare*〈行く〉, *venire*〈来る〉

(15) a. 方向：*salire*〈上がる〉, *scendere*〈下がる〉, *avanzare*〈進む〉, *arretrare*〈退く〉, *cadere*〈落ちる（自然落下を含む）〉, *cascare*〈落ちる〉

b. 経路局面＋位置関係：*entrare*〈入る〉, *uscire*〈出る〉, *passare*〈通る，渡る〉, *attraversare*〈渡る〉, *valicare*〈山を超える〉, *superare*〈超える〉

c. 経路局面：*arrivare / giungere*〈着く〉, *partire / lasciare*〈出発する〉

d. そのほか：*tornare / ritornare*〈戻る〉

また，再帰動詞〈使役動詞に *si* を付加した動詞〉にも経路動詞が存在する。

(16) *avvicinarsi*〈近づく，寄る〉, *allontanarsi*〈離れる〉, *allinearsi*〈並ぶ〉, *scostarsi*〈よける〉, *spostarsi*〈移る〉

次に，移動の様態を包入した移動動詞（様態動詞）は以下の通りである。

(17) *correre*〈走る〉, *camminare*〈歩く〉, *galoppare*〈ギャロップで駆ける〉, *trottare*〈速足で駆ける〉, *trotterellare*〈ジョギングする〉, *claudicare / zoppicare*〈のろのろ進む〉, *passeggiare*〈散歩する〉,

guadare〈苦労して進む〉, *strisciare*〈這う〉, *guizzare*〈ぴくぴく動く〉, *planare*〈すべるように動く〉, *scivolare*〈滑る〉, *nuotare*〈泳ぐ〉, *galleggiare*〈浮かぶ〉, *scorrere / fluire*〈流れる〉, *colare*〈したたり落ちる〉/ *gocciolare*〈ぽたぽた落ちる〉, *grondare*〈どっと流れる〉, *zampillare / sgorgare*〈どくどく流れ出る〉, *rimbalzare*〈はずむ〉, *volare*〈飛ぶ〉, *saltare*〈跳ぶ〉, *balzare*〈勢いよく跳ぶ〉, *navigare*〈飛ぶ, ヨットが滑らかに進む〉, *scavalcare*〈飛び越える〉, *scavalcare*〈登る〉, *ballare / danzare*〈踊る〉, *rotolare*〈転がる〉, *ruzzolare*〈転げ落ちる〉

(cf. Wienold & Schwarze 2002)

イタリア語では，日本語で擬音語・擬態語を使って表すような細かな様態も動詞で表され，他の経路主要部表示型言語に比べて様態動詞が豊富であると言える (Wienold & Schwarze 2002, Slobin 2005)。

3.2 表現のパターン

例文を参照しながら主体移動表現のパターンを見ていくことにする。ほとんどの場合，経路概念は主要部である動詞で表される。

(18)　È <u>passato</u>　davanti　a　casa.
　　　is　gone.through　front　of　house
　　「彼は家の前を通った。」

(18)では，主要部の動詞が経路局面 VIA を表し，参照物との位置関係は前置詞 *davanti a* が担っている。以下の例文でも，主要部の動詞で様々な経路概念を表している。(19a)ではダイクシスを，(19b)では方向を，(19c)では経路局面＋位置関係を表している。

(19) a.　È <u>venuto</u>　alla　festa.
　　　　is　come　to.the　party
　　　「彼はパーティに来た。」

　　b.　È <u>salito</u>　per　le　scale.
　　　　is　moved.up　through　the　stairs
　　　「彼は階段をあがった。」

c. È   uscito   dalla   stanza.
　　 is   moved.out   from.the   room
　　「彼は部屋を出た。」

　また，経路概念と移動の様態が共に表される場合も経路概念は主要部におかれる。つまり，経路動詞を主動詞にし，移動の様態は分詞形(20a)あるいは副詞的要素(句副詞)で表す(20b)のが一般的である。ただし，制限があるものの，(20c)のように様態動詞を主動詞にし，経路を主要部以外で表すこともできる(3.3節で詳述)。

(20) a. È   uscito   dalla   stanza   ballando.
　　　 is   moved.out   from.the   room   dancing
　　　「彼は踊りながら外へ出た。」

b. È   salito   per   le   scale   di corsa.
　 is   moved.up   through   the   steps   of run
　「彼は走って階段を上がった。」

c. È   corso   su   per   le   scale.
　 is   run   up   through   the   steps
　「彼は階段を駆け上がった。」

主体移動表現のパターンをまとめたものが表6である。

表6：主体移動の主要表現パターン(イタリア語)

表現要素	主要部		主要部外要素	
	動詞	動詞分詞	動詞関連要素	名詞関連要素
			副詞	前置詞
意味要素	経路 ダイクシス	様態	経路 ダイクシス 様態	経路
	様態			

3.3　イタリア語主体移動の特徴

　以上のように，イタリア語の主体移動表現のパターンとしては，経路概念は主要部である主動詞で，移動の様態は主要部以外の要素である動詞の分詞形や副詞によって表されることがわかった。これが経路主要部表示型言語に

分類される根拠となっている。ただし，イタリア語では経路概念は主要部以外にも現れ，複数位置で経路が表されることもある。それは，一部の様態動詞を除き，主要部でも経路概念が表されている場合に限られるが(2.1, 2.2節参照)，イタリア語の主体移動表現の特徴として注目すべき点となっている。以下では経路主要部表示型言語の特徴を逸脱する現象を二つ取り上げる。

3.3.1　直示動詞と経路句との共起

イタリア語では，直示動詞と経路の副詞や前置詞句との共起が自然である。まず，直示動詞と経路概念を表す副詞との共起によって，経路動詞と同等の意味を表すことができる。例えば，方向を包入している動詞 *salire*〈上がる〉や *scendere*〈下がる〉に対して，*andare su*〈上へ行く〉や *andare giù*〈下へ行く〉と，また経路局面＋位置関係を包入している動詞 *entrare*〈入る〉や *uscire*〈出る〉に対して，*andare dentro*〈中へ行く〉や *andare fuori*〈外へ行く〉と表現することができる。これは同じ経路主要部表示型言語である日本語においては用いられない表現方法である。イタリア語ではこのような経路概念を表す副詞を伴う表現が成句として頻繁に用いられる(Mosca 2012)。これは経路主要部外表示型言語の特徴を表している。

また，共起する着点句に関して，直示動詞では様態動詞で見たような制約はなく，*venire in casa* 'come into house' のように表現される。このような経路局面と位置関係を表す場合，日本語であれば「家に入ってきた」のように言うところである。同じ主要部表示型言語でも，イタリア語はより自由に直示動詞と経路句との共起が可能であることがわかる。

3.3.2　様態動詞と経路句との共起

主体移動表現において，動詞によっては移動の様態を主要部で，経路概念を主要部以外で表現することもできる。

これを理解するため，まず，様態動詞が二つのグループに分かれることを指摘しなければならない。それは，過去の事象を表す直接法近過去(助動詞＋過去分詞)の表し方に関わる。原則的に他動詞は *avere* ＋過去分詞，自動詞は *essere* ＋過去分詞というように，動詞の自他によって助動詞が使い

分けられる。そしてさらに自動詞の中でも，移動に重点をおく経路動詞では *essere* が，動作そのものに重点をおく様態動詞では *avere* が用いられる。しかし，様態動詞の中にはどちらの助動詞も用いられるものがある。つまり，様態動詞には，(21a)のような *avere* だけが用いられるものと，(21b)のような *avere* も *essere* も用いられるものが存在する。

(21) a. *galleggiare*〈浮かぶ〉, *camminare*〈歩く〉, *danzare*〈踊る〉, *galoppare*〈ギャロップする〉, *gironzolare*〈うろうろする〉, *nuotare*〈泳ぐ〉, *sciare*〈スキーで雪の上を滑る〉, *passeggiare*〈散歩する〉, *saltellare*〈スキップする，ぴょんぴょん跳ぶ〉

b. *correre*〈走る〉, *rotolare*〈転がる〉, *rimbalzare*〈跳ね返る〉, *scivolare*〈滑る〉, *gattonare*〈這う〉, *saltare*〈跳ぶ〉, *volare*〈飛ぶ〉

以上の分類をふまえ，移動の様態を主要部で，経路概念を主要部以外で表す二つのケースを見ていこう。それは方向句，着点句と共起する場合である。

(22) La ragazzina ha {saltato / saltellato} verso la mamma.
　　 The little.girl has {jumped / skipped} toward the mother
「少女は母親に向かって{ジャンプした／スキップした}。」

(22)では少女が母親の方へと移動していることを表しており，様態動詞が方向句と共起し，主要部以外の要素で経路概念が表されている。上記のような現象は，経路主要部表示型言語とされる日本語や，同じロマンス語系に属するフランス語やスペイン語においても可能な場合がある。

さらにイタリア語では，様態動詞の種類によっては着点句との共起も可能なある。例えば(23)のように，本来，位置を表す前置詞は着点としての解釈を持つことができず，〈ガレージでジャンプした〉のような位置の読みしかできない。

(23) Caterina ha saltato nel garage.
　　 Caterina has jumped in.the garage
「*カテリーナはガレージへジャンプした。」
「カテリーナはガレージでジャンプした。」 (Napoli 1992: 63)

しかし，(24)のように，位置を表す前置詞が様態動詞と共起する場合でも，移動の着点として解釈されることがある。前置詞句が位置の解釈しかでき

なかった(23)との違いは，過去を表すのに助動詞が ha(avere)ではなく，é (essere)が用いられている点である。

(24)　Caterina é saltata nel garage.
　　　 Caterina is jumped into.the garage
　　　「カテリーナはガレージへジャンプした。」　　（Napoli 1992: 63）

(24)は，主要部以外の要素を用いて経路概念を表している現象であり，経路主要部外表示型言語の特徴を表している。これは前置詞句に限らず，(25)のように副詞においても同様である。

(25) a.　Gianni é corso dentro.
　　　　 John is run inside
　　　　「ジョンは中へ走った。」
　　　　「*ジョンは中で走った。」

　　b.　Gianni ha corso dentro.
　　　　 John has run inside
　　　　「ジョンは中で走った。」
　　　　「*ジョンは中へ走った。」

このように，文によって主要部以外で経路を表せるのは，助動詞 essere を用いて過去の事象を表すことができる様態動詞(21b)の場合のみである。例えば(26a)のように，様態動詞 correre〈走る〉は essere を用いて過去の事象を表すが，この場合，前置詞句 in spiaggia は〈ビーチへ〉という着点として解釈される。一方，camminare〈歩く〉は助動詞 essere を選択することはできず(26b)，(26c)のように助動詞 avere を用いて過去の事象を表すが，in spiaggia は〈ビーチで歩いた〉という位置の読みしかできない(Folli & Ramchand 2005)。

(26) a.　Gianni é corso in spiaggia.
　　　　 John is run (in)to beach
　　　　「ジョンはビーチへ走った。」

　　b.　*Gianni é camminato in spiaggia.
　　　　 John is walked (in)to beach
　　　　「*ジョンはビーチへ歩いた。」

c. *Gianni ha camminato in spiaggia.*
   John has walked in beach
   「*ジョンはビーチへ歩いた。」
   「ジョンはビーチで歩いた。」

同じロマンス言語であるフランス語やスペイン語でも様態動詞と方向句との共起はみられるが，着点句との共起はもっと限定的である。フランス語では着点句との共起ができず（守田・石橋（本巻）），スペイン語では副詞との共起は可能であっても前置詞句との共起はできない（Aske 1989: 5, Gaytan 1998: 429）。しかしイタリア語では動詞の制限はあるものの，副詞・前置詞句ともに着点の解釈が可能となっている。このことからも，イタリア語はロマンス言語の中でフランス語やスペイン語よりも経路主要部外表示型言語に近い特徴を持つといえよう。

以上，イタリア語に特徴的な，経路主要部表示型言語を逸脱する現象を取り上げた。以下にみる客体移動や抽象的放射の表現においては，主要部以外の要素が経路概念を表すケースがさらに多くみられる。

4. 客体移動の表現

4.1 動詞のリスト

経路概念を含む使役移動動詞のリストは以下の通りである。イタリア語では，直示的な方向性を表す使役移動動詞はなく，(27)はすべて非直示的経路を表す使役的経路動詞である。

(27) *sollevare / alzare*〈上げる〉, *calare*〈下ろす〉, *scaricare*〈荷物を車から下ろす〉, *immergere*〈沈める〉, *tuffare*〈潜らせる〉, *rimettere / riporre*〈元の場所に戻す〉, *restituire*〈返却する〉, *togliere*〈離す〉, *staccare*〈はがす〉, *avvicinare*〈近づける〉, *allontanare*〈遠ざける〉

経路の諸側面を表すものをまとめてあげているが，ほとんどは方向に関わるものである。〈入れる〉〈出す〉のような位置関係を表す使役移動動詞は特定の状況を表すものは存在するが，汎用的なものはない。例えば，*inserire* は〈手が入らないような狭いところへ入れる〉（例：自動販売機にコインを入れる），*estrarre* は〈狭いところから出す〉ことを意味する。また，*infilare*

も「針に糸を通す」のような，狭いところに何かを通す際に用いられる（ほかに，*trafiggere*, *trapassare*, *infilzare*〈刺す〉，*introdurre*〈差し込む〉などがある）。このように，位置関係を包入する使役移動動詞はあるが，限定された状況を述べるものとなっている。汎用的な使役的経路動詞が少ないことは，日本語やスペイン語などの典型的な経路主要部表示型言語とは異なる。

使役移動の使役手段を包入したものには以下のものがある。

(28) a. 随伴運搬型の使役移動に使われるもの
recapitare〈小包を配達する〉，*consegnare*〈配達する〉，*trasportare*〈輸送する〉，*contrabbandare*〈密輸する〉，*portare*〈運ぶ〉，*trainare*〈牽引する〉，*trascinare*〈引きずる〉

b. 継続操作型の使役移動に使われるもの
afferrare〈つかむ〉，*raccogliere*〈ひろう〉，*spingere*〈押す〉，*tirare*〈引く〉

c. 開始時起動型の使役移動に使われるもの
gettare, *buttare*, *lanciare*, *tirare*〈投げる〉，*scagliare*〈勢いよく投げる〉，*rilanciare*〈投げ返す〉，*calciare*〈蹴る〉

移動の様態の意味を含む使役移動動詞は，*rotolare*〈転がす〉のように汎用的に使えるもの，*schizzare*〈(液体などを)飛ばす(はねさせる)〉のような特定の状況で用いられるものがある。しかし，汎用的な〈飛ばす〉や，〈滑らす〉などの使役移動動詞はなく，必要な場合は一般的な使役の動詞 *fare* 'do' ＋不定詞によって使役が表現される。

その他，一般的な使役移動動詞として *mettere* 'put' がある。手でも足でも使役の手段を限定せずに使用され，継続操作型にも開始時起動型にも用いられる。*mettere* は特に着点に特化した経路動詞とも考えられるが，不特定の方向や位置関係を示す前置詞や副詞と共起することから，一般的な使役移動動詞として扱う。用法については後述する。

4.2 表現のパターン

イタリア語の客体移動の基本的なパターンとして，経路は主要部以外で表され，主体移動表現とは異なる振る舞いがみられる。以下，三つの客体移動

のタイプ(随伴運搬型，継続操作型，開始時起動型)によって何がどの位置で表現されるのかを考察する。

a) 随伴運搬型

使役者が他の物や人と一緒に動くことによってそれを移動させる事象を随伴運搬型の使役移動と呼ぶが，経路概念は基本的に主要部以外で表される。

(29)　　Gianni　ha　portato　il　giornale　d'oggi　nella　stanza.
　　　　John　　has　carried　the　newspaper　of.today　into.the　room
　　　　「ジョンは今日の新聞を部屋へ持って入った。」

(29)では，経路概念(経路局面＋位置関係)は前置詞 nella で表されている。また portare su〈上へ運ぶ〉のように，位置関係だけでなく方向関係も主要部以外の要素で表される。これが基本パターンとなっている。

また，ダイクシスが関わる際は，(30a)のように直示動詞を用いる場合と，(30b)のように与格名詞句で「話し手へ」というダイクシス情報を表す場合があり，どちらも自然な表現となっている。

(30) a.　Gianni　é　venuto　nella　stanza　portando　il　giornale
　　　　 John　 is came　 into.the　room　carring　the　newspaper
　　　　 d'oggi.
　　　　 of.today
　　　　「ジョンは今日の新聞を部屋へ持って入って来た。」
　　 b.　Mi　Gianni　ha　portato　il　giornale　d'oggi　nella
　　　　 to.me　John　has　carried　the　newspaper　of.today　into.the
　　　　 stanza.
　　　　 room
　　　　「ジョンは私に今日の新聞を部屋へ持って入った。」

b) 継続操作型

使役者はその場を動かずに，手などを用いて対象を移動させるケースを継続操作型の使役移動と呼ぶが，経路概念は基本的に主要部以外で表される。

(31) Gianni ha messo la valigia sulla reticella.
　　　John　has　put　the baggage　onto.the baggage rack
「ジョンは荷物を網棚にあげた。」

(31)では，*mettere* という一般的な使役移動動詞が主要部に置かれ，経路概念は主要部以外の要素である前置詞 *sulla*（*su* + *la*）で表されている。つまり，使役の事実を主要部におき，経路概念は主要部以外の要素で表す。これが基本パターンとなっている。

もっとも，前節のリストにあったように，方向を含む使役移動動詞がイタリア語には存在し，(32)のように，主要部で使われて継続操作を表す。

(32) Ha sollevato il bicchiere al suo viso.
　　　has lifted　the　glass　to.the　his　face
「彼は顔のところまでグラスを持ち上げた。」

しかし，〈入れる〉〈出す〉のような汎用的な使役的経路動詞が存在しないため，経路概念は主要部で表すことはできない。例えば，〈出す〉を意味する表現は，(33)のように *mettere fuori* 'put out' が用いられ，経路は主要部以外の要素で表される[4]。

(33) Ha messo fuori il gatto prendendolo per la collottola.
　　　has put　out　the cat　catching.it　by　the collar
「彼はネコをつまみ出した。」

同様に，〈入れる〉は *mettere {in / dentro}*，〈上げる〉は *mettere su*，〈下げる〉は *mettere giù* と表現される。これは3.3節で取り上げたように，主体移動表現において，〈上がる〉には *andare su*〈上へ行く〉という表現が存在することと類似している。この場合，使役の手段は分詞形で表される。(33)では〈つまむ（襟首をつかむ）〉という使役の手段が分詞の形 *prendendolo*（分

---

[4] *mettere fuori* で〈外へ出す〉の意味となるが，この表現は着点に特化しており，〈中から出す〉のように起点に注目した客体移動には用いられない。この場合，*Ha tirato fuori il gatto dal cesto*.「ネコをかごから出した」のように，*tirare* が用いられる。同様に *tirare su*〈上げる〉*tirare giù*〈下げる〉と表現されることから，*tirare* は一般的な使役動詞の働きも担っているといえる。さらに *mettere* と同じく継続操作型にも開始時起動型にも用いられる。ただし，継続操作型において〈入れる〉を表すことはできない。使用の範囲なども含め，*tirare* はさらに検証していく必要がある。今後の課題としたい。

詞形 *prendendo* + 代名詞 *lo*)で従属的に表されている。

c) 開始時起動型

使役者はその場を動かずに，移動の開始時にのみ力を加えて対象を移動させるケースを開始時起動型の使役移動と呼ぶ。〈投げる〉〈蹴る〉のような手段を含む動作と経路が共起する場合，手段は主要部で，経路概念は主要部以外で表される。

(34) a. *Gianni ha lanciato la palla in casa.*
John has thrown the ball into house
「ジョンは家の中へボールを投げた。⁵」

b. *Gianni ha lanciato su la palla.*
John has thrown up the ball
「ジョンは上へボールを投げた(ボールを投げ上げた)。」

(34)のように，使役の手段を表す動詞 *lanciare*〈投げる〉が主動詞となり，経路は非主要部である前置詞 *in*〈中へ〉や副詞 *su*〈上へ〉で表される。

また，開始時起動型においても，(35)のように *mettere* を用いて表現することもできる。この際，使役手段動詞は分詞形で表される。

(35) a. *Gianni ha messo la palla nella scatola lanciandola.*
John has put the ball into.the box throwing.it
「ジョンは箱の中へボールを投げた。」

b. *Gianni ha messo su la palla lanciandola.*
John has put up the ball throwing.it
「ジョンは上へボールを投げた。」

(35a)は前置詞の例で *mettere in* ~，(35b)は副詞の例で *mettere su* が用いられ，投げるという使役の手段は分詞形で表されている。このように，*mettere* が用いられる範囲は広く，継続操作型や開始時起動型の，対象だけを移動させる客体移動についての表現が可能である。ただし，開始時起動型では，(35)のように使役の手段を分詞形で表すよりは，(34)のように主動詞で用

---

[5] ジョンが家の中にいて「家の中でボールを投げた」という読みも可能である。解釈は文脈による。

いる方が普通である。いずれの場合も，経路主要部外表示型言語の特徴を示すと言える。

以上，三つの客体移動をタイプ別にみてきたが，どの客体移動事象の表現であっても，基本的なパターンとして経路概念は主要部以外の要素で表される。特に，経路概念と移動の手段との共起において，手段の動詞が主要部におかれる表現は，まさに経路主要部外表示型言語の特徴そのものである。

4.3　イタリア語客体移動の特徴

イタリア語客体移動表現の大きな特徴は，主体移動と基本パターンが異なることである。経路概念が主要部で表される主体移動と異なり，客体移動では移動の経路は基本的に主要部以外の要素のみで表される。これはどの客体移動のタイプにおいてもみられる傾向であった。つまり，イタリア語は客体移動の表現においては経路主要部外表示型言語に分類される。

もちろん，4.1節でみたようにイタリア語には経路概念を含む使役移動動詞が存在するが，主体移動表現の場合と異なり，使役の結果生じる移動の経路のすべてが動詞で表せるわけではない。主体移動の経路動詞と使役的経路動詞を対応させ，まとめたものが表7(次ページ)である。

この表でみられるように，イタリア語では，主体移動動詞と比べ，経路概念に関わる使役移動動詞そのものに語彙的な制限があることがわかる。汎用的な使役移動動詞が少なく，語彙化されたものには特定の状況で用いられるものが多い(括弧付きで表示)。また，汎用的なものであっても使用は少なく，経路を主要部以外に置くことが多い。例えば，〈上へ〉という経路概念を含む使役移動動詞には *sollevare*〈上げる〉があるが，使用の観点からみれば *portare su / mettere su*〈上へ移動させる〉のような表現が用いられることのほうが断然多い。

表7：経路を表す動詞の主体移動・客体移動対応

経路の種類		動詞の種類	経路動詞	使役的経路動詞
直示	直示	TO THERE	andare	
		TO HERE	venire	
非直示的経路	方向	UP	salire	sollevare
		DOWN〈下りる〉〈落ちる〉	scendere cadere/ cascare/ precipitare	calare〈下ろす〉
	経路局面（＋位置関係）	TO IN	entrare	
		TO OUT	uscire	
		VIA〈通る〉〈超える〉〈渡る〉	passare valicare attraversare	(infilare)〈通す〉
		TO	arrivare/ giugere/ raggiungere	mandare
		FROM	partire	allontanare
	経路局面＋基準位置	TO ORIGINAL PLACE〈帰る〉〈戻る〉	tornare rientrare/ ritornare	restituire rimettere/ riporre
	方向性	TOWARD	avvicinarsi/ approssimarsi	avvicinare/ approssimare
		AWAY FROM	allontanarsi	allontanare

　唯一，〈元に戻す〉のような経路基準位置を表す場合には，使役移動動詞を主動詞に置き，使役手段動詞を分詞形を用いて主要部以外の位置に置く表現が用いられるくらいである(36)[6]。

(36) 　Ho　riposto　la　mela　nel　　cesto　gettandola.
　　　have　put.back　the　apple　into.the　basket　throwing.it
　　「私はリンゴを投げてかごへ戻した。」

ただし，上記の例も「投げる」という gettare や buttare などを主要部に置いて表現するほうが自然である。

---

[6] rimettere は，Ho rimesso il gatto nel cesto prendendolo per la collottola.「ネコをつまんでかごへ戻した」のように，継続操作型の客体移動も表すことができる。

以上のように，イタリア語の客体移動の表現は，主体移動の表現と異なり，語彙化のレベルでも使用のレベルでも経路主要部外表示型言語の傾向がみられるのである。

5. 抽象的放射の表現

イタリア語では，抽象的放射の表現においても経路主要部外表示型言語の基本パターンをとる。つまり，主要部以外の要素で経路が表される。

抽象的放射の一つである，視覚的放射の例(37)を見てみよう。これらの文では〈見る〉という動作の様態を主要部で表し，経路は(37a)では経路局面＋位置関係を前置詞で，(37b)では方向を副詞で表している。このように経路概念は主要部以外の要素が担っている。

(37) a. *Gianni ha guardato nel buco*
　　　　John has looked into.the hole
　　　「ジョンは穴の中を見た。」
　　 b. *Gianni ha guardato giú dal primo piano.*
　　　　John has looked down from.the second floor
　　　「ジョンは二階から見下ろした。」

ただし，文脈によって(37a)は，「穴の中で見た」と解釈されることもある。特に *guardare sopra il tetto* 'look on the roof' のような表現では「屋根の上で見る」のように位置の解釈しかなされない。

また，(38)のように，客体移動と同様の表現も用いられる。つまり，目や視線を移動物とした客体移動表現である[7]。

(38) a. *Gianni ha gettato uno sguardo fuori.*
　　　　John has thrown an eye outside
　　　「ジョンは外に目をやった(視線を外に投げた)。」

---

[7] 注視点の移動では，経路が語彙化された使役移動動詞を用いた表現もなされる。
　　Gianni ha sollevato lo sguardo dal giornale.
　　John has lifted the eye from.the newspaper
　「ジョンは新聞から目を上げた。」

b. *Gianni ha dato uno sguardo fuori.*
   John has give an eye outside
   「ジョンは外に目をやった（視線を外にあげた）。」

また，抽象的放射の一つである音声的放射の〈叫ぶ〉も，経路は主要部以外の要素（前置詞，副詞）で表される。

(39) *Gianni ha urlato {attraverso la porta / nella stanza /*
     John has shouted {through the door / into.the room /
     fuori dalla stanza}.
     out from.the room}
     「ジョンは｛ドア越しに／部屋の中へ／部屋の外へ｝叫んだ。」

ただし視覚的放射と同様に，本来位置を表す前置詞句は，経路と位置の両方の読みが可能である。(39)の *nella stanza* 'in(to) the room' の場合は，「部屋の中で」という位置の読みもなされる。

以上のように，〈見る〉や〈叫ぶ〉のような抽象的放射においても，経路は主要部以外の要素で表される。

6. おわりに

本章では，イタリア語の様々な移動事象の特徴について，経路概念がどの位置で表されるかという観点からの検証を行った。結果，表8のようにまとめられる。

表8：移動事象表現タイプ別の経路概念の表現位置（イタリア語）

移動事象表現タイプ		経路概念のタイプ	非直示的	直示的
具体的移動	主体移動		主要部／主要部外	主要部／主要部外
	客体移動	随伴運搬型	主要部外	主要部外
		継続操作型	主要部外	主要部外
		開始時起動型	主要部外	主要部外
抽象的放射			主要部外	主要部外

重要な点として，移動事象表現タイプによって表現の基本パターンが異な

ることがあげられる。主体移動表現においては，経路概念が主要部の動詞で表される主要部表示型言語としての性格を持つことが明らかになった。しかしながら，その主体移動においても主要部表示型言語のパターンから逸脱する現象があり，日本語やフランス語のような他の経路主要部表示型言語に比べ，イタリア語には経路主要部外表示型言語の特徴がいくつかみられた（3.3.1, 3.3.2節参照）。さらに，移動事象を広く観察すると，客体移動や抽象的放射の表現では経路主要部外表示型言語の特徴が目立っている（4, 5節参照）。結果として，イタリア語における移動表現の特徴は混合型であるとまとめられる。

謝辞：本章の執筆にあたり，イタリア語表現の適切性判断にはイタリア語母語話者であるFabiana Andreani氏に多大なご協力及びご助言をいただいた。ここに感謝の意を表する。

第9章

シダーマ語の空間移動の経路の表現

河内 一博

1. はじめに

本章は，エチオピア中南部で話されているクシ語族の言語の1つであるシダーマ語(Sidaama, Sidamo)において，3種類の移動事象の表現(主体移動表現，客体移動表現，視覚的放射表現)の一構成要素の経路がどのように表されるかを記述する。それと同時に，経路が主動詞によって表される可能性が，主体移動表現よりも客体移動表現の方が低く，客体移動表現よりも視覚的放射表現の方がさらに低いという，松本(2001, 2003, 本巻第1章)の仮説がこの言語にも当てはまるかどうかを調べる[1]。シダーマ語で経路が主動詞によって表される可能性は，主体移動表現と客体移動表現では極めて高く，それらの間に違いはほとんど見られないが，松本が問題にしている視覚的放射表現ではその可能性は全くない。

本章で使う枠組みは，Talmy(1985, 1991, 2000)のイベント統合の類型論である。この類型論によると，どの言語でも1つの節で表すことができるマクロイベント(macro-event)というものがあり，マクロイベントは主要なイベントである枠付けイベント(framing event)とそれを支える共イベント(co-event)(例：様態，原因)から成っている。さらに枠付けイベントの最も略図的な要素(例：空間移動の場合，経路)を表すのが主動詞か付随要素(satellite)

---

[1] 私のシダーマ語のコンサルタントである Dr. Abebayehu Aemero Tekleselassie, Mr. Legesse Gudura, Mr. Iyasu Gudura, Mr. Hailu Gudura, Mr. Yehualaeshet Aschenaki に感謝を申し上げたい。本研究は，ニューヨーク州立大学バッファロー校，東京外国語大学アジア・アフリカ言語文化研究所，国立国語研究所，科学研究費補助金基盤研究(C)「Sidaama語の文法の記述，及び意味論と形態統語論の理論的問題に関する研究」(研究課題番号：21520431)(研究代表者：河内一博)，同基盤研究(C)「東アフリカの言語の空間移動表現の研究」(研究課題番号：24520490)(研究代表者：河内一博)によって支援を受けた。

かにより，言語は2つのタイプ(動詞枠付け言語と付随要素枠付け言語)に分かれる。この類型的違いは，イベントの5つの領域(空間移動，状態変化，実現化，時間的輪郭描写，行動の相互関係)の表現方法に見られるという。

本章は次のように構成されている。第2節ではシダーマ語の文法の特徴の概観を述べ，この言語における空間移動の経路の表現の全体像を記述する。第3節では空間移動の事象表現タイプに関係なく使われる経路の表現を挙げる。第4〜6節では松本の仮説で取り上げられている3つのタイプの事象の表現のパターンをそれぞれ記述する。シダーマ語は主体移動と客体移動の表現において経路を主動詞で表す典型的な動詞枠付け言語の特徴を示すのだが，視覚的放射表現においては経路を主動詞では表さない。最後に第7節でまとめを行い，第8節で知覚の移動に関する4つの問題——(i)視覚的放射・視覚的放射方向移動と客体移動の関係，(ii)視覚的放射と視覚的放射方向移動(特に，視覚的放射と視覚的放射方向移動)の区別，(iii)視覚的放射をマクロイベントとしてみなすことの妥当性，(iv)不完全な経路の空間移動のイベント間の類似性——について論じ，第9節で結論を述べる。

2. シダーマ語の経路表現の全体像
2.1 シダーマ語の特徴

シダーマ語は，クシ語族のハイランド・イースト・クシ語派に属し，エチオピアの中南部のシダーマ・ゾーンで約290万人(エチオピア中央統計局の調査による2005年の人口)に話されている。本章はシダーマ語の高地の方言の1つ(特にシダーマ・ゾーン南西部のBansa地域で話されているもの)を扱う(Kawachi 2007a, b, 2012, 印刷中)。

シダーマ語の語順は基本的にSOVである[2]。名詞と形容詞と動詞のそれぞれの派生と屈折に，主として接尾辞を使う。格のシステムは対格型で，主格，与格，所格，向格，奪格，具格の標示には接尾辞を使い，対格/斜格の標示にはさらに最後の母音に高いピッチとして現れる超分節接辞(suprafix)を使

---

[2] この言語では，動詞に主語の人称接尾辞が必ず使われるので，主語は代名詞の場合，省略することが可能である。本章のほとんどの例文で，主格の3人称単数女性の代名詞 *ise* または3人称単数男性の代名詞 *isi* が省かれている。

い，属格の標示には接尾辞と超分節接辞の両方を使う。

　シダーマ語の動詞は，アスペクトの特徴から，活動動詞と状態変化動詞の2種類に分類できる(Kawachi 2007a, b)[3]。移動に関する動詞のうち，様態動詞と使役の手段を表す動詞のほとんどは活動動詞に，経路動詞は状態変化動詞に分類される。

　Talmyがイベントの統合のパターンの類型論で仮説を立てているイベントの5つの領域のうち，シダーマ語は時間的輪郭描写のいくつかのタイプと行動の相互関係の多くのタイプの表現においては動詞枠付け言語のパターンから逸脱している(Kawachi 2012)。とはいえ，空間移動と状態変化と実現化の3つのイベント領域の表現においては明らかに動詞枠付け言語の特徴を示す。

2.2　シダーマ語の空間移動表現の全体的特徴

　Talmyは移動を，(i)移動物(figure；厳密には「移動が話題となっている実在物」)が自らを動かす「自己動作主的移動(self-agentive motion)」(例：*Alex ran down*)，(ii)動作主を伴わない「非動作主的移動(non-agentive motion)」(例：*The ball rolled down*)，(iii)外的使役者が移動物を動かす「動作主的移動(agentive motion)」(例：*Chris threw the ball out the window*)に分けるが，以下では，松本(本巻第1章)にならって，自己動作主的移動と非動作主的移動をまとめて「主体移動」，動作主的移動(＝使役移動)を「客体移動」と呼ぶ。また，特定の感覚に伴って抽象的な何かが感覚器官から放射され感覚的経路(sensory path)を通って移動するかのように描写されるイベントを「(放射軸方向の)視覚的放射」と呼び，これと関連した虚構運動としての，知覚の方向の変化と知覚の焦点の移動とをまとめて「(放射軸から側方向の)視覚的放射方向移動」と呼ぶ。特に，視覚の場合は，「視覚的放射」("axial motion along the line of sight"：Talmy 1996；　例：*Pat looked into the valley*)と「視覚的放射方向移動」("lateral motion of the line of sight"：

---

[3] 活動動詞の進行形は現在行われている行為を表すが，状態変化動詞の進行形は現在起こっている状態変化の過程を表す。また，活動動詞と違って，状態変化動詞は継続形で使うことができ，その場合，現在までの継続した状態を表す。そして，活動動詞の完了形は既に成された行為を表すが，状態変化動詞の完了形は状態変化の完了，あるいは変化から生じた，もとから備わっているわけではない現在の(通常，一時的な)状態を表す。

Talmy 1996；例：*Bobby looked up from the book*)という用語を使う。主体移動と客体移動は明らかに空間移動であり，視覚的放射・視覚的放射方向移動も抽象的な移動を伴っているので，主体移動と客体移動と視覚的放射・視覚的放射方向移動の総称として「空間移動」という用語を使う。松本(2001, 2003, 本巻第1章)によると，経路が主動詞によって表される可能性は，主体移動よりも客体移動の方が低く，客体移動よりも視覚的放射の方がさらに低く，動詞枠付け言語であっても視覚的放射の経路を表現するのに主動詞を使わないのが普通であるという（視覚的放射方向移動には言及がない）。

「主体移動」，「客体移動」，「視覚的放射・視覚的放射方向移動」の3つのタイプの事象をシダーマ語が表現する最も特徴的な表現のパターンの例をそれぞれ，(1)と(2)と(3)に示す。(1)の主体移動の表現と(2)の客体移動の表現では，経路が格接尾辞と位置名詞と主動詞によって表されている。これに対し，シダーマ語の母語話者が感覚器官から放射されたものが空間を移動すると解釈する視覚的放射の多くの表現においては，(3)のように，視覚的放射方向移動の経路を格接尾辞・位置名詞と従属動詞で表し，知覚動詞を主動詞として使う。

(1) *tulló-te   aan-í-ra   {(a)dod-d-e/(b)dod-d-a-nni}*
    mountain-GEN.F top-GEN.M-ALL   run-3SG.F-*e*/run-3SG.F-*a-nni*
    ful-t-ino.
    ascend-3SG.F-PRF.3
    「彼女は山の上に｛(a)走って/(b)走りながら｝上がった。」

(2) *kaasé   balé-te   giddó-ra   ol-t-e*
    ball.ACCOBL hole-GEN.F   inside-ALL   throw-3SG.F-*e*
    ee-ss-i-t-ino.
    enter-CS-E-3SG.F-PRF.3
    「彼女はボールを穴の中に投げて入れた。」

(3) *balé-te   giddó-ra   hig-g-e/k'ol-t-e*
    hole-GEN.F   inside-ALL   turn-3SG.F-*e*/cause.to.turn-3SG.F-*e*
    (isó)   la'-'-ino.
    (3SG.M.ACCOBL)   look-3SG.F-PRF.3

「彼女は穴の中を向いて(彼を)見た。」

どの表現においても2つの動詞を含む構文が使われているが，(1a), (2), (3)の構文と，(1b)の構文とでは，最初の従属動詞の形式が異なる[4]。ここでは，(1a), (2), (3)の構文を「-e 構文」と呼び，(1b)の構文を「-a-nni 構文」と呼ぶ。どちらの構文においても文末の主動詞には主語の人称の接尾辞とアスペクトの接尾辞が(さらに一人称と二人称では性の接尾辞も)付くが，従属動詞には人称接尾辞の後に，-e 構文では副動詞(連結)接尾辞(converb (connective)suffix)-e が，-a-nni 構文では不定接尾辞 -a と様態・付帯状況接尾辞 -nni が続く。従属動詞は，-e 構文では2つ以上使われることがあるが，-a-nni 構文では通常1つだけに限られる。これら2つの構文は空間移動のみに使われるというわけではない。基本的に -e 構文は，従属動詞で表されたイベントの後に主動詞で表されたイベントが起こるという時間的順序を表し，-a-nni 構文は，従属動詞で表されたイベントが起り続けている間に主動詞で表されたイベントが起こることを表す。

共イベントが移動の様態である(1)の主体移動の表現では，上の2つの構文が可能で，そのどちらにおいても，様態は従属動詞で表され，枠付けイベントを構成する最も略図的な要素である経路は，名詞関連要素(位置名詞と格接尾辞・格超分節接辞)および主動詞で表されている。共イベントが使役の手段(客体移動の原因)である(2)の客体移動の表現は，-e 構文を使い，使役の手段を従属動詞で表し，経路を名詞関連要素と主動詞で表している。

複数の動詞を使った構文のうち，-a-nni 構文は -e 構文より統合的な表現であるようである[5]。

---

[4] 本章では，これらの構文の主動詞でない動詞(アスペクト接尾辞もムード接尾辞も伴わない動詞)を従属動詞と呼ぶ。

[5] これらの構文に主動詞の否定の作用域を調べるテスト(例：Noonan 1985, Bohnemeyer et al. 2007)を行うと，その作用域は主動詞と従属動詞の両方に及ぶ。それに対し，-e 構文の統合度は共イベントの種類によるように思われる。主動詞の否定の作用域は，共イベントが付帯状況なら両方の動詞で，共イベントが様態なら両方の動詞または従属動詞のみである(両方の動詞が否定されているという解釈の方がより普通である)。しかし，共イベントがこれら以外である場合は，たいてい否定の作用域は両方の動詞または主動詞のみである(主動詞のみ否定される傾向がある)。したがって，このテストに信頼性があるのなら，共イベントが付帯状況と様態のいずれでもない場合は，-e 構文ではあまりイベントが統合

直示情報については、(1)～(3)のどの表現においても、経路を表す名詞句の代わりに格接尾辞の付いた指示詞(例：kaw-í-ra [here-GEN.M-ALL] 'to this side/place, to here')を使って表現することができる。主体移動と客体移動の場合、直示情報は直示的経路動詞を、複数の動詞を使った構文の主動詞として用いて表すこともできる[6]。

3. 3つのタイプの事象表現に共通して経路表現に使われるシダーマ語の文法範疇

この言語で3つのタイプの空間移動事象の表現に共通して使われる経路表現の文法範疇は、常に名詞と共に使われる名詞関連要素(格接尾辞・格超分節接辞、物体名詞に付くクリティック)と、名詞句と共にだけでなく名詞句なしでも使われる随意的名詞関連要素(位置名詞、指示詞)である。以下ではこれらをまとめて広い意味での「名詞関連要素」として扱う。格接尾辞と格超分節接辞、および物体名詞に付くクリティックは経路の局面を示す。位置名詞はほとんどの場合移動物の参照物・参照地(ground)(以下でまとめて、参照物)との位置関係(conformation)を特定し、指示詞は直示関係を表すが、これらは移動の方向を表す場合もある。

3.1 格接尾辞・格超分節接辞および物体名詞に付くクリティック

名詞句が表すのが場所か物体かにより、格標示のし方に違ったパターンが見られる。経路の局面を表すのに、場所を表す場合には格接尾辞・格超分節接辞が使われ、物体を表す場合にはそれを場所化するクリティックが使われる。

場所を表す普通名詞に使われる格には、所格、対格/斜格、奪格がある[7]。

されていないことを示唆する。

[6] しかし、従属動詞としての非直示的経路動詞の後に直示的経路動詞を主動詞として使う場合、これらの動詞で表す経路は同一である場合もあるが、二つの別の経路である場合もある。例えば(1)と(2)で最後の経路動詞を副動詞形にして、それぞれ直示動詞(例：da- 'come')と使役的直示動詞(例：abb- 'bring')を主動詞として続けることは可能だが、その場合、直示的経路は非直示的経路動詞で表される経路の後に始まると解釈される。

[7] ここに挙げる接尾辞のうち、所格の -te と -ho は名詞の語幹に付いて語幹の最後の母音は高いピッチを帯びる(例：ullá-te[ground-LOC.F])。所格の -ra と奪格の -nni が付く名

所格の接尾辞は，非被修飾女性普通名詞には *-te*，非被修飾男性普通名詞には *-ho*，被修飾普通名詞には *-ra* で，場所を表すのに使われる（例：*godá-ho* [cave-LOC.M]「洞窟に・で」）。対格／斜格は，名詞が修飾されていない場合は超分節接辞によって名詞に標示され，修飾されている場合は名詞ではなく修飾語に超分節接辞が起こり，着点または通過点を表す（例：*godá* [cave.ACCOBL]「洞窟に・を」）[8]。奪格（接尾辞 *-nni*）は起点を表すのに使われる（例：*god-ú-nni*[cave-GEN.M-ABL]「洞窟から」）。

日本語と同様，シダーマ語では，「*その｛人／本｝に行った」とは言えない。場所ではなく物体を表す名詞句には場所化のクリティックを使い，場所を表す名詞句（例：「その｛人／本｝のところ」）を形成する[9]。このクリティックは，場所と着点を表す場合は ＝*wa* という形式を取り，定性を表す接尾辞の *-nni* の付いた属格名詞に付く（例：*kinč-ú-nni*＝*wa* [rock-GEN.M-DEF=place]「岩のところに・で」）。起点を表す場合は奪格の接尾辞の *-nni* を伴い ＝*wi-í-nni*[=place.GEN-L-ABL] という形式になる（例：*kinč-ú*＝*wi-í-nni* [rock-GEN.M=place.GEN-L-ABL]「岩のところから」）。

3.2　位置名詞（locational nouns）

（4）に示したように，シダーマ語には，日本語の位置を表す名詞（例：「中」「上」「外」）に類似した，位置名詞と呼べるような一連の名詞があり，それらのほとんどは，移動物と参照物との位置関係を特定する。ただし，*wido* と *raga* が 'direction' という意味で使われるときは参照物の方向を表す。

　　（4）　　*giddo* 'inside', *gobba* 'outside', *aana/iima* 'top, aboveness', *ale*

詞の語幹は属格を取る（しかし位置名詞の着点と起点に使われるとき，(2)の *giddó-ra* や *giddó-nni* のように，属格の名詞ではなく最後の母音が高いピッチの対格／斜格の名詞であることがある）。

[8] ただし，*wor-* 'put' と *surk-* 'slide in/under' と *ub-* 'fall' は着点に所格の名詞句を使い（*surk-* は着点が位置名詞で表される場合は，位置名詞は対格／斜格を取る），*e'-* 'enter' と *ee-ss-* 'put in'（*e'-* 'enter' の使役形）は着点に移動物と参照物の組み合わせにより対格／斜格または所格の名詞句を使う（着点が位置名詞で表される場合は，位置名詞は常に対格／斜格を取る）。

[9] このクリティックは関係節に付いて名詞句を形成することもできる。

'upperness', *woro* 'lowerness, belowness', *alba* 'beforeness, front', *badɖe* 'back', *duumba* 'behindness', *hoode* 'behindness（参照物の後に続いて移動している）', *gura* 'left', *k'iniite* 'right', *mereero* 'betweenness, middle, center', *mule* 'nearness', *hundaa* 'near-and-under-ness', *raga* 'vicinity, direction', *wido* 'direction, side, way-beyondness'

　位置名詞が場所を表すのには，接尾辞も超分節接辞もない形式が使われる（この形式に加えて，ほとんどの位置名詞は，最後の語尾の母音を長くしただけの形式，さらにその形式に位置名詞用の所格の接尾辞 *-nni* が付いた形式も使われる）。着点または起点を表すには，それぞれ向格の接尾辞 *-ra* か奪格の接尾辞 *-nni* を伴う。例えば，*hakk'iččó-te aana*（tree-GEN.F top）「木の上」が場所，着点，起点として使われるときの形式はそれぞれ，*hakk'iččó-te aana(-á(-nni))*, *hakk'iččó-te aan-í-ra*, *hakk'iččó-te aan-í-nni* である。

　位置名詞は参照物を表す名詞句と共に使われることが多いが，中には，*gobba* 'outside' のように名詞句なしでも用いられるものもある。

3.3　指示詞

　シダーマ語の指示詞は，その品詞により区分のし方が異なる。ここでは，指示詞のうち，空間移動に関わる1つのタイプのみを扱う。それらは，*kawa* 'the speaker's side/place', *hakka* 'the listener's side/place', *ka'a* 'neither the speaker's nor the listener's side/place' という形式で，話し手の領域，聞き手の領域，話し手と聞き手の両方の領域外という3つの区分をする。これらの指示詞は，位置名詞と同じ格接尾辞を取る[10]。また，位置名詞ほど頻繁ではないが，位置名詞と同じように参照物（例：山，野原）を指す属格名詞句により修飾され，「山のこちら側」などの意味を表すことがある。

3.4　まとめ

　以上で述べたように，シダーマ語で3つのタイプの事象表現に共通して使

---

[10] 場所には *kawa-á-nni* のように最後の語尾の母音を長くした形式に位置名詞用の所格接尾辞 *-nni* を，着点には *kaw-í-ra* のように向格接尾辞 *-ra* を，起点には *kaw-í-nni* のように奪格接尾辞 *-nni* を使う。

われる経路の表現は，（広い意味での）名詞関連要素（格接尾辞・格超分節接辞，物体名詞に付くクリティック，位置名詞，指示詞）である。具体的には，表1に示してあるとおり，直示情報は指示詞か直示動詞（4.1節と5.1節を参照）で表され，その他の文法範疇で表されることはない。経路の局面（TO, FROM）は名詞句の格またはクリティックの格で表され（ただし VIA についてはこの節の最後の記述を参照），移動物の参照物との位置関係や移動の方向は位置名詞によって表される。したがって，位置名詞と格接尾辞の組合せは，TO the INSIDE of のような局面と位置関係が結合された意味を表す（例：*giddó-ra*[inside-ALL]）のにも，TOWARD ABOVE（上昇接近方向）のような方向（局面＋基準位置）を表す（例：*al-í-ra*[upperness-GEN.M-ALL]「上に」，*al-í wid-í-ra*[upperness-GEN.M direction-GEN.M-ALL]「上の方に」）のにも使われる。

表1：イベント・タイプに共通して使われる経路表現（シダーマ語）

意味＼形式	名詞関連要素			
	指示詞	位置名詞	クリティック	格接尾辞・格超分節接辞
経路局面（e.g. TO）			✓	✓
位置関係（e.g. IN）		✓		
基準位置（e.g. ABOVE）		✓		
直示的位置（e.g. HERE）	✓			

方向や通過点を表す形式に，*-e* 構文の従属動詞として使われる動詞がある。自動詞の *hig-* 'turn' と，他動詞の *k'ol-* 'cause to turn, direct' がそうである。*hig-* は体全体の向きの変化を，*k'ol-* は体の一部（通常，顔か目）の向きの変化または客体移動の移動物の向きの変化を表す（例：(1)の代わりに，*tulló-te aan-í-ra hig-g-e dod-d-ino.*「彼女は山の上に向かって走った」；(2)の代わりに，*kaasé balé-te giddó-ra k'ol-t-e ol-t-ino.*「彼女はボールを穴の中に向けて投げた」）。視覚的放射・視覚的放射方向移動の表現では，例えば(3)で従属動詞として *hig-* を使えば体全体が穴の中に向くことを，*k'ol-* を使えば目または顔が穴の中に向くことを示している。*k'ol-* は，目的語として目または顔を取ることができるが，目的語が現れない場合も目または顔が省略され

ていると解釈でき，実際補うことができる。

　また，*hig-/k'ol-* は，(5)と(6)のように，所格の位置名詞とともにVIAの局面(英語で *through, over, past, across*（平面ではなく線を横切る場合)で表されるような通過点・通過領域を通る経路の局面)を表すためにも従属動詞として使われる。

(5)　*hutt'-ú*　　　*t'ullo*　　　　　　　　*giddo-ó-nni*　*hig-g-e*
　　　hedge-GEN.M　opening(GEN.F.MOD)　inside-L-LOC　move.via-3SG.F-*e*
　　　sa'-'-ino.
　　　pass-3SG.F-PRF.3
　　　「彼女は垣根の穴を通り抜けた。」

(6)　*kaasé*　　　　*ol-t-e*　　　　*hutt'-ú*　　　　*t'ullo*
　　　ball.ACCOBL　throw-3SG.F-*e*　hedge-GEN.M　opening(GEN.F.MOD)
　　　giddo-ó-nni　*k'ol-t-e*　　　　　　　　　*sa-i-s-s-ino.*
　　　inside-L-LOC　cause.to.move.via-3SG.F-*e*　pass-E-CS-3SG.F-PRF.3
　　　「彼女はボールを投げて垣根の穴を通り抜けさせた。」

4. 主体移動の表現

4.1 主体移動動詞

　シダーマ語には，(7)に挙げたような主体移動の経路動詞がある[11]。(7a)の動詞は非直示的経路動詞（これ以降，狭い意味での「経路動詞」とみなし，このように呼ぶ）であり，(7b)の動詞は直示的経路動詞（これ以降，「直示動詞」と呼ぶ）である。go に相当する直示動詞には二種類がある。

(7)　a.　*dirr-* 'descend', *ful-* 'exit; ascend', *e'-* 'enter', *sa'-* 'pass(over,
　　　　　by, across)', *iill-* 'arrive', *tais-* 'cross', *hig-* 'return, turn, move

---

[11] (7a)の経路動詞の1つ(*šikk'i y-* 'approach')と(8)の様態動詞のうちの2つ(*širri y-* 'slide', *lečč'i (lečč'i) y-* 'walk tiredly')は，*y-* 'say' が擬声語またはそれだけでは意味を成さない語の後に起こり形成された慣用的表現である。これらの表現は，移動の様態，姿勢の変化，移動を伴わない運動，感情，音声の描写などに使われるが，その使用が義務であるような意味領域はない。これらの表現の中には，他動詞の形式として *y-* を *ass-* 'do' に変えた形式を持つものが多く，上の3つの動詞もこの他動詞の形式があり（例：(12a)にある *šikk'i ass-* 'cause to move a little'），客体移動に使われる。

via', *šikk'i y-* 'approach', *do-* 'move around'（移動物は参照物の近くに位置している），*gangaab-* 'move around'（移動物は参照物から離れている），*ub-* 'fall'

b. *da-* 'come', *had-* 'leave and go', *mar-* 'go and arrive'

数は少ないが，自主動作主的な動詞で移動の経路だけでなく移動の様態も表す経路＋様態動詞として，*t'ook'-* 'run away' と *gidd-* 'climb up' がある。

シダーマ語の主体移動の様態動詞としては，(8)のようなものがある[12]。これらの動詞は，空間移動を表す場合，経路動詞を主動詞とする *-e* 構文または *-a-nni* 構文の従属動詞として使われることが多い。

(8) *gongo'm-* 'roll', *buub-* 'fly', *kubb-* 'jump', *dod-* 'run', *daak-* 'swim', *k'aaf-* 'walk, take steps, step over', *bodd-* 'crawl', *sur-* 'creep', *širri y-* 'slide', *gušooš-am-*[pull-PASS-]'walk slowly'（故意にあるいは生来の特徴として），*tirat-* 'walk slowly'（速く歩けない原因がある場合），*buraak'-* 'run fast happily', *gaggab-* 'stagger', *din-* 'limp', *lečč'i (lečč'i) y-* 'walk tiredly', *muddam-* 'hurry', *rak-* 'hurry', *ariffat-* 'hurry', *ǰawaat-* 'hurry', *sasafam-* 'hurry', *wiinam-* 'hurry', *beellam-* 'hurry', *huunfam-* 'hurry', *wittii'l-* 'hurry', *fittii'l-* 'hurry'

4.2　主体移動の表現のパターン

通常，主体移動における経路は，名詞関連要素および主動詞として使われる経路動詞によって表され，共イベントは，付加的語句または *-e* 構文か *-a-nni* 構文の従属動詞によって表現される。このどちらの構文が使われるかは共イベントのタイプによる[13]。

---

[12] (8)に 'hurry' を表す語を10個挙げたが，これらの違いについてはここでは記述しない。

[13] 4.2節と5.2節ではTalmyが挙げている共イベントの種類として，様態，付帯状況，原因の3つを扱う。他に，可能性の付与(enablement)（枠付けイベントの原因とはなっていないが，それが起こることを可能にする，枠付けイベントよりも前に起こる共イベント）あるいは先行(precursion)（枠付けイベントの原因とはなっていなくて単に時間的に枠付けイベントよりも前に起こる共イベント）もあり，〈共イベントの表現−経路動詞〉のパターンを取ることが多い(Kawachi 2007aを参照)。しかし，もう一種類の共イベントの，後に引き続いて起こる出来事(subsequence)（枠付けイベントの後に起こり，枠付けイベントの

共イベントが様態である場合は，(1a)と(1b)のように -e 構文と -a-nni 構文のうちのいずれかを使って〈様態動詞－経路動詞〉のパターン，または〈様態動詞－直示動詞〉のパターンを取るのが最も一般的である。-a-nni 構文の方が -e 構文よりも様態の継続が強調されている傾向があるということを除いては，両者の構文に意味の違いはほとんどないことが多い[14]。

　しかし，様態動詞のほとんどは，経路動詞や直示動詞を主動詞として使わずに，それら自体を主動詞として使って着点または起点を表す名詞句を取ることもできる。様態動詞が着点を表す名詞句を取るのは，特にその名詞句が指す場所に入らない場合（したがって，その名詞句が着点と言うよりむしろ移動方向にある基準点（接近点）を表す場合）によく見られる。例えば，(1a)と(1b)とは違って，必ずしも山の上に達しない場合は，*tulló-te aan-í-ra dod-d-ino.*（[mountain-GEN.F top-GEN.M-ALL run-3SG.F-PRF.3]「彼女は山の上に向かって走った」（文字通りには「彼女は山の上に走った」））と言うことができる。一方，起点に関しても，名詞句が表す場所から出るかどうかに関わりなく，ほとんどの様態動詞が起点を表す名詞句を取ることができる（例：*tulló-te aan-í-nni dod-d-ino.* [mountain-GEN.F top-GEN.M-ABL run-3SG.F-PRF.3]「彼女は山の上から走った」）。しかし，いずれにしても，様態動詞が節の唯一の動詞であるこれらの表現よりも，方向を表す名詞句の後に hig- 'turn' を，起点を表す名詞句の後に ka'- 'start' をそれぞれ従属動詞として使い，様態動詞を主動詞として使った表現（例：*tulló-te aan-í-ra hig-g-e dod-d-ino./tulló-te aan-í-nni ka'-'-e dod-d-ino.*）の方が好まれる[15]。

目的または結果であるような共イベント）には，付加的語句や複数の動詞を使った構文の従属動詞を使って表すことはなく，'in order to do ...' や 'so that ...' を表す表現を使う。これは主体移動だけでなく客体移動の場合にも当てはまる。

[14] ただし，従属動詞として使われる様態動詞が *kubb-* 'jump' か *k'aaf-* ('step over' の意味で使われたとき）である場合は，様態を表す行為が -e 構文では一回限り行われるのに対し，-a-nni 構文では移動の間じゅう連続的に行われるという明らかな違いがある。

[15] 動詞 *hig-* が VIA を表すときも，様態を表すには，たいてい(ia)のようにその後に様態動詞－経路動詞の順番を取るが，(ib)のように様態動詞のみを取る構文を使うことも可能である。ここでも(ia)では彼女の垣根の反対側への到着を表すのに対し，(ib)はそれを必ずしも意味しないという違いがある。

共イベントが付帯状況（concomitance），つまり，枠付けイベントと同時に起こるが様態とは違って枠付けイベントからは独立した共イベントである場合も，経路を主動詞が表し，付帯状況を従属動詞が表す。付帯状況を表す動詞が活動動詞であれば，(9a)のように -a-nni 構文の従属動詞として使い，状態変化動詞であれば(9b)のように -e 構文の従属動詞として使う。

(9) {(a)*fiikk'-ø-a-nni*/(b)*šokk-ø-e*}　　　*ané*　　　*wido-ó-nni*
　　　whistle-3SG.M-*a-nni*/become.bent-3SG.M-*e*　1SG.GEN　side-L-LOC

　　　(*hig-ø-e*)　　　　*sa'-ø-ino.*
　　　move.via-3SG.M-*e*　pass-3SG.M-PRF.3

　　　「彼は {(a)口笛を吹きながら/(b)体を一方に曲げた状態で} 私のそばを通った。」

共イベントが原因（cause）の場合も，それを表すのに(10)のように付加的語句または(11)のように -e 構文の従属動詞を使い，経路を表すのには主動詞を使う。

(10) *wolak'atičč-u*　*bubbé-te-nni*　*t'arap'eess-ú*　*aan-í-nni*
　　　paper-NOM.M　wind-GEN.F-ABL　table-GEN.M　top-GEN.M-ABL

　　　uw-ø-ino.
　　　fall-3SG.M-PRF.3

　　　「紙が風でテーブルの上から落ちた。」

(11) *wa-í*　　　*giddó-ra*　　　*šalak'-ø-e*　　　*e'-ø-ino.*
　　　river-GEN.M　inside-ALL　slip-3SG.M-*e*　enter-3SG.M-PRF.3

　　　「彼は滑って川の中に入った。」

以上のように，主体移動の表現は，多くの場合，共イベントを付加的語句あるいは -e 構文か -a-nni 構文の従属動詞が表し，経路を名詞関連要素と主動詞が表すという動詞枠付け言語（経路主要部表示型言語）のパターンを取る。主動詞は経路動詞あるいは直示動詞である。経路動詞と直示動詞の両方を

(i)　*hutt'-ú*　　*aana-á-nni*　　*hig-g-e*
　　hedge-GEN.M　top-L-LOC　move.via-3SG.F-*e*

　　{(a)*kubb-i-t-e sa'-'-ino*/(b)*kubb-i-t-ino*}.
　　jump-E-3SG.F-*e* pass-3SG.F-PRF.3/jump-E-3SG.F-PRF.3

　　(a)/(b)「彼女は垣根を飛び越えた。」

-e 構文の最後の2つの動詞として使うことも可能である．ただし，2つの動詞の表す経路は，動詞の組み合わせによって，2つの違った経路と解釈される場合(例：(1)や(10)の後に直示動詞を主動詞として使った場合)も，1つの経路と解釈される場合もある．1つの経路としての解釈が可能なのは，経路動詞が出入りや上下の移動を表す場合(例：*ful-ø-e had'-*[exit/ascend-3SG.M-*e* go-], *ful-ø-e da-*[exit/ascend-3SG.M-*e* come-], *e'-ø-e had'-*[enter-3SG.M-*e* go-], *e'-ø-e da-*[enter-3SG.M-*e* come-])と VIA または ALENGTH の局面を表す場合(例：(5)の最後の動詞の代わりに直示動詞を主動詞として使った場合)に多い[16]．

この言語で主体移動の構成要素を表す最も一般的なパターンを表2に示す．経路動詞と直示動詞が同時に使われるほとんどの場合，経路動詞の後に直示動詞が続く．共イベントを表す動詞と経路動詞と直示動詞は3つのスロットに入るというより，3種類の動詞の相対的な順番がおよそ決まっていると考えられる．

表2：主体移動の表現のパターン(シダーマ語)

表現要素	動詞以外				動詞
	名詞関連要素			動詞関連要素	
	格接尾辞・格超分節接辞，クリティック	位置名詞	指示詞	付加的語句	不定動詞＞定動詞
意味要素	経路局面	位置関係，方向	直示，方向	共イベント	共イベント＞経路局面＋位置関係／方向＞直示

5. 客体移動の表現

以下では，客体移動事象の表現を，イベントの統合という観点からだけでなく，使役のタイプによりどのような表現の違いが現れるかという観点からも考察する．松本(本巻第1章)によると，客体移動のイベントは(i)使役者(であると同時に，通常，動作主)が移動物を制御し続けるかどうかと，(ii)使役者が移動物に随伴して移動するかという2つの基準をもとに3種類に分ける

---

[16] しかし *e'-ø-e had'-* によって表されるイベントに *har'-ø-e e'-* または *mar-ø-e e'-* [go-3SG.M-*e* enter] を使うこともできる(ただし，**e'-ø-e mar-*)．

ことができる（使役者が移動物を制御し続けずに移動物に随伴して移動する場合は考慮しない）。「随伴運搬型」の客体移動（例：「ボールを家に持って行く」，「ボールを蹴り続けて行って穴に入れる」）では，使役者が移動物を制御し続け移動物に随伴して移動する。「継続操作型」の客体移動（例：「ボールをテーブルの上に置く」）では，使役者が移動物を制御し続け，使役者の体の一部が移動物に随伴して動くが，使役者は全体として移動はしない。「開始時起動型」の客体移動（例：「ボールを投げて穴に入れる」）では，使役者が移動物をイベントの開始時のみ移動させるが，移動物を制御し続けることも移動物に随伴して移動することもしない。

5.1　使役的経路動詞

シダーマ語には，(12) のような使役的経路動詞（使役動作主を伴う空間移動の経路を表す動詞）がある。

(12) a. *ka-i-s-* 'cause to move up, lift' (cf. *ka'-* 'rise'), *dirr-i-s-* 'cause to move down' (cf. *dirr-* 'descend'), *fušš-* 'take out' (cf. *ful-* 'exit'), *ee-ss-* 'put in' (cf. *e'-* 'enter'), *sa-i-s-* 'cause to pass' (cf. *sa'-* 'pass'), *iill-i-š-* 'cause to arrive' (cf. *iill-* 'arrive'), *tais-i-s-* 'cause to cross' (cf. *tais-* 'cross'), *šikk'i ass-* 'cause to move a little' (cf. *šikk'i y-* 'approach'), *do-i-s-* 'surround' (cf. *do-* 'move around'), *k'ol-* 'cause to turn, direct, return, cause to move via', *šorr-* 'chase away'

b. *wor-* 'put', *duk-* 'lift and load on someone's shoulder or head' (middle voice form: *duk-k'-* 'lift and load on one's own shoulder or head'), *baid-* 'lift and load on one's own back', *ad-* 'get hold of, take away (for oneself)', *haad-* 'cause to move away from a place'

c. *abb-* 'bring (to the deictic center)', *ma-ss-* 'take (away from the deictic center to another location)' (cf. *mar-* 'go'), *ha'r-i-s-* 'cause to leave/go' (cf. *had-* 'leave, go')

(12a) と (12b) は非直示的経路を表す（以下で，狭い意味での「使役的経路

動詞」として扱い，このように呼ぶ）。(12b)の動詞は主として継続操作型の客体移動に使われ，経路と「手による」という使役の手段が融合した動詞である。そのうちの *duk-* と *baid-* は着点にある参照物を体の特定の部位に限定する。他の動詞とは違って，*duk-k'-*（*duk-* の中間態の形式）と *baid-* は随伴運搬型の客体移動にも使える。(12c)は直示的経路を表す（以下で，「使役的直示動詞」と呼ぶ）。このうち *ma-ss-* は常に随伴運搬型の客体移動に使われる。*abb-* は移動物が有生である場合は随伴運搬型に限られる。移動物が無生である場合も随伴運搬型の客体移動を表すことが非常に多いが，「ボールを投げて穴の中に動かす（文字通りには，持ってくる）」のような開始時起動型の客体移動の文脈にも使うことが可能である[17]。*ha'r-i-s-* は有生・無生の移動物の随伴運搬型にも開始時起動型にも使われる。また，(12)の他に，経路だけでなく様態も表す継続操作型動詞として，*surk-* 'slide in/under' がある。

(12)の使役的経路動詞と使役的直示動詞には，語根が客体移動を表すもの（*abb-* など）と，(7)の主体移動の経路動詞（自動詞）の形態的使役形であるもの（*ma-ss-* など）がある。形態的使役形には二種類ある[18]。その1つは使役の接尾辞 *-s*（ときに *-ss*）が付いた形式（*-i* は挿入母音）で，使役者が動作主として被使役者・物に直接働きかけるような使役のイベントに使われる（例：

---

[17] (12c)に挙げた使役形，さらには他の人物に誰かを行かせる・来させることを表す二重使役形（*ha'r-i-siis-* と *da-i-siis-*）がある。*had-* 'leave and go' と *mar-* 'go and arrive' とは違って，*da-* 'come' には使役形も二重使役形も存在しない。誰かに言葉で命令して来させるというような場合には，*da-* 'come' を従属部の動詞として使って「その人が来るようにする」という迂言的使役構文を使う（注18を参照）。

[18] ここでは扱わないが，(i)のように迂言的（periphrastic）使役構文によって使役を表すこともできる。被使役者・物を補節の主語に使い，補節の動詞として主体移動経路動詞（自動詞）にクリティックの =*gede* 'so that ...' を付け，動詞の *ass-* 'do' を主動詞に使う。この場合，補節で表されたイベントへの使役者の関与度が低いのは明らかだが，使役者の被使役者・物への働きかけが直接的か間接的かは定かではない。

(i) hakk'e   tulló-te   aan-í-nni
    wood(NOM.F)   mountain-GEN.F   top-GEN.M-ABL

    dirr-i-t-anno = gede   ass-i-t-ino.
    descend-E-3SG.F-IPFV.3=so.that do-E-3SG.F-PRF.3

    「彼女は(他の人を使って，または自分で)木材が山の上から下りるようにした。」

(13a))。もう1つの形態的使役形は，(12)には挙げていないが，二重使役接尾辞 -siis が付いた形式(例：dirr-i-siis-, ma-ssiis-)で，使役者が他の動作主に依頼して被使役者・物に働きかけるようにするという，より間接的な使役を表す(例：(13b))。

(13)　hakk'é　　　　tulló-te　　　　　aan-í-nni
　　　wood.ACCOBL　mountain-GEN.F　top-GEN.M-ABL
　　　{(a)dirr-i-s-s-ino/(b)dirr-i-siis-s-ino}.
　　　descend-E-CS-3SG.F-PRF.3/descend-E-DBL.CS-3SG.F-PRF.3
　　　「彼女は木材を山の上から {(a)(自分で)下ろした。/(b)(他の人に)下ろさせた}。」

客体移動による移動物の移動の様態を表すには，多くの場合，(8)の主体移動様態動詞(自動詞)の使役形が使われる。

客体移動においての移動の原因(使役の手段)として使われる動詞には，次のようなものがある：ol- 'throw'(移動物が比較的長い距離を移動する場合)，tug- 'throw'(移動物が比較的短い距離を移動する場合), gan- 'hit, kick', t'iib- 'push', gušooš- 'pull', hiikk'- 'break(transitive)', uffi ass- 'blow(transitive)'。

5.2　客体移動の表現のパターン

以下ではまず，4.2節で主体移動の表現についてしたように，客体移動の共イベントのタイプによってどのような客体移動の表現のパターンをとるかを調べる(迂言的使役構文については注18を参照)。その後5.3節で，使役のタイプにより客体移動の経路の表現の違いがあるかどうかを考察する。

主体移動と同様に客体移動でも，ほとんどの場合，経路を表すのに名詞関連要素，および使役的経路動詞または使役的直示動詞が使われ，共イベントの表現は従属動詞または付加的語句に起こる。

客体移動の共イベントが移動の原因(客体移動においては「使役の手段」と呼ぶ)の場合は，多くの場合，特に，使役が開始時起動型である場合，(2)や(14a)のように -e 構文が使われる。しかし，(14b)のように，随伴運搬型の客体移動は，-a-nni 構文によって表現する(これは，動作主が使役の手段となる動作を反復して続けると同時に，移動物の移動の継続を制御しながら

移動物と共に移動するケースである)。

(14) kaasé   k'iniitiččó   lekká-se-nni
     ball.ACCOBL right.GEN   foot.GEN.F-3SG.F.POSS-INS
     {(a)gan-t-e /(b)gan-t-a-nni} t'awó   tais-i-s-s-ino.
     hit-3SG.F-e/hit-3SG.F-a-nni field.ACCOBL cross-E-CS-3SG.F-PRF.3
     「彼女はボールを右足で {(a)一回蹴って /(b)蹴り続けて} 畑を横切らせた。」

(14)で従属動詞を省いた表現も可能で，その場合，使役の手段は付加的語句(k'iniitiččó lekká-se-nni)で表されていることになる。

　主体移動におけるのと同様に，客体移動の共イベントが移動の様態である場合，-e 構文と -a-nni 構文のどちらも使うことができるが，たいていの場合，-a-nni 構文では -e 構文よりも移動物の様態の継続が強調される。例えば(15a)は動作主がボールを転がしたという事実が表されているだけだが，(15b)ではボールが回り続けることが示されている(ただし動作主が移動物の様態の継続を制御し続けるかどうかはわからない)。

(15) kaasé   balé-te   giddó-ra
     ball.ACCOBL hole-GEN.F   inside-ALL
     {(a)gongo'm-i-š-š-e/(b)gongo'm-i-š-š-a-nni}
     roll-E-CS-3SG.F-e/roll-E-CS-3SG.F-a-nni
     ee-ss-i-t-ino.
     enter-CS-E-3SG.F-PRF.3
     (a)/(b)「彼女はボールを穴の中に転がして入れた。」

　客体移動の共イベントとしての使役の手段または移動の様態を表す動詞のいくつかは，主動詞として，着点を表す名詞句を取ることができる。しかし，主体移動の様態を表す動詞のほとんどがそうであるように，これは通常，移動物が着点に到着することを必ずしも含意しない場合に限り可能である。例えば kaasé balé-te giddó-ra ol-t-ino. [ball.ACCOBL hole-GEN.F inside-ALL throw-3SG.F-PRF.3]「彼女はボールを穴の中に投げた」と kaasé balé-te giddó-ra gongo'm-i-š-š-ino. [ball.ACCOBL hole-GEN.F inside-ALL roll-E-CS-3SG.F-PRF.3]「彼女がボールを穴の中に転がした」は，それらの日本語

訳と同じように，移動物の着点への到着ではなく着点に向かっての移動を引き起こす客体移動を表す。この点で，(2)と(15)およびそれらの日本語訳とは異なる。

主体移動の様態を表すほとんどの動詞のように，移動物の起点が問題になっているときにも，使役の手段または移動の様態を表す動詞を主動詞として使うことができることが多い（例：*tulló-te aan-í-nni kaasé gongo'm-i-š-š-ino.*[mountain-GEN.F top-GEN.M-ABL ball.ACCOBL roll-E-CS-3SG.F-PRF.3]「彼女はボールを山の上から（下に）転がした」）。しかし，使役動作主が起点にいる場合にそのことをはっきりとさせるために，動詞 heed- 'be'(-e 構文において)，stay' を従属動詞として使い「(起点)にいて」ということを表す表現が好まれる（例：*tulló-te aana heed-d-e kaasé gongo'm-i-š-š-ino.*[mountain-GEN.F top(LOC) be-3SG.F-*e* ball.ACCOBL roll-E-CS-3SG.F-PRF.3]「彼女は山の上にいてボールを（下に）転がした」）。

(6)にあったように，客体移動の VIA の局面を表すのには，-e 構文の従属動詞に *k'ol-* を使い，経路を主動詞（*sais-* 'cause to pass' や，*fušš-* 'take out' など）で表し，使役の手段または移動の様態をもう1つの従属動詞で表すのが一般的である。そのほか，*sais-* のような動詞を使わずに，使役の手段か移動の様態を表す動詞を主動詞として使うことも可能である（例：*kaasé t'arap'eess-ú woro-ó-nni k'ol-t-e ol-t-ino/gongo'm-i-š-š-ino.*[ball.ACCOBL table-GEN.M belowness-L-LOC cause.to.move.via-3SG.F-*e* throw-3SG.F-PRF.3/roll-E-CS-3SG.F-PRF.3]「彼女はテーブルの下を通してボールを投げた／転がした」）。

共イベントが使役の付帯状況である場合も，主体移動におけるのと同様に，経路を主動詞で表し，付帯状況を従属動詞で表す。付帯状況を表す動詞が，活動動詞なら(16)のように *-a-nni* 構文を，状態変化動詞なら(17)のように *-e* 構文を使う。

(16) waá ané-ra oso'l-ø-a-nni abb-ø-ino.
water.ACCOBL 1SG.GEN-DAT smile-3SG.M-*a-nni* bring-3SG.M-PRF.3
「彼は微笑みながら私に水を持ってきた。」

(17) hank'-i-t-e   wošiččó   min-í-se-nni
     get.angry-E-3SG.F-e dog.ACCOBL   house-GEN.M-3SG.F.POSS-ABL
     šorr-i-t-ino.
     chase.away-E-3SG.F-PRF.3
     「彼女は怒った状態で犬を彼女の家から追い払った。」

以上のように，客体移動でも従属動詞あるいは付加的語句が共イベントを表し，名詞関連要素と主動詞が経路を表すというパターンを取る。これは表2に示した主体移動の表現の最もよくあるパターンと同じである。共イベントを表す動詞が主動詞として使われることがあるということも，主体移動の表現と共通している。そして主体移動の表現におけるのと同様に，使役的経路動詞と使役的直示動詞の両方を -e 構文の最後の2つの動詞として使い，1つの経路を表す場合と2つの経路を表す場合がある。

5.3 使役のタイプと表現パターン

次に松本（本巻第1章）の使役のタイプ別に，使役の手段が共イベントであるマクロイベントとしての客体移動が，どのように表現されるかを記述する。

客体移動の移動物の経路が表されるのは，名詞関連要素以外では，節の唯一の動詞として，または複数の動詞を使った構文の主動詞としての使役的経路動詞，あるいは経路を表す従属動詞によってである。名詞関連要素以外による経路の表し方を使役のタイプ別に見てみると，継続操作型の場合は，通常，使役的経路動詞が単独で使われる（例：*kaasé t'arap'eess-ú aana wor-t-ino.* [ball.ACCOBL table-GEN.M top (LOC) put-3SG.F-PRF.3]「彼女がボールをテーブルの上に置いた」）。随伴運搬型でも開始時起動型でも，主動詞の使役的経路動詞によって経路が表される。随伴運搬型の場合は *-a-nni* 構文（例：(14b)），開始時起動型の場合は *-e* 構文（例：(2),(6),(14a),(15a)）の主動詞として使われることが多い（まれに *-a-nni* 構文（例：(15b)）の主動詞として使われる）[19]。また，随伴運搬型と開始時起動型では，経路が主動詞だ

---

[19] ただし，開始時起動型や随伴運搬型の客体移動の手段は常に表されるわけではないので，継続操作型の客体移動に使える使役的経路動詞が節の唯一の動詞であるときに，3種類の使役の手段のうちのどれにも解釈できる場合がある。例えば，*kaasé balé-te giddó-ra*

けでなく従属動詞でも表されることがある。つまり，経路を表す動詞が通常は主動詞であるという点において共通しているが，使役のタイプによって使われる構文は異なる。

　使役の手段と移動の経路がマクロイベントとして統合される度合いは，3つのタイプの使役で異なる。ここでは，継続操作型の客体移動に wor- 'put' が使われたときのように，使役の手段と移動の経路が使役的経路動詞のみによって同時に表される場合が最も統合度が高く，次が -a-nni 構文で表される場合で，最も低いのが -e 構文で表される場合であると考えられる（2.2節の最後の段落の記述を参照）。継続操作型の客体移動に wor- 'put' のような動詞が使われるときは，イベントの諸要素は，名詞句および名詞関連要素の他に，使役的経路動詞のみで表され，使役の手段は共イベントとして別には表されない。したがって，イベントが非常に統合されて表現されていると言える。随伴運搬型のイベントの諸要素は，名詞句および名詞関連要素の他に，使役的経路動詞のみか，または -a-nni 構文（主動詞：経路，従属動詞：使役の手段）によって表されることが多い。使役の手段は経路と別には表さないか，または共イベントとして従属動詞で表し，経路をその主動詞で表すため，イベントがある程度統合されて表現されていると言える。一方，開始時起動型のイベントでは，使役の手段を表さずに使役的経路動詞のみを使うことはごくまれである。多くの場合，-e 構文を使い，使役手段動詞をその従属動詞に，使役的経路動詞をその主動詞に使う。したがって，この場合は他の2つのタイプの使役と比べてあまりイベントの統合のされ方が密ではない傾向がある。

　指示詞以外による直示情報の表現のし方も，使役のタイプにより違いがある。継続操作型の客体移動の場合，直示情報を動詞で表すことはない。随伴運搬型の客体移動では，使役的直示動詞（abb-）も主体移動の直示動詞の使役

---

ee-ss-i-t-ino. ([ball.ACCOBL hole-GEN.F inside-ALL enter-CS-E-3SG.F-PRF.3]「彼女はボールを穴の中に入れた。」）という文はどのタイプの客体移動の文脈にも使うことができる。

　さらに，随伴運搬型のマクロイベントのように見えるイベントを，使役の手段ではなく，枠組みとなるイベントとは独立した先行的イベントが共イベントである主体移動としてとらえることも可能である（例：文字通りには「（移動物を）つかんで行く」というような表現）。

形(*ma-ss-*, *ha'r-i-s-*)も使うことができる。開始時起動型の客体移動の場合も，*ha'r-i-s-* を使うことはできるが，*ma-ss-* を使うことはできず，また，*abb-* の使用は無生の移動物(被使役者)に限られる。随伴運搬型の客体移動にしても開始時起動型の客体移動にしても，主体移動と同じように，経路動詞と直示動詞を -*e* 構文で連続させて使うことが可能である。これら2つの動詞の表す経路が2つの違った経路と解釈されるかどうかは組み合わせによる。1つの経路と解釈される動詞の組み合わせは，主体移動においてと同じように，経路動詞が VIA または ALENGTH の局面を表す場合(例：(6)の最後の動詞に使役的直示動詞を主動詞として使った場合)に多いようだが，主体移動で出入りの動詞の後に直示動詞が続くとき(4.2節)とは異なり，客体移動において出入りの動詞の使役形の後に使役的直示動詞が続くときは2つの経路が表される。

6. 視覚的放射・視覚的放射方向移動の表現

　ここではシダーマ語の視覚的放射および視覚的放射方向移動(Talmy 1996, 2000)，特に視覚と聴覚に関する移動の表現を扱う[20]。この言語での「見る」と「聞く」に相当する最も一般的な動詞はそれぞれ *la'-* と *mačč'iišš-* である。視覚に関する，より特定的な動詞としては，*buut'-* 'look thoroughly (to identify)', *geek'-* 'look straight without blinking his/her eyes; look angrily', *heešši y-* 'glance', *č'aaki y-* 'glance' があり，聴覚に関するより特定的な動詞としては *huwat-* 'listen attentively', *k'ontis-* 'get ready to listen to (something new)' がある。また，視覚にも聴覚にも使える動詞として *t'uns-* 'look/listen carefully' がある。これらの特定的な動詞は主動詞に *la'-* か *mačč'iišš-* を使う -*e* 構文の従属動詞として使われるか，あるいは節の中の唯一の動詞として使われる。後者の用法で視覚と聴覚に関する移動を表す場合は *la'-* または *mačč'iišš-* とほぼ同じ振る舞いをするので，以下では扱わない。

---

[20] 嗅覚に関する動詞としては，*ulat-* 'smell (an object with a good or bad smell)', *su'niss-* 'smell (a scent)', *urs-* '(used for animals) sniff (to search for)' があるが，嗅覚の経路を表す表現は接近方向の経路に限られる(例：*wošičč-u waalč-ú wid-í-ra hig-ø-e/k'ol-ø-e urs-ø-ino*. [dog-NOM.M gate-GEN.M direction-GEN.M-ALL turn-3SG.M-*e*/cause.to.turn-3SG.M-*e* sniff-3SG.M-PRF.3]「犬は門の方の匂いを嗅いだ」)。

8.2節で述べるように，視覚的放射と視覚的放射方向移動の区別をはっきりと付けるのは難しいが，ここでは(18)のように経路動詞の *hig-* 'turn' または *k'ol-* 'cause to turn, direct' を主動詞として使い，明らかに視覚や聴覚の方向の変化を表す表現を，視覚的放射方向移動を表しているものとみなす[21]。

(18) *insá=wa*
     3PL.GEN=place

$\left\{\begin{array}{l}\text{(a) } \textit{hig-g-ino.}\\\quad\text{turn-3SG.F-PRF.3}\\\text{(b) } \{\textit{albá/illé/mačč'á}\}\qquad\qquad \textit{k'ol-t-ino.}\\\quad\text{face.ACCOBL/eye.ACCOBL/ear.ACCOBL}\quad\text{cause.to.turn-3SG.F-PRF.3}\end{array}\right\}$

「彼女は{(a)彼らの方を向いた(b)彼らに{顔/目/耳}を向けた}。」

一方，目や耳から何か移動しているとシダーマ語の母語話者が判断した表現を，視覚的放射を表しているものとみなす。

シダーマ語の *la'-* か *mačč'iišš-* を使った視覚的放射の表現は，これらの動詞を主動詞として使う[22]。ただし，経路の種類によって使われる構文は異なる。また，表せる経路の種類も視覚と聴覚で異なり，一般に，視覚の移動の表現の方が聴覚の移動の表現よりも多くの種類の経路を表すことができる。視覚の移動の表現は着点・接近点，起点，通過点を表すことができるのに対し，聴覚の移動の表現は着点・接近点と起点のみを表す(ただし，着点を表しているように見えても実際は常に接近点であると考えることもできる)。

視覚的放射の着点・接近点を表す場合は，(3)や(19)のように，*-e* 構文の従属部において，着点を表す名詞関連要素と従属動詞 *hig-* または *k'ol-* で知覚の運動の経路の方向を表し，知覚動詞を主動詞として使う。

---

[21] (18a)は，体全体が向いている方向の変化(3.4節)だけでなく，注意の方向の変化とも解釈される。

[22] 「見る」または「聞く」を表す動詞を使う場合，目的語に視覚か聴覚の対象を使い，主語に「目」または「耳」を指す名詞句を用いることもできる。また，注視点の変化に関する表現として，主語に「目」を使う表現(例：「彼女は彼が彼の家に入るのを目で追った」文字通りには，「彼女の目は彼の後を彼の家に入った/行った/来た」)もあるが，使われる文脈は限られている。

(19)
$\left\{\begin{array}{l}\text{(a) } \textit{waalč-ú} \quad \textit{wid-í-ra} \quad \textit{hig-g-e} \\ \quad \text{gate-GEN.M} \quad \text{direction-GEN.M-ALL} \quad \text{turn-3SG.F-}\textit{e} \\ \text{(b) } \textit{mačč'á} \quad \textit{waalč-ú} \quad \textit{wid-í-ra} \quad \textit{k'ol-t-e} \\ \quad \text{ear.ACCOBL} \quad \text{gate-GEN.M} \quad \text{direction-GEN.M-ALL} \quad \text{cause.to.turn-3SG.F-}\textit{e}\end{array}\right\}$

　　　mačč'iišš-i-t-ino.
　　　listen-E-3SG.F-PRF.3

　(a)/(b)「彼女は門の方向に耳を傾けて聞いた。」

(19a)のように、聴覚の表現で従属動詞に目的語「耳」がない場合は自動詞の *hig-* が、(19b)のように、目的語がある場合は他動詞の *k'ol-* が使われる。それに対し、視覚の表現においては、(3)のように、従属動詞に目的語「目」または「顔」がない場合は *hig-* または *k'ol-* が、目的語がある場合は *k'ol-* のみが使われる。

聴覚放射の表現で従属動詞と共に使える位置名詞は *wido* 'direction' と *giddo* 'inside' に限られているのだが、視覚放射の表現ではほとんどの位置名詞を使うことができる。また、位置名詞のタイプによって視覚放射の表現での使われ方が異なる。(3)にあるように、属格の名詞句に修飾されて使われることが多い位置名詞(*giddo* 'inside' など)が向格の接尾辞 *-ra* を伴って知覚の経路を表す場合は、*hig-* または *k'ol-* を従属動詞とする *-e* 構文を通常使う[23]。しかし、(20)のように位置名詞のうち必ずしも属格の名詞句を必要としないもの(*gobba* 'outside' など)は従属動詞を必要とせず、副詞的に視覚動詞を修飾する。

　(20) *gobbá-ra* 　　(*hig-g-e/k'ol-t-e*) 　　*la'-'-ino.*
　　　 outside-ALL 　(turn-3SG.F-*e*/cause.to.turn-3SG.F-*e*) 　look-3SG.F-PRF.3
　　　「彼女は外を(向いて)見た。」

局面の FROM を表す場合は、(21)のように、動詞 *heed-* 'be(-*e* 構文において), stay' を従属動詞として使って「(起点)にいて」というように表して

---

[23] 低地の方言の話者は、位置名詞のタイプに関係なく、*hig-/k'ol-* を使わない表現も認めていて、このような話者にとっては(3)の意味を表すのに *balé-te giddó-ra la'-'-ino.* と言うことも可能である。

から，主動詞に知覚動詞を用いる。

(21) min-í-se giddo heed-d-e
house-GEN.M-3SG.F.POSS inside.LOC be-3SG.F-e
isó la'-'-ino.
3SG.M.ACCOBL look-3SG.F-PRF.3

「彼女は自分の家の中から彼を見た。」（文字通りには，「自分の家の中にいて彼を見た。」）

視覚の移動でも聴覚の移動でもFROM-TOWARD（起点-接近点）またはFROM-TO（起点-着点）も表すことができる。この場合も，FROMの部分は「(起点)にいて」というふうに従属動詞で表すのが普通である。例えば，(21)でisóの代わりにgobbá-ra hig-g-e/k'ol-t-e[outside-ALL turn-3SG.F-e/cause.to.turn-3SG.F-e]を使って，「家の中から外を見た（文字通りには，家の中にいて外を向いて，見た）」と言うことができる。視覚に限っては，起点に奪格の名詞句を使い，heed- 'be, stay' を使わずにhig-/k'ol-だけを使った表現も可能である（min-í-se giddó-nni gobbá-ra hig-g-e/k'ol-t-e isó la'-'-ino.[house-GEN.M-3SG.F.POSS inside-ABL outside-ALL turn-3SG.F-e/cause.to.turn-3SG.F-e 3SG.M.ACCOBL look-3SG.F-PRF.3]「彼女は自分の家の中から外を向いて彼を見た」）。

VIAやALENGTHの局面は，視覚放射の表現では表すことはできても聴覚放射の表現では表すことはできない。英語ではthroughが使われるような例が(22)にある。局面がTOの場合とは違って，従属動詞にはk'ol-が使われ，hig-は使われない。例えば(22)でhig-が使われたとすると「彼が垣根のすき間を通り抜けてその人を見た」という意味になる。

(22) hutt'-ú t'ullo giddo-ó-nni
hedge-GEN.M opening(GEN.F.MOD) inside-L-LOC
k'ol-ø-e mančó la'-ø-ino.
cause.to.move.via-3SG.M-e person.ACCOBL look-3SG.M-PRF.3

「彼は垣根のすき間を通してその人を見た。」

英語ではacrossが使われるような平面を横切る視覚放射を表すのには，「参照物の向こう側にいる人・ある物を見る」という表現をするか，あるい

は(23)のように，-e 構文の従属動詞に tais- 'cross' を使い，主動詞に la'- を使う慣用的表現を使う(彼が移動したことにはならない)。このような慣用的表現は非常にまれである。

(23) doogó/waá   tais-ø-e   la'-ø-ino.
     road.ACCOBL/water.ACCOBL   cross-3SG.M-e   look-3SG.M-PRF.3
     「彼は道／川の向こう側を見た。」(文字通りには，「道／川を横切って見た。」)

　この節の始めに述べたように，視覚的放射方向移動の経路は主動詞で表されるが(例：(18))，視覚的放射の経路が主動詞で表されることはない。視覚的放射の表現に，知覚を主動詞以外で表し，経路動詞を主動詞として使うのは，知覚を表すのに名詞関連要素は使わないシダーマ語の構造から考えてもきわめて困難である。複数の動詞を使う構文で従属動詞によって知覚を表し，主動詞によって経路を表すのも不可能である。-e 構文でも -a-nni 構文でも，使われる複数の動詞の主語は同じでなければならないが，もしも知覚動詞を従属動詞として，経路動詞を主動詞として使った場合には，知覚動詞の主語は知覚者(または目や耳)であるので，経路動詞によって表された経路を知覚放射の経路と解釈することはできない。例えば，(24a)のように la'- が -e 構文の従属動詞として使われ，経路動詞が(またはどんな動詞であろうとも)主動詞として使われるなら，「…が…を見てから…をした」という意味になるし，また，(24b)のように la'- が -a-nni 構文の従属動詞として使われ，経路動詞が(またはどんな動詞であろうとも)主動詞として使われるなら，「…が…を見ながら…をした」という付帯状況の意味になる[24]。

(24) isó   {(a)la'-'-e/(b)la'-'-a-nni}   ful-t-ino.
     3SG.M.ACCOBL   look-3SG.F-e/look-3SG.F-a-nni   ascend-3SG.F-PRF.3
     「彼女は彼を {(a)見て／(b)見ながら}（より高いところに）上がった。」

7. まとめ

　シダーマ語が３つのタイプの空間移動を表す最も一般的なパターンにおいて，非直示的経路と直示的経路がそれぞれ主動詞で表されるか，あるいは主

---

[24] 注22のように主語に目を使った場合は非文法的になる。

動詞以外で表されるかを表3にまとめた。視覚的放射以外の表現において，動詞枠付け言語の特徴を示していることがわかる。

表3：移動事象表現タイプ別の経路概念の表現位置（シダーマ語）

移動事象表現タイプ		経路概念のタイプ	非直示的	直示的
具体的移動	主体移動		主動詞／主動詞以外	主動詞／主動詞以外
	客体移動	随伴運搬型	主動詞／主動詞以外	主動詞／主動詞以外
		継続操作型	主動詞／主動詞以外	主動詞以外
		開始時起動型	主動詞／主動詞以外	主動詞／主動詞以外
視覚的放射関連	視覚的放射方向移動		主動詞／主動詞以外	主動詞以外
	視覚的放射		主動詞以外	主動詞以外

　非直示的経路については，具体的移動（主体移動と客体移動）および視覚的放射方向移動において，主動詞によって表す可能性があるが，視覚的放射ではその可能性がまったくない。全体として主体移動と客体移動のどちらが経路を主動詞によって表す可能性がより高いかははっきりとは決めがたい。視覚的放射の表現では，「見上げる」のように経路を複合動詞の後項で表す表現がある日本語とは違って，シダーマ語では通常，経路を表すのに経路動詞を使うことはなく，従属動詞と名詞関連要素を使う。

　直示的経路は，主体移動と，随伴運搬型と開始時起動型の客体移動が指示詞だけでなく主動詞でも表すことができるのに対し，継続操作型の客体移動と視覚的放射では指示詞でしか表せず，主動詞によって表される可能性はまったくない。

　継続操作型の客体移動の表現では，使役動詞以外の構成素で使役の手段を表すことはなく，使役動詞に経路局面と使役の手段（例えば，*wor-* 'put' の場合，TOと手を使うということ）の意味要素が融合されている。継続操作型の客体移動にしか使えない動詞によって直示情報を表すことがないのは，この言語で（実際には，多くの言語で：松本（本巻第1章））一般に使役の手段と直示情報がともに一つの動詞に語彙化されることはなく，継続操作型の客体移動のみに使われる動詞には使役の手段がすでに語彙化されているためであるとも言える。

8. 視覚的放射・視覚的放射方向移動に関する問題

ここでは知覚の移動に関する4つの問題を取り上げる。8.1節で視覚的放射・視覚的放射方向移動と客体移動の関係，8.2節で視覚的放射と視覚的放射方向移動の区別，8.3節で視覚的放射はマクロイベントかという問題，8.4節で不完全な経路の空間移動のイベント同士の類似性についての問題を扱う。

8.1 視覚的放射・視覚的放射方向移動と客体移動の関係

視覚的放射の表現は開始時起動型の客体移動の表現と，視覚的放射方向移動の表現は継続操作型の客体移動の表現と，それぞれ類似性が見られる。ここでは経路局面がTOである場合のみを扱う。視覚的放射と開始時起動型の客体移動では，使役者が移動物をイベントの開始時に移動させるが，移動物が移動し始めた後はそれを操作しない。(22)や(23)のような視覚的放射の表現では，「見る」を表す動詞を主動詞に使い，経路を -e 構文の従属動詞 (*k'ol-* 'cause to move via' または *tais-* 'cross')で表す。ただし，(20)のように経路を名詞関連要素のみで表す場合もある。開始時起動型の客体移動を表すのには，通常，-e 構文が使われ，使役手段を従属動詞で，経路を主動詞と名詞関連要素で表す。ただし，移動物が着点に到達せず，着点に向かって移動することだけを表すのであれば，使役手段動詞を使い，視覚的放射の表現のように，経路を名詞関連要素のみで表すことも可能である (例えば，(2) で *ol-t-ino* [throw-3SG.F-PRF.3] を主動詞として使っても良い)。

一方，視覚的放射方向移動と継続操作型の客体移動は，使役者が体の一部を使って移動物をイベントの間ずっと制御しながら移動させるが，使役者の体は全体として位置を変えない。第6節で述べたように，明らかに視覚的放射方向移動を表す表現としては，使役的経路動詞の *k'ol-* 'cause to turn' と名詞関連要素で経路を表し，移動物である注視点・視線の方向を「目」を意味する目的語名詞句で表す表現がある (*gobbá-ra illé k'ol-t-ino.* [outside-ALL eye.ACCOBL cause.to.turn-3SG.F-PRF.3]「彼女は目を外に向けた」)。継続操作型の客体移動を表すのにも，これと同じ構造の表現 (使役的経路動詞と名詞関連要素で経路を表し，移動物を目的語として使う表現) が使われる。

視覚的放射と開始時起動型の客体移動，および視覚的放射方向移動と継続

操作型の客体移動という，2つのペアの類似性を比較してみよう。視覚的放射は使役としては表されず(移動物を目的語として取らない)，その表現が開始時起動型の客体移動の表現と似ているとしても，経路を主要部以外で表すという，あまり一般的ではない表現と似ている。その点で，前者ペアは後者ペアほどは似ていないように思われる。

　これは視覚的放射の次の特徴によるものであるかもしれない。通常何らかの動き(眼球または顔の動き)を伴う視覚的放射方向移動とは違って，視覚的放射では実際には何も動かない。したがって視覚的放射方向移動よりも視覚的放射の方が虚構性が大きく，空間移動としてとらえられにくいので，対応する使役のタイプの表現とはやや違った表現のされ方がされるのかもしれない(さらに，8.3節で見るように，視覚的放射がマクロイベントとしてとらえられていないのだとすると，これも要因である可能性がある)。

8.2　視覚的放射と視覚的放射方向移動の違い

　視覚的放射(例:「見上げる」)と視覚的放射方向移動(例:「目を上げる」)の区別は，日本語や英語では表現の形式からたいてい区別が可能である(松本2001, 2003, 本巻第1章)。

　シダーマ語の視覚的放射の表現の多くには，*hig-* 'turn' または *k'ol-* 'cause to turn, direct' が従属動詞として使われるので，この部分は視覚的放射ではなく視覚的放射方向移動を表しているように見える。一方，視覚的放射の表現には，(22)や(23)のように -*e* 構文の従属動詞として *k'ol-* 'cause to move via' という意味で使って VIA の経路を表すものと，-*e* 構文の従属動詞として *tais-* 'cross' を使って経路が平面を横切る ALENGTH の経路を表すものがあるが，これらの表現は視覚的放射を表しているように見える。しかしこの言語ではこの区別がはっきりとしない場合が多い。

　この言語にも(20)のように従属動詞の *hig-* や *k'ol-* を必要としない視覚的放射を表すように思われる表現があるが，いずれも('turn' という意味での) *hig-* か('cause to turn, direct' という意味での) *k'ol-* を -*e* 構文の従属動詞として補うことができ，これらの動詞の有無にかかわらず，同じイベントに使うことができる。したがって，*hig-* か *k'ol-* を補った -*e* 構文では，視覚的放

射に加えて，この従属動詞の部分が視覚的放射方向移動を表し，hig- や k'ol- を必要としない表現では，これらのどちらかの動詞が省略されていて，視覚的放射を表すのにも視覚的放射方向移動を表すことが必要であると考えることができる[25]。

さらに，シダーマ語には，名詞の ille 'eye' を使役の手段を表す動詞 tug- 'throw' の目的語として使い，見る人をこれらの動詞の主語として使い，名詞関連要素で経路局面等を表す慣用的表現がある（例えば(25)）。

(25) illé(-si)
eye.ACCOBL(-3SG.M.POSS)

$$\begin{Bmatrix} \text{(a)} & sagalé\text{-'}ya\text{-}ra \\ & \text{food.GEN.F-1SG.POSS-LOC} \\ \text{(b)} & sagalé\text{-'}ya \quad ann\text{-}í\text{-}ra \\ & \text{food.GEN.F-1SG.POSS} \quad \text{top-GEN.M-ALL} \end{Bmatrix}$$

tug-ø-ino.
throw-3SG.M-PRF.3

「彼は私の食べ物をちらりと見た。」（文字通りには，「{(a)私の食べ物に /(b)私の食べ物の上に}（彼の）目を投げた。」）

この場合，視覚的放射のように思えるが，この表現にも k'ol- を補って方向を表すことができる（例えば(25a)で，illé(-si) sagalé-'ya-ra k'ol-t-e tug-ø-ino.）。

以上，シダーマ語で，どちらのタイプの表現とも取れる場合があることを示した。実際コンサルタント達も，上に挙げた例はどちらにも解釈できるし，どちらの文脈にも使えると言う。

---

[25] これと同じことは主体移動と客体移動の表現にも言える。経路を名詞関連要素のみで表し，移動の様態か使役の手段を表す動詞を主動詞として使った表現でも，hig- か k'ol- を補って方向を表すことができる（例：3.4 節で挙げた(1)に代わる例 tulló-te aan-í-ra hig-g-e dod-d-ino.「彼女は山の上に向かって走った」；(2)に代わる例 kaasé balé-te giddó-ra k'ol-t-e ol-t-ino.「彼女はボールを穴の中に向けて投げた」）。

8.3 イベントとしての視覚的放射

シダーマ語では，主体移動と客体移動と視覚的放射方向移動の表現では経路が主動詞で表されることが多いのに対し，視覚的放射の表現においてはその可能性がない。これは松本(2001, 2003, 本巻)が提示している仮説の通りであり，主体移動と客体移動の表現においては動詞枠付け言語の特徴を示すシダーマ語も，視覚的放射の表現ではその特徴的なパターンから逸脱しているように思われる。この理由を考えてみると，そもそも視覚的放射のイベントが，主体移動と客体移動のイベントと比較できるようなマクロイベントなのかどうか，という疑問が生じる。そして視覚的放射のイベントはマクロイベントではない(少なくとも，空間移動というマクロイベントではない)ので，動詞枠付け言語であっても経路を動詞で表さないのではないか，とも考えられる。

Talmy (2000: II-219)によると，枠付けイベントはマクロイベントにおいて結局何が起こったかを決定する核心部分を成し，「肯定の平叙文で断定され，否定文で否定され，命令文で命じられ，疑問文で尋ねられる」ような，マクロイベントを構成する主要なイベントである。主体移動と客体移動のマクロイベントでの枠付けイベントは，移動物が参照物と特定の関係を持った経路を通って移動するイベントである。しかし，視覚的放射はマクロイベントであるのか，そしてマクロイベントであるなら，その枠付けイベントは何か[26]。視覚的放射の場合，それが空間移動の一種であるなら，主体移動と客体移動と同じように，感覚器官から発せられた何かが移動物としてその感覚器官(起点)から知覚の対象(着点)へと続く経路，または特定の方向に向かう経路を通って移動する，というのが枠付けイベントであると考えることもできる。しかし，これらの表現で，例えば肯定の平叙文の場合に断定され，否定文の場合に否定されるのは，空間移動(実際は虚構移動としての空間移動)が起こったかどうかというよりも，むしろ知覚という現象が起こったかどう

---

[26] 視覚的放射方向移動は虚構性があまりないので，その枠付けイベントは，感覚の方向や注意の焦点が側方向に移動するということであると解釈することができるだろうが，視覚的放射ほどではないにしても虚構性があるので，視覚的放射と同じように，実は知覚であると言うこともできる。

かである。したがって，視覚的放射のイベントは，言語によっては１つの節で表されたとしても，移動物の移動が枠付けイベントになっている空間移動のマクロイベントではない。それがマクロイベントであるとしたら，枠付けイベントは知覚であり，共イベントは可能性の付与または先行としての感覚器官から発せられた移動物の移動であるということになるはずである。

　したがって，動詞枠付け言語が，知覚が起ったことを含めて視覚的放射を表現するのに，枠付けイベントである知覚を主動詞で表すことには何の問題もないように思われる。しかし，視覚的放射が，主体移動と客体移動，状態変化，実現化，時間的輪郭描写，行動の相互関係のイベントの領域と同じように，言語がイベントの統合のパターンによって言語類型に分けられるようなイベントの領域であるかどうかを決めるには，言うまでもなく多くの言語のデータが必要である。日本語は動詞枠付け型だが，シダーマ語と違って，視覚的放射における経路を複合動詞後項で表す。たった２つの動詞枠付け型の言語のデータで結論付けることは決してできないが，視覚的放射はTalmyのイベントの統合のパターンの類型論が当てはまるようなイベントの領域ではないという仮説を立てることができる。

8.4　不完全な経路の空間移動のイベント

　視覚的放射は，移動物の移動が枠付けイベントになっているマクロイベントではないかもしれないということを上で述べたが，次に主体移動または客体移動と思われるイベントにも，実は，移動物の移動が枠付けイベントになっているマクロイベントであるとは，必ずしもとらえられていない可能性がある場合があることを指摘する。以下では，視覚的放射の表現で表すことができる，TOかTOWARDまたはVIAの経路を示すと思われる空間移動を扱う。

　この言語で繰り返し現れるパターンには主動詞として経路動詞を使う(26a1)と(26b1)があるが，主動詞として非経路動詞を使う(26a2)と(26b2)も可能であることが多い。TOかTOWARDの経路では，ほとんどの場合，４つすべての構文が可能である(TOかTOWARDの経路の空間移動に同じ非経路動詞が使われるのであれば，かろうじて文法的である(26a2)より

も(26b2)の方が好まれる)。局面が VIA である空間移動の場合，(26b1)と(26b2)のみが可能で，(26a1)と(26a2)は使われない。

(26)　　　＜従属動詞＞　　　　　＜主動詞＞
　　a1.　非経路動詞　　　　　　　経路動詞
　　a2.　————　　　　　　　　　非経路動詞
　　b1.　*hig-/k'ol-* 非経路動詞　　経路動詞
　　b2.　*hig-/k'ol-*　　　　　　　非経路動詞

しかし(26a2)と(26b2)の場合は，通常，移動物が必ずしも着点に到達することを意味しない。これは動詞枠付け型言語において様態動詞に見られる現象であることが知られているが，これはアスペクトが非完結的であるため(Aske 1989)，または移動物が境界を越えないため(Talmy cited in Slobin & Hoiting 1994)と言われている。ところが実際は，(26a2)と(26b2)で表されるイベントは，(26a1)と(26b1)で表されるイベントと同じように移動物の移動が枠付けイベントになっているマクロイベントであるのか，疑問である。(26b2)で表されるイベントにおいて，従属動詞で表される着点または通過点へ向かっての移動と，非経路動詞で表される様態や原因を比べた場合，後者の方がより重要なイベントであると考えることができる。移動物が着点または通過点へ向かう，または向けられるのは，非経路動詞で表されるイベントが起る前であり，全体としてのイベントが起ったかどうかは様態や原因が起ったかどうかである。(26a2)はかろうじて文法的だが，これは(26b2)から *hig-/k'ol-* が省略されたものとみなすことができる。

(26b2)の構文は，視覚的放射に最もよく使われる構文(例えば，(3))であり，このこともこの構文で表されるイベントが，移動物の移動が枠付けイベントになっているマクロイベントであると必ずしもとらえられていないことを示唆する。(26a2)の構文も，視覚的放射と思われるような空間移動に使われる構文(例えば，(20)で *hig-g-e/k'ol-t-e* を使わなかった場合)と同じで，*hig-/k'ol-* が省略されたものである可能性が同じようにある。

9. 結論

以上見てきたように，シダーマ語では主体移動と客体移動の経路を主動詞

で表す典型的な動詞枠付け言語のパターンを取るが，視覚的放射の経路には主動詞は使わない。これは，松本の仮説をある程度支持する。ただし，主体移動の表現と客体移動の表現では，経路に主動詞を使う可能性に大きな違いは見られない。他にシダーマ語の経路の表現で問題になったのは，視覚的放射・視覚的放射方向移動と客体移動の関係についての問題，視覚的放射と視覚的放射方向移動の区別に関する問題と，視覚的放射のイベントや不完全な経路の空間移動のイベントは，移動物の移動が枠付けイベントであるようなマクロイベントであるかどうかという問題であり，他の言語でも同じような問題が生じるかどうか比較してみる価値がある。

略語一覧
ABL: Ablative
ACCOBL: Accusative-oblique
ALL: Allative
CS: Causative
DAT: Dative
DBL.CS: Double causative
E: Epenthetic vowel
F: Feminine
GEN: Genitive
INS: Instrumental
IPFV: Imperfective
L: Lengthened vowel
LOC: Locative
M: Masculine
MOD: Modified（統語的修飾語か所有人称接尾辞，またはその両方に"修飾"されている）
NOM: Nominative
PRF: Perfect
POSS: Possessive
SG: Singular

第10章
日本語における移動事象表現のタイプと経路の表現

松本　曜

1. はじめに

　日本語の移動表現については，宮島(1984)，松本(1997)，影山・由本(1997)，鷲見(2000), Sugiyama(2005)，上野(2007)など多くの研究がなされてきた。このうち類型論的な研究においては，日本語が典型的な経路主要部表示型の言語(動詞枠付け言語)であるとされてきた。しかしながら，これまでの研究にはいくつかの限界があった。一つは，本巻全体で課題として取り上げているような主体移動，客体移動(＝使役移動)といった移動事象表現タイプごとの分析，さらには客体移動の下位タイプごとの分析が，限定的にしか行われてこなかったことである。特に，本章で視覚的放射と呼ぶ移動事象表現タイプに関しては，松本(2002)以外には取り上げた研究がない。また，日本語の移動表現の中で重要な役割を果たしているダイクシスに関しても十分な考察がなされていなかった。さらに，移動の諸要素の表現頻度や表現位置について数量的な分析も行われてはきたが(Koga et al. 2008, 秋田・松本・小原 2010, Ishibashi 2012 など)，いずれも特定の文献コーパスや特定の実験課題などの限られたデータに基づいたものであった。

　本論では移動事象表現タイプごとに日本語の移動表現を検討し，さらに大規模コーパスに基づく数量的分析を報告する。用いたのは「現代日本語書き言葉均衡コーパス・モニター公開版(2009年度)」である。本論ではまず，主体移動，客体移動，抽象的放射の三つの移動事象表現タイプに共通して用いられる日本語の経路表現形式について整理したのち，各移動事象表現タイプで用いられる動詞について考察しながら，コーパスにおける表現パターンを検討する。そして，経路の直示的・非直示的特性の表現位置が，移動事象表現タイプによって異なることを指摘する(なお以下では，経路の直示的特

性を，経路の他の特性から独立させて「ダイクシス」と呼ぶ）。

2. 移動事象表現タイプに共通して用いられる経路表現

　日本語において三つの移動事象表現タイプに共通して用いられる経路表現としては，後置詞と位置名詞の二つがある。これらについては松本(1997)に記述があるので，ここでは簡単に述べるにとどめる。

　(1)は後置詞である。日本語における経路後置詞はレパートリーが貧弱であり，経路局面の FROM あるいは TO を表す一般的な後置詞(ニ，マデ，カラ)と，主に方向性の TOWARD を表す後置詞(ヘ)しかないが，「に向かって」などの複合後置詞がいくつかあってレパートリーの貧弱さを補っている。

　　　(1)　　に，まで，へ，から；に向かって，にそって

(2)には位置名詞の例を示す。

　　　(2)　　中，外，上，下，そば，脇，間，近く，右，左，前，後，横

これらは「部屋の中」のように参照物を表す名詞句をノ格句として取り，その参照物との位置関係を表す。その意味で，位置名詞は参照物を表す名詞句の関連要素である。ノ格名詞句を伴わずに使われる場合もあるが，その場合も何の中，外，上なのかなどが文脈によって指定されており，参照物との位置関係を表すことには変わりない。位置名詞には通例後置詞が付加されて使われる。

　位置を表す名詞にはダイクシスを表す(3)の指示詞もある。

　　　(3)　　ここ，そこ，あそこ

これらは通例ノ格名詞句を伴わずに使われ，後置詞を伴って動詞の項・付加詞として使われる。したがって，ここでは動詞関連要素に分類する。

　日本語における共通要素をまとめると以下のようになる。

表1：移動事象表現タイプに共通して用いられる経路表現（日本語）

意味＼形式	動詞関連要素	名詞関連要素	
	名詞＋後置詞	位置名詞	後置詞
経路局面(e.g., TO)			✓
位置関係(e.g., IN)		✓	
直示的経路(e.g., TOWARD HERE)	✓		

以下で触れるように，これらの共通要素は移動事象表現タイプや動詞が含む意味によって動詞との共起に制約がある場合がある。

3. 主体移動

それでは，まず主体移動表現に関してみていこう。

3.1 主体移動を表す動詞

日本語には主体移動を表す動詞として，直示動詞，経路動詞，様態動詞が存在する。それぞれ(4)に例を示す。

(4) a. 行く，来る
    b. 上がる，登る，下がる，下る，落ちる，降りる，入る，出る，通る，渡る，越える，横切る，過ぎる，去る，着く，届く，近づく，遠ざかる
    c. 歩く，走る，這う，駆ける，急ぐ，泳ぐ，飛ぶ

これらは和語動詞だが，このほか，「落下する」「上昇する」「急行する」「着岸する」などの漢語動詞もある（松本1997を参照）。

日本語に特徴的なのは，(4b)の経路動詞の数が多いことである。一方，(4c)の様態動詞は数が少ない。また，様態動詞の一部はニ格着点句と共起しにくいことが知られている。(5)が示すように，この制限には動詞間で差がある。

(5) 自宅に｛*這った／*歩いた／?走った／急いだ／*徐行した／急行した｝。

一般に，ゆっくりとした移動を表す動詞はニ格着点句と共起しにくい傾向がある。

(4)の三種類の動詞は，組み合わせて複合動詞あるいは複雑述語を作ることができる。(6a)が複合動詞であり，(6b)が複雑述語である。

(6) a. 飲み歩く，食べ回る，駆け上がる，通り過ぎる
    b. 走って行く，登って行く，走って入って来る

複合動詞は二つの動詞の組み合わせであり，前項は連用形になる。組み合せには「飲み歩く」のような「付帯行為動詞＋様態動詞」，「駆け上がる」のような「様態動詞＋経路動詞」，「通り過ぎる」のような「経路動詞＋経路動詞」の組み合わせなどいくつかのパターンがある。動詞の順序には制約があり，「付帯行為動詞＞様態動詞＞経路動詞の順に反してはならない」という一般化が可能である(松本1997)。ただし，この制約に合致していてもすべての組合せが許されるわけではない。たとえば，「歩く」は複合動詞前項として嫌われる傾向があり，「歩き上がる」「歩き出る」などは存在しない。なお直示動詞は複合動詞には参加しない。

一方，複雑述語では，最後の動詞以外はテ形を取り，二つ以上の動詞の組合せも可能である。また，そこには直示動詞が参加しうる。順序としては，付帯行為動詞＞様態動詞＞経路動詞＞直示動詞の順に反しなければ，この四種類のどの動詞を用いて述語を作っても良い(松本1997)(ただし，到着を表す「着く」「届く」には直示動詞が後続しない)。

複合動詞と複雑述語における経路表示のパターンをまとめると，直示動詞がある場合は直示動詞を，そうでなければ経路動詞を最後に置く傾向がある，ということになる。

このような複合動詞，複雑述語の存在により，日本語では様態・経路・ダイクシスの三つが同じ統語・形態的スロットを奪い合うのではなく，共存することができると言える。この点で主動詞の位置で様態とダイクシスの競合が起こる英語などとは異なる(松本(本巻第2章)参照)。しかしながら，様態，経路，ダイクシスの三つを常に表現して複雑な表現形式を作るのは煩雑であり，そのうちのあるものは状況次第で無視される。

さて，複合動詞と複雑述語においてはどの動詞が主要部なのかが課題となる。一般に，複合動詞で全体の項構造を決めるのは(特定のものを除いて)最後の動詞である(影山1993, Matsumoto 1996, 松本1998)。主体移動を表す

複合動詞においてもそれがあてはまる。たとえば「這う」のようにニ格着点句を取らない動詞がそれを取る後項動詞と複合すると，複合動詞全体は後項動詞の項を反映してニ格を取ることができる（「外に這い出る」など）。また，「たどる」のように経路を表すヲ格名詞句を取る動詞がそれを取らない後項動詞と複合すると，複合動詞全体はヲ格名詞句を取らない（「*道をたどり着く」など）。このことから後項動詞が主要部であると言える[1]。

複雑述語の場合は事情がやや複雑である。「歩いて行く」の場合は全体がニ格着点句を取るが，これは前項動詞ではなく後項動詞の項である。一方，「出て行く」は，「部屋を出て行く」のようにヲ格起点句を取るが，これは後項動詞ではなく前項動詞の項である。このように，項構造を決めているのは何か，という観点からは，後項が主要部だとする一般化には例外がある。

そこで本章では，ひとまず複合動詞後項と複雑述語の最終項を「最終動詞」と呼んで議論を進め，最終動詞が主要部ではないと見なされるものについてはそのつど議論することにする。

以上から日本語の主体移動の基本表現は次のようにまとめられる。この表が示すように，経路もダイクシスも複数の位置での表現が可能である。

表２：日本語における主体移動の基本表現

表現要素	名詞関連要素		動詞関連要素	動詞（複合形）
	位置名詞	後置詞	名詞＋後置詞	…＞最終動詞
意味要素	位置関係	経路局面	ダイクシス	付帯行為＞様態＞経路＞ダイクシス

3.2 主体移動に関するコーパス調査

それでは，「現代日本語書き言葉均衡コーパス・モニター公開版（2009年度）」に基づき，主体移動表現における表現パターンについて見ていこう。調査に用いたのはこのコーパスの書籍サブコーパスである。検索プログラムの「ひまわり」を用いて，生年が1940年代の著者のデータから松本（1997）

---

[1] 影山（1993）などは，「駆け込む」など「込む」を後項とするものは前項が主要部であると考える。しかし，このような場合も後項が主要部であると考える根拠がある。この点に関しては，松本（2009）を参照。

において移動動詞と認められている和語動詞のすべてを検索し，その中の10分の1をランダム抽出によって選び出した。さらにその中から比喩的な移動を表す用例及びイディオム的な用例を除くと，882例が得られた。これが主体移動表現に関する今回の分析の対象である。

このデータに基づき，1)様態，経路，ダイクシスの表現頻度はどれくらいか，2)経路とダイクシスはどの位置で表現されることが多いかを考察する。

3.2.1　動詞の種類と頻度

まず，様態動詞，経路動詞，直示動詞のいずれかが単独で主動詞として用いられていたのは610例で，全用例中の69.2%であった。その内訳を示したのが表3である。パーセントは分析対象の用例総数(882例)の中における比率を示す(単独主動詞以外の用例数は表4に示しているので，表3のみで用例の総計は100%にならない)。経路動詞の使用が圧倒的に多いことが分かる。

表3：主体移動表現における単独用法の動詞使用頻度（日本語）

動詞の種類	単純主動詞		
	様態動詞	経路動詞	直示動詞
頻度	80(9.0%)	354(40.1%)	176(20.0%)
	610(69.2%)		

複合動詞及び複雑述語が使用された例の内訳は表4の通りである。

表4：主体移動表現における複合動詞及び複雑述語の使用頻度

種類	複合動詞					複雑述語					
最終動詞	様態動詞	経路動詞				経路動詞	直示動詞				
組合せ	付帯行為+様態	付帯行為+経路	様態+経路	経路+経路	その他	付帯行為・様態+経路	付帯行為+直示	様態+直示	経路+直示	[様態+経路]+直示	その他
頻度	0 (0%)	21 (2.4%)	61 (6.9%)	14 (1.6%)	6 (0.7%)	0 (0%)	25 (2.8%)	42 (4.8%)	78 (8.8%)	23 (2.6%)	2 (0.2%)
計	0	102(11.6%)				0	170(19.3%)				

第10章 ──日本語における移動事象表現のタイプと経路の表現──

複合動詞ではすべてが経路動詞を最終動詞としていた。複雑述語ではすべてが直示動詞を最終動詞としており、そのうちのほとんどが付帯行為動詞、様態動詞、経路動詞のどれか一つと直示動詞の組み合わせであった。「走って入る」のような様態＋経路の組合せの複雑述語の実例はなかった。また、様態動詞＋経路動詞＋直示動詞の三つの動詞を用いた例は、様態動詞＋経路動詞の複合動詞のテ形に直示動詞が付いたもので（「忍び込んでくる」など）、様態動詞、経路動詞の両方がテ形の例（「走って入ってくる」など）は見られなかった。

3.2.2　経路，ダイクシス，様態の頻度と位置

では、経路の表現頻度と表現位置に関して、動詞以外のものも含めて見ていこう。分析対象の文を、経路が名詞関連要素（後置詞、位置名詞＋後置詞）によって表されているかどうか、また経路動詞（非最終動詞、最終動詞、単独主動詞）によって表されているかどうかという二つの観点から分類し、数を示したのが表5である。経路動詞が非最終動詞として使われた例とは「入って行く」など、最終動詞として使われた例とは「駆け上がる」などである。

表5：主体移動表現における経路の表現の頻度

経路動詞 後置詞等	経路動詞なし	経路動詞あり			計
		非最終動詞	最終動詞	単独主動詞	
後置詞等なし	200 (22.7%)	62 (7.0%)	70 (7.6%)	182 (20.6%)	514 (58.3%)
後置詞等あり	123 (13.9%)	41 (4.6%)	33 (3.7%)	171 (19.4%)	368 (41.7%)
計	323 (36.6%)	103 (11.7%)	103(11.6%)	353(40.0%)	882
			456(51.7%)		
		559(63.4%)			

経路を表す場合は、後置詞等を用いて表すこと（41.7％）よりも経路動詞で表すことが多い（63.4％）ことが分かる。特に、経路動詞を用いず後置詞等だけで経路を表す例は121例で、全体の13.7％にすぎない。経路動詞を単独主

253

動詞・最終動詞として用いた例(主要部である例)は 456 例で半数を超える。経路動詞が非最終動詞となっている複雑述語では直示動詞が最終動詞である。表 5 で，経路が最終動詞・単独主動詞のみで表されている例と，後置詞のみで表されている例は，それぞれ 252 と 121 であり，この差は符号検定(片側検定)で有意である($p<.005$)。なお，経路動詞が非最終動詞の例には，「部屋を出て行く」のように全体の項構造が前項動詞の項を含んでいる例(前項が主要部と考える余地がある例)は 10 例ある。

　名詞関連要素(後置詞等)の内訳は，「に」「へ」「まで」「から」が位置名詞なしで使われる例が 352 で圧倒的に多かった。「中へ」「外から」など位置名詞+後置詞は 16 例しかなく，しかも，それらはすべて「入る」「出る」などの経路動詞と共起していた。つまり，「森の中に行った」の様に名詞関連要素のみで位置関係+経路局面を表す文は分析対象の文の中にはなかった。このことから，主体移動表現における名詞関連要素による経路表示は経路局面のみの単純な起点・着点の表現がほとんどで，位置関係+経路局面の表示は好まれないと言える(影山・由本 1997 も参照)。

　次に様態について見てみよう。分析対象の文における「ゆっくりと」のような様態副詞句の有無と，様態動詞の有無を示したのが表 6 である。様態の指定がある例は，様態動詞・様態副詞の何れも含まれていない 652 例を除く 230 例であり，全体の 26.1％にすぎない。また，様態指定がある場合のほとんどは動詞によるもの(206 例)である。

表 6：主体移動表現における様態の表現頻度

様態副詞句＼様態動詞	様態動詞なし	様態動詞あり		計
		非最終動詞	単独主動詞	
副詞句なし	652(73.9％)	108(12.2％)	70(7.9％)	830(94.1％)
副詞句あり	24(2.7％)	18(2.0％)	10(1.1％)	52(5.9％)
計	676(76.6％)	126(14.3％)	80(9.1％)	882
		206(23.4％)		

　日本語における様態の頻度の低さは，英語における同様の調査(松本(本巻第 2 章))と比べて際立っている。スロービンらは様態への言及の頻度から様

態の際立ちを議論しており(Slobin 2000)，日本語は様態の際立ちが低いとされているが，それが裏付けられた形である。オノマトペなど，表現性の高い様態句が日本語では比較的頻繁に移動表現で用いられるという指摘もあるが(Ohara 2003, Sugiyama 2005, 秋田・松本・小原 2010)，今回のデータではオノマトペの使用は15例のみである。

様態頻度の低さの原因となっているのは「歩く」の頻度の低さだと思われる。「歩く」の使用例は単独主動詞としては35例で，単独使用の動詞の5.7%，単独使用の様態動詞の43.8%である。大半の人間の移動は歩行によるものであることを考えると，この数字は低い。さらに，複合動詞・複雑述語では極めて頻度が低く，13例あるのみで，これは複合動詞・複雑述語全体の4.8%，様態を含む複合動詞・複雑述語全体の10.4%にすぎない。これは，歩くことは人間の普通の移動様態であり，言及しなくてもそう推測できるので，複雑な表現形式を使ってまでわざわざ表出する必要がないためと思われる。そもそも「歩き上がる」などの複合動詞は語形自体が存在せず，歩くという様態に言及する必要性の低さを反映していると思われる。

様態が含まれる文(230例)における経路の表現手段はどうなっているだろうか。それを示したのが表7である。パーセントは全用例中の比率を示す。

表7：主体移動表現における様態が含まれる文での経路表現の頻度

経路動詞 後置詞	経路動詞なし	経路動詞あり			計
		非最終動詞	最終動詞	単独主動詞	
後置詞なし	101(11.5%)	19(2.2%)	37(4.2%)	0	157(17.8%)
後置詞あり	36(4.1%)	4(0.5%)	24(2.7%)	9(1.0%)	73(8.2%)
計	137(15.5%)	23(2.6%)	61(6.9%)	9(1.0%)	230(26.1%)
			70(7.9%)		
		93(10.5%)			

まず，指摘できるのは，様態と経路の両方が表現されている文が少ないことである。その数は「経路動詞なし，後置詞なし」の101例を除いた129例であり，全体の15%に満たない。Talmyの類型論は様態と経路の両方が含まれる文を分析の対象としているが，そのように限定すると，移動表現一般のパ

ターンが考察されないことになる。これらの例においては，129例中70例で主要部(最終動詞，単独主動詞)，73例で後置詞で経路が表されている。

様態の表現を様態動詞にしぼり，どのような経路表現が使われているかを示したのが表8である。

表8：様態動詞の使用と経路の表現頻度

後置詞句＼動詞	経路動詞なし 様態動詞のみ	経路動詞なし 複雑述語 様態＋直示	経路動詞あり 複合動詞 様態＋経路	計
後置詞句なし	67(7.6%)	31(3.5%)	37(4.2%)	134(15.2%)
後置詞句あり	13(1.5%)	10(1.1%)	24(2.7%)	49(5.6%)
計	80(9.1%)	41(4.6%)	61(6.9%)	183(20.7%)

単独使用の様態動詞が経路句を伴う例は英語などで一般的に見られるが，ここでは13例で，全用例数の1.5%にすぎない。この頻度が低い原因は，そもそも様態動詞の単独使用が少ないことに加えて，単独使用の様態動詞が経路句を伴う率が低いこともある(80例中の13例で16.2%)。単独使用の直示動詞の場合は，176例中90例で後置詞句を伴っており，それに比べるとはるかに少ない。様態動詞を含む複合動詞・複雑述語の場合も，単独使用の場合より後置詞句を伴う比率が高いが，用例はさほど多くはない。様態動詞と共に経路を表す場合，経路動詞を最終動詞として使うことの方が多い。表8で，経路が主要部動詞でのみ表されている例(経路動詞あり，後置詞句なし)と，主要部外要素のみで表されている例(経路動詞なし，後置詞句あり)は37と23であり，この差は，符号検定(片側検定)で有意である($p<.05$)。

次に，ダイクシスの表現位置と頻度については次のような結果が得られた。分析対象の文の中で，「ここに」などの指示詞＋後置詞の直示句の有無と直示動詞の有無を示したのが表9である。どちらの直示表現もないのは60.8%の536例で，残りの39.2%の文においてダイクシスが表現されている。この比率は英語における同様の調査結果(松本(本巻第2章))よりも高い。

表9：主体移動表現におけるダイクシスの表現頻度

直示句 \ 直示動詞	直示動詞なし	直示動詞あり		計
		単独主動詞	最終動詞	
指示詞＋後置詞なし	536(60.8%)	171(19.4%)	169(19.2%)	876(99.3%)
指示詞＋後置詞あり	0(0%)	5(0.6%)	1(0.1%)	6(0.7%)
計	536(60.8%)	176(20.0%)	170(19.3%)	882

表9から分かるように，ダイクシスの指定がある場合のほとんどすべては動詞によるものであり，単独主動詞か最終動詞として使われている。最終動詞の170例中，101例には経路動詞が非最終動詞になっている。つまり，経路とダイクシスの両方がある場合は，ダイクシスの方が主要部になる。

さらに，直示動詞の「行く」「来る」について，単独使用と複雑述語の中での使用の頻度を示したのが表10である。

表10：主体移動表現における「行く」と「来る」の頻度

動詞 \ 位置	単独主動詞	複雑述語 最終動詞	計
行く	119 (34.4%)	76 (22.0%)	195 (56.4%)
来る	57 (16.5%)	94 (27.2%)	151 (43.6%)
計	176 (50.9%)	170 (49.1%)	346

二つの述語タイプに現れる動詞の頻度には違いがある（$\chi^2(1)=18.45, p<.001$）。単独主動詞では「行く」の方が「来る」よりも多いが，複雑述語の最終動詞としては「来る」の方が「行く」よりも多い。この理由としては，話者位置への移動の場合は複雑な表現を用いてもダイクシスを表出する必要があると感じられるのに対し，話者の位置以外への移動はコストをかけてまでダイクシスを表現する必要がないと感じられるからではないかと思われる。例えば話者への移動の場合は「上がって来た」のように必ず言うが，そうでない移動の場合は「上がった」のように経路のみに言及し，直示動詞を用いないケースがあるということである。

最後に，今回分析対象の主体移動表現のすべてを移動物の性質（有生物か

無生物か)から分けて分析しよう。主語が無生物であるか有生物であるかによって用例を分けると，それぞれ 105 例と 777 例であった(乗り物は有生物，人間の身体部分は無生物と見なす)。このように，主体移動表現では有生物の移動が圧倒的に多い(88.1%)。さらに，これらの用例において使われている動詞を調べた結果が表 11 である。

表 11：無生物と有生物の移動を表す表現における動詞の種類と頻度

動詞の種類 移動物	単独主動詞			複合動詞	複雑述語	その他	計
	様態動詞のみ	経路動詞のみ	直示動詞のみ	経路最終動詞	直示最終動詞		
無生物	7 (0.8%)	43 (4.9%)	0 (0%)	24 (2.7%)	29 (3.3%)	2 (0.2%)	105
有生物	73 (8.3%)	310 (35.1%)	176 (20.0%)	73 (8.3%)	141 (16.0%)	4 (0.5%)	777

移動物の種類に応じて，使われる動詞の分布に差がある(イエイツのカイ二乗検定で $\chi^2(5)=42.0, p<.001$))。特に，直示動詞の使用頻度に大きな差があり，無生物に関して直示動詞の単独使用は皆無だった。直示動詞は有生物(人)の移動と結びついていることが分かる。

　以上の結果から日本語の主体移動表現について次のことが言える。経路に関しては，名詞関連要素による表示も相当数見られるが，主に単純な着点・起点の表現に限られており，多くの場合は主動詞で示される。ダイクシスは，ほぼ常に主動詞で表され，特に有生物の移動に関して表示される。特に話者方向への移動の場合に複雑述語の主要部として多用され，その場合経路は主要部の立場を譲る。つまり，主体移動表現において日本語は，ダイクシスに関しては純粋な主要部表示型であり，経路については準主要部表示型と呼ぶべきであろう。

4. 客体移動

　では，次に客体移動の表現を考察しよう。

4.1 客体移動を表す動詞

日本語で客体移動を表す代表的な動詞には，以下のものがある（網羅的なリストは松本(1997)を参照のこと）。

(7) a. 使役的経路動詞：入れる，出す，上げる，落とす，下ろす，
　　　　　　　　　　　　通す，戻す，返す，掛ける，載せる
　　b. 使役的様態動詞：流す，飛ばす，転がす
　　c. 使役的直示動詞：（よこす）
　　d. *put/take* 動詞：取る，置く，据える
　　e. 使役手段動詞：
　　　　　物理的使役：投げる，放る，蹴る，打つ，運ぶ，送る
　　　　　言語的・心理的使役：呼ぶ，招く，誘う

put/take 動詞に分類した「取る」「置く」は主に手による使役移動に使われるため，使役手段の意味を含んでいると言える。しかし，同時に「取る」は起点からの，「置く」は着点への移動を表しているという点で経路の情報も含んでいるため，ここでは別扱いとしている。また，使役的直示動詞の「よこす」の用法には方言差があるようである。

(7a)の使役的経路動詞と(7b)の使役的様態動詞の多くは経路動詞・様態動詞の使役形である。日本語の使役的経路動詞の体系は比較的豊かではあるが，主体移動の場合と比べると体系に穴があり，以下の経路動詞に対応する使役的経路動詞はない（「曲がる」には「曲げる」があるが，使役移動は表さない)[2]。

(8) 　越える，過ぎる，曲がる，横切る，達する

この理由の一つとして考えられるのは，移動動詞と使役移動動詞の対応関係に関わる制約である。(8)のうち「越える」「過ぎる」「曲がる」「横切る」は，ヲ格参照物名詞句を項として取る動詞である。一般にヲ格目的語を取る動詞は，着点動作主動詞（「着る」など，動作主自身へ影響を与える行為を表す動詞）と呼ばれる特定の動詞以外は，対応する使役動詞を持たない（松本2000）。日本語における一部の使役経路動詞の不在は，このような使役動詞に対する

---

[2] 「させ」を用いた統語的な複雑述語を作ることは不可能ではない。しかし，「ボールに塀を越えさせた」などは，意味的には不自然と言える。

制約から説明できる[3]。

(7e)の使役手段動詞は，多くの場合(7a)の経路動詞を後項とする複合動詞を形成する(9a)。(7e)は移動の意味が含まれていると考えられる動詞だが，そうでなくても移動を生じさせることのできる行為を表すものなら類似の複合動詞を作ることができる(9b)。

(9) a.　投げ入れる，蹴り上げる，呼び戻す，運び出す，押し込む[4]
　　　b.　叩き落とす，振り落とす，つまみ上げる，あぶり出す

これらの複合動詞の場合，通例は後項動詞が主要部だと思われる。たとえば，(10)の「振り落とす」はカラ格名詞句を取るが，「振る」はこの項を取れないことから，後項動詞の「落とす」が主要部であることが分かる(影山1993も参照)。

(10)　セミを木から {*振った／振り落とした／落とした}。

ただし，開始時起動型の複合動詞の一部において，前項動詞が主要部であると考えられるパターンが見られる。(11)を見てみよう。

(11) a.　ハンマーを屋根の上にいる人に {投げ上げた／投げつけた／投げた／?上げた／*つけた}。
　　　b.　息子をそこに {呼び寄せた／呼んだ／*寄せた}。

この例が示すように，使役手段動詞と使役的経路動詞を組み合わせて表現できる状況について，使役手段動詞単独の表現もできるが，使役的経路動詞単

---

[3] 「渡る」「上がる」などの，ヲ格とニ格の両方を取る移動動詞の場合は使役移動動詞が存在する。その場合，使役移動動詞はニ格用法に対応する用法のみを持つ。
　(i)　　橋を渡る／向こう岸に渡る。
　(ii)　*車を橋を渡す／荷物を向こう岸に渡す。
「通る」は事情が複雑である。(iii)の〈通行する〉の意味ではヲ格のみを取るが，それに対応する「通す」はない。(iv)の〈狭い空隙に入って抜ける〉の意味ではニ格を取り，対応する使役動詞を持つ。
　(iii) a.　バスが高速道路を通る。
　　　b.　*バスを高速道路を通す。
　(iv) a.　糸が穴 {に／??を} 通った。
　　　b.　糸を穴 {に／??を} 通した。

[4] 「押し込む」などの「込む」は使役的経路動詞であると考えられる。この点に関しては松本(2009)を参照のこと。

独の表現がしにくい場合がある。このような場合，「投げつける」「呼び寄せる」などでは前項動詞が項構造を決める主要部であり，後項動詞は実質的にはそれに移動の経路の情報を加えていると解釈できる。このような現象が見られるのは，継続操作型・随伴運搬型の客体移動に限られるような「上げる」「寄せる」などの動詞を複合動詞後項として開始時起動型の客体移動に用いる場合と，「〜つける」のように意味が抽象化している場合である。

客体移動において，前項動詞がテ形の複雑述語はほとんど用いられない。ただし注目すべきは，逆行態用法（Shibatani 2003, 住田 2006, 古賀 2008）と呼ばれる，以下のような「〜て来る」である。

(12) ピッチャーは速球を投げて来た。

この場合，全体の項構造は明らかに「投げて」の項構造と一致する。

4.2 客体移動に関するコーパス調査

これらの動詞は，移動事象表現タイプに共通して用いられる経路表現とともに，どのようにコーパスの中で使われているのだろうか。「現代日本語書き言葉均衡コーパス」の書籍サブコーパスにおいて，1940年代生まれの著者のデータの中から松本(1997)で使役移動動詞と認められている動詞のすべてを検索し，その中から無作為に10%を抽出した。さらに，そこから比喩的な移動を表す用例などを除いて，物理的な使役移動を表す客体移動表現の文を411認定した。これらの文について，第1章で見た三つの使役移動タイプ（随伴運搬，継続操作型，開始時起動型）のどれを表しているかを文脈から判断した。それぞれの用例数は，随伴運搬型が67，継続操作型が235，開始時起動型が81であった。これが今回の分析の対象である。どのタイプか判断が付かなかった例は分析対象から除いている。

客体移動事象の表現パターンはその下位タイプごとに異なる。以下では下位タイプごとに見ていこう。

4.2.1 随伴運搬型

随伴運搬型の客体移動事象は，日本語では主体移動表現を用いて表される場合がある。(13)のようなケースで，これは基本的には主語の移動を表し

ており，本を持ちながら移動するために，結局は本も着点へと移動することを表すことになる。これは本巻で疑似客体移動表現（第１章参照）と呼ぶケースである。

(13) a.　カバンを図書館に持って行った。
　　 b.　スーツケースを家に持ち帰った。

(13a)は行為動詞と直示動詞からなる複雑述語，(13b)は行為動詞と経路動詞からなる複合動詞の用例である（(13)のような文の性質についてはMatsumoto 1996: Ch. 8, 10 を参照のこと）。

随伴運搬型の客体移動は使役的経路動詞や使役手段動詞を単独で用いて(14)のようにも表現できる。

(14) a.　（階段を使って）荷物を二階に上げる。（使役的経路動詞）
　　 b.　荷物を図書館に運んだ。　　　　　（使役手段動詞）

(14b)の「運ぶ」は，〈移動使役者が比較的大きい物体を，その身体・筐体の一部に載せて共に移動することによって，移動させる〉の意味で，使役手段の意味を含むと考えられる。

随伴運搬型の客体移動事象の言語表現を，使われている動詞の種類から分類したのが表12である。半数が疑似客体移動表現である。

表12：随伴運搬型の客体移動事象を表す動詞の種類と頻度

動詞	客体移動表現					疑似客体移動表現		
	単純主動詞			複合動詞		複合動詞	複雑述語	
	使役手段動詞	使役的経路動詞	使役的様態動詞	使役手段動詞＋使役的経路動詞	その他	行為動詞＋経路動詞	行為動詞＋直示動詞	その他
頻度	8 (11.9%)	7 (10.4%)	4 (6.0%)	10 (14.9%)	1 (1.5%)	31 (46.3%)	5 (7.5%)	1 (1.5%)
	30(44.8%)					37(55.2%)		

疑似客体移動表現以外における経路の表現方法を示したのが表13である。

表13：随伴運搬型の客体移動表現における経路の表現頻度

経路動詞 後置詞等	経路動詞なし	経路動詞あり		計
		最終動詞	単独主動詞	
後置詞等なし	6(20.0%)	2(6.7%)	4(13.3%)	12(45.4%)
後置詞等あり	6(20.0%)	5(16.7%)	7(23.3%)	18(54.6%)
計	12(40.0%)	7(23.3%)	11(36.7%)	30
		18(60.0%)		

主体移動の場合(表5)よりも後置詞等の使用率がやや高いが，用例数の少なさから，確かなことは言えない。

4.2.2　継続操作型

継続操作型の使役移動には，物体を手で動かすことのほか，手を上げる行為のように神経系統を用いて身体部位を動かすことも含まれる。これらの事象を表す文においては，「上げる」などの使役的経路動詞の他，「つまむ」などの使役手段動詞，「置く」「取る」などの *put/take* 動詞が使われる。

継続操作型の客体移動表現で使われる動詞を調べると表14の通りであった。

表14：継続操作型の客体移動を表す動詞の種類と頻度

動詞の種類	単独主動詞				複合動詞	複雑述語	その他
	使役手段動詞	使役的経路動詞	*put/take*	その他	使役手段動詞等＋使役的経路動詞	使役手段＋使役的経路＋直示動詞	
使用頻度	8 (3.4%)	129 (54.9%)	27 (11.1%)	6 (2.6%)	59 (25.1%)	2 (0.8%)	5 (2.1%)

ここでは使役的経路動詞の単独使用が多いことが分かる。また，手段＋経路の複合動詞も合わせると，経路が主要部に置かれることが圧倒的に多いことになる。複雑述語で直示動詞が使われた例は逆行態の「来る」の例だが，数は少ない。主体移動では経路動詞以外に直示動詞が単独主動詞，最終動詞として使われることが多かったが，継続操作型では直示を表す動詞の使用が限られている。

継続操作型における経路の表現を見たのが表15である。

表15：継続操作型の客体移動表現における経路の表現頻度

経路動詞 後置詞等	経路動詞 なし	経路動詞あり			*put/take* 動詞あり	計
		非最終動詞	最終動詞	単独主動詞		
後置詞等なし	10 (4.3%)	2 (0.9%)	38 (16.2%)	77 (32.8%)	11 (4.7%)	138 (58.7%)
後置詞等あり	6 (2.6%)	2 (0.9%)	22 (9.4%)	52 (22.1%)	15 (6.4%)	97 (41.3%)
計	16 (6.8%)	4 (1.7%)	60(25.5%)	129(54.9%)	26 (11.1%)	235
			189(80.4%)			
		193(82.1%)				

経路が表される手段として，後置詞(41.3%)よりも主動詞(単独主動詞あるいは複合動詞最終動詞)としての経路動詞(80.4%)が圧倒的に多いことが分かる。このように継続操作型では主要部表示型のパターンが一般的であり，それは主体移動の場合よりも明確だと言える。

4.2.3　開始時起動型

ボールを投げるなどの開始時起動型の客体移動事象においては，移動の開始時に使役行為が行われる。このような事象の言語表現には，他の客体移動表現と異なったパターンが見られる。開始時起動型で使われる動詞の頻度は表16の通りである。

表16：開始時起動型の客体移動表現における動詞の種類と頻度

動詞	単独主動詞					複合動詞	その他
	使役手段 動詞	使役的 経路動詞	使役的 様態動詞	*put/take*	使役的 直示動詞	使役手段動詞＋ 使役的経路動詞	
頻度	33 (40.7%)	10 (12.3%)	3 (3.7%)	0 (0%)	0 (0%)	26 (32.1%)	9 (11.1%)

まず言えることは，使役的経路動詞の単独使用が少ないことである(12.3%)。使役的経路動詞の中には「落とす」のように開始時起動型の客体移動にしか使えないものもあるが，「寄せる」「上げる」などのように開始時起動型では使いにくいものもあるため，経路動詞の使用例が少ないのだと思われる。

それに対して,「投げる」「送る」などの使役手段動詞は使用例が多い。使役手段動詞が単独で使われる場合と複合動詞で使われる場合を合わせると,全体の7割以上を占める。これは使役的経路動詞(単独使用と複合動詞最終動詞)の数よりもはるかに多い。つまり,動詞では手段の情報を含む方が経路の情報を含むよりも多いことになる。

次に開始時起動型における経路の表現を見たのが表17である。

表17:開始時起動型の客体移動表現における経路の表現頻度

経路動詞 後置詞等	経路動詞 なし	経路動詞あり			計
		非最終動詞	最終動詞	単独主動詞	
後置詞等なし	27 (33.3%)	1 (1.2%)	20 (24.7%)	4 (4.9%)	52 (64.2%)
後置詞等あり	16 (19.8%)	1 (1.2%)	6 (7.4%)	6 (7.4%)	29 (35.8%)
計	43 (53.1%)	2 (2.5%)	26 (32.1%)	10 (12.3%)	81
			36(44.4%)		
		38(46.9%)			

経路を表すのが後置詞か経路動詞か,という観点からは,やはり経路動詞の方が若干多い。しかし注目すべきは,経路動詞の使用率が比較的低いことで,経路動詞なしがありを上回っている。経路動詞が非最終動詞の例は,逆行態の「来る」が後続するケースである。また,経路動詞が最終動詞である38例のうち,3例は第一動詞が主要部と思われる例である(「投げつける」など)。したがって,経路動詞が主要部にあると考えられるのは35例(43.2%)である。

今回のデータベースにおける開始時起動型の客体移動の用例数が比較的少なかったので,「現代日本語書き言葉均衡コーパス」の書籍サブコーパスの中から,1940年代生まれの著者による「投げる」のすべての用例を取り出し,比喩的な用例などを除いた159の用例を追加分析した。これらの用例における経路の表現方法を見た結果が表18である。

表18:「投げる」と経路表現

後置詞等\経路動詞	経路動詞なし（使役手段動詞のみ）	経路動詞あり（使役手段動詞＋使役的経路動詞）	計
後置詞等なし	35(22.0%)	31(19.5%)	66(41.5%)
後置詞等あり	35(22.0%)	58(36.5%)	93(58.5%)
計	70(44.0%)	89(56.0%)	159

 ここでは後置詞等の方が経路動詞を若干上回っている。この結果は，「投げる」という使役手段の指定を含む開始時起動型の客体移動表現においては，名詞関連要素で経路を表すパターンが，複合動詞後項によって表すパターンと同程度あるいはそれ以上に用いられていることを示している。また，後置詞ありの文の方が後置詞なしの文よりも多いことも注目を引く。

 さらにここで考察すべきことは，経路動詞が最終動詞として使われているすべての例において，経路動詞が主要部と言えるかどうかである。この「投げる」のデータのうち，使役手段動詞＋使役的経路動詞の複合動詞には「投げつける」が23例含まれており，全体の12.4%を占める。先に指摘したように，これらは確実に前項動詞が主要部だと思われる。したがって，経路動詞が主要部となっている例は66以下となり，主要部外要素による経路表示の方が優勢だと言うことになる。

 「投げつける」のような例を主要部外表示型と見なすと，経路が，1)主要部のみ，2)主要部外要素のみ，3)両方で表されている用例数は，それぞれ27, 58, 39となる。主要部のみ対主要部外要素のみでは，後者の方が多く，符号検定(片側検定)でも有意である($p<.005$)。これは，様態動詞と共起する経路の表現の場合(表8)とはっきりと異なる結果である。

 後置詞句の内訳を見てみると，総数93のうち64例(68.8%)において「に」が使われている。(15)が示すように，主体移動の様態動詞は着点句との共起に制限があるが，「投げる」に関しては制限がない。

 (15) a. ＊駅に歩いた。
　　　 b. ボールを一塁に投げた。

「に」の多さは，このことを反映している。

また,「中」「外」「前」などの位置名詞を伴った「に」「へ」「から」は9例にすぎない。〈中へ〉〈外へ〉の意味は主に複合動詞後項の「入れる」「込む」「出す」によって表されており(49例),「〜の中に」「〜の外に」も6例見いだされるが,すべて「入れる」「込む」「出す」と一緒に用いられている。つまり,位置関係＋経路局面に関しては,やはり主要部動詞が中心的な役割を果たしている。

5. 抽象的放射
5.1 視覚的放射

次に抽象的放射について考えよう。まず,視覚的放射の言語表現に関しては,主動詞で使われる視覚動詞の意味を考察しなければならない。日本語の視覚動詞には,「見る」「覗く」「睨む」「眺める」「望む」がある。これらの動詞の一部には,視覚的放射の経路が含まれているとも考えられる。「覗く」においては〈視覚的放射が小さな空隙を通る〉,「望む」においては〈視覚的放射が遠くに到る〉という意味要素がある。しかし,上下方向や小さな空隙を通らない内外への経路など,主要な経路要素は他の語句によって表現されなければならない。

日本語における視覚的放射事象の言語表現としては,(16)に示した3タイプがある。(16a)は視覚動詞を主動詞として経路を名詞関連要素で表す例,(16b)は視覚動詞と使役的経路動詞を複合させて複合動詞後項によって経路を表す例である。このほかに,(16c)のように放射物を目的語として開始時起動型の客体移動表現を用いて表すこともできる。(16c)は構文上,視覚的放射表現と言えないので,ここでは扱わない。

(16) a. 部屋の<u>中から</u><u>窓越し</u>に｛垣根の<u>向こう側を</u>／<u>窓の外を</u>｝見た。
　　 b. 空を見<u>上げた</u>。
　　 c. 彼に視線を投げかけた。

(16a)では「見る」が視覚の対象(あるいは視覚対象の位置)に対してヲ格を与えるため,経路の着点がどこにあるかはヲ格句の中の「外」などの位置名詞で表される。

ここで注目すべきは(16b)の「見上げる」のような複合動詞である。類例

には以下のものがある（松本 2002 を参照）。

(17)　見上げる，見下ろす，見渡す，見やる，見返す，睨みつける，睨み返す，覗き込む，眺めおろす

これらの複合動詞にも経路を最終動詞で表す日本語のパターンが現れている。この最終動詞が主要部であれば，日本語は抽象的放射の場合も経路を主要部で表すことができる言語ということになる。

　しかし，これらの複合動詞の後項動詞は主要部であるとは言えない。「引き上げる」などの客体移動表現としての複合動詞と比べてみると，「錨を引き上げた」の場合，「錨」は「上げた」の行為の対象である。ところが(18a)の場合，目的語の「空」は「上げる」の行為の対象ではない。(18b)のように言えないからである。(18c)に示すように「空」は「見る」の行為の対象である。

(18) a.　空を見上げた。
　　 b.　*空を上げた。
　　 c.　空を見た。

つまり，複合動詞全体の項構造は前項動詞と一致する。「上げる」対象は表現されていない放射物であると考えられるが，それは項としては実現しない。複合動詞において，複合動詞全体の主語・目的語などを決めている要素が主要部だとすれば，「見上げる」において主要部をなしているのは前項動詞の「見る」であることになる。つまり，後項の経路動詞は主要部をなしていない。

　また，この種の複合動詞は生産性が低い。例えば〈外の方を見る〉の意味で「見出す（みいだす）」を使うことはできない。「見込む」も視覚的な意味では存在しない。過去の日本語においてはこの種の複合動詞が現在よりも広く使われていた。関(1977)によれば，鎌倉時代の日本語においては(19)のような言い方が可能であり，「見出す」を〈外の方を見る〉の意味で使ったという。

(19)　入道簾中より遙かに見出し給いて…　　　　　（平家物語巻二）

現代語ではこの用法はなく，複合動詞はより限定的である。

　経路主要部外表示型としての傾向はコーパスの調査からも確かめられる。1940 年代生まれの著者のデータから抽出したすべての「見る」「覗く」「眺

める」「睨む」「望む」の用例(739 例)から，これらの動詞がどのような経路表示を伴って使われているかを示したのが表 19 である。経路動詞と名詞関連要素での経路表示の有無を示している。名詞関連要素には，「から」などの後置詞やヲ格名詞句の中の「中」「外」が含まれる。

表 19：視覚的放射表現における経路の表現頻度

名詞関連要素＼経路動詞	経路動詞なし	経路動詞あり	計
名詞関連要素なし	302(40.9%)	258(34.9%)	560(75.8%)
名詞関連要素あり	129(17.5%)	50(67.7%)	179(24.2%)
計	431(58.3%)	308(41.7%)	739

経路動詞あり，つまり，複合動詞後項で経路が表される例が多い(41.7%)が，これは主要部外要素である。名詞関連要素は 24.2% で使われている。内外への経路の表示については，「窓の外を見る」のような位置名詞の用例数が多く，「外」は 22 例，「中」は 32 例ある。一方，内外への経路を表すために動詞が後項動詞として使われるのは，特定の視覚動詞との組合せに限られる。このパターンは「覗き込む」の 58 例に見られるが，他の視覚動詞は「込む」と複合しないため，位置名詞に頼って「口の中を見る」のように言わざるを得ない。このような位置名詞への依存は主体移動表現，客体移動表現と対照的である。第 3 節及び 4.2.3 節で見たように，主体移動表現と客体移動表現では経路句のほとんどが単純な起点着点句であり，位置関係を表す位置名詞はほとんど出現しない。

なお，視覚的放射におけるダイクシスは「こっち(の方)を見る」のような形で表現される。このような用例は調査範囲内では 5 例にすぎなかった。

5.2　音声的放射など

「叫ぶ」「呼ぶ」「ほほえむ」「うなずく」など，音声及び表情などによるメッセージ伝達に関しても，「～に向かって」などの経路が表現される場合がある。

　(20) a.　マイクに向かって ｜しゃべる／ささやく｜。

　　　　b. 部屋の中から彼に向かって {叫んだ／ほほえんだ／うなずいた}。

複合動詞後項による経路表示は視覚の場合よりもさらに限られ，(21)のように一部の動詞が「かける」「返す」「つける」を複合動詞後項として取ることができるのみである[5]。

　(21)　呼びかける，叫び返す，怒鳴りつける，怒鳴り返す，うなずき返す，微笑みかける，微笑み返す

これらは後項動詞の目的語を取ることができず，後項動詞は主要部ではないと考えられる。また生産性はかなり低く，「込む」「上げる」が後項となる例は無い。「込む」は「覗き込む」では放射の経路を表すが，「呼び込む」では放射の経路(声の経路)ではなく，客体移動の経路(呼ばれた人がたどる経路)を表す。

　1940年代生まれの著者のデータから抽出した「叫ぶ」のすべての用例から，この動詞がどのような経路表現と結びついているかを調べた結果が表20である。

表20：「叫ぶ」と経路の表現頻度

経路動詞 後置詞等	経路動詞なし	経路動詞あり	計
後置詞等なし	213(95.1%)	2(0.9%)	215(96.0%)
後置詞等あり	9(4.0%)	0(0%)	9(4.0%)
計	222(99.1%)	2(0.9%)	224

経路が表現される例は極めて限られる。第2章の英語の対応するデータと比べると，日本語において音声的放射の経路が表現されない傾向は明らかである[6]。

6. 移動事象表現タイプと表現パターン

　以上の考察から，次のことが言える。主体移動に関して，日本語は経路を主要部で表すことが多いが，ダイクシスが表現される場合は，ダイクシスの

---

[5]「〜つける」が抽象的移動を表す点に関しては，松本(1999)を参照のこと。

[6] このほかの抽象的放射表現として，日本語では光の移動に関して「太陽が照りこむ」のような表現が可能である。

方が主要部で表される傾向がある。その意味では，経路に関しては準主要部表示型，ダイクシスに関しては純粋な主要部表示型であると言える。

客体移動では，随伴運搬型における疑似客体移動表現を除いて，ダイクシスはほとんど示されない。随伴運搬型・継続操作型の客体移動の表現では経路が主要部で表されるが，開始時使役ではその傾向が弱い。継続操作型を除いて複合動詞が多用され，一貫して後項で経路が表されるが，開始時起動型の客体移動表現では後項が主要部の立場を失っている場合があり，視覚的放射では完全に主要部の立場を失って主要部外表示型のパターンが用いられていると言える。音声的放射では経路自体があまり表現されない。

以上から，経路（非直示的経路概念）とダイクシス（直示的経路概念）について，その表現位置をまとめると表21のようになる。

表21：移動事象表現タイプ別の経路概念の表現位置（日本語）

移動事象表現タイプ	経路概念のタイプ	非直示的	直示的
主体移動		主要部（直示性が表現されない場合）	主要部
客体移動	随伴運搬型	主要部	〔擬似的な場合に主要部〕
	継続操作型	主要部	―
	開始時起動型	主要部／（主要部外）	―
抽象的放射		主要部外	―

このような言語内の変異が見られる理由は何であろうか。

まず，ダイクシスに関する変異について考察する。ダイクシスが主要部に置かれるのは主体移動表現（及び主体移動表現を用いた擬似的客体移動表現）に限られ，それ以外では表現されること自体が稀である。これについては，二つの理由が考えられる。第一に，ダイクシスというものは人の移動と結びついている。表11で見たように，主体移動表現は有生物の移動を表すことが圧倒的に多く，特に直示動詞は有生物の移動に対して使われる傾向がある。客体移動はこれとは異なり，人ではなく物体の移動を表す場合が多い（客体移動における有生移動物の割合は，随伴運搬型で46.3%，継続操作型

で 2.6％，開始時起動型で 34.6％である）。したがって，直示的情報が有益ではないケースが多い。第二に，客体移動は比較的短い経路をたどることが多い。先に見たように客体移動表現の大多数の例は継続操作型であり，ほとんどの場合その移動は使役者の身辺に限られる。ダイクシスは話者の領域外から領域内へというように，ある程度長い距離の移動を前提としているため，客体移動においては移動の直示的情報があまり有益ではないケースが多いと思われる。なお，随伴運搬型の使役移動事象では，人間が移動物になることが比較的多く，また長い経路も可能であるが，疑似客体移動表現を用いて直示動詞でダイクシスを表すことができるので，使役的直示動詞を使う必要性はない。

　次に，客体移動表現における類型の変異について考えよう。継続操作型の客体移動において使役的経路動詞の単独使用が多いのは，この種の使役移動の無標性によると思われる。手による物体操作は頻繁に行われることであり，単に「箱に鉛筆を入れた」と言えば，手で移動させたと解釈するのが普通である。また，自分の身体部位を動かす場合に神経系統を用いるのはもっとも自然であり，単に「手を上げた」と言えば，神経系統を用いて自分の手を上げた（継続操作型の客体移動を行った）と解釈するのが普通である。このように，継続的使役は推論可能な使役方法であるゆえに，手段が表現されず，使役的経路動詞が単独で使われることが多いのだと思われる。これは，主体移動において，推論可能な移動様態である〈歩く〉が言語化されることが少ないのと平行している。これに対し，〈投げる〉〈蹴る〉などの開始時起動型の客体移動は特徴のある使役手段によって行われるため，言語化が求められると考えられる。

　最後に，抽象的放射が経路主要部外表示型の表現をするのは，言語が経路の意味を含む視覚動詞や発声動詞を持つことが経済性の観点から不合理だからと考えられる。では経路の意味を含まない視覚動詞を使いながら視覚的放射の経路を表現しようとするのであれば，名詞関連要素を使うか，使役的経路動詞を視覚動詞と組み合わせて使うという手段を取ることになる。日本語はこの両方を用いている。動詞を組み合わせて使う際に，日本語の一般的パターンにならって使役的経路動詞を後項としているが，経路が具体的でない

ゆえに，より意味的内実性の高い前項動詞を主要部とするオプションが選択されている．

7. 結語

以上のように，日本語の移動表現では，移動事象表現タイプによってダイクシス，経路をどこで表すかが変わる．日本語で見た言語内変異のパターンがどの程度類型論的に一般的なことであるかは，第13章で考察する．

このほか，繰り返して観察された現象として，重要ではない意味要素や推論可能な意味要素を省略する傾向がある．日本語では複雑述語などを使うことにより，様態，経路，ダイクシスの三つを共存させて表現することができる．しかし実際には，そのような複雑な表現は不要であれば避けられる傾向がある．歩行の様態が表現されない傾向や継続操作型の客体移動表現で使役手段が示されない傾向，さらには，複雑述語の中で「行く」が「来る」ほどに使われないことなどに，それを見ることができる．

第11章

日本語とフランス語の移動表現
―話し言葉と書き言葉のテクストからの考察―

守田 貴弘・石橋 美由紀

1. はじめに

　Talmy(1991, 2000)が提唱する移動表現の類型論において，日本語とロマンス系言語の一つであるフランス語は動詞枠付け言語――以下本章では松本（本巻第1章）に従い「経路主要部表示型言語」と呼ぶ――に位置づけられている．本章では，日本語とフランス語の話し言葉と書き言葉のデータを用いて主体移動表現と客体移動表現を分析することで，言語の使用実態という観点から Talmy の類型論の妥当性を検証することを目標とする．

　本章の構成は以下の通りである．まず本節に続く第2節ではフランス語の移動表現とその表現手段について先行研究を概観する．対照研究を目的としているため日本語の移動表現についても述べる必要があるが，日本語に関しては松本(1997，本巻第10章)を参照されたい．第3節では，話し言葉・書き言葉のデータから作成したコーパスの調査に基づいて，(1)日本語およびフランス語における主体移動表現と客体移動表現が類型論的に同じ表現パターンをとるかどうか，(2)それぞれのコーパスにおいて，好まれる表現パターンの中に一貫性が確認されるかどうかという2点を考察していく．第4節では，以上の結果を踏まえて，経路主要部表示型言語内での類型を再検討し，残された問題についても言及する．

　本章は「言語対照研究ワークショップ『移動表現の類型論と類型の一貫性』」(神戸大学，2007年8月1日・2日)での口頭発表を加筆・訂正したものである．発表当時に貴重なコメントを下さった方々および話し言葉のデータ収集にご協力くださった神戸大学及びリヨン第2大学の学生の皆さんに御礼申し上げる．

2. フランス語の移動表現の表現手段
2.1　フランス語における移動表現のタイプ

　経路主要部表示型言語とされるフランス語では，以下の例のように，主要部に経路概念を表す動詞が用いられることが多いと考えられる。

　　(1)　Jean **est entré**[1]　dans la maison　(en courant).
　　　　 Jean　enter.PST　 in　 the house　　(in running)
　　　　「ジャンは(走って)家の中に入った。」

　　(2)　Jean **a sorti**　la voiture du garage　(en la poussant).
　　　　 Jean　get.out.PST　the car　of.the garage　(pushing it)
　　　　「ジャンは車を(押しながら)車庫から出した。」

　　(3)　Jean **a vu**　la manifestation par la fenêtre.
　　　　 Jean　see.PST　 the demonstration　through the window
　　　　「ジャンは窓からデモ行進を見た。」

(1)の主体移動では *entrer* 'enter'，(2)の客体移動は *sortir* 'get out' が用いられており，それぞれ経路を含んだ動詞である。これら経路動詞に加えて様態や手段などを表すときには，ジェロンディフと呼ばれる付加詞的要素(例(1)の *en courant* のような「en + 現在分詞」の形)を用いることができる。(3)は抽象的放射の一般的な例だが，ここでは経路概念が前置詞によって表されている[2]。

　これらのうち，本章ではコーパスの中心をなす主体移動表現と客体移動表現を扱い，例(3)のような抽象的放射表現は今後の研究課題とし，今回は扱わない。

　以下，フランス語移動表現の主要な表現手段を概観していくことにする。

---

[1] 現代フランス語(特に話し言葉)では助動詞 *être* 'be' または *avoir* 'have' + 過去分詞という形式で過去時制を表す。本章の例文では，煩雑さを避けるため逐語訳には助動詞を表示せず，(1)*être entré* = enter.PST，(2)*avoir sorti* = get.out.PST のように簡略化して示すこととする。

[2] 抽象的放射表現の例としては，*Il a levé les yeux au ciel*「彼は空を見上げた(lit. 彼は眼〔視線〕を空に上げた)」のような使役構文を用いたものも一般的に用いられる。

2.2 前置詞と句前置詞

上の例 (1–2) が示すように，フランス語の主体移動および客体移動表現では，前置詞と句前置詞が共通して用いられる[3]。Borillo (1998: 85) によるとフランス語には 250 以上の(句)前置詞があり，それらは (4a) 静的な位置関係も含めた空間表現全般で用いられるものと，(4b) 空間表現としては必ず移動に使われるものに分類される。

(4) a. *à* 'at/to', *sur* 'on', *dans* 'in', *devant* 'in front of', *derrière* 'behind', *sous* 'under', *à côté de* 'next to', *près de* 'close to', *au bord de* 'at the edge of', *au fond de* 'at the bottom of', *au centre de* 'at the center of'

b. *de* 'from', *depuis* '(away) from', *via* 'via', *vers* 'toward', *jusqu'à* 'up to/as far as', *pour* 'for', *en direction de* 'in the direction of'

(4a) は移動物と移動の参照物の位置関係を，(4b) は方向性や経路局面を表すものであり，それぞれ Talmy (2000) が定義する経路の構成要素，すなわち conformation と vector に対応すると考えられる。このように，フランス語には動詞以外の要素で経路を表す手段はあるのだが，Talmy は付随要素と前置詞を厳密に区別する立場をとっているため，動詞枠付け・付随要素枠付けという類型におけるこれらの前置詞の役割は判然としていない[4]。この問題に関して，3.1.1 節および 3.2.3 節では，様態動詞または使役手段を表す動詞が主要部で使われたときに，フランス語の前置詞と日本語の助詞がどのような機能を果たしているのかを分析する。

2.3 主体移動動詞

主体移動を表す動詞は，経路を含むもの(以降，経路動詞)と移動の様態を表すもの(以降，様態動詞)の 2 種に大別することができる。以下の(5)は代

---

[3] 前置詞と関係名詞の組み合わせからなる locution prépositionnelle (cf. Riegel et al. 1994: 369-370) を本章では句前置詞と呼ぶこととする。

[4] Talmy (2000: 102) には "Satellite to the verb —— or simply satellite", あるいは "other than a noun-phrase or prepositional-phrase complement" という説明がみられる。付随要素はあくまで動詞関連要素であり，名詞関連要素である前置詞などとは区別していることが分かる。

表的な経路動詞の例であり，これらはさらに(5a)直示動詞，(5b)方向を表す動詞，(5c)経路局面のみ，または経路局面に加えて位置関係も含んだ動詞に下位分類される。なお，(5b)のうち，セミコロンの後にリストした *monter* と *descendre* は，自動詞としては場所補語をとって着点を表す用法を持ち，他動詞としては直接目的語をとって通過点領域を表す用法を持つ。(5c)のリストについても，セミコロンの後に挙げた動詞は直接目的語をとり，この直接目的語は *quitter* では起点，*franchir*, *traverser* では通過点を表す。

(5) a. 直示
 aller「行く」, *venir*「来る」, *revenir*「戻ってくる」
 b. 方向
 avancer「前進する」, *reculer*「後退する」, *rentrer*「帰る，戻る」, *s'approcher*「近づく」, *s'éloigner*「遠ざかる」, *tomber*「落ちる」; *monter*「のぼる」, *descendre*「くだる」
 c. 経路局面，あるいは経路局面と位置関係
 partir「出発する」, *arriver*「着く」, *passer*「通る」, *tourner*「曲がる」, *entrer*「入る」, *sortir*「出る」; *quitter*「去る」, *franchir*「越える」, *traverser*「渡る」

(6)は様態動詞の例であり，(6a)単純動詞と(6b)経路概念を表す接頭辞のついた動詞に下位分類してある。

(6) a. *marcher*「歩く」, *courir*「走る」, *voler*「飛ぶ」, *nager*「泳ぐ」, *ramper*「這う」, *ramer*「漕ぐ」, *glisser*「滑る」, *flotter*「浮ぶ」, *se promener*「散歩する」, *arpenter*「大股に歩く」, *boiter*「びっこを引く」, *se dandiner*「よちよち歩く」, *tituber*「よろよろ歩く」, *zigzaguer*「ジグザグに進む」, *se dépêcher*「急ぐ」, *s'élancer*「突進する，駆け出す」, *foncer*「急いでいく」, *sauter*「跳ぶ」, *sautiller*「飛び跳ねる」, *gambader*「飛び跳ねる，はしゃぎ回る」, *voleter*「羽をばたつかせて飛ぶ」, *pédaler*「自転車で走る」, *rouler*「転がる，(車が)走る」
 b. *accourir*(*a(c)-courir* 'to-run')「駆けつける」, *parcourir*(*parcourir* 'through-run')「歩き(走り)回る」, *s'envoler*(*en-voler*

'off-fly')「飛び立つ，飛び去る」

　これらの動詞リストに関して，フランス語は経路主要部表示型言語の中でも様態動詞が多いことを指摘することができる。Wienold & Schwarze (2002) はフランス語の様態動詞を約30語挙げているが，仏仏辞典 *Le Petit Robert* を参照して行った筆者らの調査では少なくとも140語を確認することができた。日本語との対照では，擬態語で表現される *se dandiner*（よちよち歩く）や *tituber*（よろよろ歩く）のような歩行の様態を語彙化した動詞が多いことが特徴的である。

　様態動詞が主要部で使われるケースについて，現在までに大きく二つの主張がなされている。一つは，様態動詞が着点句とは共起しないことや，その他の前置詞句も行為が行なわれた場所としての解釈しかできないことを指摘するものである (Jones 1983, Cummins 1996, 1998)[5]。この指摘は以下の例文によって確認することができる。

(7) a. **Anne a marché à la Tour Eiffel.*　　　(Cummins 1998: 62)
　　　　Anne　walked.PST　to　the　Eiffel Tower
　　　「アンヌはエッフェル塔に歩いた。」
　　b. *Paul a marché dans la rue.*
　　　　Paul　walked.PST　in　the　street
　　　「ポールは ｛通りを歩いた／*通りに歩いて入った｝。」

動詞 *marcher* は，(7a) のように着点句とは共起できずに非文となる。また，(7b) のように場所補語と共起したときには，着点ではなく活動が起こった場所としてしか解釈できない。

　もう一つの主張は，発話のコンテクストや様態動詞の種類によっては，場所補語を着点として解釈することが可能であることを主張するものである (Fong & Poulin 1998, Rossi 1999, Stringer 2003, Kopecka 2004, 2007, Pourcel & Kopecka 2006, 守田 2008b, Beavers et al. 2010)。

(8)　　*La neige vole dans la pièce*　　　（守田 2008b）
　　　　the　snow　fly.PRES　in　the　room

---

[5] スペイン語 (Aske 1989, Slobin & Hoiting 1994) やイタリア語（本巻8章），日本語 (Yoneyama 1986) についても同様の指摘がなされている。

「雪が部屋に飛び込む／舞い込む」

例(7)で使われている動詞 marcher では着点としての解釈が不可能であっても，(8)の voler では dans 'in' を用いた句を場所ではなく，着点として解釈することができる。このような着点の解釈が得られやすい様態動詞には courir 'run' や glisser 'slide', rouler 'roll', sauter 'jump' などがあることが指摘されている (Kopecka 2007, 守田 2008b)。

また，様態動詞の種類だけではなく，(9a)(9b)の対比に見られるように，移動の基準物の面積が大きい「海」に比べ，面積が小さい「水たまり」の方が着点として解釈しやすいといった語用論的要因も指摘されている (Rossi 1999)。

(9) a. *Jean **a couru** dans la mer.*　　　　(Rossi 1999: 271)
　　　　Jean　run.PST　in　the　sea
　　　　「ジャンは海｛の中で走った／?の中に駆け込んだ｝。」
　　b. *Jean **a couru** dans la flaque.*　　　(Rossi 1999: 271)
　　　　Jean　run.PST　in　the　puddle
　　　　「ジャンは水たまり｛?の中で走った／の中に駆け込んだ｝。」

(6b)に挙げた接頭辞付きの動詞では，接頭辞(例 10 の下線部)が経路を表すため，(10)は語彙的な経路主要部外表示型の表現形式だと考えられる。

(10) *L'enfant **est <u>ac</u>couru** dans le parc.*
　　　 the-child　to-run.PST　in　the park
　　　「子どもは公園の中に走って｛行った／入った｝。」

以上のように，フランス語の主体移動表現は経路主要部表示型のみではなく，経路主要部外表示型が可能な言語であることが明らかにされている。したがって，第 3 節以降で扱うように，類型論におけるフランス語の位置づけを決定するためには，どちらの表現パターンが実際の言語使用において優勢なのかという点が問題となる。

2.4　使役移動動詞

現在の類型論ではフランス語の客体移動表現について特に言及されていないため，客体移動に用いられる動詞や類型論的な表現パターンに関する共通

した見解はない。ここでは、主体移動の分類にならい、客体移動に参与する動詞を、経路を表す動詞（以降、使役経路動詞）と手段を表すもの（以降、使役手段動詞）の二つに大別することにする。

(11)は使役経路動詞の例であり、これらはさらに(11a)方向・経路局面などを表すものと(11b)*put/take*類に下位分類している。これは、(11b)の動詞が(11a)の動詞に比べて共起する場所補語に制約があるためである[6]。

(11)　使役経路動詞
　　a.　方向・経路局面など
　　　avancer「前に進める」, *reculer*「後退させる」, *approcher*「近づける」, *éloigner*「遠ざける」, *monter*「上げる」, *descendre*「おろす」, *faire tomber*[7]「落とす」, *sortir*「出す」
　　b.　*put/take*類
　　　placer「配置する」, *poser*「置く」, *enlever*「取る、除く」, *mettre*(put)[8], *accrocher*「（鉤状のものに）掛ける」, *décrocher*「はずす」, *attacher*「繋ぐ」, *détacher*「ほどく、はずす」, *pendre*「吊るす」, *coller*「貼る」, *décoller*「剥がす」, *coucher*「寝かす」

主体移動の経路動詞のリスト(5)と比較すると、使役経路動詞の語彙レパートリーはかなり限られていると言える。まず、(5a)に対応する直示を含んだ使役経路動詞はなく、(11a)の動詞の多くは方向を表すものである。また、(5c)に対応する経路局面などを表す使役経路動詞は *sortir*「出す」のみであり、*sortir* と対をなす〈入れる〉に相当する単独の動詞は存在しない。この

---

[6] 通常、取り外しを表す動詞は起点表現しか取らず(e.g. *Jean a décroché le tableau {du mur/*sur la table}*「ジャンは｛壁から/*机の上に｝絵をはずした」)、設置を表す動詞は着点表現しか取れない(e.g. *Jean a posé la tasse {sur la table/*du buffet}*「ジャンは｛机の上に/*食器棚から｝カップを置いた」)。本章ではこれらの動詞を着点または起点に特化した経路動詞の一種として扱う。

[7] 原則として本章では他動詞による客体移動表現を扱うが、フランス語は「落とす」に相当する動詞がなく、複合動詞として扱うことのできる *faire tomber* 'make fall' という使役構文が一般的に用いられるため、このリストに含めた。

[8] 動詞 *mettre* 'put' は単独では用いられず、前置詞 *sur* 'on', *sous* 'under', *dans* 'in' などを伴って〈上に置く〉〈下に置く〉〈入れる〉ことを表す。

場合，*mettre dans* 'put in' という動詞と前置詞の組み合わせによって表現するのが普通である[9]。

(12)は典型的だと考えられる使役手段動詞であり，(12a)主に開始時起動型の使役移動に使われるものと，(12b)主に随伴運搬型の使役移動に使われるものに下位分類しているが，*pousser* 'push' のように両方に使える動詞もある。さらに，随伴運搬型では接頭辞によって方向を表す動詞も多いため，単純動詞と接頭辞が語彙化した動詞に分けている。(12b)の動詞のうち，接頭辞 *a-* と *em-* がついたものは直示を表す場合があると言われているが(中川 1989)，本章では使役手段を表す語根に非直示的な経路局面を表す接頭辞がついた動詞として扱う(3.2.2節参照)。

(12) 使役手段を含む動詞
    a. 主に開始時起動型の使役移動に使われる動詞
       lancer「投げる」，*jeter*「投げる，捨てる」，*glisser*「滑らせる」，*pousser*「押す」，*envoyer*「(物を)送る，(人を)派遣する」，*expédier*「郵送する」，*renvoyer*「送り返す，返却する」
    b. 主に随伴運搬型の使役移動に使われる動詞
       1. 単純動詞：*rouler*「転がす，(車で)行く」，*pousser*「押す」，*tirer*「引く」，*traîner*「引きずる」，*conduire*「導く，案内する」
       2. 接頭辞つき動詞(*a-* = 'to'，*em-* = 'off'，*re-* = 'back')：*amener*(a-mener)「連れて行く／来る」，*emmener*(em-mener)「連れて行く」，*ramener*(r-a-mener)「再び連れて来る／行く，連れ帰る，持ち帰る」，*apporter*(a(p)-porter)「持って行く／来る」，*emporter*(em-porter)「持っていく，運び去る」

さらに，(11–12)の動詞以外にも，名詞から派生した *dégivrer* 'defrost' や *emprisonner* 'imprison' など，移動物や参照物を語彙化した使役移動動詞も多いが(Kopecka 2003)，ここでは指摘のみに留めることにする。

---

[9] 〈入れる〉に相当する動詞に *introduire* 'introduce, insert' があるが，カード挿入口のような細い基準物に〈差し込む〉という意味が強く，日本語の「入れる」ほど広い範囲で使われるわけではない。さらに，*rentrer* という動詞も「入れる」に近い意味を持つが，入れた結果としての〈取り込む，しまう〉という感覚が強い。これらは *sortir* と対をなしておらず，「入れる」に対応する語はフランス語には欠けていると考えられる。

前述のように，フランス語の客体移動表現に関する研究はほとんどなく，その類型論的な位置づけは明らかではない。主体移動表現と同じパターンをとるならば，客体移動表現も主要部表示型であることが予測されるが，(13)のような主要部表示型の表現だけではなく，随伴運搬型(14)や開始時起動型(15)では，経路を主要部以外の要素で，手段を主要部で表す主要部外表示型の表現も用いることができる。

(13) Jean **a sorti** la voiture du garage.
　　　Jean　get.out.PST　the car　of.the garage
　　　「ジャンは車を車庫から出した。」

(14) Il **a conduit** son enfant à la gare.
　　　he　drive.PST　his child　to the station
　　　「彼は子供を駅に連れて行く。」

(15) Henri **a lancé** le livre sur la table.
　　　Henri　throw.PST　the book　on the table
　　　「アンリは机の上に本を投げた。」

このように，フランス語の客体移動表現でも経路主要部表示型の他に経路主要部外表示型が可能であることが分かる。以下の3.2節では実際の言語使用においてどちらの表現パターンが優勢なのかという点について分析する。

3. コーパス調査による日本語とフランス語の移動表現の分析

第2節で確認したように，フランス語は潜在的には経路主要部表示型と経路主要部外表示型が共存する言語だが，実際の言語使用ではどちらが優勢なのだろうか。本節では，経路主要部表示型言語に位置づけられる日本語とフランス語の移動表現のパターンを，実際の言語使用という観点から再評価していく。

分析対象としては，話し言葉と書き言葉のそれぞれをデータとしたコーパスを作成した。各コーパスの概要は以下の通りである。

話し言葉コーパス(コーパス作成者：石橋)
被験者：日本語母語話者20名(神戸大学，2005年6月)，フランス語母語
　　　　話者20名(リヨン第2大学，2005年12月)。

収集方法：短編映画 *The Pear Story*(Chafe(ed.)1980)を使用し，被験者に映画を見ながらストーリーを叙述してもらい，記録したデータから移動表現を抽出した(以下「Pear_jp/fr」と指示する)。
用例数：日本語主体移動 365 例，客体移動 264 例，計 629 例。
　　　　フランス語主体移動 404 例，客体移動 452 例，計 856 例。
書き言葉コーパス(コーパス作成者：守田)
出典：日本語『ノルウェイの森(上)』(村上春樹，以下「森」)，フランス語 *La salle de bain*(Jean-Philippe Toussaint, 以下「Salle」), *Maigret et la jeune morte*(Georges Simenon，以下「Maigret」)から移動表現を抽出した[10]。
用例数：日本語主体移動 870 例，客体移動 205 例，計 1075 例。
　　　　フランス語主体移動 750 例，客体移動 174 例，計 924 例。

3.1　主体移動表現

まず，各コーパスにおいて，主要部に用いられた動詞が表す概念を調査した。表1は概念別に見た用例数とその割合を示している[11]。

表1：主要部で用いられた移動動詞の種類と頻度

言語	動詞の種類	経路		様態	合計
		直示	方向・経路局面等		
日	話	200(54.8%)	133(36.4%)	32(8.8%)	365(100%)
	書	364(41.8%)	404(46.4%)	102(11.7%)	870(100%)
仏	話	32(7.9%)	339(83.9%)	33(8.2%)	404(100%)
	書	242(32.3%)	440(58.7%)	68(9.1%)	750(100%)

---

[10] 参考のためそれぞれの対訳も参照したが，対訳の用例数はカウントしていない。分析上，必要なときには対訳で使われた表現パターンにも言及する。

[11] 本章では，日本語の「持って行く／来る」タイプの複雑述語は主体移動とみなす(擬似客体移動)。したがって，このタイプの複雑述語は表1の「直示」に含め，随伴運搬型の頻度をまとめた表6では除外している。

この表から以下の3つの特徴を読み取ることができる。まず，すべてのコーパスに共通して経路動詞と様態動詞の分布割合が類似している。すなわち，経路動詞の使用が90％前後を占め，様態動詞の使用が少ないという明らかな傾向である。

次に，経路動詞のうち，日本語では直示動詞を用いた表現パターンが多いのに対し，フランス語では直示以外の経路を表す動詞の使用割合が非常に高い点である。

そして最後に，話し言葉と書き言葉の違いとして，日本語とフランス語で直示動詞の使用傾向が異なっていることを指摘することができる。日本語の書き言葉では話し言葉より直示動詞の頻度が低く，方向・経路局面などを表す動詞の用例が多い。それに対し，フランス語では書き言葉の方で直示動詞の頻度が高くなっている。

表1が表すこれらの結果は従来の類型論による予測におおむねしたがっている。しかし，直示と非直示という経路のタイプやデータの種類によって，両言語の間に規則的な差異が観察されることも分かる。以下ではこれらの相違点について，様態動詞が主要部にある場合(3.1.1節)と，経路動詞・直示動詞が主要部にある場合(3.1.2節)に分けて詳しく分析していくことにする。さらに3.1.3節では，経路動詞が主要部にあり，様態が非主要部で表現される典型的な経路主要部表示型のケースで観察された，日本語とフランス語の相違を扱う。

3.1.1　主要部が様態を表す表現パターン

主要部における様態動詞の使用は日本語，フランス語ともに全体の1割程度にとどまっており，主体移動表現全体の中ではかなり少ない。主要部に様態動詞が使われているとき，前述のように，日本語とフランス語はともに非主要部で経路を表す経路主要部外表示型の表現が可能であり，経路の性質も通過領域や方向である場合と，マデや*jusqu'à*を用いて移動の限界点が表される場合があることも共通している。だが，先行研究でも指摘がある通り，フランス語には場所補語が着点として解釈されるタイプの経路主要部外表示型表現も存在することから(例8, 9b参照)，日本語とフランス語の間で表現

パターンに違いが見られることが予想される。この違いに関するコーパス上での調査結果を表2に示す。

表2：様態動詞を用いた移動表現の性質

		単独用法	経路主要部外表示型				計
			通過領域・方向	着点解釈			
				マデ・*jusqu'à*	その他		
日	話	28 (87.5%)	4 (12.5%)	0 (0%)	0 (0%)		32 (100%)
	書	57 (55.9%)	41 (40.2%)	4 (3.9%)	0 (0%)		102 (100%)
仏	話	24 (72.7%)	7 (21.2%)	2 (6.1%)	0 (0%)		33 (100%)
	書	21 (30.9%)	40 (58.8%)	1 (1.5%)	6 (8.8%)		68 (100%)

表中の「単独用法」とは，(16) のように，経路表現を伴わず，様態の描写のみが行われているものを指す。

(16) 蛍はガラスの壁に体を打ちつけ，ほんの少しだけ**飛**んだ。　（森）

一方，「経路主要部外表示型」とは経路表現を伴うものであり，その経路表現は方向や通過領域（「～を歩く」など）が表されている場合と，着点が表示されている場合に分けることができる。(17) は方向が表されている例である。

(17)　*Donc il* **roule** *en direction de l'arbre et[...].*
　　　so　　he　wheel.PRES　in direction of　the-tree　and　（Pear_fr）
　　　「で，彼は木に向かって自転車で走り，そして […]」

さらに，着点が表される場合は，(18) のようにマデ／ *jusqu'à* によって移動範囲を限定することで着点解釈が可能になる場合と，(19) のように位置関係を表す前置詞が着点として解釈される場合に区別される。

(18)　*De temps à autre, quelqu'un[...] continuait à* **marcher**
　　　sometimes　　　　someone　　　continue.PST　to　walk.INF
　　　jusqu'à l'autre extrémité du couloir. 　　　　（Salle）
　　　up.to　the-other　extremity　of.the　corridor

「時々,誰かが [...] 廊下の反対の端まで歩いていった。」

(19) J'ai laissé tomber une bobine de fil qui **a roulé**
I-drop.PST   a   bobbin of thread REL roll.PST

<u>sous le lit de Jeanine</u> [...]   (Maigret)
under the bed of Jeanine

「私は糸巻きを落とし,その続きはジャニーヌのベッドの下に
{? 転がり／入り／転がって入り} [...]」

　本章で用いたデータを見ると,様態動詞と共起する経路情報はほとんど方向や通過領域である。(18)のように,マデ／jusqu'àによって移動範囲を限定することで着点を導入することも可能だが,用例数としてはかなり少ない。日本語,フランス語ともに,様態動詞を用いたときの中心的な経路主要部外表示型の表現パターンは単独用法や着点を表さないものだと考えられる。

　(19)のように位置を表す接置詞が着点として解釈できるパターンは,フランス語の前置詞では可能だが,日本語の助詞では観察されていない。(19)であれば,roulerに対応する「転がる」だけではなく,「転がって入る／転がり込む」のように経路動詞を補いたいところである。この例から分かるように,確かにフランス語では位置関係を表す前置詞で着点を表す経路主要部外表示型が可能であり,これは日本語にはない特徴だと考えることができる。しかし,このような表現パターンは予想に反して書き言葉でも6例しかなく,話し言葉では観察されないという結果であった。

　わずかな差ではあるが,この話し言葉と書き言葉の違いは,ある事象を表現するためにいくつの節を使うかという,事象の統合度の違いに起因していると考えられる。瞬間的な発話では一つの節に含める情報量に制限があることが指摘されており (cf. Chafe (ed.) 1980),移動表現でも同様に考えることができる。すなわち,話し言葉の方が書き言葉よりも統合度が低いという可能性である。(20)は話し言葉の例であるが,一つの事象のさまざまな側面を1文ではなく複数の文にまたがって非統合的に表現していると言うことができる。

(20) Eh... le garçon[...] **rejoint** ses camarades. Il **court**,
uh   the boy   join.PRES his friends   he run.PRES

>   *enfin   il   **trottine**.   Il   **arrive**   devant   eux*[...].
>   well   he   jog.PRES   he   arrive.PRES in.front.of them

「エー男の子は友達と合流します。彼は走っています，というか，小走りに駆けています。彼は彼らの前に到着します。」(Pear_fr)

この場面では，*courir/trottiner*「走る／小走りに駆ける」という事象と*arriver*「到着する」という事象を *il arrive en courant/ en trottinant*「走って／小走りで到着する」という形で統合的に表現することもできるが，実際には別々の節に分割されて非統合に表現されている。本章で用いたコーパスにおいて十分な傾向が見えているわけではないが，書き言葉では(経路主要部外表示型も含めて)統合的な表現を使いやすいのに対し，話し言葉では非統合的に表現される傾向があると考えることができるだろう[12]。

最後に，様態動詞の語彙タイプについて説明する。日本語は様態動詞がそれほど多くない言語であるが，フランス語には少なくとも140語はあることを2.2節で述べた。ところが，本コーパス中で実際に使用された様態動詞のタイプ数は以下の結果となった[13]。

表３：様態動詞のタイプ数

	話し言葉	書き言葉
日本語	6	18
フランス語	10	25

表３は，日本語，フランス語とも書き言葉でタイプ数が多く，そしていずれのコーパスでもフランス語の方が多いことを示している。最も重要な点は，フランス語が本来備えている様態動詞の豊富さに対して，実際に使用される様態動詞の種類は多くないということである。語彙が豊富であっても，それらはほとんど用いられることのないものだと言えるだろう。

---

[12] 知覚情報を一つの事象として捉えるか，複数の事象に分割するかという方略が言語によって異なっているという指摘もあり(cf. Bohnemeyer et al. 2007)，フランス語では移動事象を経路と様態で複数の事象に分割する傾向がある可能性も考えられる。

[13] この表には「ぶらぶらする」「うろうろする」といった擬態語動詞も含まれる。

3.1.2　経路動詞と直示動詞

表1が示す通り，日本語とフランス語の主体移動表現では共通して経路動詞を用いることが多い．だが，経路の性質に注目したとき，両言語の相違は明らかである．すなわち，日本語では直示動詞（「行く」，「来る」とその複合形）を用いた表現パターンが用例の約半数を占めているのに対し，フランス語では方向・経路局面などを表す動詞を用いた表現パターンが最も多く，直示動詞を用いる頻度は日本語と比べて低いということである．もちろんフランス語でも *aller* 'go'，*venir* 'come' といった直示動詞を使うことは可能であり，書き言葉では使用頻度も高いが，それでも日本語での頻度よりはかなり低い．また，例(21)のような「*aller* + 不定詞」といった動詞連続も多用されるが，これは「(不定詞が表す動作を)しに行く」という目的を表し，他の移動動詞と共に使われることはほとんどない．

(21)　*Je　quittai　ma chaise　et　**allai　éteindre***
　　　I　leave.PST　my chair　and　go.PST　put.out.INF

　　　ma cigarette　sous le robinet.　　　　　　　　（Salle）
　　　my cigarette　under the faucet

　　　「[直訳]ぼくは椅子から離れ，蛇口の下でタバコを消すために[そこへ]行った．」

直示動詞の頻度の差は，同じ場面に対する日本語，フランス語それぞれの表現パターンを調べることによってより明確になる．(22–23)は日本語とフランス語それぞれの話し言葉コーパスにおける「洋梨を収穫していた農夫が梯子を降りる」場面の叙述の例である．日本語ではこの場面を描写した17名中5名が(22a)のように方向を表す動詞「おりる」を用い，残り12名が(22b)のように直示を含む動詞「おりてくる」を用いている．対するフランス語では，同じ場面を16名が叙述し，そのうちの15名が(23)のように方向を表す動詞 *descendre* 'descend' を，残り1名が *redescendre* 'descend again' を用いており，直示動詞は使われていない．

(22) a.　おじさんは梯子から**おりて**[…]．　　　　　　（Pear_jp）
　　　b.　えー作業を終えて下に**おりて来て**[…]．　　（Pear_jp）

(23) Il **descend** de l'échelle. (Pear_fr)
he descend.PRES of the-ladder

「彼は梯子からおります。」

　書き言葉コーパスでも同様の傾向が見出される。『ノルウェイの森』において原文とその対訳を比較したとき，日本語では「経路＋直示」「様態＋直示」，もしくは「様態＋経路＋直示」「経路＋経路＋直示」という複合形が63 例あった。これらのフランス語の対訳では，経路動詞が 30 例，様態動詞が 12 例，直示動詞が 11 例という結果になり，経路動詞が用いられることが最も多くなっている。

　直示動詞では，森田(2004)で指摘されているように，移動が「話者の視点から捉えられる」かどうかということが問題にされやすい。実際，日本語では，直示動詞は話し言葉で非常に頻度が高く，書き言葉の方が低いという結果になっている[14]。また，客観的な報道を対象とした新聞ではさらに低くなるという報告もある[15]。ここから，話し言葉のように話者が中心となる場合に直示表現の頻度が高くなると考えることができるだろう。

　対照的に，フランス語では書き言葉の方が話し言葉より直示動詞の頻度が高い。つまり，日本語とは逆の分布となっており，主観性や客観性とは違う原理が働いている可能性がある。この原理の解明は今後の課題としたいが，一つの要因としてデータの違いがもたらす事象の終結性の違いを指摘することができる。そもそも，フランス語の直示動詞は終結的な事象に用いられるものであり，venir は着点を表す補語が必須ではないが到着を含意し，aller は着点補語を明示せずに使うことはできないという特徴がある。書き言葉のデータでは，物語の展開という性質上，位置変化の結果や，(21)のように到着した先での目的行為の表現(ある地点への到着が含意される)が重要であるため，事象が終結的に表現されることが多い。そのため直示動詞の使用率

---

[14] Shibatani(2003: 263)による「直示動詞を用いた表現傾向が話し言葉で特に顕著である」という指摘とも一致している。

[15] 日本語とフランス語で書かれた 9・11 事件の新聞記事から移動表現を抽出した Ishibashi (2004)のデータでは，日本語 180 例のうち 18 例(10.0%)しか直示動詞が用いられず，直示動詞が使われたケースのほとんどが証言者のインタビューを文字に起こしたものであった。

が高くなるのに対し，移動の描写そのものを目的とした話し言葉では非終結的な表現が多くなり，直示動詞の頻度が低くなると考えることができる。この終結性による説明は一つの可能性に過ぎず，本章での観察結果が一般性を持つものなのか，終結性だけではなくその他の要因が働いているのか，今後，より詳細な分析が必要である。

なお，日本語とフランス語を比較した場合，直示表現の少ないフランス語の話者がただちに客観的な移動事象の捉え方をしているとは言えない。なぜなら，日本語では複合動詞，複雑述語を用いて様態やその他の経路と直示を同時に表現することが可能であるのに対し，フランス語ではジェロンディフなどを用いても，経路動詞と直示動詞を同時に使うことができないという意味的な制約があるからである。形式上の表現類型としては両言語の間に明確な違いが認められるが，認識の差という問題については，統合的表現の可否といった言語的要因を排した実験によって，今後明らかにすべき課題だと考えられる。

3.1.3　様態を表す非主要部

経路主要部表示型言語という類型は，様態や手段といった要素が典型的には副詞や動詞の従属形といった主要部外の要素によって表されることを含意する。では，様態や手段の表現に使われる主要部外要素の中心的な構成要素とは何なのだろうか。日本語では道具などを表すデ，副詞に加え，動詞の従属形としてはテ形，連用形があり，ナガラのような節表現もある。フランス語でも節表現や副詞，前置詞句 (e.g., *à pied* 'on foot') といった要素はあるが，動詞の従属形としてはジェロンディフしかない。

様態を表すこれらの統語要素の分布はどうなっているのだろうか。日本語とフランス語の結果をそれぞれ表4および表5に示す。

表4：様態を表す非主要部の種類と分布（日本語）

| | 連用形 | テ形 | ナガラ節 | その他 | | 計 |
				副詞	Nデ	
話	12 (16.7%)	**40** **(55.6%)**	6 (8.3%)	9 (12.5%)	5 (6.9%)	72 (100%)
書	**44** **(32.3%)**	29 (21.3%)	11 (8.1%)	47 (34.6%)	5 (3.7%)	136 (100%)
計	56 (26.9%)	69 (33.2%)	17 (8.2%)	56 (26.9%)	10 (4.8%)	208 (100%)

表5：様態を表す非主要部の種類と分布（フランス語）

| | ジェロンディフ | その他 | | 計 |
		副詞	前置詞句	
話	13 (29.5%)	12 (27.2%)	**19** **(43.2%)**	44 (100%)
書	17 (25.4%)	**23** **(34.3%)**	27 (40.3%)	67 (100%)
計	30 (27.0%)	35 (31.5%)	46 (41.4%)	111 (100%)

　書き言葉，話し言葉で順位は異なるが，日本語ではテ形と連用形による様態表現が多いのに対し，フランス語では中心的な表現手段を特定することは難しい。両言語の比較では，動詞の従属形による様態表現は日本語の頻度が高いという結果である。

　この分布は統語的従属度の違いによってもたらされると考えることができる（cf. 守田 2008a, 2009）。ここでいう統語的従属度とは，主動詞に対する動詞従属形の結びつきの強さを指し，動詞従属形の語順が比較的自由であれば，従属度は低い（つまり独立性は高い）と考えられる。たとえば，フランス語のジェロンディフは独立性が高く，(24a)と(24b)の対比からも分かるように，特に話し言葉においては一定のポーズを置いた後に，あたかも独立節であるかのように加えることもできる。そして独立性の高さと反比例するように，使用頻度は日本語の従属形よりも低くなっている（表5参照）。

(24) a. *Il   repart   **en courant** vers   eux.*   (Pear_fr)
　　　　he　again.leave.PRES　running　　toward　them
　　　　「彼は友達の方へ駆け出します。」

　 b. *L'enfant   fait tomber   une poire.   **En roulant**.*   (Pear_fr)
　　　　the-child　drop.PRES　　a　pear　　wheeling
　　　　「その子供は洋梨をひとつ落とします。自転車で走りながら。」

主動詞との結びつきが強い日本語の動詞従属形(特に連用形)は独立性が低く，語順が固定されている。テ形は連用形に比べると独立性が高く「歩いて～に行く／～に歩いて行く」のように，ある程度語順が自由だが，実際には(25)のように主動詞に隣接して用いられることが多い。そして，このような独立性の低い形式によって様態を表す頻度が高くなっている。

(25)　えー向こうの方からヤギを連れた男の人が歩いて来ます。

　　　　　　　　　　　　　　　　　　　　　　　　　(Pear_jp)

さらに，フランス語のジェロンディフは出現可能なコンテクストが制限されることも指摘されている。人間のデフォルトの移動様態(i.e. 歩行)に関して，日本語では(26)のように「歩いて」を付加しても差し支えないが，フランス語では(27a)のように *en marchant* 'walking' を付加すると冗漫で重い文体となり，容認度が落ちることが指摘されている(Kopecka 2004)。ジェロンディフの使用が可能となるのは，(27b)のように，自転車がそばにあるにも関わらず歩いて移動するというように，文脈から期待されない様態として歩行が描かれる場合である。

(26)　そこに若い男の人とロバが…えーやって来て，梯子と籠の間を歩
　　　いて通り抜けて行きました。　　　　　　　　　　(Pear_jp)

(27) a. *??Les piétons   ont traversé   la   rue   **en marchant**.*
　　　　the pedestrians　cross.PST　　the　road　walking
　　　　「歩行者は歩きながら道を横切った。」　　(Kopecka 2004: 329)

　 b. *Le garçon   repart   **en marchant** à côté de   son vélo.*
　　　　the boy　again.leave.PRES　walking　　alongside of　his bicycle
　　　　「男の子は自転車を傍らに再び歩き出します」　　(Pear_fr)

今までの研究では，様態は主要部外要素によって表現されると考えられて

きたが，主要部外要素も一様ではない。このように，主要部外要素の統語的性質によって同じ類型の中にも差異があることが分かるだろう。

3.1.4　主体移動表現のまとめ

主体移動表現において，日本語とフランス語は基本的には従来の類型論から予測される表現パターンを呈することが明らかとなった。だが同時に，様態動詞が主要部にある場合，経路動詞が主要部にある場合，そして非主要部で様態が表現される場合のいずれにおいても，両言語の間には規則的な相違が認められる。また，位置関係を表す前置詞が着点として解釈される経路主要部外表示型となる用例が非常に少ないため，フランス語はKopecka(2004)で主張されているほど両方の類型にまたがる言語とは考えられない。この表現パターンを許容する動詞や基準物の性質など，実態を明らかにするためのさらなる研究が必要である。

類型を問題にするとき，各言語で利用可能な語彙的資源や統語構造が問題となっているのか，その他の要因が働いているのかを考慮する必要がある（cf. Beavers et al. 2010）。日本語とフランス語の間に見られた直示動詞を使う頻度の差は，第一にフランス語では直示動詞と経路動詞を同時に使うことができないという意味的な制約が理由だと考えられる。同時に使うことが不可能である以上，直示動詞とその他の経路動詞は選択される必要があり，言語使用の実態としては経路動詞が優先されるという結果である。他方，日本語では，特に話し言葉で直示動詞を使う頻度が高いことに関して，形態的理由だけではなく，伝達の目的や認知的要因が働いていると考えられる。

3.2　客体移動表現

主体移動と同様に，客体移動表現も，各コーパスについて主要部で用いられた動詞のタイプを調査した[16]。結果は表6の通りである。

---

[16]「繋ぐ」などの付帯変化を表す動詞を用いる表現は用例が書き言葉コーパスに限られており，数も少ないため，本章では扱わない。

表6：主要部で用いられた使役移動動詞の種類と頻度

言語 \ 動詞		方向・経路局面など	put/take	使役手段動詞		計
				随伴運搬型	開始時起動型	
日	話	89 (33.7%)	172 (65.1%)	2 (0.9%)	1 (0.4%)	264 (100%)
	書	109 (53.2%)	72 (35.1%)	11 (5.4%)	13 (6.3%)	205 (100%)
仏	話	25 (5.5%)	400 (88.5%)	25 (5.5%)	2 (0.5%)	452 (100%)
	書	46 (26.5%)	54 (31.0%)	50 (28.7%)	24 (13.8%)	174 (100%)

表6は，客体移動表現では両言語の間に明確な相違点が見られないことを示している。全体的な傾向として，put/take類の動詞の使用が多いことと，随伴運搬型や開始時起動型で使われる使役手段を含んだ動詞の使用が少ないことが両言語に共通する特徴として指摘できる。

　日本語に関して，主体移動との大きな違いは，主体移動では直示動詞の頻度が高かったのに対し，客体移動では直示動詞を使うことができないという点である。客体移動で直示を表そうとして「彼は鞄からノートを出してきた／行った」と言うと，ノートを出した後にさらに移動を行うという継起的な解釈となる。日常生活でも「荷物を置いてくる」といった発話は多いと思われるが，やはり直示動詞は継起的解釈を受け，移動物の方向性には関与しない。なお，「ボールを投げてくる」「小包を送ってくる」といった「開始時起動型動詞＋来る」という構造の場合には直示動詞を使いやすいようだが，このような用例はコーパスでは観察されなかった。したがって，日本語では経路主要部表示型が主要な表現パターンであるが，経路の性質を細かく見ると，主体移動では直示動詞の頻度が高く，客体移動では直示動詞以外の経路動詞の頻度が高いという相違があることが分かる。

　以下，継続操作型，随伴運搬型，開始時起動型という使役タイプごとに客体移動の表現パターンについてさらに詳しく分析していく。

3.2.1 継続操作型の客体移動の表現

　日本語，フランス語のコーパスに共通してput/take類および経路動詞の使用頻度は非常に高い。

(28) a.　僕は鞄からノートを出して［…］。　　　　　　　　　　　　（森）
　　 b.　il **a sorti**　　une matraque　de　sa　poche[...].　 （Maigret）
　　　　he　got.out.PST　a　　club　　of　his pocket
　　　　「彼はポケットから棍棒を取り出し［…］」

(28)の例文では，主要部にそれぞれ「出す」とsortirという経路情報を含んだ動詞が使われている。主要部の動詞が経路情報を担っており，このような表現がデータの多数を占めているという結果から，使役移動でも経路主要部表示型が中心だと考えることができる。

　ただし，継続操作型の使役移動を表すフランス語の表現には，主要部の動詞が客体移動の様態を，前置詞が経路を表し，日本語とは明らかな対照をなすものがわずかながら含まれる。

(29)　J'ai glissé　　la lettre　　dans un casier　vide　et [...]　（Maigret）
　　　I-slide.PST　　the letter　 in　　a　rack　　empty　and
　　　「私はその手紙を空いた整理棚のなかに置き，［…］」

ここでは，フランス語では様態を表すglisser（滑らせる）が継続操作型の使役移動を表すのに用いられ，経路情報は前置詞dansが担っている。すなわち，経路主要部外表示型である。この日本語訳では着点に特化した「置く」と位置関係を表す「のなかに」が使われ，「滑らせる」という意味が消えている。これは経路主要部表示型である。

　この差は，経路の性質と，フランス語の前置詞や副詞と日本語の助詞の性質の違いに起因していると考えられる。まず，(29)の経路は境界越えを含んでいる。また，(35)として後述する「的に矢を投げる」といった状況では，厳密には矢が的に当たっているかどうかは定かではないのに対し（「的に矢を投げたが届かなかった」は矛盾しない），(29)で手紙が棚に入っていない状態は考えにくいという違いもある。ここから，使われる動詞によっては「（のなか）に」とdansでは境界越えを表す性質に差が発生すると考えることができる。(29a)のフランス語を「整理棚の中に手紙を滑らせた」のよう

に直訳してもあまり自然とは言えないことからも，フランス語の前置詞と日本語の助詞の性質に違いがあると言えるだろう。

境界越えは(29)のように外から中の移動だけではなく，中から外の移動事象でも日本語とフランス語の表現パターンを分ける要因になっている。

(30) *D'abord*, *j'***ai flanqué** la fille **dehors** en lui recommandant
first I-throw.PST the girl outside in her.DAT advising
de ne plus remettre les pieds ici. （Maigret）
of not ever again.put.INF the feet here

「まず，この部屋に二度と入らないように言い含めてから，娘を追い出したのです。」

(30)では中から外への移動が副詞 *dehors* によって表され，動詞は手段を表している。日本語への直訳では「娘を外に（乱暴に）放る／投げる」となり，やはり許容できない。ここでは経路動詞「出す」を主動詞に用いた「追い出す／叩き出す／放り出す」などが適切であり，使役手段あるいは使役様態の動詞を用いたフランス語とは表現パターンが異なることになる。

これらの用例数は少数に過ぎないため，ただちに類型論に影響を与えるわけではない。それでも，「出る・入る」という境界越えを含んだ事象に関する日本語との対比では，フランス語は前置詞や副詞が境界越えを表して経路主要部外表示型の構造をとることができるのに対し，同様の構造は日本語データでは観察されなかった。従来，前置詞や格による経路表現の類型論的な位置づけは判然としていなかったが，経路の性質によっては，フランス語の前置詞・副詞は英語などの付随要素と同等の機能を果たすことがあると言えるだろう。

3.2.2 随伴運搬型の客体移動の表現

随伴運搬型の使役手段動詞の使用はフランス語で多く，日本語では少ないという傾向を見せている[17]。これは言語に備わる語彙が両言語の間で異なっ

---

[17] 前述のように日本語の随伴運搬型の使役移動は直示主体移動に含めた「持って行く／来る」などで表現されるが，フランス語では *apporter/emporter* で表される。これらの動詞は他動詞 *porter*（持つ，抱える，運ぶ）に方向を表す接頭辞が語彙化されたものであるため，随伴運搬型の使役移動動詞に分類した。

ていることを反映していると考えられる。日本語の話し言葉では「(ヤギを)引きずっている」という1タイプのみ，書き言葉では「案内する」「運ぶ」「(誰かを)〜まで送る」という3タイプであったが，フランス語の話し言葉では rapporter「持って戻る，返す」，emmener「連れて行く」，ramener「再び連れて来る／行く，連れ帰る，持ち帰る」の3タイプがあり，書き言葉ではタイプ数も11に上る。

日本語では，随伴運搬型の使役移動を表す動詞タイプが少ないだけではなく，その使用頻度も非常に限られている。例(31)は「男性がヤギを連れて洋梨の木の前を通り過ぎて行く」場面の描写である。

(31) a.　その若い男性はロバを**引きずっています**。　　　(Pear_jp)
　　　b.　男の人はヤギを引っ張って**連れて行きました**。　(Pear_jp)

この場面は日本語話者15名によって叙述されているが，(31a)のように継続的な手段を表す動詞「引きずる」を用いた話者は2名だけであり，残り13名は(31b)の「(引っ張って)連れて行く」のように，主体移動動詞を伴った複合的な表現を使っている(疑似客体移動表現)。

フランス語の随伴運搬型の使役移動を表すために頻繁に用いられる接頭辞 a-/em- が付いた動詞は，直示を表す場合があることが指摘されている(中川1989)。しかし，次の例が示すように，直示動詞として扱うことは適切ではないと考えられる。

(32) a.　*Maman　m'apporta　　des gâteaux.*　　　　　(Salle)
　　　　　mom　　me.DAT-bring.PST　cakes
　　　　「母さんはケーキを持ってやってきた。」
　　　b.　*Nous　avions apporté　une bouteille de Bordeaux.*　(Salle)
　　　　　we　　bring.PST　　　a　　bottle　of Bordeaux
　　　　「我々はボルドーを一本持っていった。」

確かに apporter は，(32a)のように着点が一人称であれば〈持ってくる〉のように直示としての解釈が可能である。しかし，同じ動詞であるにも関わらず，(32b)では着点が一人称領域ではないため，〈持っていく〉と解釈されることになる。つまり，接頭辞 a- が表しているのは着点指向ということであり，この方向性は直示とは限らないため，厳密には客体移動における直示は

ほとんど表現されないと考えてよいだろう。

3.2.3　開始時起動型の客体移動の表現

第2節で挙げたように，日本語，フランス語ともに「投げる」，*lancer*，「押す」，*pousser* といった典型的な開始時起動型の使役手段を表す動詞を備えている。しかし，両言語ともに，これらの動詞の頻度は低い。少数ではあるが，これらの動詞が使われた場面を分析してみると，やはり経路を含んだ動詞が選択されていることが分かる。

(33–34)は話し言葉コーパスの「子供たちが洋梨を投げながら籠に戻す」場面の描写である。

(33) a.　少年はリンゴ箱に…えっと籠の中に梨を**ほうり投げていきます**。　　　　　　　　　　　　　　　　　　　　　　　(Pear_jp)

b.　*Et   maintenant   ils   sont   tous les trois   à   **lancer***
　　and   now   they   are   all the three   to   throw.INF
　　tous les poires   dans le   panier.　　　　　(Pear_fr)
　　all the pears   in   the basket
　　「そして今3人がかりで洋梨を全部籠の中に投げているところです。」

(34) a.　そして彼らは籠の中に洋梨を**戻して**います。　(Pear_jp)

b.　*et   ils   **remettent**   les poires   dans le   panier.*　(Pear_fr)
　　and   they back.put.PRES   the pears   in   the basket
　　「そして彼らは籠の中に洋梨を戻しています。」

この場面は日本語話者19名，フランス語話者18名によって叙述されているが，(33)のように使役手段を表す動詞「投げる」，*lancer* を用いた話者は両言語共に各1名であり[18]，残りの話者は全員(34)の「戻す」，*remettre* などの経路を含んだ動詞を用いている。このことは，日本語とフランス語では，開始時起動型の客体移動事象を表現する際に〈投げる〉のような使役手段を表す動詞よりも使役経路動詞が好まれる傾向にあり，結果的に，表6が示す

---

[18] (33a)「ほうり投げていきます」の「いく」は移動物の方向に関係なく，「次々と…する」といった動作の反復を表している。

ように使役手段を表す動詞の使用割合が低くなることを示している。

　他方，話し言葉に比べて書き言葉では，日本語，フランス語ともに(35)のような手段を表す動詞の使用頻度が高くなっている（表6）。

　　(35) a.　*J'expédiais*　les fléchettes　dans la cible, [...].　　　(Salle)
　　　　　　I-send.PST　　the darts　　in　　the target
　　　 b.　的に矢を投げては［…］。

(35a)では使役手段を表す *expédier* が使われ，その対訳(35b)でも「投げる」が用いられている。先述した *put/take* 型の例(29)のように確実に移動が起こっているとき，日本語では経路主要部外表示型のパターンは観察されなかった。それに対し，(35)のように厳密には矢が的に当たったかどうかがはっきりしないときには，経路主要部外表示型のパターンが両言語で観察されることがあり，表6から，フランス語の方でその頻度が高いということができる。

3.2.4　客体移動表現のまとめ

　客体移動においても，日本語とフランス語は基本的には経路主要部表示型の表現パターンにしたがう。したがって，日本語とフランス語は主体移動でも客体移動でも一貫して経路主要部表示型言語であると考えてよさそうである。しかし，経路を直示とその他の経路に分けて考えたとき，主体移動と客体移動で表現パターンが明確に異なる。主体移動で見られた直示動詞を中心とする日本語と，経路動詞を中心とするフランス語の差は，客体移動では見られなくなるからである。また，特にフランス語の書き言葉では，客体移動表現全体の中では少ないが，開始時起動型の客体移動を表す使役手段動詞の頻度は日本語よりも高いことが指摘できる。

　ここで，本文では触れることができなかったが，主体移動と客体移動の間で，フランス語のジェロンディフの頻度が大きく異なっていたことを付け加えておく。話し言葉・書き言葉を合計すると，主体移動におけるジェロンディフでの様態表現は30例観察された。これとは対照的に，客体移動におけるジェロンディフでの使役手段の表現はわずか4例しか見られなかった。このことは，フランス語の客体移動で使役手段が表現されるときには主要部

が優先的に使われ，そうでなければ言及すらされないということを示唆している。今回はこのような分布になる要因を特定するには至らなかったが，客体移動と主体移動という移動事象の種類によって，主要部外要素の頻度に違いが現れる可能性があることを指摘しておきたい。

4. 結論

　話し言葉と書き言葉という2種類のデータを使用して調査した結果，大筋では今までの類型論による予測が確認されることになった。だが同時に，類型の一貫性という観点からは，フランス語と日本語の間に規則的な相違を見出すこともできた。その相違は二つの要因から構成される。

　一つは，経路主要部表示型と経路主要部外表示型という違いを越えて，直示を顕在的に表現する言語とそうではない言語という区別が重要になってくるということである（本巻12章）。日本語の主体移動では直示を表現することが多いのに対し，フランス語ではそれほど多くないからである。だが，この区別は主体移動に限定されるものであり，客体移動では日本語でも直示動詞が使用されないため，フランス語との違いがなくなる。フランス語に関して，移動事象表現タイプ別の主たる表現パターンは表7のようにまとめることができる。

表7：移動事象表現タイプ別の経路概念の表現位置（フランス語）

移動事象 表現タイプ		経路概念 非直示的	直示的	注意点
主体移動		主要部	主要部	
客体移動	随伴運搬型	主要部外, 主要部	N/A	主要部外要素 は接頭辞
	継続操作型	主要部	N/A	
	開始時起動型	主要部, （主要部外）	N/A	

　もう一つの要因は統語的性質である。日本語とフランス語の間で見られた非主要部による様態表現の頻度の差あるいは直示動詞の頻度の差は，日本語では複合動詞・複雑述語を使うことができるのに対して，フランス語は主動

詞で表す概念を選択する必要があるという違いに由来している。したがって，日本語では複合動詞を使うことで，「様態＋経路」や「手段＋経路」というように前項で共イベント（co-event）を表現することができるのに対し，フランス語ではこのような組み合わせがほとんどできない。実際の傾向としては，フランス語では主要部で経路概念を表現することが好まれ，様態や手段は主要部外要素によっても表現されないことが多い。これまで，主要部と主要部外要素という対立の中で類型は考えられてきており，主要部外要素はその名が示す通り，主要部以外のすべての要素が含まれるという雑多なカテゴリである。しかし，本章の結果では，主要部外要素の統語的な性質によって共イベントの表現頻度が両言語の間で大幅に異なることが明らかとなり，このことは非主要部の性質も一様でないことを示唆している。主要部と主要部外要素の二項対立で類型を決定するのではなく，主要部外要素の性質も考慮する必要があるだろう。

　最後に，少数ながらフランス語で観察された，位置関係を表す前置詞が着点解釈されるタイプの経路主要部外表示型構造について述べておく。確かにこれらの使用頻度は低いが，フランス語話者にとっては問題なく受け入れられる構造である。しかし，この構造を許容する動詞が限定的であること（cf. Kopecka 2007, 守田 2008b）や語用論的要因があること（cf. Rossi 1999, Beavers et al. 2010）は指摘されているが，未だに決定的な要因が見つかっているわけではない。今後，経路主要部外表示型の構造を許容する語彙や事象構造を詳しく解明していくことで，類型を考える上で有益なパラメータが明らかになる可能性があるだろう。

略語一覧
DAT 与格，PRES 現在，PST 過去，REL 関係代名詞，INF 不定詞

第12章

日英独露語の自律移動表現
―対訳コーパスを用いた比較研究―

古賀　裕章

1. はじめに

　Talmy (1991, 2000) は，移動事象における経路情報がどの形態統語要素によって表されるかという基準に基づき，世界の言語を2つのタイプに大別した。経路が主動詞によって表される言語は「動詞枠付け言語」(verb-framed language) と呼ばれ，フランス語やスペイン語に代表されるロマンス諸語や日本語はこのタイプに属するとされる。一方，経路が動詞接辞，不変化詞に代表される，動詞に付随する要素で表示される言語は「付随要素枠付け言語」(satellite-framed language) と呼ばれ，英語，ドイツ語などのゲルマン諸語やロシア語を含むスラヴ諸語は一般的にこのタイプに分類される。以下，本章では，松本(本巻第1章)に従い，前者のタイプを「経路主要部表示型言語」，後者のタイプを「経路主要部外表示型言語」と呼ぶ。

　本章の目的は，対訳コーパス調査に基づき，実際の言語使用の観点から日本語，英語，ドイツ語，ロシア語の自律移動表現を比較，対照することである[1]。翻訳において，ソース言語に現れる移動事象はターゲット言語の類型的特徴（経路主要部表示型 vs. 経路主要部外表示型）と言語個別的特徴

　本章は，東京大学21世紀プログラム『空間移動と言語表現の類型的研究2』所収の Expressions of spatial motion events in English, German, and Russian: With special reference to Japanese に大幅に加筆，修正を加えたものである。ドイツ語のデータコーディングにご協力いただいた青木葉子氏，水野真紀子氏，ロシア語のデータコーディングにご協力いただいたユリア・コロスコア氏，そして，論文執筆にあたり貴重なご意見をいただいたクリスティーン・ラマール氏，松本曜氏に深く感謝の意を表したい。本章に残るいかなる誤り，不備も筆者の責任である。

[1] 本章では，使役移動(Talmy (2000) の agentive motion) と抽象的放射以外の移動事象，つまり移動物(figure)が自らの意志で移動する self-agentive motion と，意志を持たない無生物が移動物であり統語的主語である non-agentive motion を併せて，便宜上「自律移動」とする。

に応じて，その言語の選好パターンで言語化し直される（宮島 1984, Slobin 2004a）。その際，ソース言語の表現に含まれる意味要素が対応するターゲット言語の表現からは規則的に排除されたり，ソース言語の表現にはない意味要素がターゲット言語の表現に体系的に付加されたりする。このような翻訳における「ずれ」の持つ意味は大きい。例えば，同一類型に属する言語においても，必ずしも同じ範囲の意味要素が一様に表現される訳ではない。そのような場合，その相違点に注目することで，個別言語特有の移動表現選好パターンを明らかにすることができるからである。

　実際の言語使用に基づいた Slobin による一連の研究は，様態情報の表現頻度（または様態の際立ち "manner salience"）が付随要素枠付け言語と動詞枠付け言語の間で異なり，そしてその差異が Talmy の提唱する語彙化パターンや事象統合に関わる類型論的な違いに動機付けられていることを示した（1996, 1997a, 2004a, b）。しかし，同一類型内にどのような多様性が存在するのか，またその多様性がどのような要因によって生み出されるのかについては，未だ十分な考察がなされているとは言えない（cf. Slobin 2006）。本章の重要な主張は，同一の類型に属する言語に見られる多様性を理解するには，移動を表現するために各言語がどのような形態統語的オプションを持ち合わせているのかに目を向けなければならない，というものである。さらに，Slobin の研究（特に 2004a, b）は特に様態の表現頻度に焦点を当てているが，表現頻度において類型間，類型内で興味深い多様性を示すのは様態だけにとどまらない。本章は，様態に加えて，これまで見過ごされてきた直示経路に注目し，その表現頻度に違いをもたらす要因を探っていく。特に，動詞複合体における「スロットをめぐる情報間の競合」という新たな視点，さらに，言語における主体性の度合いの違いという視点を導入して，類型間・類型内の多様性を浮き彫りにすることを試みる。

　本章の構成は以下の通りである。次節ではデータとコーディングについて簡単に説明する。第 3 節では対象言語が属する類型の特徴，言語個別的特徴から導き出される翻訳の「ずれ」に関する予測を提示し，第 4 節でその予測を対訳コーパスに照らして検証し，データの実例を確認しながら同一類型内に多様性を生じさせる要因を探る。第 5 節では，日本語の「非直示経路＋様

態」という情報の組み合わせを表現するパターンを考察し，経路主要部表示型言語内に多様性を生み出す可能性のある，節連結について議論する．そして，第6節で結論と今後の展望を述べる．

2. データとコーディング

本章で使用したデータは，日本語の『ノルウェイの森(上)』に現れる376例の自律移動表現に対応する表現を，(1)に示した英語，ドイツ語，ロシア語の翻訳から収拾し，作成した対訳コーパスである．

(1)　英語：Rubin, Jay. 2000. *Norwegian Wood*. NY: Random House, Inc.
　　　ドイツ語：Gräfe, Ursula. 2003. *Naokos Lächeln: nur eine Liebesgeschichte*. München: 1. Aufl. Goldmann.
　　　ロシア語：Zamilov, Andrei. 2003. *Norvezhskij les*. Moscow: EKSMO.

『ノルウェイの森(上)』を選択したのは，口語的文体で書かれた作品で，本章の対象言語を含む多くの言語に翻訳されており，また比較的自律移動の描写が豊富である点を考慮してのことである．

以下，ソース言語である日本語の表現に見られるのと同じ範囲の意味要素をターゲット言語の対応する移動表現が含む場合，その例を「一致」例と呼ぶ．一方，日本語の表現には含まれていない意味要素が，ターゲット言語の対応する移動表現に付加されている場合，もしくは日本語の表現に存在する意味要素が，ターゲット言語の対応する例には見られない場合，その例を「不一致」例と呼ぶ．日本語の移動表現に対応する表現がターゲット言語では移動として表現されていない場合，または存在しない場合は，「対応なし」とする．そして，一致例と不一致例を合わせて，「移動表現例」と呼ぶこととする．移動に関わる意味要素がどの形態統語的要素で表現されるのかは，経路主要部表示型／経路主要部外表示型という類型の違いや，個々の言語が持つ形式の違いによって異なる．したがってここでは，対応する表現の意味的情報値の一致，不一致に焦点を当てることにする．

コーディングには以下の記号を用いた．

<u>直示経路</u>(**Deixis**：A ＝ andative；V ＝ venitive)

DAv	いく系直示動詞	DAx	いく系直示付随要素／副詞
DVv	くる系直示動詞	DVx	くる系直示付随要素／副詞
Dadp	いく／くる系直示接置詞		

<u>非直示経路</u>（**P**ath：up などの方向や into などの経路位置関係）

Pv	非直示経路動詞	Px	非直示経路付随要素
Padp	非直示経路接置詞		

<u>様態／原因</u>（**M**anner：以下，様態，原因を合わせて「様態」と呼ぶ）

Mvf	様態／原因動詞（非従属）	Mvnf	様態／原因動詞（従属）
Madp	様態／原因接置詞	Madv	様態／原因副詞

太字で示した各々の記号の頭文字は移動に関わる意味要素を表している（D ＝直示経路，P ＝非直示経路，M ＝様態／原因）。D はさらに，その移動が話者に向かうもの（V）とそれ以外のもの（A）とに分けられる。小文字の部分は統語カテゴリーを表す。v は動詞，x は付随要素（動詞接辞，不変化詞など），adp は接置詞（adposition：前置詞／後置詞），adv は副詞を指す。様態／原因動詞は，副動詞構文などにおいて，移動を表す別の動詞要素に従属している場合には Mvnf（e.g. 部屋に<u>駆け込んだ</u>；*He came <u>running</u> toward me*），それ以外の場合は Mvf（e.g. 駅に向かって<u>歩いた</u>）と記した。以下の議論には関わらないため，非直示経路動詞にはこの区別は設けておらず，すべて Pv としてある。

　コーディングに関して注意すべき点を 2 点挙げる。まず，例文のコーディングは文ではなく事象単位とした。日本語における 2 つの移動事象（＝ 2 つの例文）が，他言語では単一事象（＝ 1 つの例文）として言語化されているケースがあるため（e.g. 電車に乗り込んで，四谷まで行った vs. *I took the train to Yotsuya*），言語間で例文数が必ずしも一致しない。この場合，1 つの事象については対応する事象が存在しないことになるので，この例文を「対応なし」とした。次に，直示経路 DA/DV のラベルを貼られた要素の意味は，実際には言語間で異なり，すべてが同様の機能範囲をカバーしている訳ではない。また，それらの要素の機能には非直示的なものも含まれる（cf. Wilkins & Hill 1995）。各言語の持つ直示要素の機能的多様性は，コーパス調査に基づく比較を通して明らかにしていくことにする。

3. 対象言語が属する移動表現の類型的特徴と個別言語的特徴
3.1 経路主要部表示型言語／経路主要部外表示型言語とその特徴

松本（本巻第1章）はTalmy（1991, 2000）の動詞枠付け型言語／付随要素枠付け型言語という類型に代わり，経路主要部表示型言語／経路主要部外表示型言語という類型を提案した。経路主要部表示型言語とは，移動の経路が主要部である動詞によって表示される言語であり，経路主要部外表示型言語とは，経路が主要部以外の要素によって表示される言語を指す。これに従って本章の対象言語を分類すると，(2)のようになる。

(2) 　　経路主要部表示型言語：日本語
　　　　経路主要部外表示型言語：英語，ドイツ語，ロシア語

この類型と移動に関わる意味要素の表現頻度の間には相関が見られる。その鍵となるのは情報の際立ちである。表現に含まれる移動の意味要素がすべて同じ程度の際立ちを持っている訳ではなく，同一の情報であってもそれを表現する構成素に応じて際立ちの度合いに差が生じる。Talmy（2000）は付随要素を含む閉じた類の要素や主動詞によって表される情報は背景化されているのに対し，それ以外の要素によって表される情報は前景化されていると主張し，その違いを示す例として(3)を挙げている。

(3) 　a.　*I <u>flew</u> to Hawaii last year.*
　　　b.　*I went to Hawaii <u>by plane</u> last month.*
　　　c.　*I went to Hawaii last month.*　　　　　(Talmy 2000: 128)

(3a)では様態情報（手段）が文の必須要素である主動詞によって背景的に表現されている。一方，(3b)では同じ情報が随意的な要素である前置詞句によって前景的に提示されている。Talmyはさらに，背景的に提示された情報は処理するのに認知コストがあまりかからず，よって省略されるよりも表現される傾向が強いのに対し，前景的に提示された情報はその処理によりコストがかかるため，(3c)のように省略される傾向が強いと述べている。(3b)で *by plane* が前景的に示されていると言うことは，それが文の成立に必須ではない付加詞であり，言わなくても良いのにわざわざ表現されていることと関係がある。

多くの経路主要部外表示型言語では，(3a)の英語の例に見られるように，

様態が主動詞によって表されるのが典型的である。経路が動詞以外の要素で表現されるので，時制を取る主動詞の位置で様態を背景的に提示することが構造的に容易なのである。それに対し，経路主要部表示型言語では経路が主動詞で表されるため，「走って入る」のように，多くの場合，様態は背景的に情報を提示できない非定形動詞，つまり必須要素ではない構成素で表されるのが典型的であり，このため様態の指定はそれが特に注目に値する場合に限定される傾向がある。この類型的特徴から，予測(4)が導かれる。

(4) 英語，ドイツ語，ロシア語の翻訳文には，日本語の例では表現されていない移動様態が，比較的高頻度で付加される。

どれだけ容易に意味要素を表現できるのかは，次に述べる言語個別的な特徴にも左右される。

3.2 言語個別的特徴と表現可能性

本章の対象言語は，直示情報に関する以下の2つの基準によって異なった分類を受ける。まず1つめの基準は，直示情報を語彙化した動詞の有無である。この基準によって対象言語を分類すると(5)のようになる。

(5) 直示動詞語幹あり：日本語，英語，ドイツ語
直示動詞語幹なし：ロシア語

2つめの基準は，動詞複合体(verb complex)の中に，他の情報と競合することなく直示情報のみを表現可能なスロットを有するかどうか，という基準である。例を見てみよう。まず(6a, b)のように，日本語の副動詞構文では，様態や非直示経路を動詞の従属形で，そして直示経路を主動詞で表す。

(6) a. タロウは走って出ていった。 b. タロウは走っていった。
c. タロウは走って出た。 d. タロウは走った。

直示経路が表現されないときには(6c)のように非直示経路が，直示経路も非直示経路も表現されないときには(6d)のように様態が主動詞によって表される。しかし，直示情報が動詞で表される際には必ず主動詞の位置を占め，その他の情報は別の動詞スロットで表現されるため，主動詞のスロットをめぐって直示情報が別の情報と競合するという状況は見られない。

次にドイツ語を見てみよう。ドイツ語は直示情報専用の接頭辞スロットを

持っている。

(7)　　Taro　　lief　　　　**hin**-aus.
　　　　Taro　　run.PAST　thither-out
　　　「タロウは走って出ていった。」

　文の必須要素ではないものの，(7)に例示されるように，ドイツ語には接頭辞（前綴り）のスロットが2つあり，最初のスロットが直示経路を，2つめのスロットが非直示経路を表す（この例に見られるように，この接頭辞は特定の条件下で動詞から分離して現れる）。形態統語的なカテゴリーは異なるものの，この接頭辞のスロットは，その他の移動に関わる情報との競合なしに直示経路のみを表現することが可能であるという点で，(6)で見た日本語の主動詞と共通している。ドイツ語は動詞語幹でも直示情報を表すことが可能であるが，このスロットには様態も来うるので（(7)参照），複数の情報間での競合が見られる。ただし，様態の種類が歩行であり，且つ，直示経路の種類が話者以外への方向（DA）である場合には，様態動詞ではなく直示動詞 *gehen* が使われるため（つまり *gehen* は直示経路と様態の両方を語彙化する），競合は起こらない。

　一方，ロシア語はドイツ語とは違い，接頭辞のスロットを1つしか持たないため，(8)が示すように，直示経路と非直示経路がこのスロットをめぐって競合する形となり，両方が同時に接頭辞で表されることはない（接頭辞 *u*-は 'away' の意味で非直示経路を表すという考え方もあるが，ここでは Slobin (2006) と同様 'away from me' の意味と考えて直示経路を表すものと考える）。

(8)　a.　*Taro*　***u**-bezha-l.*　　　　b.　*Taro*　*vy-bezha-l.*
　　　　Taro　thither-run-PAST　　　　　Taro　out-run-PAST
　　　「タロウは走っていった。」　　　　「タロウは走って出た。」

　　c.　＊*Taro*　***u**-vy-bezha-l.*
　　　　Taro　thither-out-run-PAST
　　　「タロウは走って出ていった。」

英語も日本語やドイツ語同様，(9a)のように様態，非直示経路，直示経路を動詞複合体ですべて表現することが可能である。

(9) a.　Taro **went** out running./Taro **went** running out.
　　 b.　Taro **went** out.　c.　Taro ran out.

しかし，様態を動詞の従属形で表すという表現パターンは，経路主要部外表示型言語には非典型的なパターンであるため，極端に頻度が低い（古賀2016）。むしろ，(9b)，(9c)が示すように，様態と直示情報が動詞語幹のスロットをめぐって競合するパターンが支配的である。よって，ロシア語と同じように，英語にもその他の情報との競合なしに直示情報のみを表現できるスロットは存在しない，と考えるのが妥当である。

ロシア語，英語のように，直示情報が特定のスロットをめぐって，その他の情報と競合する様相を呈する言語を「スロット競合型言語」，そして，日本語，ドイツ語のように，別の情報との競合なしに直示情報を表すことが可能なスロットを有する言語を「スロット非競合型言語」と呼ぶことにする。この基準による対象言語の分類を(10)にまとめる。

(10)　スロット競合型：英語，ロシア語
　　　スロット非競合型：日本語，ドイツ語

以上のような直示に関する言語個別的な特徴と，移動に関わる意味要素の表現頻度との間には次のような相関が予測される。

(11)　<u>直示経路に関して</u>：スロット競合型である英語，ロシア語よりも，スロット非競合型である日本語，ドイツ語の方が，情報間で競合のないスロットを利用して頻繁に直示情報を表現する。

動詞複合体のスロットをめぐる情報間の競合と情報の表現頻度との相関は，直示経路情報に限ったことではなく，当然他の情報にも関係する。よって，(11)の予測は(12)のように，より一般化することができる。

(12)　特定のスロットをめぐって複数の意味要素が競合する場合，競合がないケースと比べて，それらの意味要素がそのスロットで表現される頻度は低下する。

換言すれば，競合する意味要素の数が多ければ多いほど，そのスロットにおいてそれらの意味要素が表現される確率が下がるということである。この予

測のもとに移動様態の表現頻度を考えてみると，(13)の予測が成り立つ．

(13)　様態に関して：直示経路動詞の欠如のため，主動詞のスロットをめぐる競合が様態と非直示経路の2者に限定されているロシア語においては，様態，非直示経路，直示経路の3者による競合が見られる英語，ドイツ語と比較して，より頻繁に様態が主動詞の位置で表現される．

対象言語のうち日本語は唯一，様態情報専用のスロットを有するが，前述の類型論的特徴の通り，この様態スロットは情報を前景的に提示する非定形動詞であるため，このスロットで様態が表現される頻度はあまり高くないことが予想される．つまり，情報の前景・背景という区別が専用スロットの有無に優先するというのが本章の予測である．

　注目すべきは，直示情報に焦点を当てた(5), (10)の分類は，経路主要部表示型 vs. 経路主要部外表示型という分類を横断するという事実である．このような言語個別的な特徴が，移動の描写にどう反映され，どのような類型内，類型間の多様性を生むのか，また(4), (11), (12), (13)の予測が果たして実証されるのか，以下検証していこう．

4. 対訳コーパスに基づく予測の検証

　前述したように，日本語データには376例の自律移動事象が見られた．その内わけを表1に，そして，英独露語の移動表現例数を表2に示す．

表1：日本語376例の内わけ

主要部＼非主要部	∅	+Pのみ			+Mのみ			+D	+M+P	+D+P	計
		Pv	Padp	他	Mvnf	Madv	他	Dadp			
直示	75	42	9	5	7	0	2	1	9	1	151
非直示	113	7	28	0	16	6	2	0	6	0	178
様態	28	0	11	0	0	8	0	0	0	0	47

表2：英独露語の移動表現例／対応なしの数

	移動表現例(一致, 不一致)	対応なし
英語	298(158, 140)	78
ドイツ語	269(107, 162)	107
ロシア語	310(83, 227)	66

以下，本節では，前節で提示した予測をコーパスデータに照らして順に検証していく．各言語における特筆すべき一致(意味要素の保持)，不一致(意味要素の付加，脱落)のパターンは，具体例を取り上げながら次節にて議論する．

4.1　類型的特徴から導かれる予測：様態付加

　まず，経路主要部表示型／経路主要部外表示型という類型的特徴の違いから導き出される予測を検討しよう．その予測とは，日本語の例には含まれていない様態情報が，英独露語の対応する例には比較的頻繁に付加される，というものである(3.1節の(4)参照)．表3が示す通り，この予測はデータの事実と合致する．表中のパーセンテージは，それぞれの表現タイプにおける各言語の様態付加の割合を表している．様態付加例数がスラッシュの左側，対応移動表現例数(トークン数から対応なしを引いた数)がスラッシュの右側に示してあり，前者を後者で割った数字がパーセンテージで提示してある[2]．

表3：各言語における様態付加の頻度

日本語表現タイプ (トークン数)	英語	ドイツ語	ロシア語
Dのみ(76例)	9%(5/ 55)	11%(5/ 45)	95%(61/ 64)
D＋P (57例)	18%(8/ 44)	24%(10/ 42)	84%(41/ 49)
Pのみ(148例)	16%(19/118)	25%(27/106)	66%(78/118)
合計(281例)	14.7%(32/217)	22.9%(42/193)	77.9%(180/231)

　表3には示されていないが，日本語の移動表現に含まれている様態情報

---

[2] 例えば，Dのみという表現タイプは日本語に76例存在したが，そのうち英語では移動表現例が55例，そしてその55例中5例に様態付加が見られたため，様態付加の割合は9%である．

が，各言語の対応する移動表現例では省略されている例も存在する。しかし，その数は少なく，英語，ドイツ語では84%，ロシア語では87%の割合で様態情報が保持されている。直示経路情報の保持率が，英語51%(117例中60例)，ドイツ語57%(105例中60例)，ロシア語31%(129例中40例)であることに鑑みれば，様態情報の保持率がかなり高いことがわかる。様態付加と様態保持の割合の高さは，表4に示した様態情報の表現頻度に反映されている。表中のパーセンテージは，様態情報を含む移動表現例を移動表現例全体で割った数字である。

表4：各言語における様態表現の頻度

	日本語	英語	ドイツ語	ロシア語
様態情報の表現頻度	25.2% (95/376)	33.5% (100/298)	39.4% (106/269)	80.3% (249/310)

予測通り，英独露語それぞれで，様態情報が付加される傾向が見られるが，その頻度は言語や表現タイプによって異なる。表3に見られるように，様態付加の頻度は，英語 < ドイツ語 < ロシア語の順になっている。経路主要部外表示型言語という同一の類型に属する3者の間に，このような差異が生じるのはなぜだろうか。

4.2　言語個別的特徴から導かれる予測：移動様態について

英語，ドイツ語に対して，ロシア語に様態付加が圧倒的に多く見られる，表3と表4で観察された結果は，予測(13)の妥当性を示唆する。それを示す例を1つ見てみよう(以下，例文は日英独露語の順に提示する)。

(14) a.　そして二人はクスクス笑いながら部屋を出て(Pv)いった(DAv)。
　　 b.　*The two of them went*(DAv) *out*(Px) *tittering*.
　　 c.　*Kinchernd　　gingen*(DAv)　*sie　　　hin*(DAx)-*aus*(Px).
　　 　　giggling　　　go.PAST.3PL　they.NOM　thither-out
　　 d.　*Zatem　obe　　vy*(Px)-*shl-i*(Mvnf)　*iz*(Padp)　*kvartir-y*.
　　 　　then　　both　out-walk.PAST-PL　　 from　　　apartment-GEN

例(14)は，直示経路(D)と非直示経路(P)を含む日本語例(14a)に対応する英独露語の移動表現例である。(14b)の英語と(14c)のドイツ語の例においては，直示経路が主動詞で，そして非直示経路が付随要素，または前置詞によって表されている。英独露語には非直示経路動詞が少数存在するものの，いずれも経路主要部外表示言語なので，その情報は主動詞以外で表示されるのが典型的である。したがって，主動詞をめぐる競合において非直示経路は様態にとってそれほどの強敵ではない。しかし，英語には直示経路動詞が存在し，主動詞のスロットをめぐって様態動詞と激しく競合する[3]。そして，(14b, c)のように，直示経路が様態に優先されるケースが少なくない[4]。一方，ロシア語には直示経路動詞がないため，(14d)のように大多数の例において様態が優先的に表現される。これが同一言語内に見られる様態頻度の差異を生む源泉である。

英独露語に見られる様態頻度の差異をもたらすもう一つの重要な要因として，デフォルト移動動詞のタイプの相違が挙げられる。「デフォルト移動動詞」とは，具体的な移動様態，直示／非直示情報を特定しない，抽象度の高い移動を表しうる動詞を指す。このような特徴を持つデフォルト移動動詞は，多くの移動事象を指しうるために，当然頻度が高い。例えば，日本語のデフォルト移動動詞は直示経路動詞の「いく」であり，そのトークン数は全例文中91例と最も多い。英語，ドイツ語のデフォルト移動動詞も，やはり直示経路動詞の go と gehen であり，それぞれ50例，60例と最も高いトークン頻度を誇る[5]。これに対して，直示動詞を持たないロシア語のデフォルト移

---

[3] 後述するように，ドイツ語の gehen 'go' は歩行という様態の意味を併せ持つため，直示経路と様態が競合することはない。しかし，kommen 'come' の場合には競合が起こる。

[4] 国立国語研究所のプロジェクト，『空間移動表現の類型論と日本語：ダイクシスに焦点を当てた通言語的実験研究』で採取したビデオクリップに基づくデータでは，英語において主動詞をめぐって様態と直示経路が競合した場合，圧倒的な確率で様態が勝利し，競合に敗れた直示経路は前置詞句で表現されるか，もしくは省略される傾向が顕著である。詳しくは古賀(2016)を参照。

[5] 日本語の「いく」に続いてトークン数の多い移動動詞は「くる」(50例)，「でる」(43例)，英語の go に続いてトークン数の多いのは come (32)，walk (31)，そしてドイツ語の gehen に続いてトークン数の多いのは kommen 'come' (30)，steigen 'climb, go up' (24)である。ドイツ語の steigen の頻度の高さは，接頭辞が付加されると，auf-steigen 'get on'，aus-steigen

動動詞は，様態動詞の *idti* 'walk' である。これが，ロシア語に移動様態の情報が高頻度で付加される1つの理由と考えられる。

　ロシア語の様態を表すデフォルト移動動詞の表現頻度の高さは，様態動詞全体の頻度の高さに反映されている（cf. 表4）。ロシア語における様態表現の頻度の高さを確認するため，(15-18)にコーパス全体に観察された日英独露語の様態動詞（Mvf と Mvnf の両方を含む）のタイプ数とトークン数を挙げる。

(15)　日本語の様態動詞：28タイプ，85トークン
歩く(38)，飛ぶ(10)，走る(5)，立つ(3)，流れる(2)，吹く(2)，バスに乗る(2)，電車に乗る(2)，歩を運ぶ(2)，盛る(1)，散歩する(1)，よろめく(1)，めくれる(1)，よじる/よず(1)，浮かぶ(1)，足を引きずる(1)，隠れる(1)，這う(1)，カランカラン音を立てる(1)，縫う(1)，身を屈める(1)，飛行機に乗る(1)，ぶらぶらする(1)，さまよう(1)，自転車に乗る(1)，のす(1)，じゃれる(1)，ねじれる(1)

(16)　英語の様態動詞：40タイプ，92トークン
walk(31), *run*(6), *fly*(6), *slip*(5), *hurry*(5), *sweep*(3), *step*(3), *take the train*(3), *jump*(3), *plunge*(2), *amble*(2), *flit*(2), *wander*(2), *take a bus*(2), *pull*(2), *leap*(1), *dart*(1), *whirl*(1), *take the streetcar*(1), *drift*(1), *hobble*(1), *circle*(1), *float*(1), *take a walk*(1), *limp*(1), *sneak*(1), *crawl*(1), *chip-clop*(1), *snake*(1), *duck*(1), *shoot*(1), *flow*(1), *sail*(1), *climb*(1), *carry*(1), *pad*(1), *flap*(1), *lean*(1), *bound*(1), *stroll*(1)

(17)　ドイツ語の様態動詞：48タイプ，90トークン
fahren 'drive, go by a vehicle'(17), *rennen* 'run'(6), *fliegen* 'fly'(5), *schlendern* 'stroll'(5), *treten* 'step'(4), *trotten* 'walk slowly'(3), *tauchen* 'dive'(2), *streichen* 'wander'(2), *flattern* 'flutter'(2), *biegen* 'wind, bend'(2), *wandern* 'wander'(2), *marschieren* 'march'(2), *erklimmen* 'climb(with limbs)to the top'(2), *schwirren* 'fly(with a sound produced by insects)'(2), *schlüpften* 'slip'

'get off'，*ein-steigen* 'get on' のように様々な非直示経路を表す複合語を形成するためである。

(2), *suchen* 'look for' (2), *springen* 'jump' (2), *fliehen* 'flee' (1), *winden* 'wind, snake' (1), *traben* 'trot, run' (1), *fließen* 'flow' (1), *streunen* 'wander about' (1), *klettern* 'climb (with limbs)' (1), *tanzen* 'dance, flicker' (1), *krabbeln* 'creep, crawl around' (1), *hinken* 'limp' (1), *schleichen* 'sneak, creep' (1), *schleppen* 'drag, crawl' (1), *klappern* 'clatter' (1), *schlägeln* 'snake' (1), *flitzen* 'run like an arrow' (1), *blasen* 'blow' (1), *ziehen* 'pull' (1), *irren* 'wander' (1), *quetschen* 'move one's body forcefully into a narrow space' (1), *radeln* 'go by bicycle' (1), *schreiten* 'walk' (1), *führen* 'carry' (1), *huschen* 'move quickly' (1), *stürzen* 'run' (1), *verspielen* 'be playful' (1), *tappen* 'tap, walk' (1), *wehen* 'blow' (1), *trollen* 'leave with one's tail between his/her legs' (1), *nehmen einen Stadbus* 'take a city bus' (1)

(18)　ロシア語の様態動詞：20タイプ，244トークン
idti 'walk' (142), *exatj/ezditj* 'move by vehicle' (29), *hoditj* 'walk' (22), *letetj* 'fly' (11), *shagatj* 'walk' (10), *bezhatj/begatj* 'run' (7), *nestisj/nositjsja* 'run, speed' (5), *broditj* 'stroll' (3), *mchatjsja* 'speed' (2), *(pro-)tiskivatjsja* 'pass through (a narrow space)' (2), *guljatj* 'stroll' (2), *dutj* 'blow' (1), *toptatjsja* 'stamp' (1), *(za-)skochitj* 'jump' (1), *valitjsja* 'fall' (1), *tech'* 'flow' (1), *polzti* 'crawl' (1), *plytj* 'swim' (1), *leztj* 'clamber, crawl' (1), *brosatjsja* 'burst' (1)

ロシア語の様態動詞のトークン数は244と他の言語に比べて優に2倍を越える数になっている。そして，この244例中半数以上の142例を占めるのが，デフォルト移動動詞の*idti* 'walk'である。驚くことに，ロシア語は様態動詞のトークン数が群を抜いて多いにも関わらず，タイプ数は4言語中一番少なく20しかない[6]。一般的に様態動詞のレパートリーが少ないとされる経路主要部表示型言語の日本語ですら，28タイプとロシア語を上回っている

---

[6] 副詞句(Madv)や前置詞(Madp)による様態表現は英語，ドイツ語と比べて，トークン数・タイプ数ともに，ロシア語に若干多く見られる（英語6トークン6タイプ，ドイツ語8トークン9タイプ，ロシア語15トークン10タイプ）。

(Narasimhan 2003, Wienold 1995)。これとは対照的に，英語とドイツ語の様態動詞のタイプ数は40を越え，頻度は低いものの，非常に具体的な様態を表す動詞が数多く，そして比較的均等に出現していることが(16)，(17)から見てとれる。

　様態動詞のタイプを比較してみると，ドイツ語とロシア語の共通点が見える。両言語とも，移動の手段が歩行であるのか，乗り物であるのかという基準で，動詞の選択がなされる。ドイツ語の直示移動動詞 *gehen* で指すことのできる移動は，基本的には歩行によるものに限られ，乗り物による移動，または乗り物が主体である移動には，*fahren* 'drive, go by a vehicle' が使用される。つまり，*gehen* は直示情報だけでなく，移動様態の情報もその意味に含む[7]。同様に，ロシア語においても，移動が乗り物によるものであるときには *idti* 'walk' ではなく *exatj/ezditj* 'move by vehicle' が選択されなければならない。このような区別は，日本語と英語では体系的には見られない。(19)はこの点における英語とドイツ語の違いを示している。

(19) a. *The bus would enter*(Pv)*cedar forest, ... and then go*(DAv) *back*(Px)*into*(Padp)*the forest.*

b. *Der   Bus   fuhr*(Mvf)   *durch*(Padp)
　　the   bus.NOM   drive.PAST.3SG   through
　　Zedernwald, ...   und   dann   wieder   in(Padp)
　　cedar-forest.ACC   and   then   again   into
　　den   Wald.
　　the   forest.ACC

　以上をまとめると，(4)の類型論的予測の通り，日本語例に対応する英独露語の翻訳例には様態付加の傾向が見られた。しかし，その頻度には言語間で差が見られ，それは個別言語的な特徴に基づく(12)，(13)の予測の妥当性を裏付ける結果であることを確認した。

---

[7] ドイツ語の *gehen* を様態動詞と見なすと，総トークン数が151となり，英語を大きく引き離す。*Gehen* と *kommen* の非直示的な用法に関しては，Di Meora(2003)を参照。

4.3　言語個別的特徴から導かれる予測：直示経路について

3.2節で，直示経路情報に関する予測を提示した((12)参照)。それは，スロット非競合型言語である日本語とドイツ語には，スロット競合型言語である英語，ロシア語よりも，直示経路の表現が多く出現する，というものである。この予測が正しいかどうかを検証するため，各言語の直示経路の表現頻度を示す表5と，非直示経路の表現頻度を示す表6を提示する。表5の合計欄のうち，スラッシュの左は総トークン数，右は各言語の総移動表現例数，括弧の中のパーセンテージは総トークン数を総移動表現例数で割って算出した直示経路の表現頻度を表す。

表5：日英独露語の直示経路情報の表現頻度

形式のタイプ	日本語	ドイツ語	英語	ロシア語
動詞語幹	151	92	82	—
付随要素	—	27	—	37
接置詞句	2	13	11	16
合計	153/376 (41%)	132/267 (49%)	93/298 (31%)	53/310 (17%)

表6：日英独露語の非直示経路情報の表現頻度

形式のタイプ	日本語	ドイツ語	英語	ロシア語
動詞語幹	242	72	87	67
付随要素	—	87	96	136
接置詞句	65	166	163	207
合計	307	325	346	410

予測通り，スロット非競合型である日本語とドイツ語には，直示経路情報が多く出現していることが表5からわかる。直示経路動詞を持たず，さらに接頭辞のスロットを1つしか持たないロシア語は，一番低い直示経路の表現頻度を示す。接頭辞が直示経路を表す例が37例であるのに対し，競合相手である非直示経路を表すのは，表6に見られるように136例もある。また，副詞や前置詞句を使って直示情報を表す手段も，他言語と比べてさほど多く使われるわけではなく(16例)，ロシア語では直示情報が文脈に委ねられる

傾向が強い。英語の直示経路表現の頻度は，ドイツ語，日本語に次いで 3 位であり，大部分は主動詞によって表されていることが表 5 からわかる（cf. 古賀(2016)）。

以下，直示経路情報を含む日本語例に対応する，各言語の移動表現例における一致・不一致のパターンを，表 3 に示した表現タイプごとに比較する。これにより，表 5 の結果を検証し，直示経路に関する言語個別的な特徴を明らかにしていく。

4.3.1　日本語において直示経路情報が主要部で表される例

4.3.1.1　直示経路（D）のみ

まず，直示経路のみが表現に含まれる 76 例（DA［いく］: 48; DV［くる］: 28）の日本語例に対応する，英語，ドイツ語，ロシア語の例を見てみよう。表 7 は，各言語の一致例，不一致例，対応なしの例のトークン数を示している。繰り返すが，移動に関わる意味要素がどの形態統語要素で表されるのかは，類型の違いや言語個別的な要因によって異なるため，以下の比較においては，（意味と統語の写像パターンではなく）対応する移動表現例の意味的情報値の一致，不一致に焦点を当てる。

表 7：直示経路のみの一致，不一致，対応なし

	一致	不一致	対応なし
英語	28 (DA: 18; DV: 10)	27	21
ドイツ語	28 (DA: 20; DV: 8)	17	31
ロシア語	0 (DA: 0; DV: 0)	64	12

「タロウは駅に歩いた」という例の容認度が低いことからわかるように，日本語の助詞「に」は「まで」，「から」，「の方に」といった非直示経路後置詞とは性質を異にするため，Padp とはしなかった。しかし，(20b) の英語の例が示す通り，「に」で表示された着点が，英独露語では典型的に非直示経路を表す前置詞で翻訳されることを考慮し，意味のある比較を行うため，(20b) のような例を日本語例 (20a) の一致例として扱うことにする。

(20) a.　服を着て洗面所にいって (DAv)…

b. *He'd get dressed, go*(DAv)*to*(Padp)*the bathroom*, ...

　表7が示すように，英語，ドイツ語においては，移動表現全トークンの半数以上が一致例であるのに対し，ロシア語には一致例が皆無である。これは表3に見られるように，対応する移動表現例の大半（不一致64例中61例）に主動詞による様態付加が見られるためである。ここでは直示経路に焦点を当てるが，競合の観点からすれば直示経路と様態の頻度は独立しているわけではなく相関しているので，特に関連のある個所では様態についても言及する。具体例(21)を見てみよう。

(21) a.　はじめに一度来て(DVv)…
　　　b.　*He came*(DVv)*once*, ...
　　　c.　*Am Anfang kam*(DVv)*er einmal*...
　　　　　at.the beginning come.PAST.3SG he.NOM once
　　　d.　*snachala on odin kak-to pri*(DVx)*-ehal*(Mvf), ...
　　　　　first he alone once VEN-drive.PAST

　(21)では，日本語同様，英語(21b)，ドイツ語(21c)においても，直示情報が主動詞で表されており，同じ範囲の意味情報が表現に含まれている。このように，両言語では主動詞で直示経路を表現するパターンが，主動詞で様態を表現するパターンと同様に定着しているため，両者は競合する。しかし，日本語例に含まれる意味要素は直示経路のみなので，前者のパターンが優先され，様態の付加は比較的低頻度（英：9％；独：11％）にとどまる。

　対応するロシア語例(21d)を見ると，直示情報は保持されているものの，接頭辞（付随要素）によって表示され，主動詞で様態が付加されている。ドイツ語とは異なり，接頭辞のスロットを1つしか持たないロシア語では，このスロットをめぐって直示経路と非直示経路が競合する。しかし，日本語の表現に（ニ格によって表される着点を除いて）非直示経路は含まれていないため，ロシア語の対応例には直示の保持が比較的多く見られる。

　ところが，移動が発話の場・話者の方向に向かうのか(DV)，そうではないのか(DA)という直示経路のタイプに応じて，表8に見られるように，保持率に偏りが見られる。

表8：ロシア語の直示情報保持／脱落の割合（直示のみ）

	直示経路保持	直示経路脱落	対応なし
DA（いく系）48	6(15%)	33(85%)	9
DV（くる系）28	19(76%)	6(24%)	3
合計：76	25(39%)	39(61%)	12

日本語の例における直示情報がDAである場合よりもDVである場合の方が，ロシア語の移動表現例における直示情報の保持率が高いことがわかる。この不均衡は，次の2つの要因によって説明できる。まず1つめは，日本語の直示動詞「いく」とそれに対応するロシア語の直示接頭辞 u- との意味の差である。例(22)を見られたい。

(22) a.　そして（お父さんは）ウルグアイに行っちゃった(DAv)の。
　　　b.　*I   vot   v   Urugvaj   u*(DAx)*-ehal*(Mvf)
　　　　　and so   in Uruguay   AND-drive.PAST

(22a)の完了標識「てしまう」は，移動主体（お父さん）が発話時に直示的中心である発話場所／話者の場所に存在しないことを明確に表している。ロシア語の接頭辞 u- は，このように話者以外の主体が話者から離れていく移動の描写に使用されることが圧倒的に多く，(21b)が示すように，移動主体が1人称である場合には，通常使用されない[8]。

(23) a.　僕は彼らのところに行って(DAv)…
　　　b.　*Ja   podo*(Px)*-shel*(Mvf)   *k*(Padp)   *nim*
　　　　　I   toward-walk.PAST   to   them

このように，u- が使用可能な状況は，日本語の「いく」が使用可能な状況の一部に過ぎないのである。

　2つめの要因は，話者への方向を表すDVの本質的な性質である。既に述べたように，日本語，英語，ドイツ語を含む多くの言語のDAを表す要素は，デフォルト移動動詞として機能し，直示的に中立な移動をも表す。一方，

---

[8] ロシア語の接頭辞 u- が使用されている例は17例あったが，移動主体が1人称である例は存在しなかった（日本語には31例存在）。しかし，「発話場所から離れて，もうそこには戻らない」というコンテクストでは，1人称の主体でも接頭辞 u- を使うことができる。

話者の方向への移動を表す DV はより厳格に直示的（＝有標）であり，したがって，通言語的にその意味は一致の度合いが高いと考えられる（古賀 2016, Wilkins & Hill 1995）。日本語例に対応するロシア語の移動表現例で DV が保持される頻度が高いのは，DV のこのような本質的特徴がその要因の 1 つと考えられる。

4.3.1.2　直示経路（D）＋非直示経路（P）

対訳コーパスに出現する日本語例において，最も一般的な意味要素の結合パターンが，「直示経路（主要部）＋非直示経路」である[9]。このパターンを持つ 57（DA: 28; DV: 29）の日本語例に対応する英独露語の例を見ていこう。表 9 は，各言語の一致，不一致，対応なしのトークン数を示している。

表 9：直示経路＋非直示経路の一致，不一致，対応なし

	一致	不一致	対応なし
英語	15（DA: 4; DV: 11）	29	13
ドイツ語	15（DA: 8; DV: 7）	27	15
ロシア語	0（DA: 0; DV: 0）	49	8

表 9 から明らかなように，英語（移動表現例の 34％）とドイツ語（36％）には一致例が少なくない。ところが，ロシア語の移動表現例には，直示経路のみのケース同様，一致例が全く存在しない。以下の例を見ながら各言語の表現パターンを確認する。

(24) a.　髪をポニーテールにした女の子が出て(Pv)きて(DVv)…

　　b.　*a girl with a pony tail and wearing a sweatshirt and white jeans <u>came</u>(DVv) <u>out</u>(Px), ...*

　　c.　*kam*(DVv)　　*aus*(Padp)　*dem*　　*Haus*
　　　　come.PAST.3SG　out of　　　the　　house.DAT
　　　　ein　*Mädchen*　*mit*　*Pferdeschwanz, ...*
　　　　a　　girl.NOM　　with　ponytail

---

[9] この事実からすると，動詞の従属形で表されてはいるものの，この表現パターンに見られる非直示経路情報は前景化されているとは考えにくい。

d.　*i*　　　　*iz*(Padp)　　*dom-a*　　　　*vy*(Px)-*shl-a*(Mvf)　　*devushk-a*
　　and　　 from　　　 house-GEN　 out-walk.PAST-SG.F　 girl-NOM

　(24b)の英語と(24c)ドイツ語の例においては，直示経路が主動詞で，非直示経路が付随要素や前置詞で表現され，対応する日本語の例と同様の意味要素が含まれている。このように，英語とドイツ語では，直示経路と非直示経路という意味要素の組み合わせを表現する(24b, c)のような統語パターンが定着しており，容易に表現可能であるため，表3が示す通り，様態付加の頻度はロシア語に遠く及ばない。

　これに対し，日本語例には見られた直示経路情報が(24c)には表現されていないことからわかるように，ロシア語では状況がかなり異なる。表10は，直示情報のタイプとその保持率を示したものである。

表10：ロシア語の直示情報保持／脱落の割合（直示＋非直示）

	直示経路保持	直示経路脱落	対応なし
DA（いく系）28	7(32%)	15(68%)	6
DV（くる系）29	4(15%)	23(85%)	2
合計：57	11(22%)	38(78%)	8

　表10を表8（日本語が直示経路情報のみの場合）と比較してみると，2つのことがわかる。まず，表10では表8と比べて直示経路情報の保持率が低いということである。そして，表8ではDVの保持率がDAの保持率の約5倍であったのに対し，表10では直示経路のタイプとその保持率に，表8に観察されたほどの大きな偏りが見られないということである。

　表8と表10に観察される保持率の相違の原因は，接頭辞スロットをめぐる競合における非直示経路の優位性にある。表10で直示経路が省略されている38例のうち27例において，(14d)や(24d)に例示されるように，接頭辞で非直示経路が表現されている[10]。また，表5と表6の比較で確認した通り，ロシア語の全移動表現例においても非直示経路が接頭辞で表されている数は，直示経路の実に約4倍にものぼることからも，非直示経路の優位性が明らか

---

[10] ロシア語にも非直示経路を表す動詞語幹が存在するものの，我々のデータには，直示接頭辞と非直示動詞語幹という組み合わせは全く観察されなかった。

である。非直示経路が接頭辞で表される傾向が強いことを考えれば，直示情報のタイプとその保持率に有意な偏りが観察されないのも納得がいく。前置詞によって直示情報を表現する選択肢を持ち合わせているものの，多くの場合，その情報は(14d), (24d)のように明示的に表されず，コンテクストに委ねられることが一般的である。

4.3.1.3　その他のパターン

直示経路が主要部で，様態が非主要部で表される日本語例は全376例中，僅か9例しかなかった。この結果は3.1節で議論したように，経路主要部表示型という類型的特徴から予測される通りである。つまり，非主要部（例えば(25a)のような非定形節）で表される様態情報は前景化されているため，処理するのにより多くの認知コストが必要とされ，よって省略される傾向が強いということである。例を1つ挙げておく。

(25) a.　這って(Mvnf)学校にいった(DAv)わよ。
　　b.　*I'd crawled*(Mvf) *to*(Padp) *school*.
　　c.　*Einmal　habe　　　　ich　　mich　　... in*(Padp)
　　　　once　　have.PRES.1SG　I.NOM　myself.ACC　into
　　　　die　Schule　　　geschleppt(Mvf)
　　　　the　school.ACC　drag.PRES.PERF
　　d.　*polzkom*(Madv)　*v*(Padp)　*shkol-u　　　　shl*(Mvf)*-a*
　　　　crawlingly　　　in　　　　school-ACC　walk.PAST-SG.F

(25b-d)に見られるように，英独露語の移動表現例では，直示情報が省略され，主動詞で様態が表されている。様態，非直示経路，直示経路がすべて動詞で表された日本語例は，我々のコーパスには4例しか見つからなかった。

4.3.2　日本語において非直示経路情報のみが主要部で表される例

我々のデータの中で，最も頻度の高い日本語の自律移動表現は，非直示経路のみを含むもので，144例あった。これは，日本語が経路主要部表示型言語であることを考えれば，予想通りの結果である。対応する英独露語の例の一致，不一致は，表11が示す通りである。

表11：非直示経路のみの一致，不一致，対応なし

	一致	不一致	対応なし
英語	71	47（うち，D 付加 26）	26
ドイツ語	40	66（うち，D 付加 41）	38
ロシア語	38	77（うち，D 付加　2）	29

最も一致例が多いのは英語であり，ドイツ語とロシア語には，ほぼ同数の一致例が観察される。表3で確認した通り，英独露語の移動表現例には，(26)のような様態付加が多く見られる。

(26) a. 風は草原を渡り (Pv)...
  b. *A puff of wind swept* (Mvf) *across* (Padp) *the meadow* ...
  c. *Ein Windstoß   strich* (Mvf) *über* (Padp)
   a puff of wind.NOM breeze.PAST.3SG over
   die Wiese...
   the meadow.ACC
  d. *Veterok pere* (Px)*-bezha-l* (Mvf) *pol-e* ...
   wind across-run-PAST.SG.M field-ACC

日本語例 (26a) では，風の移動が非直示経路を表す動詞単独で表されている。それに対し，対応する英独露語の例では，非直示経路が付随要素や前置詞で表され，主動詞のスロットに様態が現れる。

この表現タイプにおける英独露語の様態頻度の違いにも（表3参照），やはり直示経路動詞の有無が部分的に影響を与えている。直示経路動詞を欠くロシア語とは異なり，英語とドイツ語では主動詞をめぐる競合は様態，非直示経路，直示経路の3者によって争われる[11]。表11に見られるように，英語とドイツ語にはそれぞれ26例と41例の直示付加が見られた。このうち，英語では全26例，ドイツ語では35例において，直示経路が主動詞で表示されていた。主動詞による高頻度の直示経路付加は，英語の *go* とドイツ語の

---

[11] もちろん，主動詞によって表現可能な非直示経路のタイプは両言語において異なる。ロマンス語からの借用語を多く持つ英語に対し，ドイツ語は主に上下の移動に限定される。ただし，注5に述べたように，非直示経路 *steigen* 'go up, climb' は接頭辞との組み合わせによって様々な非直示経路を表現可能なため，その使用頻度は非常に高い。

gehen がいずれもデフォルト移動動詞であることに起因する。この表現タイプの日本語例には非直示経路のみが表されており，様態は明示されてはいない。したがって，日本語例に忠実に翻訳するには，(27)のように主動詞のスロットにデフォルト移動動詞を挿入することが，非直示経路を主動詞として使用するのと同様に適切である[12]。いやむしろ，デフォルト移動動詞を使用する方が，非直示経路を主要部以外で表示するという点で，経路主要部外表示型言語の特徴に適っているといえる。

(27) a. 講義が終わると学生食堂に入って(Pv)...
　　 b. *I went*(DAv)*to*(Padp)*the cafeteria after class and ...*
　　 c. *Nach der Vorlesung ging*(DAv) *ich allein*
　　　　 after the lecture.DAT go.PAST.1SG I.NOM alone
　　　　 in(Padp) *die Mensa und ...*
　　　　 into the cafeteria.ACC and

興味深いことに，直示経路が主動詞で付加されている英語26例中7例，そしてドイツ語35例中10例において，話者の方向への移動を表すDVが使用されている。以下がその例である。

(28) a. 彼女は飯田橋で右に折れ，お堀ばたに出て(Pv)
　　 b. She turned right at Iidabashi, *came*(DVv) *out*(Px) at the moat
　　 c. *In Iidabashi bog sie nach rechts ab, so daß wir am Graben her*(DVx) *aus*(Px) *kamen*(DVv)

このような come と kommen は，視界の開けた場所への移動や突然の出現などを表す「出る」，「抜ける」という動詞に対応するものとして使用されていることが多い。

以上のように，主動詞のスロットにおいて様態と直示経路が競合する状況にある英語とドイツ語では，直示経路付加(もしくは保持)の高頻度は様態付

---

[12] 英語にはロマンス語からの借用語である *enter, exit, descend, ascend, return* といった非直示経路を語彙化した動詞が存在するが，Talmy(2000)で述べられているとおり，口語でのこれらの動詞の出現頻度は低い。参考までに各言語の移動表現例に見られた非直示経路動詞のタイプ数とトークン数を以下に挙げる。日本語：52タイプ242トークン；英語：26タイプ87トークン；ドイツ語：21タイプ72トークン；ロシア語：22タイプ66トークン。

加（または保持）の低頻度につながる[13]。

4.3.3　直示経路表現に関する日本語とドイツ語の比較

　ドイツ語において，どの統語要素が主に直示情報を表示しているのかを見てみると，興味深いことが観察される。ドイツ語は直示経路の表現頻度が英語，ロシア語に比べて高いものの，最も頻繁に直示経路情報を表示している統語要素は，他の情報と競合のない接頭辞ではなく，主動詞であることが表5からわかる。ドイツ語において，接頭辞で直示情報が表されているのは，直示表現全132例中僅か27例（約20％）に過ぎず，主動詞で表されている92例（約70％）には遠く及ばない。ドイツ語は主動詞の他に，情報を背景的に提示することが可能な2つの接頭辞のスロットを有しているため，それらをフルに活用し，接頭辞で直示経路と非直示経路，主動詞で様態を表すという，よりきめの細かい移動の精緻な描写が可能である（Slobin 1997b）。ところが，データにはこのコーディングパターンを示すドイツ語例は僅か8例しか存在しなかった。また，接頭辞で直示情報が表されている27例中9例において，主動詞でも同じ直示情報が冗長的に表されていた。これらの観察は，少なくとも我々のデータを分析する限り，予測(12), (13)が必ずしも成り立たない，もしくは(12), (13)の予測は有効であるものの，それに優先する別の要因が存在することを示唆する[14]。もしそのような要因が存在するとすれば，それはいったいどのようなものだろうか。

　データに見られたドイツ語と日本語における直示経路表現の違いを詳細に検討してみよう。ドイツ語は接頭辞と動詞語幹のいずれか，もしくは両方で直示情報を表すことができる。接頭辞のスロットは直示経路専用であるが，文の必須要素ではない。一方，直示経路以外にも非直示経路や様態情報も表現しうる動詞語幹は，文の必須要素であり，ドイツ語には，この情報間で競合のある動詞語幹を使って，頻繁に直示経路を表現する傾向が見られた。こ

---

[13] 繰り返すが，ドイツ語の *gehen* は直示経路（DA）と様態（歩行）の意味を併せ持つため，様態が歩行のケースには実際には競合は起こらない。

[14] 直示経路の表現頻度を決定づける要因のうち，専用スロットの有無以外の要因についての詳細な議論については，古賀（2016）を参照。

れは言い換えれば，ドイツ語は必須要素ではない接頭辞を使ってまで，より積極的に移動の直示情報を表現しようとはしない，という傾向を示唆する[15]。

他方，(6)で確認したように，日本語は直示経路以外に様態や非直示経路を表したければ，副動詞構文を使って別の動詞スロットを付け加えることができる。この点で，基本的に動詞語幹を1つしか持たず，その義務的な統語スロットをめぐって複数の情報が競合する状況を呈するドイツ語とは異なる。日本語の主動詞はもちろん必須要素であるが，複数の情報を組み合わせるために増やすことのできる動詞スロットはドイツ語の接頭辞同様，文の必須要素ではない。では，なぜ日本語は例(14)，(24)に見られるように，わざわざ必須要素ではない動詞スロットを増やしてまで，義務的に表現しなければならないわけではない直示情報を(主動詞で)積極的に表現するのだろうか。この問いにここで明確な解答を与えることは困難だが，結果を理解するうえで重要な問題であるため，以下，この問題についてひとつ考察を試みたい。この問いを解く鍵は，日本語とドイツ語の示す主体性(subjectivity)の度合いの違いに求められるのではないだろうか。

直示移動表現は，発話参与者，発話場所を本質的にその概念内容に含む，主体的表現の典型例である(Langacker 1985)。直示経路情報を表現することによって，概念化の主体は，概念化しようとしている状況を客体的に眺めるのではなく，その状況の内側から主体的にそれを把握し，それを自分との関わりから(移動が自分に向かうのか，自分以外の方向に向かうのか)述べることになる。近年の研究から，主体性には言語によって程度差が見られることが明らかになってきた(池上 2008, Horie et al. 2007, Uehara 2007)。ある言語はより主体的な事態把握を好むのに対し，別の言語は概念化の主体と概念

---

[15] つまり，ドイツ語における直示経路情報の言及頻度の高さは，競合はあるものの情報を背景的に提示可能な動詞語幹に加えて，直示経路専用の接頭辞を有するという言語個別的な形態統語的な特徴に起因する。ここで重要なのは，(使用頻度の相対的な高低にかかわらず)接頭辞のスロットが他の情報と競合を起こさない直示経路専用スロットだという事実である。国立国語研究所のプロジェクト，『空間移動表現の類型論と日本語：ダイクシスに焦点を当てた通言語的実験研究』で採取したビデオクリップに基づく調査によれば，非直示経路と直示経路が競合する接頭辞スロットと，様態，非直示経路，直示経路の競合する動詞語幹を持つハンガリー語の直示経路への言及頻度は，ドイツ語に比べてかなり低い(クリップごとの直示経路の形式出現数は，ドイツ語約 1.10 に対しハンガリー語約 0.77)。

化の対象を切り離して外側から状況を眺める，より客体的で鳥瞰的な事態把握を好むというように，段階性が存在するのである．

データに見られた直示経路表現に関する結果を主体性の観点から解釈してみると，次のことが言えそうである．ドイツ語が必須要素ではない接頭辞スロットを使ってまで積極的に直示経路情報を表現しないのは，その主体性の相対的な低さの現れである．これに対して，日本語が必須要素ではない動詞スロットを付け加えて様態や非直示経路を表し，主動詞の位置で直示情報を積極的に表現に組み込もうとするのは，その主体性の高さを反映したものである．ドイツ語の動詞語幹は，必ず埋められなければならない必須スロットであるため，ある意味消極的にこの位置で直示情報が表現されることが少なからずあると考えられる．とりわけ，gehen を使用して歩行による様態を表現しようとした際には，直示経路も自動的に表されることになる．しかし，日本語のケースでは，義務的ではない動詞のスロットを増やしてまで，むしろ積極的に直示情報を表現に組み込む傾向が見られる．これは重要な相違ではないだろうか．この観察は，直示情報を背景的に，且つ，他の情報との競合なしに表現できる「スロット非競合型」という同じ条件を有していたとしても，そのスロットでもって直示情報を実際に頻繁に表現するかどうかは，その言語の示す主体性の度合いに応じて変わってくる，ということを意味する．このように，言語が示す主体性の度合いは，直示経路の表現頻度に多様性をもたらす重要な要因になりうるのである[16]．

国立国語研究所のプロジェクト，『空間移動表現の類型論と日本語：ダイクシスに焦点を当てた通言語的実験研究』で採取したビデオクリップに基づくデータの比較によれば，タイ語と中国語はいずれも直示経路を背景的に提示可能で，なお且つ他の情報との競合なしに直示情報を表現できるスロットを有する動詞連続言語であるにもかかわらず，タイ語の自律移動表現には中国語よりもかなり多くの直示経路表現が観察される（クリップごとの直示経路の形式出現数は，タイ語約 1.10 に対し中国語約 0.68）．さらに，日本語と

---

[16] 日本語には，ここで問題にしている空間の領域に限らず，心理述語の主語に見られる人称制約や (Kuroda 1973)，尊敬語／謙譲語の頻繁な使用 (Uehara 2007)，また人称によって決定付けられるヴォイスの選択 (Shibatani 2003, 古賀 2008) にも主体性の高さが観察される．

モンゴル語は，やはり直示情報を背景的に表現可能な専用の動詞スロットを持つ副動詞言語であるものの，日本語における直示経路の指定頻度はモンゴル語のそれと比較してかなり高い（日本語約 1.15 に対しモンゴル語約 0.88）。この興味深い違いをもたらす要因の1つとして，やはり主体性の度合いが挙げられるのではないだろうか（古賀 2016）[17]。

5. 日本語において非直示経路と様態が表現される2つのパターン

この節では，一時日本語と英独露語の比較を離れ，日本語内に存在する非直示経路と様態の組み合わせを表現する2つのパターンを確認し，経路主要部表示型言語内に多様性を生む可能性のある節連結について議論する。

まず，1つめのパターンは，非直示経路を表すのが主動詞（Pv）であり，様態が副詞，後置詞句，動詞の従属形などの非主要部（Mvnf）によって表されているパターンである（Mvnf + Pv）。そして，2つめのパターンは，様態が主動詞（Mvf）で，非直示経路が後置詞（Padp）で表されるパターンである（Padp + Mvf）。データには，前者のパターン全30例のうち，様態が動詞の従属形で表されているのが22例，そして後者のパターンが11例見つかった。

前者のパターンの用例が後者のものよりも多いのは，前者の方が主要部で経路を表す，経路主要部表示型言語に支配的なパターンだからである。後者のパターンは経路主要部外表示型言語に特徴的な表現パターンであるが，境界の横断（boundary-crossing）がない場合に限り，経路主要部表示型言語にも見られるとされる（Aske 1989, Slobin & Hoiting 1994, Slobin 1997a）[18]。(29)は，この2つのパターンを例示する。

(29) a. それから直子に跳び（Mvnf）かかって（Pv）…

---

[17] Uehara (2007) は注16に挙げた3つの領域における振る舞いを調査した結果，中国語を比較的主体性の低い言語に分類している。

[18] しかし，何をもって「境界の横断」とするのかには問題が残る。例えば，「私は線路の向こうまで歩いた」という文の表す事象は，線路の横断を含むにも関わらず，経路が非主要部で，様態が主要部で表されている。これは，経路後置詞の「まで」単独が表す経路情報が，「の中に」や「の外に」とは異なり，境界の横断を含まないためと考えられる。この点は，松本曜氏の指摘による。「まで」同様，境界の横断をその意味に含まない経路後置詞としては，「にそって」，「に向かって」などがある。

b. 都電の駅まで(Padp)歩いた(Mvf)。

前者のパターンに焦点を絞ると，動詞の従属形に異なる種類のものが存在することがわかる。コーパスに見られた様態を表す従属形の全タイプとそのトークン数を表12に挙げる。

表12：様態を表す節連結タイプとそのトークン数

非定形(従属)動詞のタイプ	トークン数
ナガラ連結(V_1- ナガラ V_2)	4
テ連結(V_1- テ V_2)	12
連用連結(V_1-V_2)	22

Koga et al.(2008)は，節同士の結びつきの強さと様態情報の背景化／前景化の度合いに相関があるという仮説を提示した。それは，特定の節連結(clause linkage)において，V_1 と V_2 の結びつきが強ければ強いほど，V_1 で表される様態情報は背景化されているという仮説である。節同士の結びつきの強さを測る基準は複数あるが，ここでは次の3つの基準を取り上げる。

まずは，V_1 と V_2 の間に強調などを表す要素を挿入することができるかどうか，という分離可能性である。これは，形態的統合性(morphological integrity)を測る目安である。次に，統語的統合性(syntactic integrity)を測るシンタグマティックな多様性である(syntagmatic variability)。V_2 と分離可能で，文中の異なる位置に生起可能な V_1 は，そのシンタグマティックな多様性が高いと言える[19]。そして最後が，V_1 と V_2 が概念的に一貫した単一の事象を形成するかどうか，という概念的統合性(semantic integrity)である。この3つの基準で，表12にある3つの節連結タイプを比較してみる。

(30)からわかる通り，連用連結は分離可能性がゼロであり，したがって，シンタグマティックな多様性もない。

(30) それから直子に跳びかかって /*跳び でも かかって…

これに対し，(31a, b)，(32a, b)に見られるように，ナガラ連結とテ連結は分離可能性，シンタグマティックな多様性のいずれも高い。よって V_1 と V_2

---

[19] 分離不可能であれば必然的にシンタグマティックな多様性はゼロとなるが，その逆は成り立たない。

の間に強調詞「でも」を挿入可能であり，また V_1 は文中の異なる位置を占めることが可能である．

(31) a. 教室を，足を引きずりながら(V_1) でも 出て(V_2)いきたい．
　　 b. 足を引きずりながら(V_1)教室を出て(V_2)いった．
(32) a. 中に身をかがめて(V_1) でも 入り(V_2)たかった．
　　 b. 身をかがめて(V_1)中に入った(V_2)．

文中に複数の生起可能な位置あると，文の生産の際にその中から選択が行われなければならず，これには余計な認知コストがかかると考えられる（Slobin 2005）．

　概念的統合性に注目すると，ナガラ連結とテ連結の違いが見える．ナガラ連結における2つの動詞が表す事象は，テ連結におけるものよりも概念的な統合の度合いが低い．そのため，V_1 が V_2 の移動を可能にする本質的な様態／原因を表す場合には，(33a)のようにナガラ連結ではなく，テ連結が選択されねばならない．

(33) a. ??犬が走りながらきた．　　b. 犬が走ってきた．

また，様態／原因だけに限らず，V_1 が V_2 と同時に展開する移動の経路を表す動詞の場合にも，(34)のように同様のことがいえる．

(34) a. ??坂を上りながらいった．　　b. 坂を上っていった．

日本語に最も多く見られた「出ていく」，「入ってくる」などの非直示経路＋直示経路というテ連結による情報の組み合わせは，概念的に一貫した単一事象を表すものの典型といえよう．低い概念的統合性を示すナガラ連結は，(31)のように，付帯状況に近くて比較的独立性の高い，際立って有標な様態／原因を表示する役割を担うことが多い[20]．

　V_1 と V_2 の概念的統一性は，一般的に連用連結に最も強く見られる．例えば，(30)に見られる「とび(V_1)かかる(V_2)」は，V_1 単独でも V_2 単独でも成り立たず（*直子に跳んだ／*直子にかかった），語彙化して一語になってい

---

[20]「足を引きずって出て行った」が許容されることから明らかなように，テ連結で比較的独立性の高い有標な様態/原因を表すこともできる．このことから，テ連結の方が，ナガラ連結よりもタイプ頻度が高いことがわかる．

る[21]。語彙化はテ連結にも見られるが(Matsumoto 1996)，このような高い語彙化の度合いを示す複合動詞は，連用連結において多く形成されている。

語彙化した複合語はその構成要素の分析可能性が低く，単一のユニットとして記憶，処理されるため，V_1 の位置で表される移動様態は背景化されていて，その産出には認知コストがそれほどかからないと考えられる。

以上の議論から節同士の結びつきは，ナガラ連結 < テ連結 < 連用連結，の順で強くなることがわかる。これを踏まえて，表12に立ち返ってみよう。

総トークン数が少ないため断定はできないが，表12には，節同士の結びつきの強さと情報の前景化／背景化の度合いの相関が窺える。最も節同士の結びつきの弱いナガラ連結の V_1 で様態が表示されている例は，4例と一番少ない。中間的なテ連結の V_1 で様態が表されている例は11例，そして，一番節同士の結びつきの強い連用連結の V_1 で様態が表現されている例は22例と一番多い。この頻度の差は，ナガラ連結 < テ連結 < 連用連結，の順に V_1 で表される様態情報の背景化の度合いが高い（＝前景化の度合いが低い）ことを反映していると考えられる。

Talmy(2000)の枠組みでは，経路主要部表示型言語において従属形/非定形動詞で表示された移動様態は一様に前景化されていると前提されており，様態の表現可能性が節連結のタイプに応じて異なるという可能性は模索されていない。しかし，節連結タイプと情報の背景化/前景化の相関を探るのは，経路主要部表示型言語内に存在する興味深い多様性を浮き彫りにしてくれる，という点で重要であると考えられる。守田(2008)はこのような視点から，日本語とフランス語の様態の表現可能性を探り，以下のような観察を提示している。フランス語は，節同士の結びつきの強い日本語の連用連結やテ連結に相当する節連結タイプを持たず，ナガラ連結に近いジェロンディフしか持たないため，動詞の従属形によって様態が表現される頻度が日本語より

---

[21]「駆け込む」，「押し入る」といった複合動詞の V_2 は，現代語では単独で使われない。また，「込む」は付随要素や接置詞（例えば英語の *into*）と同様，自律移動（主体移動）と使役移動（客体移動）のいずれの表現にも使用可能である(e.g. 駆け込む，蹴り込む)。つまり，松本（本巻第1章）の言う共通要素と考えられる。連用連結の複合動詞がすべて同程度の概念的統一性を示すわけではないが，傾向として，テ連結においてよりも，連用連結において，概念的に融合した語彙化の程度の高い複合動詞がより多く見られる。

も際立って低い。しかし，フランス語は代わりに非直示経路を表す前置詞を多く持ち合わせており，様態を主動詞で，非直示経路を前置詞で表す「Mvf + Padp」という経路主要部外表示型言語に典型的なコーディングパターンが，日本語よりずっと生産的である。つまり，上述した様態と非直示経路情報の組み合わせを表す2つのパターンのうち，日本語は非直示経路を主要部で表す前者のパターン（Mvnf + Pv）を多く用いるのに対し，フランス語は様態を主要部で表す後者のパターン（Mvf + Padp）を比較的多く使用するということである。

6. 結論と今後の展望

　本章では，対訳コーパスに基づいて日英独露語の主体移動表現を比較し，同一類型に属する言語間に見られる多様性を明らかにした。移動に関わる特定の意味要素が，ある言語では他言語に比べてより頻繁に，またはよりまれに表現される傾向が見られた。そして，このような体系的な偏りは，経路主要部表示型／経路主要部外表示型言語の持つ類型的特徴，言語個別的な形態統語的特徴，節連結タイプ，言語が示す主体性の度合いといった様々な要因によって動機付けられていることを示した。

　最後に，本章と相原・ラマール（2008），守田（2008）の研究結果から見えてくる，類型に関する問題を提起して結論としたい[22]。直示経路情報と非直示経路情報の組み合わせ（P + D）に注目してみると[23]，日本語，英語，ドイツ語，中国語を一つのグループに，そしてロシア語，フランス語を別のグループに括ることができる。4.3.1.2節で見たように，頻度に違いはあるものの，日本語，英語，ドイツ語にはこの情報の組み合わせは一般的に見られる。相原・ラマールによれば，この情報の組み合わせを持つ日本語例に対応する中国語例のうち，20例が一致例であったという。この数は英語，ドイツ語を上回る数である。これに対して，ロシア語には一致例が1例もなく，コーパ

---

[22] 相原・ラマール（2008）と守田（2008）は，本章と同様の日本語のデータとそれに対応する中国語，フランス語の翻訳例を，それぞれに比較，分析した研究である。

[23] 直示経路と非直示経路の組み合わせは，マクロイベントを構成しないことに注意されたい（松本（本巻第1章））。したがって，Talmyの類型論の射程には入ってこない。

ス全体を見ても，非直示経路が動詞語幹，直示経路が接頭辞で表されるパターンは1例も見つからない。また，守田は，直示経路と非直示経路を含む日本語の例に対応するフランス語の例では，典型的にいずれか一方の情報のみが表現されるとしている[24]。同様の傾向が，他のロマンス諸語であるスペイン語，ポルトガル語，イタリア語，カタロニア語にも見られることがCristóbal (2003) によって指摘されている。以上の観察を図式的に示すと図1のようになる。

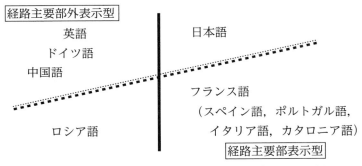

図1：直示経路＋非直示経路の組み合わせ頻度による分類

図1に見られるように，直示経路と非直示経路の組み合わせ頻度による分類は，破線が示す通り，経路主要部表示型 vs. 経路主要部外表示型言語の区別を横断する。経路がどの統語的要素で表されるのかという一般的な基準で言語を見た場合，経路主要部表示型／経路主要部外表示型という2分類は妥当であろう。しかし，「直示経路＋非直示経路」という情報の組み合わせといった，より具体的な指標で言語を眺めた場合，そのような類型だけでは説明のつかない興味深い多様性が浮かび上がる[25]。そのような多様性を生む要因を探っていくことが，これからの移動表現の類型，そしてその背後に存在

---

[24] この情報の組み合わせがフランス語において不可能である訳ではないが，その実現は非生産的な複合語 (*re-venir* 'come back', *re-partir* 'go back' など) に限られ，頻度が低い。

[25] 日本語の直示動詞「いく」，「くる」は，「主語一致の原則」のために客体移動事象の描写には使用できない (松本1998)。よって，使役移動事象に関しては，図1に見られるのとは異なるグルーピングが見られることになる。

する認知メカニズムのより深い理解に繋がるものと思われる。そのようなプロジェクトの一環として，本章では日英独露語の主体移動表現の比較，分析を行った。

本章で提示した分析結果は，日本語の小説をもとに作成した比較的小規模な対訳コーパスに基づくものである。したがって，提示した観察や一般化はより大規模なデータに照らして，その妥当性が測られるべきであることは言うまでもない。当然のことながら，翻訳は訳者個人の癖，好み，技術などに左右されるものであり，また，ソース言語からの要請に応えなければならないという制約の下に産出されたものである。よって，翻訳にその言語における自然な表現パターンが直接的に反映されている，と簡単には考えることはできないだろう。

しかし，本章で得られた結果は，その他の翻訳比較研究や語りにおける移動表現の比較に関する研究の結果と大枠としては一致するものであり，また上で議論した対象言語の類型的，個別言語的特徴に照らして，自然な結果と言える（Slobin 1996, 1997, 2004a, 2004b）。したがって，様々な限界はあるものの，翻訳データを用いた比較研究は，実際の言語使用における言語の選好表現パターンを探るための，有効な手段となるものと考えられる。

略語一覧

SG	1st person singular	1人称単数
3PL	3rd person plural	3人称複数
3SG	3rd person singular	3人称単数
ACC	accusative	対格
AND	andative	去辞
DAT	dative	与格
F	feminine	女性
GEN	genitive	属格
M	masculine	男性
NOM	nominative	主格
PAST	past	過去
PERF	perfective	完了
PL	plural	複数
PRES	present	現在
VEN	venitive	来辞

第13章

移動表現の性質とその類型性

松本　曜

1. はじめに

　本章では，本巻で記述考察されてきた内容から，諸言語における移動表現の性質とその類型性に関してどのような一般化ができるかを考察する。以下，主体移動表現，客体移動表現，視覚的放射表現についてまとめた上で，総合的な類型についての考察を行うことにする。

2. 主体移動表現

　まず，主体移動表現におけるダイクシスと経路の表現について考察しよう。

2.1　ダイクシスの独立性

　本巻で注目している点の一つは，ダイクシスの独立性である。第1章ですでに，ジャミンジュング語，ガーグジュ語などの例を挙げて，ダイクシスが他の経路概念と異なる位置で表現されうることについて触れた。本巻で報告されている言語の記述からも，その考え方は支持される。たとえばネワール語とドム語では，ダイクシスが主動詞で表現され，それ以外の経路概念は主要部外要素で表現される（松瀬（本巻），千田（本巻））。経路が表現されるのが主要部か主要部外要素か（あるいは動詞か動詞付随要素か）という対立で言語の類型を考えるなら，この二つの言語はダイクシスと他の経路概念で異なる類型に属することになる。このような言語の存在は，類型の考察においてダイクシスを経路から独立させて論じる必要性を物語っている。ハンガリー語でも両者の違いが見られ，主動詞でダイクシスを表すことができるが，この位置で他の経路概念を表すことは稀である（江口（本巻））。

　このほか，ダイクシスが他の経路概念と異なる特定の位置で指定される言

語は多い(古賀(本巻)も参照)。日本語とシダーマ語では,直示動詞と経路動詞が使われる場合,直示動詞が主動詞(最終動詞)となり,経路動詞はその直前の位置に置かれる。タイ語の動詞連続,及び中国語の複合動詞においても,直示動詞は特定の位置を占める(高橋(本巻),ラマール(本巻))。

なお,本巻で扱った言語において,直示動詞はロシア語以外のすべての言語に存在している。

2.2　経路の表現位置による類型

では,ダイクシス以外の経路概念(以下,経路)について,その表現位置によって言語を分類するとどうなるであろうか。文が一つの主要部を持つと考えられる言語で,経路が表されるのが主要部である場合を経路主要部表示型,主要部外要素で表される場合を経路主要部外表示型とし,さらに,文における主要部を一つに決められない言語で,その複数の主要部の一つによって経路が表される場合を共主要部表示型とすると,本巻で報告されている分析からは以下のようにまとめられる。

主要部表示型：フランス語,イタリア語,(日本語,シダーマ語)
主要部外表示型：英語,ドイツ語,ロシア語,ハンガリー語,ネワール語,
　　　　　　　　中国語,ドム語
共主要部表示型：タイ語

これらのうち,日本語とシダーマ語は注意を要する。この二言語においては,ダイクシスが表される場合は経路が非主要部の動詞に,ダイクシスが表現されない場合に経路が主要部に置かれる。その意味で,純粋な主要部表示型とは異なり,準主要部表示型であると言える。この問題についてはこの章の最後で再び考察する。

なお,主要部表示型(あるいは準主要部表示型)とされる言語でも,経路概念を表す名詞関連要素や動詞関連要素は存在し,経路の表示に使われる(守田・石橋(本巻)も参照)。その意味で,少なくとも本巻の範囲では,純粋な主要部表示型言語は存在しないと考えられる。

2.3 経路の種類と共通要素

さて，本巻で主要部外要素としてひとくくりにした表現形式には多様性がある（ラマール（本巻）も参照）。主要部外要素は大きく分けて，不変化詞，動詞接辞などの動詞関連要素，前後置詞，格語尾などの名詞関連要素，そして，複雑述語の非主要部の三つに分けられる。このうち，動詞関連要素と名詞関連要素には，興味深い役割分担が見出される。

まず，方向（つまり，TOWARD ABOVE など方向性＋基準位置）は，動詞接辞，不変化詞などの動詞関連要素で表されることはあっても，名詞関連要素で表される言語は少ない（これと異なって，TOWARD, AWAY FROM などの方向性は，名詞関連要素でも表される）。今回扱った言語において，方向が名詞関連要素で表されるのは英語の前置詞 *up, down* のみ（*Tom walked up the stairs*）である（松本（本巻第2章））。一般に，方向を表す動詞関連要素が名詞関連要素としても使われる場合，名詞関連要素としては方向を表さないという現象が多くの言語で見られる。たとえば，ドイツ語の *auf* は，動詞接辞としては上への方向を表すが，経路前置詞としては，何かの上部への移動経路（TO ON）を表すのみで，上方向への移動とは限らない（*auf den Boden fallen* 'fall onto the floor'）。イタリア語で不変化詞としても前置詞としても用いられる *su* と *sopra*（吉成（本巻））や，マラーティ語の *var*（Pardeshi（未出版））も同様である。これは，方向というものが特定の参照物を要求しないことによるためだと思われる。実際，英語の *up, down* においても，目的語となるのは坂，階段などの通過経路であり，上方や下方にある参照物ではない。つまり，方向と関わる参照物ではないのである。

方向以外の経路要素に関しては，いくつかの言語において動詞関連要素が着点への経路（あるいは終結的経路）のみを表すという制限がある。たとえば，ネワール語の動詞接辞が表す意味は，方向のほか，経路局面のうち着点（TO）を含むもの（TO IN）に限られ，起点（FROM）・通過点（VIA）を含むものはない（松瀬（本巻））。ハンガリー語においても，動詞接辞は方向か着点への経路のみを表す（江口（本巻））。類似の現象は中国語においても見られる。ラマール（本巻）は方向補語を動詞関連要素として扱っているが，これらは方向か終結的な経路のみを表す。このような動詞関連要素における限定性は，

起点と着点の非対称性(Ikegami 1987, Lakusta & Landau 2012など)を示す良い例である[1]。

2.4　経路の種類と動詞

　一般的な傾向として，主要部表示型言語(及び準主要部表示型言語)は多くの経路動詞を持つのに対して，主要部外表示型言語，特に動詞関連要素・名詞関連要素で経路を表す言語では経路動詞の数が少ない。しかし，後者の場合でも特定の経路に関しては動詞が存在する傾向がある。今回の調査から明らかになったのは，上下方向に関しては経路動詞が存在することが多いことである。今回扱った言語の中で経路動詞が最も少ないのはドム語とドイツ語であるが，これらにおいても上下方向の経路動詞は存在する。次に少ないのはハンガリー語，ネワール語であるが，上下方向の他，到着などを表すものが存在する。これらの言語でも出入りに関するものはない。

　上下方向が動詞で表されやすいのはなぜだろうか。まず言えることは，前述の通り，方向というものが参照物と関わらないために，名詞関連要素には現れにくいことである。したがって，方向は動詞関連要素か動詞に現れることになる。しかし，同じ方向でも，前後，左右は動詞として語彙化されることは少なく，どうして上下が特別なのかについては別に説明が必要である。

　これに関しては二つの説明が可能である。一つは，上下方向の動詞は様態の情報を併せ持つことが多いことである。たとえば，英語の *climb* は典型的には手足を使った上方向への移動を表し，*fall* は自由落下による下方向への移動を表す。上下方向の動詞は，このような付随している様態の性質ゆえに，経路動詞が少なく様態動詞が多い主要部外表示型の言語においても現れると言えるかも知れない。もう一つの説明は，上下方向はその非対称性ゆえに，人間にとって注目されやすい方向であることから，語彙化されやすいというものである(Clark 1973を参照)。人間は引力がある世界に生活しているため，物体の上下の移動は原因が異なる。また，地表に生活しているため，上下に

---

[1] 本巻は移動に関する研究なので，位置に関する表現についてはあまり扱っていない。しかし，位置を表すものは前置詞には多いが不変化詞には少ないといった，興味深い傾向がありそうである(第2章の注5も参照)。

存在する事物も異なる。さらに，人間は上に頭，下に足があり，身体の構造も上下に非対称的であると言える。このような理由により，上下は注目されやすい方向だと考えられる。上下方向の移動を表す動詞が様態の情報を併せ持つのも，引力の存在に原因を求めることができるので，こちらの説明の方が根源的である。なお，上下は，前後，左右と異なって，動詞関連要素としても語彙化されることが多いが，これも同じ理由によるものだと思われる。

2.5 様態動詞と着点句

第1章で指摘したように，主要部表示型言語では，(一部の)様態動詞が着点句と共起しない傾向があるとされる(Aske 1991: 5, Gaytan(1998: 429, Levin & Rappaport Hovav 1995 など；守田・石橋(本巻)，吉成(本巻)も参照)。しかし，主要部表示型であることと，様態動詞が着点句と共起しないことは，必ずしも一致しない。まず，主要部表示型とされる言語でも，様態動詞が着点句と問題なく共起する言語がある。Matsumoto(2003[2011])が指摘するヘブライ語のほか，インドネシア語(Sneddon 1996: 189-190 参照)，トルコ語(Taylan 2002: 111 参照)などがそうである。また，様態動詞と着点句の共起制限は主要部表示型言語以外にも見られる(Matsumoto 2003[2011])。本巻で考察されている言語の中でも，たとえば，ネワール語は主要部外表示型であるが，様態動詞単独では所格名詞句を着点句として解釈できない。直示動詞が後続する場合のみ，所格名詞句が着点として解釈されるのである(松瀬(本巻)の(24)を参照)。ドム語も主要部表示型ではないが，様態動詞はそれのみでは着点表現が導入できず，直示動詞が現れる(千田(本巻)の(34)を参照)。

共起制限がある日本語，フランス語では，着点マーカーが位置も表すことができる多義的マーカーである。一方，共起制限がないヘブライ語の前置詞 *el*，インドネシア語の前置詞 *ke*，トルコ語の与格マーカー -(*y*)*A* は，位置を表すことがなく，本来的に着点を表す形式である。また，主要部表示型ではないのに共起制限があるドム語とネワール語の着点句は本来位置を表す句である。このことから，本来的に位置を表す句は，様態動詞と共起した場合に着点を表すと解釈できないという一般化が考えられるかも知れない。

しかし，Pardeshi（未出版）は，マラーティ語において複数の着点句が様態動詞と共起しないことを指摘し，さらに，その着点マーカーのうちの一つ(-laa)は本来位置を表すものではないとしている。このマーカーは本来対格を表示するマーカーであり，本来的に着点句ではない点では他の共起制限のあるマーカーと共通している。つまり，「本来的に着点句ではない」句が着点を表す用法を持つ場合に，その句は様態動詞と共起しにくい，という一般化が正しいと考えられる[2]。

これらの観察は，一部の言語で様態動詞と着点句が両立しないのは，着点を表す句の性質と，動詞の意味との兼ね合いによるものだという考え方を支持している（松本1997, Jones 1983, 1996, Folli 2008など）。日本語のニ格などは，それ自体では着点への経路を顕在的に示すのではなく，動詞が経路に関する指定を内在的に含んでいるときのみ，その助けを受けて着点として解釈されるということである。問題は，この「経路に関する指定」とは何かである。松本（1997）は，日本語の例において，その指定とは「結果（着点への到着）が焦点化されるかどうか」だとし，動詞（句）のテイル形の解釈との平行性を指摘している。つまり，テイル形が結果の解釈を受ける動詞（句）において（のみ），ニ格の着点句が可能であるということである。しかし，この基準は条件がきつすぎると思われる。テイル形が結果の意味に解釈できない様態動詞でも，一部のものはニ格の着点句と自然に共起する。たとえば，「急行する」は「急行している」が継続の意味にしか解釈できないが，「現場に急行する」のようにニ格の着点句と問題なく共起する。これは，逆の意味を表すように思える「徐行する」において，「そこに徐行する」が非文法的であることと対照的である。

それにも関わらず，「急行する」がニ格着点句と共起しうるのは，その意味の中で，隠れた形で着点への言及が行われているためと考えられる。「急行する」は，着点に早く到着するために取られる移動様態を表していて，そ

---

[2] ビルマ語の ^*kou* も，直示動詞や到着の動詞と共起した場合のみに着点を表す。このマーカーも対格表示に使われるものであり，この一般化と一致する。また，英語において，位置を表す *beside* などの前置詞が，直示動詞と共起する場合は着点を表すことができるが，一部の様態動詞と共起する場合はそれができないという現象（松本（本巻第2章））も，この一般化と一致する。

の点で動詞の意味が着点への言及を含んでいる。それに対して，「徐行する」は，安全性確保のために取られる移動様態を表していて，着点への言及を含んでいない。「急ぐ」「走る」など，速い移動を表す動詞はニ格の着点句と共起しやすいと指摘されているが，これは「急行する」と同様の理由で，その意味が着点への言及（経路の指定）を含んでいるからだと考えられる。

なお，着点句との共起制限が移動の速度と関連するのは一般的なのかも知れない。フランス語とイタリア語でも，一部の様態動詞が着点句と共起すると指摘されている（守田・石橋（本巻），吉成（本巻），Folli 2008 など参照）が，どちらの場合も歩くことを表す動詞とは共起できない。

さらに考察すべきことは，客体移動表現や視覚的放射表現における着点句である。日本語の使役移動動詞の「投げる」「呼ぶ」などは，ニ格着点句と問題なく共起する。イタリア語などでも同様である。イタリア語では，視覚動詞も着点句と共起しうる。これらの動詞の意味にも経路の指定が存在しているのであろうか。投げる行為においては，使役者が移動の起点であり，着点はそれ以外の位置であるし，呼ぶ（呼び寄せる）行為においては使役者の位置が着点である。また，視覚的放射においても，放射者が放射の起点であり，着点は必然的にそれ以外の位置である。つまり，これらにおいても，確かに経路の指定が副次的に内在していると言える。

このように，広い意味で，動詞の意味の中に経路の指定が含まれる場合に，本来着点を表さない位置句などが着点を表すものとして動詞と共起できる，と考えられる。この点に関しては，諸言語におけるさらなる研究が期待される。

3. 客体移動表現

次に客体移動表現における，ダイクシスと経路の表現形式と表現位置について，本巻各章の記述・分析に基づいて考察しよう。

3.1 ダイクシス

客体移動表現においてはダイクシスの役割が限定的である。まず指摘できるのは使役的直示動詞の限定性である。主体移動を表す直示動詞は今回の研究対象ではロシア語を除くすべての言語に存在するが，使役的直示動詞を

持っているのは，英語，ハンガリー語，ネワール語，シダーマ語のみである。また，この中で，英語とハンガリー語の使役的直示動詞は，主に随伴運搬型の使役移動の表現に限られる。ネワール語とシダーマ語ではより幅広く使うことができ，随伴運搬型のみならず，開始時起動型の使役移動についても使われる場合がある。しかしこの二言語においても，継続操作型ではあまり使われない（松瀬（本巻），河内（本巻）））。

　使役的直示動詞が継続操作による使役移動を表しにくい理由としては，継続操作が主に手動の使役であるために，移動が短距離である場合が多く，直示的対立がはっきりしないことが原因として考えられる。また，ダイクシス表現が（言語によっては）主に人間の移動に関して使われること（松本（本巻第10章））も原因の一つかも知れない。ただし，中国語とタイ語においては，継続操作による使役移動表現においても，主体移動の直示動詞が使われる。たとえば，ポケットから何かを取り出す様な場合に，中国語では「掏出来（take-exit-come）」のように言うことができる（ラマール（本巻）の例文(24)。高橋（本巻：注12）も参照）。この理由については二つの可能性がある。一つは，このような場合の直示動詞は，話者との位置関係ではなく，〈外（見える領域）〉あるいは〈中（見えない領域）〉への移動を表していて，それを重視する点においてこの二言語が他の言語と異なるという可能性である。もう一つは，上記で見たような制約は使役的直示動詞の語彙化に関わるもので，主体移動の直示動詞を客体移動表現で使うことの妨げにはならない，という可能性である。このどちらが正しいかは，現時点では不明である。

　このような，使役的直示動詞の存在の限定性は，当然，どの位置でダイクシスが表現されるかにも関わる。ネワール語とシダーマ語では，随伴運搬型，開始時起動型の使役移動の表現で，主体移動表現と同様にダイクシスが主要部に現れうる。一方，日本語とドム語では，主体移動表現ではダイクシスが主要部に現れるが，客体移動表現では主要部に現れない。

3.2　経路

　次に，客体移動表現における経路の表現について見ていこう。主要部外表示型と共主要部表示型の言語（英語，ハンガリー語，ネワール語，中国語，

タイ語など)の場合，経路の表現形式や表現位置は主体移動表現の場合と大きくは変わらない。それに対して，主要部表示型言語(準主要部表示型を含む)では，様相が複雑である。

3.2.1 経路動詞の体系

主要部表示型言語は使役的経路動詞を持つが，一部の言語においてその体系は，主体移動の経路動詞の場合よりも貧弱である。シダーマ語では経路動詞とほぼ同じ使役的経路動詞の体系が見出されるが，イタリア語，日本語，フランス語では使役的経路動詞の体系が比較的貧弱である。日本語では，「越える」「過ぎる」「曲がる」などの動詞に対応する使役移動動詞がない。イタリア語とフランス語の使役移動動詞は方向を表すものがほとんどで，「入れる」などに相当するものはほとんどが限定的な状況を表すもので，汎用的なものは少ない。主要部外表示型言語に経路動詞が存在する場合でも，使役的経路動詞はさらに数が少ない(第2章の4.1節及び注5を参照)。

どの動詞が使役的経路動詞として存在しやすく，どの動詞が存在しにくいのであろうか。一つの一般化ができるとすれば，それは動詞の項構造に関する一般化である。たとえば日本語において，対応する使役移動動詞がない「越える」「過ぎる」「曲がる」は，ヲ格参照物名詞句を項として取る動詞であるが，この種の動詞には使役動詞がない(松本(本巻第10章))。日本語における一部の使役経路動詞の不在は，このような使役化に対する制約から説明できる。しかし，イタリア語やフランス語では純粋な自動詞である経路動詞にも対応する使役動詞が見られないことが多く，そのような説明は不可能である。この問題については，さらに多くの言語の研究を待つ必要がある。

3.2.2 客体移動表現の種類と経路

さて，同じ客体移動表現でも，その種類によって表現形式と表現位置が異なる傾向がある。

まず，随伴運搬型の使役移動の場合は，いくつかの言語で「持って行く」のような擬似的客体移動表現が見られる。これは，日本語のような準主要部表示型の言語でも，ネワール語のような主要部外表示型の言語でも見られる。ま

た，英語などのデータで見るように，使役的直示動詞が使われることが多い。

　継続操作型の使役移動は二つの点で特徴的である。一つは，*put/take* のような，ほぼ継続操作型専用の動詞の使用が見られる言語が多いこと，もう一つは，使役経路動詞の使用が多い言語があることである。日本語では使役的経路動詞の単独使用は主に継続操作型の使役移動の場合である。この傾向は，主要部外表示型の傾向を示す言語の一部にも見える。たとえば，中国語の客体移動表現においては，通常方向補語と名詞関連要素が経路を表すのに使われるが，継続操作型の場合には，経路補語にならない「第二種」の使役的経路動詞が使える（ラマール（本巻））。英語においても，頻度は低いが，継続操作型の場合に *raise* などの使役的経路動詞が使われる。

　開始時起動型の使役移動の場合は，継続操作型と比べて，（準）主要部表示型の言語で主要部外表示型のパターンを取る場合が多い。これは日本語の頻度データにおいて示されている。フランス語においても，継続操作型とは異なり，開始時起動型と随伴運搬型の場合に主要部表示型の表現が可能であるとしている。

　客体移動表現における経路の表現位置は，ダイクシス動詞の用法と関連する。日本語では，主体移動表現ではダイクシスが主要部で表されるが，客体移動表現では（擬似的客体移動表現を除いて）ダイクシスが主要部に現れない（Choi & Bowerman（1991）の韓国語も参照）。その代わりに，特に継続操作型の場合に経路が主要部になる傾向がある。

4. 視覚的放射表現

　第1章で述べたように，ここで視覚的放射表現と呼ぶのは，移動物が項として現れない表現（*look up at the sky* など）であり，「目が届いた」「視線を投げた」のような表現を含まない。「目が届いた」「視線を投げた」などは，表現としてはそれぞれ主体移動表現と客体移動表現である（高橋（本巻）の扱いと比較されたい）。

　このように視覚的放射表現を限定的に理解した場合，本巻で記述がなされている言語ではすべて，主要部外表示型の表現が使われていると言える。これは，英語，ハンガリー語などの主要部外表示型言語のみならず，イタリア

語，シダーマ語，日本語で観察されることである（タイ語については後述）。つまり，これらの言語でも，たとえば〈外を見る〉〈上を見る〉のような視覚と経路の組み合わせを単一語根で表す動詞は存在せず，経路を含む動詞が主動詞の位置を占めることができない。日本語では「空を見上げた」のように，主体移動表現や客体移動表現で見られる経路動詞を後項とする複合パターンを，視覚的放射表現でも用いているようにも見える。しかし，松本（本巻第10章）が指摘するように，このような複合動詞において主要部は明らかに前項に移っており，その意味では主要部外表示型の表現になっている。

視覚的放射表現は放射を行う人が主語になる点で，客体移動表現と似ている。このことは，ドム語と日本語の視覚的放射表現における動詞の使い方に表れている。ドム語の視覚的放射表現では，客体使役表現の場合と同様に，主動詞の位置に一般的な使役動詞が現れる。日本語では視覚的放射表現においても使役経路動詞が複合動詞後項動詞として用いられる。

視覚的放射表現において主体移動の動詞が使われる言語がある。中国語の(1)とタイ語の(2)のような場合である。

 (1) 向 屋 里 看 来
    toward house inside look come
   'look this way into the house'

 (2) cɔɔn mɔɔŋ khûn pay yaŋ nâatàaŋ （＝高橋 本巻(4)）
    John look ascend go to window
   'John looked up at the window.'

(1), (2)における移動動詞の主語は，統語的に具現化していない。動詞が主語を持つ点で前後置詞などと異なるとすれば，(1), (2)における経路動詞は文法化して動詞としての性質を失っていることになる。そうだとすれば，中国語の(1)のみならずタイ語の(2)の場合も，主要部は第一動詞で，後続する動詞は共主要部ではないことになる。

なお，本巻で考察していない言語では，視覚動詞に経路概念が含まれる言語もある。オーストロアジア語族のマニク語（Wnuk 2016），オーストラリア諸語のジルバル語（Dixon 1972），アルゼンチンのトバ語（Klein 1981）には，特定方向への視覚行為を表す動詞がある（Slobin 2008 も参照）。ただし，ト

バ語では動詞接辞も方向の指定に使われるため，主要部での指定が優勢かどうかは分からない。

5. 類型の考察
5.1 言語内変異

第1章において，主要部表示型の表現は，他の条件が同じであれば，主体移動表現＜客体移動表現＜視覚的放射表現の順で用いられにくくなる，という仮説を設定した。これを経路とダイクシスの両方に関して確認する。

まず，経路に関しては，視覚的放射表現についてはっきりした傾向が見られた。視覚的放射表現では，考察を行ったすべての言語で主要部外表示型であった。主体移動表現と客体移動表現の間に差があるかどうかは，言語によって異なる結果が出た。(準)主要部表示型の言語のうち，シダーマ語では違いが見られなかったが，イタリア語でははっきりとした違いが見られ，客体移動表現では主要部外表示型である。守田・石橋(本巻)によるフランス語データの表1と表6を比べたところでは，客体移動表現では主体移動表現とは異なり，一般の経路動詞ではなく *put/take* 類が主要部に置かれることが多い。日本語は，客体移動の下位タイプによって違いが大きく，一概に結論づけることはできない。継続操作型の客体移動の表現については主要部表示型が取られることも多く，ダイクシスが主要部で表されない分だけ，主体移動表現よりも純粋な主要部表示型の表現となっている。このほか，主要部外表示型言語である英語において，経路の主要部表示は主体移動表現ではある程度見られたが，客体移動表現では *put/take* が継続操作型で多用されることを除くと稀である。

ダイクシスに関してははっきりとした傾向が出ている。主体移動表現に関しては，日本語，ドム語，シダーマ語，ネワール語でダイクシスが主要部に置かれる。しかし客体移動表現では，日本語とドム語では主要部に置かれない。シダーマ語とネワール語では主要部で用いられるが，随伴運搬型及び開始時起動型の客体移動表現に限られる。英語とハンガリー語でも，主体移動表現と随伴運搬型の客体移動表現ではダイクシスが主要部にある程度現れるが，それ以外では現れない。視覚的放射表現でダイクシスが主要部に表され

る例は無い。なお、ダイクシスが主要部に置かれない場合に、主要部外要素で表現されるかと言えばそうではなく、むしろ表現されない場合がほとんどであろう。

このような傾向はどうして生じるのだろうか。視覚的放射表現で経路が主要部に置かれないことに関しては、主体移動表現や客体移動表現と比べて、着点以外の経路の情報が重要になる場面が限られる点が挙げられる。そのため、経路の区別をする別個の視覚動詞を用意するのは、語彙の経済性の面から得策ではない。特に音声的放射など他の抽象的な移動の場合までそれを行うと、〈上を見る〉〈下に向かって叫ぶ〉など、抽象的移動を含むあらゆる動詞に経路の区別を設けなければならなくなる。それよりも主体移動表現・客体移動表現に使われる経路表現を視覚動詞と組み合わせて使う方が効率的だと考えられる（なお、視覚的放射に関する別の観点からの説明については、河内（本巻）を参照されたい）。

ダイクシスのパターンは、人間が移動物となることがどの程度多いかと相関していると思われる。日本語の主体移動表現に関して、直示動詞が無生物の移動にはほとんど使われないことを指摘した。また、人間が移動物となることは主体移動表現では多いが、客体移動表現では主に随伴運搬型においてであり、特に継続操作型では少なかった。この人間移動物に関する傾向は、ダイクシスが主動詞に置かれるかどうかの傾向と一致している。

5.2　新たな類型の提案

最後に、新たな観点からの移動表現の類型について提案を行いたい。本巻では、これまで、主要部表示型、主要部外表示型、共主要部表示型という三つの分類方法を用いてきた。しかし、ある観点から、これらの諸言語は二つのグループに分類することが可能である。本巻における経路表現の解説において、主体移動、客体移動および視覚的放射という移動事象表現タイプにまたがって使われる共通要素と、そうではない要素という分類が行われてきた。ここではこれに注目して、移動事象表現タイプに共通の経路表現を用いる共通要素言語（Common-item language）と、主体移動表現、客体移動表現に特化した要素を用いる特化要素言語（Specialized-item language）という、新た

な分類を提案する。日本語は,「上がる」「上げる」のように主体移動表現と客体移動表現に特化した要素を用いることなどから,特化要素言語に分類される。英語は *up* などの名詞関連要素と動詞関連要素が主体移動表現にも客体移動表現にも(そして視覚的放射表現にも)共通して使われることから,共通要素言語であると言える。この観点から考えると,タイ語は,主体移動表現と客体移動表現,さらには視覚的放射表現において同じ経路動詞を動詞連続の中で用いるので,共通要素言語であることになる。一般に,主要部表示型言語および準主要部表示型言語は特化要素言語であり,主要部外表示型と,共主要部表示型とされる言語の多くは共通要素言語に分類されることになる[3]。

　主要部表示型言語が特化要素言語であるのには理由がある。主要部は主体移動と客体移動の区別を要求する。主体移動表現は移動物が主語に,客体移動表現は使役者が主語になる。このどれが主語であるかを示すのは主動詞である。したがって,経路が主要部で表される言語は,主体移動表現と客体移動表現において,それぞれに特化した要素(動詞)を持つことになる。

　一方,主要部外要素で経路を表す言語のうち,名詞関連要素,動詞関連要素を用いるものは,共通要素言語である。これらの要素は動詞と異なり,文法的な主語がない。したがって,これらは表現事象タイプにかかわらず用いることができる。ネワール語には,使役移動動詞にしか用いられない副詞があるが(松瀬(本巻)),頻度が低く,用法が限られている。ネワール語でも主要な副詞,動詞接辞は共通要素である。

　経路表現位置の類型論では,なぜ主動詞とそれ以外で重要な違いが見られるのかが明らかではなかった。この新たな類型はそれに対する答えを含んでいる。経路の表現位置は,共通要素か特化要素という言語の語彙の体系化のパターンと関連するのである。

　課題となるのは,経路が複雑述語内の非主要部の動詞(的要素)で表される場合である。その言語が共通要素言語か特化要素言語かは,主要部と非主要

---

[3] スロービンが均等枠付け型とするジャミンジュング語(Schultze-Berndt 2000)は,主体移動と客体移動の区別が主動詞で表され,(直示以外の)経路はどちらの場合も同じ coverb で表現されるので,共通要素言語である。

部の関係による．中国語の場合，主体移動表現でも客体移動表現でも，経路は同じ方向補語で表される（走进去(walk-enter-go)，踢进去(kick-enter-go)）．この場合，主体移動表現と客体移動表現の区別を示しているのは前項動詞であり，ラマール（本巻）はそれを主要部と考える．中国語では前項動詞と後項動詞は主語を共有している必要は無い．このような，複雑述語内の主語の不一致を許す言語においては，主体移動表現でも客体移動表現でも，同じ動詞が共通要素として使われうる．

一方，経路が非主要部の動詞で表される言語でも，特化要素言語が存在する．モンゴル語では，主体移動表現では直示動詞を最終動詞とし，副動詞形の様態動詞，経路動詞がその前に置かれる．客体移動表現でもダイクシスが最終動詞となる場合があって，その場合は使役経路動詞が前の位置に置かれ，二つの主語が一致する（バデマ 私信）．

(3) a. *alqu-Gad   Gar-Gad   yabu-jei*
        walk-CVB   exit-CVB   go-PST
        'walk out thither'

   b. *isgUlU-ged   Gar-Ga-Gad   yab-ul-jei*
        kick-CVB   exit-CAUS-CVB go-CAUS-PST
        'kick (a ball) out thither'

動詞の形態から最終動詞が主要部だと判断すれば，(3a, b)の両方とも経路が非主要部で表されていることになる．それと同時に，主体移動表現と客体移動表現で異なる動詞が使われており，特化要素言語であると言える．日本語もこの状況に近い．

日本語の「入って来る」などのテ形複雑述語においては，最終動詞以外が主要部と考える研究者もいる（寺村 1984）．ここではその問題に立ち入らないが，特化要素か共通要素かという分類では，どちらが主要部であっても，変わらないことになる．一般に，主語が義務的に一致する複雑述語の中で経路動詞が使われる言語は，経路動詞が主要部でも非主要部でも特化要素言語であると言える．先に準主要部表示型とした日本語とシダーマ語はこの例である．

経路が動詞連続の中で表される言語においても，主語の一致が義務的かど

うかが，共通要素言語かそうでないかの鍵になる。タイ語の主体移動表現と客体移動表現の違いは，第一動詞として使役動詞が現れるかどうかの違いのみである（高橋（本巻））。第二動詞以降は第一動詞と主語が一致する必要がない。したがって，主体移動表現においても客体移動表現においても同じ動詞が経路を表すのに使われる。さらに，先に見たように，視覚的放射表現においても同じ経路動詞が使われる。

動詞連続言語においても，動詞間の主語の一致が求められる言語は，特化要素言語であるはずである。今回扱った言語の中には見いだせないが，マラヨポリネシア諸語のカンベラ語やパプア諸語のラヴカレヴェ語には主語一致型の動詞連続があることが知られており，移動表現の研究が待たれる。

以上をまとめると以下のようになる。

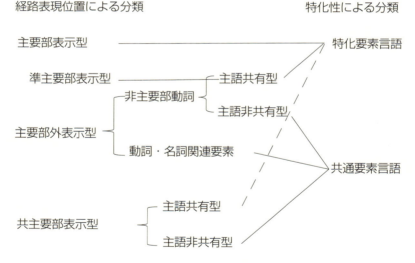

図1：経路表現位置による分類と特化性による分類

先の言語内変異のセクションで述べたように，特化要素言語においても，常に特化要素が使われるわけではない。特化要素言語にも多くの共通要素（動詞関連要素，名詞関連要素）が存在している。日本語やイタリア語の前後

置詞などがそうである。言語内の変異はこのような共通要素の存在により可能になっているのである。

6. 結語

本章では，本巻の研究に基づいて，諸言語における移動表現の性質とその類型性について一般的な考察を行った。その中で，ダイクシスの独立性，共通要素と動詞が表しうる経路の種類，様態動詞と経路句の共起，移動事象表現タイプによる類型の言語内変異，共通要素対特化要素という観点からの類型化など課題において，いくつかの新しい理解を得ることができたと言える。

今回の研究では，内省とコーパス調査が研究方法として用いられた。諸言語を共通の枠組みで比較するためには，たとえば，実験的な手法によって共通の事象をどのように表現するのかを研究する手法が望ましい。本研究で得られた知見をそのような比較研究において検証するなら，さらに高い次元の研究へと進むことができるように思われる。

本研究は，日本学術振興会科研費「移動表現による言語類型：実験的統一課題による通言語的研究（15H03206）」の支援を受けたものである。

略語一覧
CAUS：使役，CVB：副動詞形，PST：過去

文　献

〈和文〉

相原まり子・ラマール，クリスティーン（2008）「中国語の自律移動表現――日本語と比較して」ラマール，クリスティーン・大堀壽夫・守田貴弘（編）『空間移動の言語表現の類型論的研究2――『ノルウェイの森』における移動表現の対照研究』pp. 69-85, 東京大学21世紀COEプログラム「心とことば――進化認知科学的展開」研究報告書.
秋田喜美・松本曜・小原京子（2010）「移動表現の類型論における直示的経路表現と様態語彙レパートリー」影山太郎（編）『レキシコンフォーラム』5, pp. 1–25, ひつじ書房.
荒川清秀（1996）「日本語と中国語の移動動詞」『愛知大学外国語紀要』22, pp.9-23.
池上嘉彦（2006）『英語の感覚・日本語の感覚』NHKブックス.
上野誠司（2007）『日本語における空間表現と移動表現の概念意味論的研究』ひつじ書房.
上野誠司・影山太郎（2001）「移動と経路の表現」影山太郎（編）『日英対照 動詞の意味と構文』pp. 40-68, 大修館書店.
影山太郎（1993）『文法と語形成』ひつじ書房.
影山太郎（2001）『動詞の意味と構文』大修館書店.
影山太郎・由本陽子（1997）『語形成と概念構造』研究社出版.
Kansakar, Tej R.・石井溥・桐生和幸（2002）『ネワール語会話』東京外国語大学アジア・アフリカ言語文化研究所.
古賀裕章（2008）「「てくる」のヴォイスに関連する機能」森雄一・西村義樹・山田進・米山三明（編）『ことばのダイナミズム』pp. 241-257, くろしお出版.
古賀裕章（2016）「自律移動表現の日英比較――類型論的視点から――」藤田耕司・西村義樹（編）『日英対照・文法と語彙への統合的アプローチ――生成文法・認知言語学と日本語学――』pp. 219-245, 開拓社.
坂本鉄男（1979）『現代イタリア文法』白水社.
杉村博文（2000）「"走進来"について」『荒屋勤教授古希記念中国語論集』pp.151-164, 白帝社.
高橋清子（2006）「日本語から見たタイ語：タイ語・中国語・日本語三つ巴の楽しさ」『日本語学』25-3, pp. 34-44.
千田俊太郎（2004）「ドム語の自他両用動詞と動詞の意味的類に關する豫備的考察」『環南太平洋の言語』3, pp. 95-108.
寺村秀夫(1984)『日本語のシンタクスと意味Ⅱ』くろしお出版.
當野能之（2005）「スウェーデン語の移動表現」関西言語学会 第30回記念大会発表論文（ワークショップ『経路の多様性と移動表現のタイポロジー』2005年6月4日, 於関西大学）.
中川良雄（1989）「日本語動詞のデイクシス――「～て行く／～て来る」とフランス語表現――」『京都外国語大学研究論叢』34, pp. 459-478.
松瀬育子(2015)「ネワール語における自他動詞対　民話テキストの動詞分類と考察」パルデシ, プラシャント・桐生和幸・ナロック, ハイコ（編）『有対動詞の通言語的研究　日本語と諸言語の対照から見えてくるもの』pp. 257-274, くろしお出版
松瀬育子・桐生和幸（2010）「ネワール語における自動詞・他動詞の対応」西光義弘・パルデシ, プラシャント（編）『自動詞・他動詞の対照』pp. 33-68, くろしお出版.

松本曜(1997)「空間移動の言語表現とその拡張」中右実(編)『日英語比較選書6　空間と移動の表現』pp.125-230, 研究社出版.
松本曜(1998)「日本語の語彙的複合動詞における動詞の組み合わせ」『言語研究』114, pp.37-83.
松本曜(2004)「日本語の視覚表現における虚構移動」『日本語文法』4.1, pp.111-128, 日本語文法学会.
松本曜(2009)「複合動詞『～込む』『～去る』『～出す』と語彙的複合動詞のタイプ」由本陽子・岸本秀樹(編)『語彙の意味と文法』pp.175-194, くろしお出版.
松本曜・井上京子(2004)「意味の普遍性と相対性」松本曜(編)『認知意味論』pp.251-294, 大修館書店.
丸尾誠(2005)『現代中国語の空間移動表現に関する研究』白帝社.
三谷恭之(1989)「タイ語」亀井孝・河野六郎・千野栄一(編)『言語学大辞典』2, pp.529-545, 三省堂.
峰岸真琴(1988)「屈折も活用もない言語：タイ語」『月刊言語』17.8, pp.90-95.
峰岸真琴(2002)「言語の構造性をめぐって——非階層的アプローチ——」『アジア・アフリカ文法研究』31, pp.119-136.
宮島達夫(1984)「日本語とヨーロッパ語の移動動詞」国語学会(編)『金田一春彦博士古希記念論文集(第2巻言語学編)』pp.456-486, 三省堂.
森下裕三(2011)「動詞連続構文に関する構文文法的考察」『日本認知言語学会論文集』11, pp.395-405.
守田貴弘(2008a)「日本語とフランス語の空間移動表現——動詞枠付け言語と類型内の多様性——」ラマール, クリスティーン・大堀壽夫・守田貴弘(編)『空間移動の言語表現の類型論的研究2——『ノルウェイの森』における移動表現の対照研究——』pp.45-68, 東京大学21世紀COEプログラム「心とことば——進化認知科学的展開——」研究報告書.
守田貴弘(2008b)「移動表現における様態動詞と接置詞の機能——日仏対照の視点から——」『フランス語学研究』42, pp.31-44, 日本フランス語学会.
守田貴弘(2009)「移動表現における非主要部の従属度と類型の段階性」『日本認知言語学会論文集』2, pp.372-382.
森田良行(2004)「移動動詞と空間表現」『国文学　解釈と鑑賞』69.7, pp.19-25.
ラマール, クリスティーン(2008)「中国語の位置変化文とヴォイス」生越直樹(編)『ヴォイスの対照研究——東アジア諸語からの視点——』pp.109-142, くろしお出版.

〈中文〉

柯理思(Lamarre)(2003)「汉语空间位移事件的语言表达—兼论述趋式的几个问题」[The linguistic encoding of motion events in Chinese]『现代中国语研』5, pp.1-18.
柯理思(Lamarre)(2005)「讨论一个非典型的述趋式："走去"类组合」沈家煊・吴福祥・马贝加(主编)『语法化与语法研究(二)』pp.53-68, 北京：商务印书馆.
柯理思(Lamarre)(2007)「从趋向范畴的方言表述看"书面汉语中的不同层次"的判定」[Spoken and written patterns in Standard Mandarin motion events]『中国语学』254, pp.51-73.
柯理思(Lamarre)(2008)「北方话的"动词+趋向补语+处所词"格式」乔全生(主编)『晋方言研究』pp.215-222, 太原：希望出版社.

侯精一ほか(编)(2001)『中国语补语例释(日文版)』北京:商务印书馆.
刘月华(劉月華)(1998)『趋向补语通释』北京:北京语言文化大学出版社.

〈英文・その他〉

Akita, Kimi. 2009. *A grammar of sound-symbolic words in Japanese: Theoretical approaches to iconic and lexical properties of mimetics.* Ph. D. dissertation, Kobe University.
Aske, Jon. 1989. Path predicates in English and Spanish: A closer look. *BLS* 15: 1-14.
Baker, Mark C. 1989. Object sharing and projection in serial verb constructions. *Linguistic Inquiry* 20: 513-553.
Beavers, John, Beth Levin, and Shiao Wei Tham. 2010. The typology of motion expressions revisited. *Journal of Linguistics* 46: 331-377.
Benedict, Paul K. 1942. Thai, Kadai, and Indonesian: A new alignment in Southeastern Asia. *American Anthropologist* 44: 576-601.
Benkő, Loránd (ed.). 1967-1984. A magyar nyelv történeti-etimológiai szótára, vol. I-IV. Budapest: Akadémiai Kiadó.
Bennett, David C. 1975. *Spatial and temporal uses of English prepositions: An essay in stratificational semantics.* London: Longman.
Bisang, Walter. 1995. Verb serialization and converbs: Differences and similarities. *Converbs in cross-linguistic perspective: Structure and meaning of adverbial verb forms—adverbial participles, gerunds*, ed. by Martin Haspelmath and Ekkehard König, pp.137-188. Berlin: Mouton de Gruyter.
Bisang, Walter. 2001. Finite vs. non finite languages. *Language typology and language universals: An international handbook*, ed. by Martin Haspelmath et al., pp.1400-1413. Berlin: Mouton de Gruyter.
Bisang, Walter. 2003. Aspects in East and mainland Southeast Asian languages: A first step. *MANUSYA: Journal of Humanities* 6: 43-56.
Bohnemeyer, Jürgen, Nicholas J. Enfield, James Essegbey, Iraide Ibarretxe-Antuñano, Sotaro Kita, Friederike Lüpke, and Felix K. Ameka. 2007. Principles of event segmentation in language: The case of motion events. *Language* 83.3: 495-532.
Borillo, Andrée. 1998. *L'espace et son expression en français.* Paris: Ophrys.
Chafe, Walace (ed.). 1980. *The pear story: Cognitive, cultural, and linguistic aspects of narrative production.* Norwood: Ablex Publishing Corporation.
Chao, Yuen Ren. 1968. *A grammar of spoken Chinese.* Berkeley: University of California Press.
Chirkova, Ekaterina, and Christine Lamarre. 2005. The paradox of the construction [V *zai* NPloc] and its meanings in the Beijing dialect of Mandarin, *Cahiers de Linguistique Asie orientale* 34.2: 169-220.
Choi, Soonja, and Bowerman, Melissa. 1991. Learning to express motion events in English and Korean: The influence of language-specific lexicalization patterns. *Cognition* 41: 83-121.
Chuwicha, Yajai. 1993. ความเป็นประโยคของหน่วยสร้างกริยาเรียงในภาษาไทย *(Clausehood in serial verb constructions in Thai).* Ph.D. dissertation, Chulalongkorn University.

Clark, Herbert H. 1973. Space, time, semantics, and the child. *Cognitive development and the acquisition of language*, ed. by Timothy Moore, pp.27-63. New York: Academic Press.

Craig, Colette G. 1993. Jakaltek directionals: Their meaning and discourse function. *Languages of the World* 7: 23-36.

Cristóbal, María. 2003. Deixis in motion: Constraints coming from lexicalization patterns. A contrastive count of English and Spanish. Paper presented at the 8th International Cognitive Linguistics Conference, the University of La Rioja, Spain.

Croft, William. 1990. *Syntactic categories and grammatical relations: The cognitive organization of information*. Chicago: University of Chicago Press.

Croft, William. 1998. Event structure in argument linking. *The projection of arguments: Lexical and compositional factors*, ed. by Miriam Butt and Wilhelm Geuder, pp.21-63. Stanford: Center for the Study of Language and Information.

Croft, William, Johanna Barddal, Willem Hollman, Violeta Sotirova, and Chiaki Taoka. 2010. Revising Talmy's typological classification of complex events. *Contrastive studies in construction grammar*, ed. by Hans C. Boas, pp.201-235. Amsterdam/Philadelphia: John Benjamins.

Cummins, Sarah. 1996. Movement and direction in French and English. *Toronto Working Papers in Linguistics* 15.1: 31-54.

Cummins, Sarah. 1998. Le mouvement directionnel dans une perspective d'analyse monosémique. *Langues et Linguistique* 24: 47-66.

DeLancey, Scott C. 1980. *Deictic categories in the Tibeto-Burman verb*. Ph. D. Thesis. Indiana University.

DeLancey, Scott C. 1985. The analysis-synthesis-lexis cycle in Tibeto-Burman: A case study in motivated change. *Iconicity in syntax,* ed. by John Haiman, pp.367-389. Amsterdam: John Benjamins.

Di Meola, Claudia. 2003. Non-deictic uses of the deictic motion verbs *kommen* and *gehen* in German. *Deictic conceptualisation of space, time and person*, ed. by Friedrich Lenz, pp.41-67. Amsterdam/Philadelphia: John Benjamins.

Diller, Anthony V. N. 1993. Diglossic grammaticality in Thai. *The role of theory in language description*, ed. by William A. Foley, pp.393-420. Berlin: Mouton de Gruyter.

Dini, Luca, and Di Tomaso Vittorio. 1999. Linking theory and lexical ambiguity: The case of Italian motion verbs. *Computing meaning*. Volume 1, ed. by Harry Bunt and Reinhard Muskens, pp.321-337. Dordrecht: Kluwer.

Dixon, Robert M. W. 1972. *The Dyirbal language of North Queensland*. Cambridge: Cambridge University Press.

Folli, Raffaella. 2008. Complex PPs in Italian. *Syntax and Semantics of Spatial P*, ed. By Anna Asbury, Jakub Dotlacil, Berit Gehrke, and Rick Nouwen, pp.197-220. Amsterdam: John Benjamins.

Folli, Raffaella, and Gillian Ramchand. 2005. Prepositions and results in Italian and English: An analysis from event decomposition. *Perspectives on aspect,* ed. by Henk J. Verkuyl, Henriette de Swart, and Angeliek van Hout, pp.81-105. Dordrecht: Kluwer.

Fong, Vivienne, and Christine Poulin. 1998. Locating linguistic variation in semantic

templates. *Discourse and cognition,* ed. by Jean-Pierre Koenig, pp.29-39. Stanford, CA: CSLI Publications.
Gaytan, Eddy Herminio. 1998. *A study of PATH: The semantics of English and Spanish dynamic prepositions and motion and manner verbs.* Ph. D. dissertation, University of Chicago.
Genetti, Carol. 1991. From proposition to subordinator in Newari. *Approaches to grammaticalization II,* ed. by Elizabeth C. Traugott and Bernd Heine, pp.227-255. Amsterdam: John Benjamins.
Goldberg, Adele E. 1995. *Constructions: A construction grammar approach to argument structure.* Chicago: University of Chicago Press.
Hale, Austin, and Kedāl P. Shrestha. 2006. *Newār (Nepāl Bhāsā).* München: Limcom Europa.
Harder, Peter, Lars Heltoft, and Ole Nedergaard Thomsen. 1996. Danish directional adverbs—content syntax and complex predicates: A case for host and co-predicates. *Content, expression and structure: Studies in Danish functional grammar,* ed. by Elizabeth Engberg-Pedersen, Michael Fortescue, Peter Harder, Lars Meltoft, and Lisbeth Falster Jackonsen, pp.159-198. Amsterdam/Philadelphia: John Benjamins.
Hargreaves, David J. 2003. Kathmandu Newar (Nepāl Bhāsā). *Sino-Tibetan languages,* ed. by Graham Thurgood and Randy LaPolla, pp.370-383. London: Routledge.
Hargreaves, David J. 2004. Directional prefixes in Kathmandu Newar. *Himalayan languages: Past and present,* ed. by Anju Saxena, pp.273-284. Berlin: Mouton de Gruyter.
Harvey, Mark. 2002. *A grammar of Gaagudju, a language of the Alligator rivers region, Northern Territory.* Berlin: Mouton de Gruyter.
Hockett, Charles. F. 1990. *Bring, take, come,* and *go. Journal of English Linguistics* 23.1-2: 239-244.
Ibarretxe-Antuñano, Iraide. 2009. Path salience in motion events. *Crosslinguistic approaches to the psychology of language: Research in the tradition of Dan Isaac Slobin,* ed. by Jiansheng Guo, Elena Lieven, Nancy Budwig, Susan Ervin-Tripp, Keiko Nakamura, and Şeyda Özçalışkan, pp. 403-414. New York: Taylor and Francis,
Ikegami, Yoshihiko. 1970. *The semological structure of the English verbs of motion: A stratificational approach.* Tokyo: Sanseido.
Ikegami, Y. 1987. Source vs Goal: A Case of Linguistic Dissymmetry. *Concepts of Case,* ed. by René Dirven, & Günter Radden, 122-146. Tübingen: Günter Narr Verlag.
Imbert, Caroline, Colette Grinevald, and Anna Söres. 2011. Pour une catégorie de 'Satellite' de Trajectoire dans une approche fonctionnelle-typologique. *Faits de Langue - Les Cahiers* 3, pp.99-116. Paris: Ophrys.
Intratat, Charatdao. 1996. กระบวนการที่คำกริยากลายเป็นคำบุพบทในภาษาไทย (*Grammaticalization of verbs into prepositions in Thai*). Ph.D. dissertation, Chulalongkorn University.
Ishibashi, Miyuki. 2004. *Étude typologique des expressions du déplacement en français et en japonais.* Mémoire de D.E.A. (non publié), Faculté des Lettres, Sciences du langage et Arts, Département de Sciences du langage, Université Lumière Lyon 2, Lyon, France.
Jackendoff, Ray. 1983. *Semantics and cognition.* Cambridge, MA: MIT Press.

Jackendoff, Ray. 1990. *Semantic structures*. Cambridge, MA: MIT Press.
Jackendoff, Ray. 1991. Parts and Boundaries. *Cognition* 41: 9-45.
Jakab, István. 1976. *A magyar igekötők állományi vizsgálata*, Vol. 91 of Nyelvtudományi Értekezések. Budapest: Akadémiai Kiadó.
Jones, Michael A. 1983. Speculations on the expression of movement in French. *University of Essex Language Centre Occasional Papers* 27: 165-194.
Kawachi, Kazuhiro. 2007a. *A grammar of Sidaama (Sidamo), a Cushitic language of Ethiopia*. Ph.D. Dissertation. University at Buffalo, State University of New York. Ann Arbor, MI: ProQuest Information and Learning Company.
Kawachi, Kazuhiro. 2007b. Feelings in Sidaama. *LACUS Forum 33*, ed. by Peter Reich, William Sullivan, and Arle Lommel, pp.307-316. Houston, TX: Linguistic Association of Canada and the United States.
Kawachi, Kazuhiro. 2012. Event integration patterns in Sidaama(Sidamo). *BLS* 34: 175-186.
Kawachi, Kazuhiro. in press. Language structures: Sidaama(Sidamo). *Handbook of African languages*, ed. by Rainer Vossen. Oxford University Press.
Kessakul, Ruetaivan. 2005. *The semantic structure of motion expressions in Thai*. Ph.D. dissertation, Tokyo University.
Kiefer, Ferenc, and László Honti. 2003. Verbal 'prefixation' in the Uralic Languages. *Acta Linguistica Hungarica* 50.1-2: 137-153.
Kiefer, Ferenc, and Mária Ladária. 2000. Az igekötők. *Morfológia, Vol.3 of Structuális magyar nyelvtan*, ed. by Ferenc Kiefer, pp.453-518. Budapest: Akadémiai Kiadó.
Kiefer, Ferenc. 2000. *Jelentéselmélet*. Budapest: Corvina.
Klein, Harriet M. 1981. Location and direction in Toba: Verbal morphology. *International Journal of American Linguistics* 47: 227-235.
Koga, Hiroaki, Yulia Koloskova, Makiko Mizuno, and Yoko Aoki. 2008. Expressions of spatial motion events in English, German, and Russian with special reference to Japanese. *Typological studies of the linguistic expression of motion events*. Volume II: *A Contrastive Study of Japanese, French, English, Russian, German and Chinese: Norwegian Wood*, ed. by Christine Lamarre, Toshio Ohori and Takahiro Morita, pp.13-44. Tokyo: 21st Century COE Program Center for Evolutionary Cognitive Sciences.
Kopecka, Anetta. 2003. *La lexicalisation des concepts spatiaux: Le français à la lumière de la typologie linguistique et l'hypothèse thinking for speaking*. Handout présenté au séminaire interne de l'équipe « Typologie et description des langues » du Laboratoire Dynamique du Langage, ISH, Lyon, France, 10 janvier 2003.
Kopecka, Anetta. 2004. *Étude typologique de l'expression de l'espace: Localisation et déplacement en français et en polonais*. Thèse de Doctorat, Faculté des Lettres, Sciences du langage et Arts, Département de Sciences du langage, Université Lumière Lyon 2, Lyon, France.
Kopecka, Anetta. 2007. « *J'ai marché sur une branche morte...* » : *étude sémantique des interactions entre verbes et prépositions*. Handout distribué à la journée d'Etude « Approche récentes de la préposition », Université d'Artois, Arras, France, 30 mars 2007.

Kopecka, Anetta, and Bhuvana Narasimhan (eds.). 2012. *Events of putting and taking: A crosslinguistic perspective*. Amsterdam: John Benjamins.

Kuroda, S-Y. 1973. Where epistemology, grammar and style meet—a case study from Japanese. *Festschrift for Morris Halle,* ed. by Stephen R. Anderson and Paul Kiparsky, pp.377-391. New York: Holt.

Kölver, Ulrike, and Shresthacarya Iswarananda. 1994. *A dictionary of contemporary Newar*. Bonn: VGH Wissenschaftsverlag.

Lamarre, Christine. 2008. The linguistic categorization of deictic direction in Chinese: With reference to Japanese. *Space and languages of China,* ed. by D. Xu, pp.68-98. Dordrecht: Springer.

Lamarre, Christine. 2015. The morphologization of verb suffixes in Northern Chinese. *Languages in contact in North China. Historical and synchronic studies,* ed. by Guangshun Cao, Redouane Djamouri and Alain Peyraube, pp. 277-308. Paris: École des Hautes Études en Sciences Sociales.

Langacker, Ronald W. 1985. Observation and speculations on subjectivity. *Iconicity in syntax*, ed. by John Haiman, pp.109-150. Amsterdam/Philadelphia: John Benjamins.

Langacker, Ronald W. 1990. *Concept, image, and symbol: The cognitive basis of grammar*. Berlin/New York: Mouton De Gruyter.

Levin, Beth, and Tova Rapoport. 1988. Lexical subordination. *CLS* 24.1: 275-289.

Levin, Beth, and Malka Rappaport-Hovav. 1995. *Unaccusativity: At the syntax-lexical semantics interface*. Cambridge, MA: MIT Press.

Levin, Beth. 1993. *English verb classes and alternations: A preliminary investigation*. Chicago: University of Chicago Press.

Li, N. Charles, and Sandra A. Thompson, 1981. *Mandarin Chinese: A functional reference grammar*. Berkeley: University of California Press.

Malla, Kamal P. 1985. *The Newari language: A working outline*. Numenta Serindica 14. Institute for the Study of Languages and Cultures of Asia and Africa. Tokyo University of Foreign Studies.

Mátai, Mária D. 1989. *Igekötőrendszerünk történetéből*. Budapest: A Magyar Nyelvtudományi Társaság.

Matsumoto, Yo. 1996. *Complex predicates in Japanese: A syntactic and semantic study of the notion 'word'*. Stanford, CA: CSLI.

Matsumoto, Yo. 2001. Lexicalization patterns in the descriptions of caused motion and fictive motion. Paper presented at the Department of Linguistics, University at Buffalo, State University of New York, October 5, 2001.

Matsumoto, Yo. 2003. Typologies of lexicalization patterns and event integration: Clarifications and reformulations. *Empirical and theoretical investigations into language: A festschrift for Masaru Kajita,* ed. by Shuji Chiba et al., pp. 403-418. Tokyo: Kaitakusha. [Reprinted in *Cognitive Linguistics (Critical concepts in linguistics)*, Vol. III, ed. by Adele Goldberg, pp. 422-439. London: Routledge. 2011.]

Matsumoto, Yo. 2011. Motion typology reconsidered. Paper presented at 11th International Cognitive Linguistics Conference, Xi'an, China.

Matsuse, Ikuko. 1997. Motion verbs and subjectivity in Newari: A preliminary study. *Bunkagaku Nenpoo* 16: 17-30. Kobe University.

McIntyre, Andrew. 2001. *German double particles as preverbs: Morphology and conceptual semantics*. Tübingen: Stauffenburg Verlag.

Muansuwan, Nuttanart. 2002. *Verb complexes in Thai*. Ph.D. dissertation, The State University of New York at Baffalo.

Napoli, Dona. 1992. Secondary resultative predicates in Italian. *Journal of Linguistics* 28: 53-90.

Narashimhan, Bhuvana. 2003. Motion events and the lexicon: A case study of Hindi. *Lingua* 113: 123-160.

Newman, Paul. 2000. *The Hausa language: An encyclopedic reference grammar*. New Haven: Yale University Press.

Noonan, Michael. 1985. Complementation. *Language typology and syntactic description*, Vol. 2: *Complex constructions*, ed. by Timothy Shopen, pp.42-140. Cambridge: Cambridge University Press.

Packard, Jerome. 2000. *The morphology of Chinese*. Cambridge: Cambridge University Press.

Pardeshi, Prashant, Qing-Mei Lee, and Kaoru Horie. 2007. Being on the receiving end: A tour into linguistic variation. *Diversity in language: Perspectives and implications*, ed. by Yoshiko Matsumoto, David Y. Oshima, Orrin W. Robinson, and Peter Sells, pp.131-166. Stanford, CA: CSLI.

Pawley, Andrew. 1993. A language which defies description by ordinary means. *The Role of Theory in Language Description*, ed. by W. A. Foley, pp.88-129. Berlin: Mouton de Gruyter.

Pawley, Andrew. 2006. Where have all the verbs gone? Remarks on the organisation of languages with small, closed verb classes. *Paper presented at the 11th Biennial Rice University Linguistics Symposium*, pp.16-18 March 2006, [http://www.ruf.rice.edu/~lingsymp/Pawley_ paper.pdf].

Pourcel, Stéphanie, and Anetta Kopecka. 2006. Motion events in French: Typological intricacies. Ms., University of Sussex, Brighton, and Max Planck Institute for Psycholinguistics, Nijmegen.

Prasithrathsint, Amara. 2010. Grammaticalization of nouns into prepositions in Thai. *Journal of Language and Linguistics* 28.2: 68-83.

Riegel, Martin, Jean-Christophe Pellat, and René Rioul. 1994. *Grammaire méthodique du français*. Paris: Presses Universitaires de France.

Rohde, Ada. 2001. *Analyzing PATH: The interplay of verbs, prepositions and constructional semantics*. Ph. D. Dissertation, Rice University.

Rossi, Nathalie. 1999. Déplacement et mode d'action en français. *French Language Studies* 9: 259-281.

Schaefer, Ronald P. 1989. Typological mixture in the lexicalization of manner and cause in Emai. *Current Approaches to African Linguistics, Vol. 5*, ed. by Paul Newman and Robert D. Botne, pp.127-140. Dordrecht: Foris.

Schultze-Berndt, Eva. 2000. *Simple and Complex Verbs in Jaminjung: A Study of Event Categorization in an Australian Language*. Katholieke Universiteit Nijmegen.

Schwarze, Christoph. 1985. "Uscire" e "andare fuori": struttura sintattica e semantic lessicale. *Societá di Linguistica Italiana* 24: 355-371.

Shibatani, Masayoshi. 2003. Directional verbs in Japanese. *Motion, direction and location in languages: In honor of Zygmunt Frajzyngier*, ed. by Erin Shay and Uwe Seibert, pp.259-286. Amsterdam/Philadelphia: John Benjamins.

Sinha, Chris, and Tania Kuteva. 1995. Distributed spatial semantics. *Nordic Journal of Linguistics* 18: 167-199.

Slobin, Dan I. 1996a. From 'thought and language' to 'thinking for speaking.' *Rethinking linguistic relativity*, ed. by John J. Gumperz and Stephen C. Levinson, pp.70-96. Cambridge: Cambridge University Press.

Slobin, Dan I. 1996b. Two ways to travel: Verbs of motion in English and Spanish. *Grammatical constructions: Their form and meaning*, ed. by Masayoshi Shibatani and Sandra A. Thompson, pp.195-219. Oxford: Oxford University Press.

Slobin, Dan I. 1997a. Mind, code, and text. *Essays on language function and language type*, ed. by Bybee Joan and John Haiman, pp.437-467. Amsterdam/Philadelphia: John Benjamins.

Slobin, Dan I. 1997b. The universal, the typological, and the particular in acquisition. *The crosslinguistic study of language acquisition.* Vol. 5: *Expanding the contexts*, ed. by Dan I. Slobin, pp.1-39. Mahwath, NJ: Lawrence Erlbaum Associates.

Slobin, Dan I. 2000. Verbalized events: A dynamic approach to linguistic relativity and determinism. *Evidence for linguistic relativity,* ed. by Susanne Niemeier and René Dirven, pp.107-138. Amsterdam/Philadelphia: John Benjamins.

Slobin, Dan. 2001. Form-function relations: How do children find out where they are? *Language acquisition and conceptual development,* ed. by Melissa Bowerman and Stephen Levinson, pp.406-449. Cambridge: Cambridge University Press.

Slobin, Dan I. 2004. The many ways to search for a frog. *Relating events in narrative, Vol. 2: Typological and contextual perspectives*, ed. by Sven Strömqvist and Ludo Verhoven, pp.219-257. New Jersey/London: Laurence Erlbaum Associates.

Slobin, Dan I. 2005a. From linguistic typology to usage: How to explain crosslinguistic differences in descriptions of motion events. Paper presented at the 37th KACL (Kobe Area Circle of Linguistics) Lecture Series.

Slobin, Dan I. 2005b. Relating narrative events in translation. *Perspectives on language and language development: Essays in honor of Ruth A. Berman,* ed. by Dorit D. Ravid and Hava Bat-Zeev Shyldkrot, pp.115-129. Dordrecht: Kluwer.

Slobin, Dan I. 2006. What makes manner of motion salient? *Space in languages: Linguistic systems and cognitive categories,* ed., by Maya Hickmann and Stéphane Robert, pp.59-81. Amsterdam/Philadelphia: John Benjamins.

Slobin, Dan I., and Nini Hoiting. 1994. Reference to movement in spoken and signed languages: typological considerations. *BLS* 20.1: 487-505.

Sneddon, James Neil. 1996. *Indonesian: A comprehensive grammar.* London & New York: Routledge.

Sorace, Antonella. 2000. Gradients in auxiliary selection with intransitive verbs. *Language* 76.4: 859-890.

Stringer, David. 2003. Acquisitional evidence for a universal syntax of directional PPs. *Conference booklet of ACL-SIGSEM workshop: The linguistic dimensions of prepositions and their use in computational linguistics formalisms and applications*, pp. 44-

55. Toulouse: IRIT.
Sugiyama, Yukiko. 2005. Not all verb-framed languages are created equal: The case of Japanese. *BLS* 31.1: 299-310.
Tai, James. 2003. Cognitive relativism: Resultative construction in Chinese. *Language & Linguistics* 4.2: 301-316.
Takahashi, Kiyoko. 1997. Verbs for global locomotory body motion in Thai. *Proceedings of the 16th International Congress of Linguistics (CD Rom)*.
Takahashi, Kiyoko. 2001. *Expressions of emanation fictive motion events in Thai*. Ph.D. dissertation, Chulalongkorn University.
Takahashi, Kiyoko. 2002. Perception types of emanation fictive motions in Thai. 『日本認知言語学会論文集』2: 42-51.
Takahashi, Kiyoko. 2006. The allative preposition in Thai. *Papers from the 15th annual meeting of the Southeast Asian Linguistics Society 2005*, ed. by Paul Sidwell, pp.111-120. Canberra: Pacific Linguistics.
Takahashi, Kiyoko. 2007. Accomplishment constructions in Thai: Diverse cause-effect relationships. *Papers from the 13th annual meeting of the Southeast Asian Linguistics Society 2003*, ed. by Shoichi Iwasaki, Andrew Simpson, Karen Adams, and Paul Sidwell, pp.263-277. Canberra: Pacific Linguistics.
Takahashi, Kiyoko. 2009a. Thai motion event expressions: A literature review. *Proceedings of the Chulalongkorn-Japan symposium*, ed. by Makoto Minegishi, Kingkarn Thepkanjana, Wirote Aroonmanakun, and Mitsuaki Endo, pp.29-43. Tokyo: Global COE Program, Corpus-based Linguistics and Language Education (CbLLE), Tokyo University of Foreign Studies.
Takahashi, Kiyoko. 2009b. Arrival expressions in Thai. *Journal of the Southeast Asian Linguistics Society* 2: 175-193.
Talmy, Leonard. 1976. Semantic causative types. *Syntax and semantics 6: The grammar of causative constructions*, ed. by Masayoshi Shibatani, pp.43-116. New York: Academic Press.
Talmy, Leonard. 1985. Lexicalization patterns: Semantic structure in lexical forms. *Language typology and syntactic description, Volume 3: Grammatical categories and the lexicon*, ed. by Timothy Shopen, pp.57-149. Cambridge: Cambridge University Press.
Talmy, Leonard. 1988. Force dynamics in language and cognition. *Cognitive Science* 12: 49-100.
Talmy, Leonard. 1991. Path to realization: A typology of event conflation. *BLS* 17: 480-519.
Talmy, Leonard. 1996. Fictive motion in language and 'ception'. *Language and space*, ed. by Paul Bloom, Mary A. Peterson, Lynn Nadel, and Merrill F. Garrett, pp.211-276. Cambridge, MA: MIT Press.
Talmy, Leonard. 2000a. *Toward a cognitive semantics vol. 1: Concept structuring systems*. Cambridge, MA: MIT Press.
Talmy, Leonard. 2000b. *Toward a cognitive semantics vol. 2: Typology and process in concept structuring*. Cambridge, MA: MIT Press.
Talmy, Leonard. 2009. Main verb properties and equipollent framing. *Crosslinguistic*

approaches to the psychology of language: Research in the tradition of Dan Isaac Slobin, ed. by Jiansheng Guo, Elena Lieven, Nancy Budwig, Susan Ervin-Tripp, Keiko Nakamura, and Seyda Ozcaliskan, pp.389-402. New York: Psychology Press.

Tang, Zhengda, and Christine Lamarre. 2007. A contrastive study of the linguistic encoding of motion events in Standard Chinese and in the Guanzhong dialect of Mandarin(Shaanxi). *Bulletin of Chinese Linguistics* 2.1: 135-168.

Taylan, Eser Erguvanlı. 2002. On the relation between temporal/aspectual adverbs and the verb forms in Turkish. *The verb in Turkish*, ed. by Eser Erguvanlı Taylan, pp.97-128. Amsterdam: John Benjamins.

Thepkanjana, Kingkarn. 1986. *Serial verb constructions in Thai*. Ph.D. dissertation, University of Michigan.

Tida, Syuntarô. 2006a. Demonstratives in Dom.「ユーラシア諸言語の研究」刊行会(編)『ユーラシア諸言語の研究 : 庄垣内正弘先生退任記念論集』pp. 123-144,「ユーラシア諸言語の研究」刊行会

Tida, Syuntarô. 2006b. *A grammar of the Dom language*. Ph. D. thesis, Kyoto University.

Uehara, Satoshi. 2006. Toward a typology of linguistic subjectivity: A cognitive and cross-linguistic approaches to grammaticalized deixis. *Subjectification: Various path to subjectivity*, ed. by Athanasiadou Angeliki, Costas Canakis, and Bert Cornillie, pp.75-117. Berlin/New York: Mouton de Gruyter.

Wälchli, Bernhard. 2001. A typology of displacement(with special reference to Latvian). *Sprachtypologie & Universalienforschung* 54: 298-323.

Watanabe, Shinji. 2002. Zur Deixis von *kommen, bringen* und *mitbringen*. *Zeitschrift fur germanistische Linguistik*. 30.3: 342-355.

Wienold, Götz, and Schwarze, Christoph. 2002. The lexicalization of movement concepts in French, Italian, Japanese and Korean: Towards a realistic typology. *Arbeitspaper* 112(Fachbereich Sprachwissenschaft der Universität Konstanz), pp.1-32.

Wienold, Götz. 1995. Lexical and conceptual structures in expressions for movement and space: with reference to Japanese, Korean, Thai, and Indonesian as compared to English and German. *Lexical knowledge in the organization of language,* ed. by Urs Egli, Peter E. Pause, Christoph Schwarze, Armin von Stechow, and Götz Wienold, pp.301-340. Amsterdam/Philadelphia: John Benjamins.

Wilkins, David P., and Deborah Hill. 1995. When "go" means "come": Questioning the basicness of basic motion verbs. *Cognitive Linguistics* 6.2-3: 209-259.

Wnuk, Ewelina. 2016. *Semantic specificity of perception verbs in Maniq*. Ph. D. dissertation, Radboud University, Nijmegen.

Wolfendon, Stuart N. 1929. *Outlines of Tibeto-Burman linguistic morphology*. London: The Royal Asiatic Society.

Yoneyama, Mitsuaki. 1986. Motion verbs in conceptual semantics. *Bulletin of Faculty of Humanities Seikei University* 22: 1-15.

Zlatev, Jordan, and Peerapat Yangklang. 2003. A third way to travel: The place of Thai in motion-event typology. *Relating events in narrative, vol.2: Typological and contextual perspectives*, ed. by Sven Strömqvist and Ludo Verhoeven, pp.159-190. Mahwah, NJ: Lawrence Erlbaum Associates.

Zlatev, Jordan. 2003. Holistic spatial semantics of Thai. *Cognitive linguistics and non-*

Indo-European languages, ed. by Eugene H. Casad and Gary B. Palmer, pp.305-355. Berlin: Mouton de Gruyter.

Zubizarreta, Maria and Eujeong Oh. 2007. *On the Syntactic Composition of Manner and Motion*. Cambridge, MA: MIT Press.

索引

T

take/put 動詞 32-5, 203, 205, 219, 227, 232–3, 239

い

イタリア語 189–211, 279, 335, 338–9, 343, 345–6, 348, 352

位置関係 17, 26–8, 31–2, 35, 43–9, 70, 72–7, 101, 165, 189, 192–7, 199, 202–4, 208–9, 218–9, 221, 248–9, 251, 254, 267, 269, 277–8, 286–7, 294, 296, 302, 306, 344

位置名詞 7, 10, 17–8, 216–22, 226, 236, 248–9, 251, 253–4, 267, 269

移動の事実 3, 21, 162, 176, 185

イベント統合の類型論 5, 243–6

え

英語 3, 6–7, 15, 17–20, 22, 25–38, 56, 63, 86, 96, 98, 101, 104–6, 108–9, 112, 114, 125–8, 155, 162, 165, 172, 175, 181, 183, 190, 222, 237, 241, 250, 254, 256, 270, 297, 303–36, 338–40, 342, 344, 346, 348, 350

お

音声的放射 59–60, 93–4, 124, 152–3, 210, 269–71, 349

か

開始時起動型 20, 32–5, 37, 53, 57, 82–5, 90, 120, 147–9, 154, 179–81, 184, 203–6, 210, 229, 232–4, 239–41, 260–1, 264–7, 271–2, 282–3, 295, 299–301, 344, 346, 348

開始時使役 20, 271, 346

カタロニア語 335

韓国語 13–4

き

疑似客体移動表現 21, 262, 271–2, 298

起点 17, 32, 43–4, 68–70, 76, 97–8, 102, 104–6, 108–9, 111, 126, 132, 134, 136–8, 140, 143–6, 149–50, 154–5, 167–70, 174, 181, 205, 219–20, 224, 231, 251, 254, 258–9, 269, 278, 281, 339–40, 343

客体移動表現 2, 11–3, 19–26, 31–35, 37, 42, 53–58, 81–90, 117–23, 125, 131–2, 134, 146–50, 156, 162, 176–184, 192, 202–9, 213–7, 226–34, 239, 241–4, 261–4, 266–9, 271–3, 275–7, 280–1, 283, 294–301, 337, 343–52

共イベント 6, 115, 119, 213, 217, 223–6, 229–33, 244, 302

境界越え 12, 50, 296–7, 330

共主要部 8, 338, 344, 347, 349–50, 352

共主要部表示型 17, 338, 344, 349–50, 352

共通要素 18, 27, 248–9, 333, 339–40,

索 引

349–53
均等枠付け言語 8, 350

く
クラマス語 8

け
継続使役 20
継続操作型 20, 32–5, 37, 53–4, 57, 88–90, 120, 147–9, 152, 154, 179–81, 186, 203–6, 208, 210, 227–8, 232–3, 239–40, 261, 263–4, 271–3, 295–7, 301, 344, 346, 348–9
経路（局面） 17–8, 26–8, 31–2, 35, 43–9, 70, 72–5, 102–9, 126, 143, 163, 167–70, 186, 192–7, 199, 204, 208–9, 218, 221–2, 226, 248–9, 251, 254, 267, 277–8, 281–2, 284–5, 289, 295, 339
経路言語 4–5
経路主要部外表示型 7, 16, 25, 29, 39, 41–2, 58, 63, 65, 67, 96, 162, 191, 201–2, 207, 209, 268, 272, 280, 283, 285–8, 294, 296–7, 300–3, 305, 307, 310–3, 326, 330, 334–5, 338
経路主要部表示型 7, 16, 65, 189, 191, 197–200, 202–3, 211, 225, 247, 275–6, 279–80, 283, 285, 291, 295–6, 300–1, 303, 305, 307–8, 311–2, 316, 324, 330, 333–5, 338
経路動詞 4–5, 11, 13–4, 17, 28–30, 32, 34, 38, 50, 77–9, 99–100, 110–7, 131–4, 191, 193–4, 196, 198–200, 203, 207–8, 222–5, 227–9, 233–5, 244–5, 249–50, 252–60, 262–6, 268–70, 276–8, 281, 285, 287, 289–91, 294–7, 300, 306, 311, 314, 325–6, 330–4, 338, 340, 345, 347–8, 350–2
経路の際立ち 15
経路補語 104–8

こ
語彙化 2–6, 21, 106, 118, 207, 209, 239, 279, 282, 297, 304, 308–9, 326, 332–3, 340–1, 344

さ
サテライト☞付随要素 を参照
サテライト枠付け言語☞付随要素枠付け言語 を参照
参照物 3, 17–9, 26–8, 30, 43–4, 48, 132, 134, 138, 144–5, 149, 155, 157, 162–3, 165, 194–5, 197, 218–21, 243, 248, 259, 277, 282, 339–40, 345

し
使役手段動詞 13, 21, 25, 31–3, 53, 87, 119–20, 130, 180, 206, 208, 233, 240, 259–60, 262–6, 281–2, 297, 300
使役（的）経路動詞 32–4, 55, 71, 91, 118–9, 147, 202–3, 205, 207–8, 227–229, 232–3, 240, 259–60, 262–4, 266, 272, 281, 299, 345–7, 351
使役（的）直示動詞 32–3, 55, 67, 71,

索 引

81–90, 93, 117–8, 147, 228, 232–4, 259, 264, 272, 343–4, 346
使役的様態動詞　32, 259, 264
視覚的放射表現　22–3, 58–9, 90–2, 123–4, 150–2, 192, 213–6, 221, 234–46, 267, 269, 337, 343, 346–50, 352
視覚的放射方向移動　23, 92, 151, 215, 216, 221, 234–44
事象表現タイプ　11–3, 16–9, 23, 25–7, 37, 41–2, 60, 66, 68–76, 94, 96, 100–8, 124, 186, 192–6, 210, 218–22, 239, 247–74, 301, 349, 353
シダーマ語　213–46, 338, 344–5, 347–8, 351
ジャミンジュング語　8, 14
終結性（限界性）　9–10, 62–3, 127, 290, 339
主体移動表現　2, 11–3, 19, 21–6, 28–32, 37, 49–53, 76–81, 109–17, 131, 134, 138–9, 143–6, 149–50, 162, 168–76, 191–9, 203, 205, 207, 211, 213–8, 222–6, 229, 239, 249, 251–5, 257–8, 261, 269, 271, 275–6, 280, 283–5, 289, 294, 334, 336–52
主要部外要素　7, 11, 30, 34, 39, 49–50, 52–3, 55–6, 58–60, 63, 68–76, 127, 198, 256, 266, 269, 291, 293–4, 301–2, 337–9, 349–50
主要部枠付け言語　7
準主要部表示型　258, 271, 338, 340, 345, 350–2

自律移動　303–36

す
随伴運搬型　20–1, 32–5, 37, 53, 57, 86–8, 90, 93, 119–20, 139, 147–8, 154, 176, 176–9, 184, 203–4, 210, 227–9, 232–4, 239, 261–3, 271–2, 282–4, 295, 297–8, 301, 344–5, 348–9
スウェーデン語　38
スペイン語　4, 6–7, 11–2, 15, 27, 200, 202–3, 279, 303, 335

せ
設置動詞　57

た
ダイクシス（直示）　1, 13–5, 18, 25–31, 33–4, 37, 50, 55, 65, 77, 81–6, 109, 123, 166–72, 191–2, 194–5, 197–8, 204, 218, 221–2, 226–7, 233, 238, 247–8, 250–2, 256–8, 269–73, 337–8, 343–4, 346, 348–9, 351, 353
ダイクシス（直示）の際立ち　15, 24, 318–29
タイ語　7–8, 95, 127, 129–58, 329, 338, 344–5, 347, 350, 352

ち
着点　4, 9, 11, 17–8, 22, 26–7, 32, 34, 43–4, 68, 70, 76, 80, 102–11, 125–6, 134, 136–138, 141–3, 145–6, 149–52, 154–5, 163–4, 166–74, 176–80, 183–6, 192–4, 199–203,

369

索引

205, 219–20, 224, 230–1, 235, 237, 245, 249, 251, 254, 258–9, 262, 266–7, 269, 278–80, 285–7, 290, 319–20, 339–3, 349
中核スキーマ 6
中国語 6, 8, 95–128, 329–30, 334, 338–9, 344, 346–7, 351
抽象的放射表現 2, 11–2, 19, 21–6, 35, 39, 58–60, 90–3, 123–4, 131, 134, 150–3, 157, 184–5, 192, 209–10, 270, 276
直示☞ダイクシス(直示)を参照
直示動詞 13–4, 28–33, 38, 50, 65, 67, 74–80, 82–3, 86–7, 93, 109–10, 117, 130–4, 136–8, 141, 143, 145–9, 154, 156, 158, 162, 166, 168–74, 176–7, 184–6, 193–4, 196, 199, 204, 222, 224–5, 228, 233–4, 249–50, 252–4, 256–9, 262–4, 271–2, 278, 285, 289–91, 294–5, 298, 300–1, 306, 308–9, 314, 318, 321, 323, 330, 335, 338, 341–4, 349, 351

つ
通過点 17, 45, 47, 70, 111, 132, 134, 140–1, 145, 149, 152, 155, 219, 221–2, 235, 245, 278, 339
通過領域 17, 26, 45, 222, 287

て
テ形 66, 250, 253, 261, 291–3, 332–3, 351
デンマーク語 38

と
ドイツ語 3, 6, 14, 38, 42, 105, 303–36, 338–40
統合性 10, 154–157, 331–2
動詞関連要素 18–9, 27, 31, 35, 45–8, 70–6, 104–9, 125, 143, 193–6, 198, 226, 248–9, 251, 277, 338–41, 350, 352
動詞連続 7, 127, 129, 160–2, 168, 171, 173, 177–8, 185, 289, 329, 338, 350–2
動詞連続構文 7, 127
動詞枠付け言語 6, 8, 13–4, 24, 27, 189, 191, 214–6, 225, 239, 243–4, 246–7, 275, 303–4
特化要素 18, 349–53
ドム語 159–88, 337–8, 340–1, 344, 347–8
トルコ語 341

に
日本語 4, 6–7, 10–1, 17–8, 21, 36, 66, 73, 87, 89, 91–2, 99–101, 104, 109, 117, 128, 148, 161, 165, 174, 189, 197, 199–200, 203, 211, 219, 230, 239, 241, 244, 247–275, 292, 296, 301, 303–336, 338, 341–52, 373

ね
ネワール語 65–94, 337–41, 344, 348, 350

は
ハカルテック語 14
ハンガリー語 39–64, 70, 86, 96, 102,

105, 127–8, 162, 328, 337–40, 344, 346, 348

ひ
非終結的 9, 59, 62, 291
非主要部 7, 13–4, 19, 98, 127, 206, 285, 291–2, 311, 324, 330, 338–9, 350–2
非統合的表現 10, 16, 131, 287
ヒンディ語 23

ふ
フィンランド語 98
複合動詞 6, 10, 19, 66, 85–6, 89, 96–7, 99, 119, 121–2, 124–5, 239, 244, 250–3, 255–6, 258, 260–71, 281, 291, 301–2, 333, 338, 347
副動詞 217–8, 306, 308, 328, 330, 351
付随要素（サテライト） 3, 6–8, 10, 19, 25, 27, 124–5, 127–8, 162, 189, 213–4, 277, 303–4, 306–7, 314, 318, 320, 323, 325, 333, 337
付随要素（サテライト）枠付け言語 6–8, 25, 27, 96, 105, 124–5, 127–8, 214, 277, 303–4
フランス語 11, 101, 109–10, 200, 202, 211, 275–303, 333–5, 338, 341, 343, 345–6, 348

ほ
方位詞 100–2
方向 4, 11, 17–8, 22–3, 26–8, 31, 35, 45, 47, 49–50, 55, 70, 77, 96, 102, 102–8, 126, 133, 139, 152–3, 157, 163–70, 174–5, 178–80, 184–6, 189, 194–7, 199–200, 202–5, 208–9, 219, 221, 224, 226, 235, 242–3, 278, 281–2, 285–6, 306, 309, 320–2, 326, 328, 339–41, 345, 348
方向性 17–8, 45, 47, 50, 55, 71–5, 132–3, 135, 140, 148, 192, 194–5, 202, 208, 248, 277, 295, 298, 339
包入 2, 49, 56, 77, 132, 138, 140–1, 147, 175–6, 186, 189, 196, 199, 203
ポルトガル語 335

ま
マクロイベント 6, 11, 16, 213–4, 232–3, 240–6, 334
マラーティ語 339, 342

め
名詞関連要素 18–9, 27, 31, 35, 43–45, 68, 76, 100–5, 143, 167, 176, 192–3, 196, 198, 217–8, 221, 225–6, 232–3, 235, 238–40, 242, 249, 251, 253–4, 258, 266–7, 269, 272, 277, 338–40, 346, 350, 352

も
モンゴル語 84, 330, 351

よ
様態言語 4–5
様態動詞 3, 5, 11, 13–5, 25–6, 28–9, 30–1, 49–50, 79–80, 115–7, 130–4, 136, 138–42, 145–7, 150, 152–3, 156, 189, 193–4, 196–7, 199–202, 223–4, 229, 245, 249–50, 252–6,

258–9, 262, 266–7, 278–80,
285–8, 290–4, 309, 314–7, 330–4,
340–3, 351, 353
様態の際立ち 15, 255, 304, 312–7

ら
ラダク語 86

ろ
ロシア語 96, 105, 303–36, 338, 343

わ
枠付けイベント 5–6, 213

執筆者一覧

【編者】

松本　曜（まつもと　よう）　　　　　神戸大学大学院 人文学研究科

【執筆者】（論文掲載順）

江口　清子（えぐち　きよこ）　　　　Applied Technology High School, Abu Dhabi
松瀬　育子（まつせ　いくこ）　　　　ネワール言語文化研究所
Christine LAMARRE（ラマール　クリスティーン）
　　　フランス国立東洋言語文化大学／東アジア言語研究所（Inalco-CRLAO）
高橋　清子（たかはし　きよこ）　　　神田外語大学 外国語学部
千田　俊太郎（ちだ　しゅんたろう）　京都大学大学院 文学研究科
吉成　祐子（よしなり　ゆうこ）　　　岐阜大学 留学生センター
河内　一博（かわち　かずひろ）　　　防衛大学校 総合教育学群
守田　貴弘（もりた　たかひろ）　　　東洋大学 経済学部
石橋　美由紀（いしばし　みゆき）　　リヨン第二大学
古賀　裕章（こが　ひろあき）　　　　慶應義塾大学 法学部

シリーズ言語対照〈外から見る日本語〉 第7巻	移動表現の類型論
発　行	2017年2月27日　第1刷発行
編　者	松本　曜
発行人	岡野　秀夫
発行所	株式会社　くろしお出版 〒113-0033 東京都文京区本郷 3-21-10 tel 03-5684-3389　fax 03-5684-4762 http://www.9640.jp　E-mail: kurosio@9640.jp
装　丁 印刷所	庄子結香（カレラ） 三秀舎

© Yo Matsumoto 2017, Printed in Japan
ISBN978-4-87424-722-8 C3080

●乱丁・落丁はおとりかえいたします。本書の無断転載・複製を禁じます。

<刊行物のご案内>

シリーズ◎言語対照
〈外から見る日本語〉
全11巻

[シリーズエディター]
中川正之　西光義弘　益岡隆志

○論文集

第1巻 音声文法の対照
[編] 定延利之・中川正之　第7回配本

第2巻 言語に現れる「世間」と「世界」
[編] 中川正之・定延利之　第6回配本

第3巻 類別詞の対照
[編] 西光義弘・水口志乃扶　第1回配本

第4巻 自動詞・他動詞の対照
[編] 西光義弘，プラシャント・パルデシ　第9回配本

第5巻 主題の対照
[編] 益岡隆志　第2回配本

第6巻 条件表現の対照
[編] 益岡隆志　第4回配本

第7巻 移動表現の類型論
[編] 松本曜　第10回配本

○個人研究書

第8巻 日本語・韓国語・中国語のテンスとアスペクト
井上優　第11回配本（予定）

第9巻 韓日使役構文の機能的類型論研究
動詞基盤の文法から名詞基盤の文法へ
鄭聖汝　第5回配本

第10巻 明晰な引用，しなやかな引用
話法の日英対照研究
山口治彦　第8回配本

第11巻 スペイン語と日本語のモダリティ
叙法とモダリティの接点
和佐敦子　第3回配本